普通高等教育"十三五"金融学专业规划教材

总主编 李 成

公司金融学

【第三版】

主 审 李忠民

主 编 方建武 胡 杰

西安交通大学出版社
XI'AN JIAOTONG UNIVERSITY PRESS

内 容 提 要

公司金融学是以公司理论和财务理论为基础，以现代企业为研究对象，以金融市场为平台，以价值管理和风险管理为主线，以实现企业价值最大化为目标，涵盖了公司生产经营和资本运营两个层面金融活动的一门交叉性课程，属于微观金融学范畴。

本教材分为三大部分：第一部分是公司金融理论基础，包括公司金融基本范畴、货币时间价值、公司财务规划和公司价值评估；第二部分是核心内容，包括公司的资本成本与最优资本结构、融资决策、股利政策、投资管理和并购重组；第三部分是公司金融理论前沿介绍，即行为公司金融理论。本教材在内容的选择和编撰上，更加强调对公司各种金融行为的理论阐述和实务操作，有助于理解经济模型和方法的内在含义和渊源。本书结构完整，体例清晰，叙述简洁，配有各章要点、各章小结、关键术语、思考练习题和参考文献。

本教材既可供高等院校金融学、经济学、财务管理学、工商管理等专业教学使用，也可供经济类研究生及经济工作者学习参考。

普通高等教育"十三五"金融学专业规划教材

编委会

学术指导：赵海宽

总 主 编：李　成

编 委 会(以姓氏笔画为序)：

策　　　划：魏照民

总　序

现代市场经济中,金融已经成为整个经济的核心。第一,金融在市场资源配置方面发挥着核心作用,是连接商品市场和其他要素市场的枢纽。在价值规律作用下,金融机构将资金投向效益好、前景好的产业和企业,使社会资源得到优化配置。第二,金融在宏观经济调控中发挥着核心作用,是宏观经济调控的重要杠杆。国家运用利率、汇率等多种金融手段,调节货币供应量,争取经济的总量平衡,实现物价稳定、经济增长、充分就业和国际收支平衡,促进经济又好又快发展。第三,金融在维护国家经济安全方面发挥着核心作用。经济发展中最大的不安全因素之一是金融危机;要保证国家经济安全发展,首先必须掌握金融发展状况,保证金融业的健康运行。第四,金融在决定国家经济综合竞争力中发挥着核心作用。发达的金融业能给科技创新、实业发展、政府公共支出等提供源源不断的低成本资金,带动投资、消费的增长,推动社会经济的繁荣和居民生活的改善。没有现代化的金融,不可能有现代化的经济。掌握和控制国际银行系统、拥有硬通货以及主宰国际资本市场,被视为西方强国控制世界的三大战略手段。美国之所以能够称霸世界,美元的霸主地位和金融业的高度发达是重要因素。根据洛桑国际管理发展学院发布的 2007 年世界竞争力年度报告,名列前 6 位的美国、新加坡、中国香港、卢森堡、丹麦和瑞士,都具有十分发达的金融业,其中有的是世界的金融中心。

在经济全球化趋势加快的背景下,金融在经济中的核心地位将越来越突出。谁能率先实现产业结构的调整和升级,优先发展金融为主的服务业,尽快建立发达的金融体系,谁就能站在全球竞争的最前沿。

近些年来,发达国家开始放松对金融业的管制。美国在 1999 年颁布《金融服务现代化法》以后,取消了银行、证券、保险业之间传统的跨业经营限制。俄罗斯、印度等一些新兴市场经济国家也纷纷加快了金融自由化步伐,放松或取消金融管制,为金融发展创造更加宽松的制度和条件。与此同时,世界金融业的并购、整合加快,创新能力和风险管理能力提升,金融格局正在发生重大变化。这种变化主要表现在三个方面:第一,全球金融资产迅速膨胀。美国和日本等发达国家长期的低利率政策,造成了全球货币的超额供给和流动性过剩,大量资金涌入金融市场,扩大了金融市场的规模。反过来,金融市场的快速扩张,又刺激了全球流动性的进一步膨胀。据国际权威机构统计,目前全球金融业核心资产总额已达140万亿美元,占全球GDP总额之比,由1980年的109%提高到316%;全球金融衍生产品的名义价值已达370多万亿美元,超过全球GDP的7倍。第二,资本市场进一步成为金融市场的主体。全球银行资产占金融资产的比重,由1980年的42%下降为2005年的27%。第三,新型金融投机资本迅速兴起。全球对冲基金、私人股权投资基金数量增长很快,拥有的资产数额急剧膨胀,世界金融业的风险增加。

我国改革开放以来,充分发挥金融在现代经济中的核心作用,果断推出了一系列重大金融改革措施,不失时机地实施国有商业银行股份制改革,推进建立现代金融制度,大力推进以深化农村信用社改革为重点的农村金融改革,发挥金融在支持社会主义新农村建设中的重要作用。积极推行互利共赢的开放战略,不断提高金融对外开放水平。强调金融创新的重要位置,全面提升银行业的竞争力和服务水平。坚持把金融监管作为金融工作的重中之重,维护金融体系稳健、安全运行。由于采取了一系列强有力措施,我国金融业取得了长足进步,发生了历史性的剧变。金融体系不断完善,金融资产迅速增加;金融企业的公司治理加强,盈利能力提高,财务状况和资产质量明显改善;金融改革迈出重大步伐,商业银行改革、农村信用社改革取得了阶段性进展;人民币汇率形成机制和利率市场化改革进展顺利;资本市场基础性制度建设全面加强;保险业改革成效显著,保险公司整体实力和承保能力大幅提高;金融监管明显加强,防范和处置金融风险的力度加大;金融对外开放水平不断提高。截至2006年年底,中国金融资产总量已突破60万亿元,其中,银行业金融机构资产为44万亿元。中国的经济货币化程度(M2/GDP),已由改革初期1978年的30%跃升至当前的180%强。至2007年7月底,沪深两市股票市值为20万亿元,占GDP的比重达98%。金融业在推动我国经济转型、支持经济发展方面发挥了重要作用。当然,同国际先进水平相比,中国金融业的发展水平还不算高,如结构仍然不够合理,区域发展不平衡,创新能力、服务水平与实际需求还有差距等。必须进一步深化金融改革,加快金融发展,扩大金融开放,加强金融监管,提升我国金融业的水平。

金融大业，人才为本。面对新形势新任务，迫切需要一大批经济、金融理论基础扎实、对现代金融业务熟悉、能适应国际竞争需要的高级专业人才。只有培养和造就一大批这样的人才，才能应对国际竞争和挑战，更好地服务经济、服务社会。

金融业的发展依靠人才，人才培养依靠教育，发展教育离不开高质量的教材。作为知识载体和教学工具，教材质量关系教育质量和人才质量。西安交通大学李成教授组织编写的这套金融学专业系列教材，适应新形势对培养金融人才的需要，以面向世界、面向未来，体现学术性、系统性和前瞻性为宗旨，注重培养学生的创新能力和实践能力，为塑造高素质、创造性、复合型人才提供了条件。教材编写者，大都是具有扎实经济、金融理论基础和较丰富的教学经验的年轻学者。他们思维活跃，思路开阔，善于学习和借鉴国内外研究成果，具有宽广的国际视野。在吸收国内外重要专业文献、教材内容的同时，有不少创新。我相信，这套系列教材的推出，必将有助于我国金融教学和金融研究水平的提高。

2007 年 7 月 28 日
于北京

注：赵海宽先生是我国老一辈著名金融专家，中国金融理论研究和金融改革的开拓者，中国人民银行研究生院创始人之一。曾任中国金融学会副会长，中国人民银行研究所所长，《金融研究》主编等职。现任国家政治协商委员会委员，中国人民银行研究生院博士生导师、教授，国内多家著名大学特聘教授。

第三版前言

本教材自 2008 年初次出版以来，得到了广大读者的认可，于是在 2012 年进行了第二次修订，推出了第二版，目前已重印 6 次。随着我国经济持续稳定的发展，经济转型的初见成效，企业在经营管理中对公司金融运用越来越广泛，同时实践中也出现了新的问题并提出了新的需求，今年又是我国经济改革和对外开放政策实施四十周年，为此，我们在第二版的基础上对该教材进行了第三次修订，以满足新形势下教学和实践的需要。该次修订，除了对公司金融理论部分进行了深化和对相关案例进行了更新之外，增加了"公司金融国际化"一章，以满足经济发展国际一体化的需要，同时提升读者的国际视野和格局。

本书第三版由陕西师范大学中国西部金融研究中心副主任方建武博士、陕西师范大学国际商学院金融系主任胡杰博士负责架构设计，并最终审阅定稿。

该次修订得到了西安交通大学出版社的大力支持，尤其对魏照民编辑多年来对本书的出版、修订所提供的帮助表示深深的感谢。书中对参考和引用相关专家及学者的观点和著作尽可能地标注出处，对专家学者们的成果表示敬意。同时，在本次修订过程中，陕西师范大学国际商学院金融系研究生艾倩倩做了大量基础性工作，在此也对其表示感谢。

本次修订过程中，虽然我们尽心尽力，精益求精，但因时间紧迫，能力有限，书中难免存在不足之处，欢迎广大读者和同仁批评指正，以便我们下次修订时做得更好。

方建武

2018 年 1 月 20 日于西安明德门

第二版前言

公司是现代市场经济的有机组成部分,其一切经营运作都是围绕金融活动开展的。一方面,公司的金融活动是其运行、发展的基本保证,另一方面,公司的金融活动也牵系着广大金融机构和资本市场的稳健运行,因而公司金融活动的顺利运转是整个国家宏观经济正常运行的保证。

在我国金融市场迅速发展和对外开放的过程中,如何完善我国的金融环境、健全公司的投融资制度,成为了我国目前各界关注的问题,这也是我国未来与国际市场对接过程中将要面对的重要挑战,因此目前我国亟待普及现代公司金融知识,深化公司金融前沿问题研究,以保证未来有足够的专业人才投入相关领域,解决上述问题。

在西方,对现代金融学的教学是以公司金融和投资学为两条主线开展的。公司金融"corporate finance"研究的是企业如何在经营活动中进行资金的有效配置,属于微观金融学范畴。这门学科于20世纪80年代中期,由我国会计学界的学者从西方引入,与财务管理、投资学等学科有着非常密切的关系,涉及共同的概念、定义和研究方法。

21世纪以来金融学向公司治理、金融工程、行为金融等领域拓展,表现出传统金融学同其他社会学科的交融。本书追随金融学的发展趋势,在借鉴诸多国内外公司金融方面最新的著作、文献和教材的基础上,总结了公司金融学的教学经验、案例实践,力求兼顾理论阐述和实务操作,也就是在深入阐述公司各种金融行为理论的同时,突出实际案例在现实中的具体应用,让学生更透彻地掌握和理解这门金融学核心课程,培养出大批适应金融界需求的人才。

本书再版由陕西师范大学中国西部金融研究中心副主任方建武博士、国际商学院金融系主任胡杰博士负责整体架构设计、最终审阅定稿。全书由三部分构成,共十一章。方建武负责第一、二、四、五、九章编写;胡杰负责第三、八章编写;

仝宜(西北大学)负责第六章的编写;党军(西安外国语大学)负责第七章的编写;王蕾(陕西师范大学)负责第十章编写;李淑娟(陕西师范大学)负责第十一章编写。编写过程中,陕西省工商银行李怡,大连市建设银行安宁,陕西师范大学研究生刘惠、令婧、安婷、曹馨予等人在资料搜集和文字校对方面作出了贡献,在此感谢他们的辛勤付出。

本书的再版得到了西安交通大学出版社的大力支持,尤其是魏照民编辑付出了大量心血。我们在修订过程中虽进行了多次研讨,但由于时间仓促,能力有限,本教材仍不能尽善,期盼专家、学者同仁和读者提出宝贵意见,不胜感激。

同时要进一步说明,书中对参考和引用相关学者的观点和著作都尽可能地标注了出处,并在此表示敬意,若有疏漏,还请各位作者见谅并联系我们,在此也表示歉意和感谢。

编　者

2011 年 12 月

目　录

第一章 导论

第一节 公司与公司金融学

一、公司的内涵

(一)公司的定义

公司是依照公司法组建并登记的以营利为目的的企业法人。因各个国家公司法对设立公司的要求不同,公司的法律概念也不尽相同。从公司的投资者来看,传统的观念认为,公司是由两个以上的投资者设立的法人实体。现今,多数国家的公司法一般规定公司必须有两个以上的投资者,但也有一些国家允许单一投资者的公司存在。从公司的组织形式而言,有的国家公司法规定了有限责任公司、股份有限公司、无限公司、两合公司和股份两合公司等组织形式。

为了深入理解公司的概念,我们需要了解公司的基本特征:

1. 公司是以营利为目的的经济实体

以营利为目的,这反映了公司在经济上的特征。公司是以营利为目的而组织其生产经营活动的经济组织,是一种企业形式,具有企业的一般属性。企业又是什么呢?企业本质上与公司是一致的,也是集合人力与物力以营利为目的的生产或服务性经营组织。但企业的范畴比公司更大些,因为从组织形式上看,按照投资方式及责任承担方式,企业可以划分为独资、合伙、公司三种类型。

2. 公司必须是法人

公司作为一种特殊的企业组织形式,有着区别于以其他组织形式存在的企业的特征,即公司具有法人地位。法人是具有民事权利能力和民事行为能力、依法独立享有民事权利和承担民事义务的组织。根据我国民法的规定,公司作为法人的一种,应具备下述条件:

(1)公司必须依法成立。所谓法人的依法成立,首先是指在成立程序上的合法性,即法人必须以法律规定的程序成立;其次,法人必须是合法的组织,法人的目的和宗旨、组织机构、经营范围、经营方式等都必须是合法的。

(2)公司拥有独立的财产。这是公司作为独立主体存在的基础和前提条件,也是公司独立承担财产义务和责任的物质保证。法律不仅要求公司具有独立的财产,而且要求应有必要的财产,也就是要达到法定的数额。公司的财产主要由股东出资构成,股东的出资一旦投入公司即成为公司财产。

(3)公司必须有自己的名称、组织机构或场所,这是公司的组织特征。公司需要有自己的名称,这是公司之间相互区别的标志,同时也有助于表明公司的性质。公司的组织机构包括管理机构和业务活动机构。公司是人的有机集合体,其团体意志总是通过一定的组织机构产生并得以实现。公司还必须有自己的住所以及固定的经营场所,这不仅是公司生产经营所必需的,而且也是诉讼活动中确认地域管辖和诉讼文书送达地的一项基本标准。在涉外民事关系中,住所地是认定适用何种法律的依据之一。

(4)公司必须独立承担责任。这意味着:①公司应以它的全部财产承担债务;②公司对它的法定代表人和代理人的经营活动承担民事责任;③股东对公司的债务不直接承担责任;④公司独立地以其全部财产承担其债务,如果公司不能清偿到期债务,其资产也不足以抵偿债务时,就应依法宣告破产。

3.公司是以股东投资行为为基础而设立的集合体性质的经济组织

公司属于社团法人,即它是由股东通过投资行为而设立的集合体性质的法人。从集合体的性质来看,它既是人的集合,又是资金和财产的集合,虽然许多国家都承认一人公司的合法性,但是这并不能改变公司是股东出资经营的集合体的性质。我国《公司法》规定了国有独资公司,从出资主体讲,投资者仅有一个——国家。但正是因为这一投资主体的特殊性,《公司法》将其列入有限责任公司之下,适用有限责任公司的一般规定。

4.公司是依法设立的营利性组织

由于公司是法人,而依照各国法律,法人的资格是需要经过国家承认的。只有依照法律规定的条件和程序才能取得法人资格。

(二)公司的组织形式及其特征

依照不同的标准,可以对公司加以不同的分类,根据股东责任不同,可将公司分为无限公司、有限责任公司、两合公司、股份有限公司和股份两合公司。根据我国《公司法》的规定,我国的公司包括有限责任公司和股份有限公司两种。我国公司法把国有独资公司规定为有限责任公司的一种,这是从我国的实际情况出发,考虑到有些行业需要由国家统一经营而加以设立的。

1.有限责任公司

有限责任公司是指由两个以上股东共同出资,每个股东以其认缴的出资额对公司承担有限责任,公司以其全部财产对其债务承担责任的企业法人。有限责任公司特征如下:

(1)有限责任公司本质上是资合公司,股东以其认缴的出资额对公司承担有限责任,公司以其全部资产对其债务承担责任。

(2)有限责任公司实行资本金制度,但公司对股东不分成均等股份,股东仅就其出资额为限对公司负责。

(3)有限责任公司的股东数,既有最低限也有最高限,我国为2人以上50人以下。另外,国家授权投资的机构或者国家授权的部门可以单独投资设立国有独资的有限责任公司。

（4）有限责任公司不能公开募股，不能发行股票。

（5）股东的出资，不能随意转让。如需转让，应经股东会或董事会讨论通过。

（6）财务不必公开，但应当按公司章程规定的期限将财务会计报告送交各股东。

2. 股份有限公司

股份有限公司是指全部资本由等额股份构成并通过发行股票筹集资本，股东以其所认购股份对公司承担责任，公司以其全部资产对公司债务承担责任的企业法人。股份有限公司特征如下：

（1）资本划分是等额股份。在股份有限公司中，资本是指全体股东出资的总和，以一定的金额表示。股份有限公司将资本总额划分为若干等额的股份，每股金额与股份数的乘积即是资本总额。在有限责任公司中，虽也有股本一说，但公司资本并不划分成相等的份额。

（2）通过发行股票筹集资本。股份有限公司采取公开向社会发行股票的方式筹集资本，这就为股份有限公司筹集资金开辟了广阔的渠道。

（3）股东人数不限。大多数国家把有限责任公司的股东数限制在一定范围之内，如日本限制在 2～50 人，美国限制在 50 人以下，我国规定最多为 50 人。而对股份有限公司来说，股东数是不受限制的，可以在一定范围内无限大，这样便于更多人向公司投资。我国对股份有限公司的股东人数有最低限制，即一般情况下，至少有 5 人为发起人，就是说，即使 1 股也发售不出去，公司股东人数也应有 5 人。但国有企业改建为股份有限公司的，发起人可以少于 5 人。

（4）股票可以自由转让。股票可以自由转让，意味着投资者可以随便易人，这对投资者来说是十分自由的。此外，转让的价格只要交易双方接受，也可随意，可高可低。这使投资者有可能从股票交易中获利，从而使股份有限公司在投资者心目中具有极大的吸引力。而无限公司和有限责任公司的股东在转让股份公司方面一般都受到限制。

（5）财务公开。公司的财务状况是公司经营活动的综合反映，在激烈的竞争中，各公司的财务状况一般都是要保密的。而在股份有限公司，由于它是公开向社会发股筹资的，股东人数多，因此各国法律都要求股份有限公司应将其财务公开。我国《公司法》明确规定，股份有限公司编制的年度资产负债表等会计报表，应在股东大会年会召开 20 日前备置于公司住所，供股东查阅，以达到保护债权人和股东利益的目的。

3. 无限公司

无限公司是指由两个以上股东组成，股东对公司债务承担连带无限清偿责任的公司。

除这三种基本形式外，还有两合公司和股份两合公司。两合公司是由负无限责任的股东与负有限责任的股东两种成员组成的公司。在这类公司中，无限责任股东除负有一定的出资义务外，还需对公司债权人承担直接无限责任；而有限责任股东，除有一定的出资义务外，只以其对公司的出资额为限度对公司债权人负直接有限责任。股份两合公司是指有无限责任股东和有限责任股东组成的公司。其中负有限责任的股东依照股份有限公司的形式认购股份，除此之外，股份两合公司与两合公司的特征大致相同。

目前，有限责任公司和股份有限公司是世界各国主要的公司组织形式。

二、公司金融的含义

（一）公司金融的定义

公司金融学考察公司如何有效地利用各种融资渠道，获得最低成本的资金来源，并形成合适的资本结构,建立起公司激励兼容的资本配置机制。它属于微观金融学的范畴。在我国,公司金融有多种叫法,如公司金融、管理金融、公司理财,也有的教材将"Corporate Finance"翻译成"公司财务"。

在学术界,对公司金融理解也不尽相同,有人认为公司金融应该定义为与公司有关的所有金融活动;有人认为公司金融只包括公司内部的资金管理。我们认为前一种观点范围过宽,后一种观点范围过窄。比较合适的定义是:公司金融是公司在生产、经营过程中主动进行资金筹集和资金运用的行为,并谋求在这个过程中的公司价值保持和增值。任何公司要想生存发展,就要投资、生产、经营、销售,这其中的每一个环节都伴随着资金的流动。可以说,公司的整个生产经营过程就是资金的筹集和运用过程,也就是公司的金融决策过程。

严格来说,公司金融与公司理财和公司财务并不能完全等同。公司理财研究的重要内容为融资、投资和股利政策的具体操作方法和技巧;公司财务管理是对公司的资金运动及其所体现的财务关系的管理,是建立在公司价值最大化的目标基础上,重点探讨在公司特别是股份有限公司这种现代公司制度的主要形式下,如何对公司经营过程中的资金运动进行预测、决策、分析。

(二)公司金融的研究内容

一般来说,公司金融决策可以分为三个部分,即投资决策、融资决策以及股利决策。

1.投资决策

公司必须在相互竞争的投资机会之间作出选择并合理配置有限资源。公司金融理论的作用在于提供多种可供选择的方法和工具(比如净现值法、期权等)来帮助公司经理做出合理的资源配置决策。因此,投资决策包括的内容广泛,不仅包括流动资产投资(现金、存货、短期证券以及短期商业信用等)、固定资产投资、长期证券投资(比如持有其他公司股票、债券等),还包括有关市场进入和公司兼并的广义战略性决策。

2.筹资决策

当公司作出投资决策之后,必须考虑如何筹集投资所需要的资金,并实现最优资本结构。公司必须考虑以下几个方面的内容:资金来源(外部融资还是内部融资)、资金筹集方式以及筹资成本(包括资金成本、证券发行费用等)。资金筹集方式大致可以分为两种,即借款或者发行股票进行权益融资。两种筹资方式的主要区别在于借款要承担支付利息以及偿还本金的义务。公司还可以将两种方式结合起来融资。具体采用哪种方式融资,除了取决于公司的信用等级、资本金规模等因素外,还与公司对最佳资本结构的追求有关。

3.股利决策

股利是一个广义的概念,泛指分配给股东的任何现金回报。任何一个公司,不论规模大小,都必须决定如何在再投资和股东回报之间分配其经营所得,不仅决定分配的数量规模,还要权衡两者的比例。给予股东较多回报可以满足他们对现金的需要,但是另一方面,这会增加收入所得税,而且也不利于公司的成长,公司价值会因为股利分配过多而下降,从长远来看,有利于股东的利益。

第二节 公司金融的目标与原则

一、公司经营的目标

公司经营目标是一个目标体系,营利目标是核心。公司是以营利为目的的从事商品生产和经营的社会经济组织。作为一种经济组织,公司必须有自己的经营目标,否则,经营活动就会失去方向。由于公司是一种社会经济组织,公司的形成和运行依赖多种因素,因此,公司经营目标的制定必须反映这些因素的要求,也就是说,公司经营目标应是多元的,是一个目标体系。

首先,资本和劳动力是公司赖以形成和运行的两个"内在"因素。没有资本,就无从购置经营活动所需要的物质手段,公司的形成和运行也就无从谈起;任何组织都是一定数量的个人的集合体,人是组织中最活跃的要素,没有一定的人,没有众多的员工的加入,公司也就不成其为组织。因此,公司经营目标的制定必须充分考虑投资者和员工的要求。

投资者出资组建公司,从事商品和劳务的生产和经营,根本的动机在于盈利,这是经济学的一个基本假定。也正是基于经济学的这一基本假定,我们将公司定义为以营利为目的的从事商品和劳务生产及经营的经济组织。以营利为目的是公司生存和发展的基本要求,是公司基本属性的体现。因此,从公司经营活动的构成要素——资本——来看,这一要素要求公司经营目标应定位于盈利。

现代组织理论认为,作为组织成员的个人,之所以愿意加入组织,是为了实现依靠个人自己的力量无法实现的目标。劳动力提供者之所以加入公司,其最根本的动机就是期望获得一定的报酬,以维持劳动力本身的再生产。在所有权和经营权分离的公司治理结构下,经理人员也会对公司提出利益要求。因此,公司经营目标的制定也应反映雇佣劳动者(包括经理人员)的利益要求,满足雇佣劳动者的利益也是公司经营目标的一个构成部分。

其次,政府、消费者和社会公众是影响公司经营活动的三个"外在"因素。政府主要是以社会管理者的身份与公司发生关系,政府通过政策诱导影响公司经营活动,进而影响公司经营目标的制定,体现在:如果政府政策导向是追求宏观经济粗放式增长,就会诱导公司制定追求产值的经营目标;如果政府政策导向是追求税收增长,就会诱导公司制定追求利润,尤其是短期利润的经营目标;如果政府政策导向是追求惠民经济发展,就会诱导公司制定追求发展的经营目标。消费者与公司有着密切的联系,两者之间是一种需求与供给的关系。只有向消费者提供满足其需要的商品或劳务时,公司才能实现盈利,这已成为现代企业经营的基本理念。因此,满足消费者需求是公司制定经营目标应充分考虑的因素,从而也成为公司经营目标的一个构成部分。公司作为一种社会经济组织,与社会存在相互联系、相互依赖的关系体现在:一方面公司经营活动依赖政府和社会的支持,包括资金、技术、劳动力以及经营环境等;另一方面公司通过满足消费者和员工的利益,并向国家纳税,服务于社会。就后者而言,这种关系体现为公司的一种社会责任。社会责任体现为两个方面:对社会利益主体的责任和对解决社会问题的责任。前者已在上文述及,后者包括提供平等的就业机会、保护生态环境、确保产品安全等。因此,履行社会责任是公司制定经营目标应考虑的重要因素,从而社会责任也应是公司经营目标的一个构成部分。

以上分析表明,公司经营活动受内部和外部多种因素的影响,这些因素影响到公司经营目标的制定,从而根据这些因素制定的目标成为公司总体经营目标的组成部分。但是,在这些目标中还是有主次之分的,盈利目标是公司的主体目标或者说是居于支配地位的目标,这一目标的实现与否,直接影响到其他目标的实现。因此,公司经营目标往往等价地表述为盈利目标。

二、公司金融的目标

现代公司内部各部门的职能分工越来越细,公司经营活动是由各职能部门的职能化活动共同完成的。公司经营活动的职能化趋向决定了公司经营目标也愈益呈现出"职能化"特征，即围绕公司主体目标——股东财富最大化，各职能部门根据所从事的构成公司总体经营活动的各分项经营活动，确定分项经营活动目标，如规模发展目标、市场占有率目标、技术进步目标、产品质量目标和金融财务目标等。作为公司经营活动的一项职能化活动，公司金融活动也应当围绕公司总体经营目标制定与自身活动性质相适应的分项目标。

公司金融目标包括以下几个方面：

（1）为生产经营筹集所需资本。融资活动作为公司的一项职能化活动，其首要的职责或目标就是为生产经营筹集所需要的资本。

（2）降低融资成本和融资风险，构建合理的融资结构。融资是有成本的，融资成本与股东财富之间存在反向变动关系，即融资成本越低，股东财富越大；反之亦然。因此，为实现股东财富最大化目标，公司融资活动应做到尽可能地降低融资成本。同时，融资又是有风险的，如果融资活动不考虑风险，股东财富将会遭受损失，因此，为实现股东财富最大化目标，公司融资活动还应做到尽可能地降低融资风险。

由于不同融资方式下的融资成本和融资风险是不同的，进而由不同融资方式及其融资量构成的不同融资结构下的总体融资成本和融资风险也是不同的，体现在融资结构中的负债率提高，融资成本降低，但同时融资风险上升，即融资成本和融资风险随负债率的变化呈反向变动关系，因此，公司融资决策必须对融资成本和融资风险进行权衡，构建一个与自身情况相适应的融资结构，即最优融资结构。

（3）合理决策经营投资，保持良好的支付能力。在市场经济条件下，公司融资是一种信用融资。在信用融资方式下，公司必须履行融资契约中承诺的义务，即向股东支付股利和向债权人偿付借款本息，否则，股东将行使"用脚投票"的权利，卖出公司股票，影响公司的市场形象；债权人将行使债权控制权，对公司财产提出要求权，影响到公司生产经营活动的正常进行。因此，为保证公司良好的支付能力，必须合理决策经营投资，加速经营投资周转。具体说来，对于固定资产投资，公司金融部门应配合有关部门做好项目投资的可行性研究，确保固定资产投资及时收回；对于流动资产投资，公司金融部门应配合生产经营部门合理确定流动资产占用量，加速流动资产周转。

（4）合理决策金融投资，提高金融投资的流动性和盈利性。公司金融投资有短期金融资产投资和长期金融资产投资之分。短期金融资产投资主要是为了协调流动性和盈利性之间的矛盾，长期金融资产投资是为了追求资本增值和发展横向经济联合。作为一种投资活动，金融投资必须做好投资决策，以保证盈利性和流动性投资目的的实现。

三、公司金融的原则

作为公司经营活动中的一项职能化活动，公司金融活动必须遵循一定的原则，以确保其目标的实现。所谓公司金融原则，是指公司金融活动应遵循的行为准则，包括安全性原则、流动性原则和盈利性原则。

（一）安全性原则

由于公司金融活动包括融资、金融投资和经营投资三个方面，因此，安全性也包括三个方面：一是融资安全性；二是金融投资安全性；三是经营投资安全性。融资安全性是指公司融资对股东和债权人支付能力的可靠程度。金融投资安全性是指公司金融资产投资免遭损失的可靠程度。经营投资安全性是指公司经营投资及时收回的可靠程度。

1. 融资安全性原则的意义

(1)有利于公司确保对股东和债权人特别是债权人的支付能力。在市场经济条件下,公司融资是以信用方式进行的,表现在:对于向股东的融资,虽然不需要偿还本金,但要支付使其满意的股利;对于向债权人的融资,不仅要偿还本金,还要支付利息。如果公司不能向股东支付使其满意的股利,不能向债权人按期、足额地还本付息,股东和债权人就要行使其拥有的权利,公司将遭受经济损失,承受严重的后果。因此,公司融资活动必须遵循安全性原则。

(2)有利于公司树立良好的社会形象。公司的形象如何,直接关系到公司的生存与发展。公司的形象决定于信誉,而信誉又立足于安全。如果公司无法保证向股东支付股利和向债权人偿还债务,公司不仅要承受由此带来的物质财产的损失,而且还要遭受社会形象降低的损失,其结果势必增加了以后再融资的难度,危及公司的生存与发展。因此,安全性对任何一家公司都是至关重要的。

2. 金融投资安全性原则的意义

(1)有利于减少资产损失,增加预期收益的可靠性。公司金融投资的一个重要目的是提高资产的盈利能力,如果金融资产投资的安全性低,金融投资遭受损失,不仅预期收益实现不了,而且还有可能失去一部分本金,这将妨碍公司金融目标的实现。

(2)有利于保持资产的流动性。公司金融投资的另一个重要目的是保持资产的流动性,如果金融资产投资的安全性低,金融投资遭受损失,将会降低资产流动性,降低公司的支付能力。

3. 经营投资安全性的意义

(1)有利于保证公司经营活动的良性循环。作为一种社会经济组织,经营活动是公司的主体活动,而经营活动的本质是资金运动,体现为资本投入、产出、再投入、再产出的不断循环周转。资本运动正常进行是经营活动良性循环的前提条件,可以使投入的资金能够及时、足额地收回。因此,经营投资遵循安全性原则能够保证资金运动的循环周转,进而保证经营活动的良性循环。

(2)有利于保证公司融资活动的良性运转。前面讲到,公司的融资活动与经营活动是密不可分的有机体,经营活动过程中资金运动是融资活动过程中资金运动的依托,因此,要保证公司融资活动的良性运转,经营活动的良性循环是关键。如果经营活动做不到良性循环,融资后的支付就会失去资金来源,公司就会陷入支付危机。可见,经营投资遵循安全性原则,是实现融资活动良性运转,保持支付能力的重要保障。

4. 安全性原则的具体要求

(1)在融资方面。一是要保持合理的负债率。前面讲到,融资风险与负债率成正比,即负债率越高,融资风险越大;反之亦然。因此,融资活动遵循安全性原则,首要的要求是融资活动要保持一个合理的负债率,将融资风险限定在可承受的范围之内。二是要合理安排负债到期日。在其他条件不变的情况下,如果负债期限结构不合理,负债到期日集中,也会加剧公司的偿债压力,甚至会酿成支付危机。因此,合理安排负债到期日是安全性原则的又一要求。

(2)在金融投资方面。一是要选择证券投资的品种,保证投资的盈利性和流动性。二是要选择证券投资的时机。三是要采取组合投资策略,以分散投资风险。

(3)在经营投资方面。一是要做好项目投资的可行性研究,保证投资足额、及时收回。二是要合理控制营运资本投资,减少营运资本占用,加速营运资本周转。

(二)流动性原则

流动性包括资产流动性和负债流动性。资产流动性又包括经营资产流动性和金融资产流动性。经营资产流动性是指经营资产由实物形态向货币形态转化的能力,也称为经营资产的周转性。金融资产流动性是指资产在无损失的状态下迅速变为现金的能力。负债流动性是指公司以合理的成本随时借入资金以满足资金需要的能力。

1. 流动性原则的意义

(1)有利于提高公司的支付能力。

(2)有利于在紧急情况下及时变现流动资产或借入新债用于对外支付,避免支付危机的发生。

(3)有利于提升公司信誉。

2. 流动性原则的具体要求

(1)在资产管理方面。一是要合理配置生产经营各环节的资金占用,加速生产经营各环节资金的周转,做好固定资产投资的可行性研究,保证固定资产投资的及时收回。二是要在资产结构中保持适当流动性的二级准备,以提高资产的变现能力。在资产结构中,现金资产是流动性最强的资产,是流动性的一级准备。由于现金是非盈利性资产,这部分资产的比重过高,将不利于公司经营目标的实现,因此,出于协调安全性和盈利性之间的矛盾的考虑,在资产结构中有必要保持一定比例的变现能力高的短期有价证券资产,作为流动性的二级准备。

(2)在负债方面。一是要拓宽融资渠道,为公司融资以及在紧急情况下的举债提供可操作空间。二是要保证到期债务的及时、足额偿还,维护公司信誉,为今后融资创造良好的社会基础。

(三)盈利性原则

盈利性包括三个方面:一是融资盈利性;二是经营投资盈利性;三是金融投资盈利性。融资盈利性是指公司融资应尽量降低融资成本,提高盈利水平。经营投资盈利性是指应尽量降低生产消耗和管理费用支出,增加经营收益。金融投资盈利性是指公司金融投资应尽量选择高收益投资证券,增加投资收益。

公司金融遵循盈利性原则,是实现公司经营目标的根本要求。作为公司经营活动的一项职能化活动,公司金融遵循盈利性原则的要求有三:一是在融资方式选择上尽量选择成本低的融资方式,以降低融资成本;二是在金融投资方向选择上应尽量选择收益率高的证券进行投资,以增加投资收益;三是在经营投资方向选择上应尽量选择高收益的投资项目,并控制经营过程中的成本费用支出。

第三节 公司金融的环境

任何事物总是和一定的环境相联系、存在和发展的,公司金融也不例外。不同时期、不同国家或地区、不同领域的公司金融有着不同的特征,最终都是因为影响公司金融的环境因素不尽相同。公司在不同方面如同生物体一样,如果不能适应周围的环境,也就不能生存。公司金融工作若想达到成功,必须认识公司的宏观环境和微观环境。任何一种环境因素的变化,都可能给公司金融带来麻烦,但公司若能合理预测其发展的状况,也会使公司不断地从成功走向成功。企业筹资、投资和股利分配等金融活动的运行均受制于公司金融的环境。企业通过对公司金融环境的研究,一方面达到充分认识环境、适应环境、利用环境、改善环境、创造环境的目的,另一方面则为制定科学的决策、实现公司金融目标提供充分、有价值的信息。

一、公司金融的宏观环境

公司金融的宏观环境是一个多层次、多部门的复杂系统。从纵向看,它构成主体式的网络;从横向看,它联结为星罗棋布的群体。纵横交错,相互制约,对公司金融有着重要影响。公司金融的宏观环境虽然非常复杂,但可以概括为政治、经济、科技、法律、文化和国际经济环境六个方面。

(一)政治环境

政治环境是指国家政治形势和政策导向等影响公司金融的因素。政局稳定、社会安定、国家政策致力于发展经济,势必给公司金融带来宽松平稳的社会环境。这是经济建设取得成功的基本保证,对公司生存和发展起着决定性的影响和作用。

国家作为社会管理者,凭借其政治权力,主要通过经济、法律手段,辅之以必要的行政手段对公司进行指导和控制,促使公司合法经营,依法理财。对此,公司金融应正确分析政治形势,利用政策给予公司的有利条件,抓住机遇,搞好公司金融。

(二)经济环境

经济环境是指国内经济形势和经济发展趋势等因素。它是影响公司经营决策的主要因素。经济环境具体包括经济周期、经济发展水平、经济体制、经济结构和资源环境、市场和价格环境、金融市场和财政税收等因素。这些因素对公司的筹资、投资和股利分配所引起的财务活动产生重大的影响。

1. 经济周期

在西方,经济通常都不会较长时间的持续增长和较长时间的持续萎缩,而是在波动中发展的。在其波动过程中大体上是经历萧条、复苏、上升、高涨等几个阶段的循环,这叫经济周期。经济的周期性波动对公司金融有重要的影响,一般来讲,在萧条阶段,公司可能处于紧缩状态之中,产量和销量下降,投资减少,资金有时出现闲置状况;反之,在高涨阶段,市场需求旺盛,销量大幅度增加,为了扩大生产,不得不增加投资,增加机器设备、存货和人员,因而资金会出现紧缺现象。因此,公司金融部门应重视经济周期的变化,掌握经济波动的规律,及时调整财务策略,搞好公司资金的供求平衡问题。

2. 经济发展水平

公司金融的发展水平是和经济发展水平密切相关的,经济发展水平越高,公司金融水平也越好,反之则越低。经济发展水平是一个相对概念,在世界范围说明各个国家所处的经济发展阶段和它们目前的经济发展水平,是件相当困难的事情。所以,我们也只能按照常用的概念,把不同的国家分别归于发达国家、发展中国家和不发达国家三个群体,并依次说明经济发展水平对公司金融的影响。

发达国家经历了较长时间的资本主义经济发展历程,经济发展水平、资本的集中和垄断已达到了相当高的程度,经济发展水平处于世界领先地位,这些国家的公司金融水平较高。这是因为:①高度发达的经济水平必然要求进行完善科学的财务管理,这就决定了随着经济水平的发展,必然创造出越来越多先进的金融方法;②经济生活中许多新的内容、更复杂的经济关系以及更完善的生产方式,也往往首先出现于这些国家,这就决定了发达国家的公司金融内容是不断创新的;③随着经济发展,更新的计算、通信设备不断涌现,为公司金融采用更复杂的方法创造了条件。

发展中国家的经济水平不是很高,但都在千方百计地提高和发展,目前一般呈现以下特征:基础较薄弱、发展速度比较快、经济政策变更频繁、国际交往日益增多。这些因素决定了发展中国家的公司金融具有以下特征:①公司金融的总体发展水平在世界上处于中间地位,但发展速度比较快;②公司金融有关的法律政策频繁变更,给公司金融管理造成许多困难;③公司金融实践中还存在着公司金融目标不明、方法简单等不尽人意之处。

不发达国家是经济发展水平很低的一部分国家,这些国家的共同特征一般表现为以农业为主要经济部门,工业特别是加工工业很不发达,企业规模小、组织结构简单,这就决定了这些国家的公司金融呈现水平很低、发展较慢、作用不能很好发挥等特征。

3.经济体制

经济体制是指在一定的经济制度下,在一定的范围内制定并执行经济决策的各种机制的总和。我国正在建立和健全社会主义市场经济体制,其实质就是在全社会范围内,无论国家、地区还是公司在制定并执行经济决策的过程中,主要借助并自觉运用市场,根据市场的供求状况,确定经济发展的方向和策略,从而真正做到自主理财,搞好筹资、投资和股利分配等财务活动。

4.经济结构和资源环境

经济结构有广义和狭义之分。就广义而言,是指国家宏观经济结构,一般用产业结构来表示。国家为了适应经济技术发展和提高国民经济整体水平的需要,会制定符合国内实际情况的产业政策,优先鼓励和扶持有关产业的发展。就狭义而言,是指公司所在地区的经济结构。地区经济结构的调整必须符合国家产业政策和本地区实际。同时,地区经济结构的调整必然牵涉有关产业内有关公司发展方向、规模的调整。不同经济结构类型关系到公司金融活动的范围与程度,也直接影响公司筹资规模、投资方向和获利状况。

资源条件是影响一个国家或地区经济结构形成、变化的外在因素,也是公司发展的制约条件之一。资源丰富或贫乏,直接影响公司原材料供应、生产规模和产品销售状况,从而影响到公司筹资、投资及分配等金融活动。

5.市场和价格环境

市场是指商品和劳务交易的场所,是连接生产和消费的纽带,是沟通产销的中枢。市场环境是指商品和劳务交易的环境。在市场经济中,公司的生产和发展主要取决于市场。公司金融是根据市场商品、劳务供求状况来预测资金需要量、资金投向以及资金使用效益,从而确定公司筹资、投资和分配的策略。因此,公司要摸清市场变化的规律及其对公司金融活动的影响,建立一套适应市场经济变化的金融体制。

价格环境是市场上公司产品销售价格和购进原材料等价格因素。产品的市场销售价格直接影响公司资金收回,而购进原材料等价格直接影响公司资金支出。价格环境直接关系到公司资金收支的协调平衡,并对公司金融体制以生产价值为基础,根据商品的供求状况确定合理的价值及相应的价格体系进行调整有重大影响。

6.金融市场和财政税收环境

金融市场是指融通资金的场所,包括资金供求双方通过某种形式融通的场地和与其配置有关的管理体制。融通资金有直接融资和间接融资之分。前者以发行股票、债券方式,经过证券市场融通资金;后者以借贷方式,经过银行等金融机构形成资金融通。公司筹资与投资都必须借助于其中某种形式进行。

我国公司享有法人财产权,拥有理财自主权。目前,货币这种特殊商品日益商品化,成为金融市场上交易的对象。货币资金这种商品的价格——利率,越来越被自觉地运用于公司金融筹资决策之中。利率的高低决定着公司使用资金成本的高低,进而影响公司使用资金盈利的多少。公司金融应尽量准确预测借款利率,充分考虑资金成本,作出最佳筹资决策。

财政税收环境是指国家通过财政收支和税收政策法规,运用财政税收杠杆对公司财务收支和利润分配进行调解,对公司金融产生影响。其具体表现为:公司从金融市场上筹集国家、个人和外商的资金运用于投资,公司取得收入和实现利润后,依照国家财税制度纳税和进行税后利润的分配。公司金融必须依照国家财税方面管理法规,根据公司的财务事务决策投资,根据公司财务成果合理分配。

7. 具体的经济因素

除以上几项因素外,一些具体的经济因素发生变化也会对公司金融产生重要影响。这些因素主要包括:通货膨胀率、外汇汇率、产业政策、对外经贸政策及其他相关因素。这些因素发生变化,会对公司金融产生十分明显的影响。

(三)科技环境

新技术能够也经常改变我们的整个生活、思考方式、价值判断、习惯甚至国家的政治过程。21 世纪的经济将是科学技术迅速发展、技术含量不断提高、由工业社会向知识经济社会迅速转化的经济,其核心是以计算机技术、通信技术和网络技术为代表的信息革命。这无疑对公司金融工作提出了新的挑战,同时又带来了难得的发展机遇。计算机技术的普及、网络技术的发展特别是 Internet 的兴起,加快了金融决策手段和方法的发展和完善,也为金融决策工作不断拓展活动领域,如存货管理的网络化、应收账款管理的网络化、结算的网络化等。网络给企业创造的竞争优势应引起企业的高度重视,失去这些优势,企业在激烈的市场竞争中将无生存之地。

(四)法律环境

法律环境是指影响公司金融活动的法律法规的总和。和其他经济活动一样,公司金融是在既定的法律框架下进行的,后者的完善程度和合理程度会对前者产生很大的影响。企业在其经营活动中要和国家、其他企业、社会组织、企业职工或其他公民及国外的经济组织或个人发生经济关系。国家管理这些经济活动和经济关系的手段包括行政手段、经济手段和法律手段三种。在市场经济条件下,行政手段逐渐减少,而经济手段,特别是法律手段日益增多,越来越多的经济关系和经济活动的准则以法律的形式固定下来。同时,众多的经济手段和必要的行政手段的使用,也必须逐步做到有法可依,从而转化为法律手段的具体形式,真正实现国民经济的法制化。

企业的财务活动,无论筹资、投资还是利润分配,都要和企业外部发生经济关系。在处理这些经济关系时,应当遵守有关的法律规范。

1. 企业组织法律规范

企业组织必须依法成立。组建不同的企业,要依照不同的法律规范。在我国,这些法规包括《中华人民共和国公司法》、《中华人民共和国全民所有制工业企业法》、《中华人民共和国外资企业法》、《中华人民共和国中外合资经营企业法》、《中华人民共和国中外合作经营企业法》、

《中华人民共和国私营企业条例》、《中华人民共和国合伙企业法》等，这些法律规范既是企业的组织法，又是企业的行为法。

2.税务法律法规

任何企业都与法定的纳税义务。有关税收的立法分为三类：所得税的法规、流转税的法规、其他地方税的法规。例如，表1-1为我国1994年1月税制改革后推出的工商税收制度，共5类17种。从中可看出，如果有关税率发生变化，公司的财务情况一定会发生变化。

表1-1　我国现行的工商税收制度

流转税类	所得税类	资源税类	财产税类	行为税类
增值税	企业所得税	资源税	房产税	调节税
消费税	外商、外企所得税	土地使用税	车船使用税	印花税
营业税	个人所得税	土地增值税	遗产与赠与税	证券交易税
城建税				屠宰税

税负是企业的一种费用，会增加企业的现金流出，对公司金融有重要影响。企业无不希望在不违反税法的前提下减少税务负担。税负的减少，只能靠精心安排和筹划投资、筹资和利润分配等财务决策，而不允许在纳税行为已经发生时去偷税漏税。精通税法，对财务主管人员有重要意义。

3.财务法律规范

财务法律规范主要是《企业财务通则》和行业财务制度。《企业财务通则》是各类企业进行财务活动、实施财务管理的基本规范。经国务院批准由财政部发布的《企业财务通则》，于1994年7月1日起施行。2006年12月，财政部又根据《国务院关于〈企业财务通则〉、〈企业会计准则〉的批复》的（国函[1992]178号）规定，对《企业财务通则》（财政部令第4号）进行了修订，修订后的《企业财务通则》已经于2007年1月1日起施行。它对资本金制度、固定资产的折旧、成本的开支范围和利润分配问题作出了规定。

行业财务制度是根据《企业财务通则》的规定，为适应不同行业的特点和管理要求，由财政部制订的行业规范。

除上述法律规范外，与公司金融有关的其他经济法律规范还有许多，包括各种证券法律规范、结算法律规范、合同法律规范等。财务人员要熟悉这些法律规范，在守法的前提下完成公司金融的职能，实现公司金融目标。

（五）文化环境

文化环境主要是指由价值观、信仰、态度、思想、习惯、行为方式以及人的利益等组成的体系。文化提供了一种编码，可以决定人们进行思考和行为的方式。道德环境是文化环境的主要构成部分，是社会上人们逐渐形成或自觉遵守的观念、信念、道德规范等。社会各群体对公司金融决策的观念、看法不容忽视地影响着企业的金融活动。社会普遍认为公司金融决策工作至关重要，有利于确定公司金融决策工作在企业管理工作中的中心地位，有利于越来越多的优秀人才加入到公司金融决策的队伍中来。企业领导对公司金融决策的重要性有所认识，则会有助于财务制度和财务方针的制定和执行，有助于财务预测、决策分析等作用的发挥。公司金融决策人员对自己工作的重要性充满信心和自豪感,有良好的职业道德,就会在公司金融决策工作中忠于职守,高度负责,坚持负责。由此可见,良好的公司金融道德环境的形成,取决于全社会的共同努力。当然,高等教育对此也起着关键的作用,为适应公司金融工作的需要,必须深化高等教育改革,对传统的公司金融决策的教学内容、教学方式和方法进行调整,从社会实践中提取实证教学素材,加强对学生的道德教育和创新教育。

(六)国际经济环境

国际经济环境是指国际上政治经济技术形势及其发展趋势。它包括国际局势、世界经济形势、世界技术水平以及与之相关的国际市场、贸易、金融等诸多因素。公司金融面临的国际环境具体表现为国际筹资活动中各国政治经济制度的差异、闲置的投资的立法、外汇管制及汇率风险、国际纳税等等。

知识的信息化,经济的全球化,特别是中国已经加入世界贸易组织,这些都意味着我国企业发展所处的经济环境不再是单纯的国内经济环境,而是国际国内两大经济体系变化交融的更趋复杂的严峻环境。这就要求企业不仅要研究国内市场的变化,还要研究国际市场的变化,积极参与国际竞争。世界贸易组织作为若干规则集合的国际贸易体系,其公正、非歧视、无行政干预等方面的基本原则是现代经济体系所必备的。企业应尽快掌握和运用世界贸易组织的基本原则、协议、协定,理解国际经济贸易法律等重要内容,正确利用多边规则和国际通行手段开展金融活动,在加快对外开放的同时维护企业的合法利益。

二、公司金融的微观环境

微观环境是指构成公司生产经营过程和财务管理过程的各种因素总和,包括许多内容,可以从生产经营管理状况、财务管理能力、财务管理组织结构和人员素质这几个因素研究,也可以从企业类型、市场环境、采购环境及生产环境研究。

(一)从公司自身的状况来看

1. 生产经营管理状况

生产经营管理状况是指公司物资采购供应能力、产品生产能力、产品销售能力的大小及其管理水平的高低。生产经营管理状况可以通过一系列的实物量指标和质量指标表示。财务管理注重的是物资采购供应、产品生产、销售价值量,通过这些生产经营过程中资金的收支回流,达到管理公司金融的目的。

2. 财务管理能力

财务管理能力是指公司的聚财、用财与生财的能力。聚财能力是指选择筹资渠道、方式、数量以及资金筹措、信用状况等方面的综合实务;用财能力是指使用固定资产与流动资产,确定资金结构及水平、资金周转、偿债及销售等方面的能力;生财能力集中表现为现金流入、利润水平及其增长速度等。

3. 财务管理组织结构

财务管理组织结构是指直接从事和组织、领导财务管理工作的职能部门的组成情况,包括各职能部门的设置及其相互间的财务管理职责分工和组织程序。财务管理组织结构的建立要有利于形成公司内部的金融环境,如组建内部银行、财务公司、项目融资等机构;要有利于公司生产经营各职能部门或环节相互的财务活动高效、顺利进行;要有利于公司经营战略的实施,实现生产经营管理和财务管理的科学化。

4.财务管理人员素质

财务管理人员素质是指业务素质,在业务上要掌握理财知识,熟悉有关法律法规,懂政策,具备财务决策能力和应付公司外部宏观环境变化能力。同时,公司领导必须树立和强化财务管理意识,借助理财这一综合性管理方法,提高公司生产经营管理效率。

(二)从公司所处的微观环境来看

1.企业类型

企业的类型很多,按不同的标准可作不同的分类。这里主要按国际惯例介绍三种类型企业组织形式。

设立一个企业,首先面临的问题是要采用哪一种组织形式。各资本主义国家的企业组织形式不完全相同,但通常有三类,即独资企业、合伙企业和公司企业。

(1)独资企业是指由一个人出资,归个人所有和控制的企业。独资企业具有结构简单、容易开办、利润独享等优点。但也存在无法克服的缺点:一是独资企业要承担无限责任,一旦发生亏损倒闭,企业所有者的损失不是以资本为限,而是需将全部私人财产拿出来抵债;二是筹资困难,个人财力有限,在借款时往往会因为信用不足而遭到拒绝,这可能使独资企业丧失有利时机。

(2)合伙企业是由两个以上的业主共同出资、共同拥有、共同经营的企业。合伙企业具有开办容易、信用较佳的优点,但也存在责任无限、权力分散、决策缓慢等缺点。

(3)公司企业。公司是法人,是有权用自己的名义从事经营、与他人订立合同、向法院起诉或被法院起诉的法律实体。公司的最大优点是公司的所有者——股东,只承担有限责任,股东对公司债务的责任以其投资额为限。公司的另一个优点是比较容易筹集资金,可以通过发行股票、债券等形式迅速地筹集到大量资金,这是公司比独资企业和合伙企业有更大发展的可能性。公司这一组织形式,已成为各国大企业所采用的普遍形式。

不同的企业组织形式对公司金融有重要影响。如果是独资企业,财务管理比较简单,主要利用的是业主自己的资金和供应商提供的商业信用。因为信用有限,其利用借款筹资的能力亦相当有限,银行和其他人都不太愿意借钱给独资企业。独资企业的业主要抽回资金,也比较简单,无任何法律限制。合伙企业的资金来源和信用能力比独资企业有所增加,收益分配也更加复杂,因此,合伙企业的财务管理比独资企业复杂得多。公司引起的财务问题最多,企业不仅要争取获得最大利润,而且要争取使企业价值增加;公司的资金来源有多种多样,筹资方式也很多,需要进行认真分析和选择;盈余分配也不像独资企业和合伙企业那样简单,要考虑企业内部和外部的许多因素。

2.市场环境

在商品经济条件下,每个企业都面临着不同的市场环境,这都会影响和制约公司金融行为。构成市场环境的要素主要有两项:一是参加市场交易的生产者及消费者的数量;二是参加市场交易的商品的差异程度。一般而言,参加交易的生产者和消费者的数量越多,竞争越大;反之,竞争越小。而参加交易的商品的差异程度越小,竞争程度越大;商品的差异程度越大,竞争程度越小。

企业所处的市场环境,通常有下列四种:

(1)完全垄断市场,又称"纯粹垄断市场"或"独占市场",是指整个行业只有一个销售者或竞争者,它可以决定商品的供应数量和价格。这类市场实际上不存在竞争。公用事业,如煤气公司、自来水公司一般都属于此。但是,有的公司可能因取得专利而形成垄断。

(2)完全竞争市场,又称"纯粹竞争市场",是指竞争不受任何因素的阻碍和干扰,完全由买卖双方自由竞争的市场。在这种市场上,生产者和消费者的数量都很多,但都不能控制市场价格,只能接受现行的市场价格。这类市场上的商品一般都非常标准,无任何差异,如玉米、大豆、小麦等农产品市场都属于此市场。

(3)不完全竞争市场,是指存在一定程度控制力的竞争市场。在这类市场上有许多商品生产者,但不同生产厂家的产品存在一定的差异(如质量、牌号等)。这样,消费者在购买时要有所选择,使得有些厂家(如名牌产品的生产企业)可以在一定程度上控制和影响市场。

(4)寡头垄断市场,这是指由少数几家生产者控制的市场,这几家企业通常控制该种产品销售量的70%~80%,剩下的较少部分由其他许多企业经营。

企业所处的市场环境,对公司金融有着重要影响。处于完全垄断市场上的企业销售一般都不成问题,价格波动也不会很大,企业的利润稳中有升,不会产生太大的波动,因而风险较小,可利用较多的债务来筹集资金;而处于完全竞争市场上的企业,销售价格完全由市场决定,被市场所左右,价格容易出现上下波动,企业利润也会出现上下波动,因而不宜过多地采用负债方式去筹集资金;处于不完全竞争市场和寡头垄断市场上的企业,关键要使自己的产品超越其他企业的产品,创出特色,创出名牌,这就需要在研究与开发上投入大量资金,研制出新的优质产品,并做好广告,搞好售后服务,给予优惠的信用条件等。为此,财务人员要筹集足够的资金,用于研究与开发和产品推销。

3. 采购环境

采购环境又称为物资来源环境,对公司金融有重要影响。按不同的标准可对采购环境作出不同的分类。

采购环境按物资来源是否稳定,可分为稳定的采购环境和波动的采购环境。前者对企业所需资源有比较稳定的来源;后者则不稳定,有时采购不到。企业如果处于稳定的采购环境中,可减少储存存货,减少存货占用的资金;反之,则必须增加存货的保险储备,以预防存货不足影响生产,这就要求财务人员把较多的资金投资于存货的保险储备。

采购环境按价格变动情况,可分为价格上涨的采购环境和价格下降的采购环境。在物价上涨的情况下企业应尽量提前进货,以防物价进一步上涨遭受损失,这就要求在存货上投入较多的资金;反之,在物价下降的环境里,应尽量随使用随采购,以便从价格下降中得到好处,也可在存货上尽量减少占用资金。

4. 生产环境

不同的生产企业和服务企业具有不同的生产环境,这些生产环境对公司金融有着重要影响。比如,企业的生产如果是高技术型的那就有比较多的固定资产而只有少数的生产工人。这类企业在固定资产上占用的资金比较多,而工薪费用较少,这就要求企业财务人员必须筹集到足够的长期资金以满足固定资产投资;反之,如果企业生产是劳动密集型的,则可较多的利用短期资金。再如,生产轮船、飞机的企业,生产周期较长,企业要比较多的利用长期资金;反之,生产食品的企业,生产周期很短,可以比较多的利用短期资金。

第四节　公司金融的相关理论

一、公司金融理论的发展过程

公司金融学是以公司理论为基础,以法人主体的公司为研究对象,将公司理论和公司财务相结合的学科。

(一)西方国家公司金融学发展历程

西方经典公司金融理论是指自 MM 理论以来的围绕公司金融研究的各种理论流派,包括权衡理论、代理理论、信号传递、控制权理论等。它经历了以下几个主要的发展阶段:

研究的起始阶段,主要体现在莫迪格莱尼(Modigliani)和米勒(Miller)(1958)的 MM 理论。其主要内容是:在完美、有效的市场和完全套利的假设下,公司的融资结构和股利政策不会影响公司的市场价值。它已经成为现代公司金融研究的出发点,近半个世纪以来,大量的理论研究及创新都围绕着放松 MM 理论的假定上来进行的。

研究的第二阶段,集中在放松完美市场的假设上。学者们逐步考虑了税收、破产成本、信息不对称等因素,这期间著名的理论有权衡理论、非对称信息理论等。但在此阶段,经营决策的外生性和半强式有效市场的假设仍然存在。

研究的第三阶段,放弃了经营决策外生性的假设。人们开始认识到公司的所有权结构会影响到公司的经营管理,研究的视角开始放在公司金融和管理经营的互动上来。这期间产生的理论有代理理论、公司治理理论、产品市场与资本结构理论等。在这些文献中,公司的经营决策对公司金融政策的依赖性是非常明显的,但几乎所有的分析仍然是以半强式有效市场为假设。

在西方公司金融理论的发展过程中,其假设前提有一个不断放松的过程,所导出的理论体系承袭了新古典理论的研究范式,具有清晰和系统的特点,但由此也产生了它的局限性。由于它的理论研究的假设前提仍是一种具有完善的公司治理的"理想公司",没有关注各国特殊的制度结构所导致金融冲突及其协调机制等相关问题,忽视了文化和法律传统、经济制度变迁的背景,公司治理的实际现状等因素所导致的各国特殊的理财环境,使得出的结论缺乏普适性,由此削弱了它对不同社会和制度结构条件下的公司金融行为的解释能力。

(二)我国金融学研究现状

目前,西方经典的公司金融理论在我国的研究现状体现在以下几个方面:

1.公司融资行为研究

这方面的研究成果较多,主要包括资本成本分析、融资偏好分析、资本结构的决定、资本结构与公司绩效的关系等方面。在资本成本分析的研究中,主要采用经典公司金融理论中的资本资产定价法、莫迪格莱尼和米勒的平均成本定价法等来计算我国公司的资本成本。在融资顺序和资本结构的研究中,多以实证研究为主,而且大多依据西方经典的公司金融模型来探讨可能的经济影响变量,进而确立要进行计量检验的模型,在有关实证结果的分析中,重点也是判断我国公司的金融决策行为是否符合经典公司金融理论的结论。关于资本结构的影响因素方面,除了资本成本、行业因素以外,还包括公司规模、盈利水平、公司成长性等方面的因素。

2.公司投资政策研究

公司投资政策研究主要包括公司并购的绩效和动机研究,公司投资的融资约束现象的研究,而对实际的研发投资、库存投资等实物投资范畴研究得较少。在并购绩效方面的研究主要包括两种方法:一类是基于并购行为的市场反应;另一类是比较并购前后公司经营业绩的变化。

3.公司股利政策研究

这方面的研究主要包括三个方面:目前我国公司的股利分配现状;公司股利政策的影响因素;股利是否具有信号传递效应,以及什么样的信号效应。此类研究主要从以下三方面进行考察:公司特征、持久盈利和代理问题与股利政策之间的关系,总的研究结论认为代理问题和公司治理是影响上市公司股利政策的重要因素。

总的来看,虽然目前海内外学者基于中国资本市场的公司金融研究在数量和质量上都已经取得了较大的发展,但是我国公司金融研究依旧存在着不少缺陷。在理论研究上,没有结合中国转轨经济背景建立一个统一的理论分析框架,并且存在两个重大的缺陷:一是缺乏对我国公司治理的全面和深层次的理解,特别是对公司有关利益各方的决策影响力和利益配置情况分析不清,不了解背景的复杂性,只是简单照搬西方的公司金融理论;二是国外经典的公司金融理论隐含的前提是有效资本市场,而我国的资本市场目前还不具备弱式有效性。由于以上原因,致使我国目前的公司金融研究要么不能解释实际情况,要么解释得非常牵强、片面。

(三)公司金融学前沿专题

公司金融作为经济学、金融学、管理学乃至其他社会学科的交叉学科,其学科本身的研究就具有前沿性。目前,关于公司金融主要的前沿理论有以下几个:

1.法律在公司治理中对投资者和所有权保护的重要性研究

法律在公司金融中的应用试图寻找这样几个问题的最优解决答案:投资者怎样让经理们返回一些利益给他们? 他们如何保证经理不盗走他们的投资或将投资投在一个很差的项目上? 投资者如何控制经理? 传统的金融学主要是研究资源约束下人的行为,没有考虑在法律制度约束下人是如何选择的。但是,在现实经济和金融交易中,人的行为很大程度上取决于法律制度的规定。

2.关于公司绩效评估的研究

股权结构和公司绩效之间的关系直接反映了公司治理的效率,近30年来对两者关系的研究一直是公司金融研究领域的热点,主要研究究竟什么样的股权结构是最有效率的? 分散的股权结构更有利于提高公司治理的绩效还是集中的股权结构更为有效? 大股东的存在是否会改进治理效率? 当大股东面临自身的激励问题时情况又有什么不同? 从发达国家资本市场的发展经验来看,资本市场的协调发展是公司有效融资的一个重要因素,其中发行公司债券是发达国家公司融资的主要方式,其融资的灵活性、市场容量以及交易的活跃程度都远远超过股票市场。

3.公司财务机制研究

20世纪70年代中期开始由于新的衍生工具的出现,公司在筹资及内部激励机制的设计方面有很多新的发展,发明了很多不同类型的证券来进行筹资。这些现象的出现和原有框架不一致,传统框架认为这些东西并不重要,因此对公司中的管理和激励机制等并没有加以考虑。这导致公司在解决激励问题时采用新的工具,并提出了对传统理论的挑战。迄今已有很多新的构想和新的研究方向。现在的研究逐步从理论方面的考虑过渡到实证的定量分析。但这是一个非常复杂的问题,涉及整个公司机制的设计和从实证的角度进行分析,虽然还没有一个完整的框架,但已经有很多的进展和探索。

4.行为公司金融理论研究

行为公司金融是公司金融理论和行为金融理论相互融合的产物。与经典的公司金融理论相比,它放弃了理性人和有效市场的假设前提,引入了行为因素的影响,认为外部市场的非有效性和内部管理者的非理性影响着公司的财务决策和价值最大化的行为。行为公司金融作为一个新的金融研究分支,目前其研究数量和研究内容上还稍显单薄,许多结论和观点还有待商榷和检验。但它为我们研究公司金融问题提供了一种新的角度和方法,使理论研究更加贴近资本市场的现实情况,特别在我国目前尚不成熟、存在大量非理性行为的资本市场上,引入行为公司金融的研究方法对深入理解和改善我国上市公司的非理性行为尤其具有特别的意义。

在我国金融学科的研究与发展中,公司金融学是最有潜力的研究方向之一。这是因为在中国现有的制度性缺陷背景下,很难提出一套量化的投资学理论模型,也就很难将这些研究成果推广、在国际学术界产生影响,这种困境在相当长的时间里不会有根本性改善。公司作为我国特色社会主义市场经济的微观主体,正处在构建和完善的阶段,公司金融的研究存在巨大的空间。再有公司金融学研究需要基于中国公司的原创性金融理论模型,将不仅能验证现有的公司金融学经典理论,还有望从中国的新视角推动公司金融学科的整体发展。

二、公司资本结构理论

资本结构就是公司各种资本来源的组成比例关系。资本结构决策往往要考虑如何在风险和报酬之间进行权衡。因为使用过多的债务筹资会增加公司的风险从而导致公司的股价下跌,影响股东财富最大化的目标。但是另一方面,使用较多的负债筹资却能体现公司权益资本的财务杠杆效应,大大提高公司净资产的预期收益率,又可能会使公司的股价上升,从而提高公司的总体价值。因此,从理论上讲,最优的资本结构必然是在公司需要承担的风险和获得的预期报酬得以平衡的基础上求得的,这个资本结构要使公司的股价最高,同时又使整个公司的资本成本最低。研究资本结构不仅要研究公司资本,也要研究全部的公司资产。

(一)资本结构的定义

目前资本结构的定义主要有四种:

(1)学术界一般将公司的资本结构看成公司资产负债表中股东权益与负债的比例关系,习惯上还被称为融资结构、财务结构或财务杠杆。这种最常见的定义,也是一种广义的资本结构定义。

(2)狭义的资本结构是将资本仅仅定义为公司资产负债表中的股东权益,因此,这种资本结构的定义仅指公司股权资本中各个组成部分之间的比例关系,这种定义通常也被称为股权结构或所有权结构。

(3)扩大了的狭义资本结构是将公司资本从股权资本扩大到债券资产,并且集中分析债券资产中各个组成部分之间的比例关系,通常称为债券结构。

(4)按照津盖尔斯的分析,为了适应现代新经济时代知识和人力资源在公司发展中的重要性以及公司之间对人力资源的争夺,资本结构还应该包括实物资本(包括股权资本和债券资本)与人力资本之间的比例关系。这是目前一种最宽泛的资本结构的定义。

本书讲的资本结构指狭义的资本结构,即指公司长期筹资的各有关项目,不包括短期负债,主要有普通股权益、优先股股本、留存收益、长期借款和长期债券等项目,即资产负债表右边除去短期负债以外的全部项目构成及比例关系。

最优资本结构是公司最佳的资本组合方式,它的确定是公司资本结构决策的中心问题。公司在进行任何筹资决策之前,首先应该根据一定的目标确定最优资本结构,并在以后各项筹资活动中有意识地保持这种最佳的目标资本结构。如果公司以往的资本结构不尽合理,则应通过筹资活动加以调整,尽力使公司资本结构能趋于合理。

(二)资本结构的原理

公司金融的目标是为了实现公司价值的最大化。资本结构理论是研究资本结构中债务资本与权益资本比例的变化对公司价值的影响理论。由于短期资金的需求和筹集方式经常变化,并且在整个资金总量中所占的比重不稳定,因此不列入资本结构管理的范围。

在 20 世纪 50 年代,以美国金融学家杜兰德为代表的研究者,提出了"净收益理论"、"经营净收益理论"和"传统理论"三种观点。近年来,最有影响的是莫迪格莱尼和米勒提出的现代资本结构理论,在金融学中被称为"莫迪格莱尼-米勒理论"简称"MM 理论",为资本结构理论的发展作出了重大的贡献。现在将各种理论简述如下:

1.早期资本结构理论

(1)净收益理论。净收益理论认为,在公司的资本结构中,负债可以降低公司的平均资本成本,因此公司采用负债筹资总是有利的,因为它可以增加公司的总价值,负债程度越高,公司的价值就越大。公司的平均资本成本率和公司的总价值可以用图 1-1 表示如下:

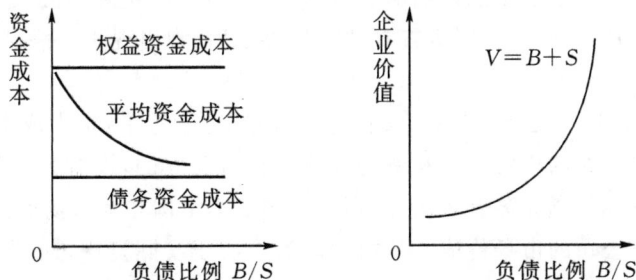

图 1-1 净收益原理下企业资本结构与企业价值关系

根据上述净收益理论图示(V 表示公司的总价值,B 表示公司发行在外的债券的市场价值,S 表示公司发行在外的普通股的市场价值),当公司提高财务杠杆系数时,由于资本结构中资本成本较低的债务资本所占比例增加,而使综合资本成本降低,并逐渐接近债务成本的水平。当公司平均资本成本最低时,公司的总价值达到最大,此时的资本结构为最佳资本结构。这是一种极端的资本结构理论观点,考虑到财务杠杆利益,但忽略了财务风险,如果公司的债权资本过多,债权资本比例过高,财物风险就会很高,公司的综合资本成本率就会上升,公司的价值反而下降。

(2)营业收益理论。营业收益理论也称经营净收益理论,该理论认为,不论公司财务杠杆的作用如何变化,加权平均资本成本是固定的,因此债务资本的比例对公司的总价值没有影响。其基本假设是公司利用负债筹资扩大财务杠杆的作用,即使债务资金成本能够保持不变,也会增加公司权益资本的风险,普通股股东便会要求更高的股利率,财务杠杆的作用产生的收益将全部作为股利向股东发放,权益资本成本的上升,正好抵消了财务杠杆的作用带来的好处,因而公司的加权平均资本成本率保持不变,公司的价值也不会发生变化。因此,加权平均的公司综合资本成本不会受到负债增加或者减少的影响。这一理论可以用图1-2表示:

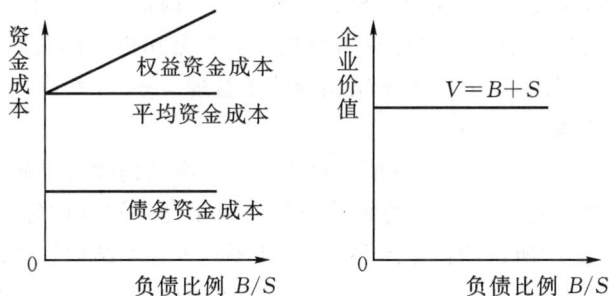

图1-2 营业收益原理下企业资本结构与企业价值关系

(3)传统理论。传统理论实际上是介于净收益理论和经营净收益理论两种极端之间的一种折中的理论。该理论认为,公司利用财务杠杆尽管会导致公司权益资本成本上升,但是在一定范围内却不会完全抵消利用成本较低的债务资金所带来的好处,因此会使公司加权平均资本成本下降,公司总价值上升。每一个公司都存在一个最佳的资本结构,可以通过适度财务杠杆的使用来获得。在最佳资本结构点上,负债的实际边际资本成本率与股本的实际边际资本成本率相同。在负债比例达到该点以前的所有水平上,负债的实际边际资本成本率将会超过股本的实际边际资本成本率,而当财务杠杆达到该点以后,则出现相反情况。

2. MM 理论

1958年6月,莫迪格莱尼与米勒在《美国经济评论》上发表了《资本成本、公司财务和投资理论》论文,认为如果公司的投资政策和融资政策是相对独立的,没有公司所得税和个人所得税,没有破产风险,资本市场充分有效运行,则公司的资本结构与其市场价值无关,亦即公司的资本结构选择不影响公司的市场价值。公司的价值取决于实际资产,而不是其各类债权和股权的市场价值。此资本结构模型的主要假设有:所有的实物资产归公司所有;资本市场无摩擦;公司只能发行两种类型的证券;公司和个人都能按无风险的利率借入或借出款项;投资者对于公司利润的未来现金流的预期都是相同的;没有增长,所以现金流是不断增加的;所有公司都可以归为几个"相等的利润等级"中的一类,在此等级上公司股票的收益与在该等级上的其他公司的股票收益完全比例相关。

最初的MM理论即无公司税MM模型基本思想为:由于资本市场上的套利机制的作用,在前述假设前提下,公司总价值将不受资本结构变动的影响,即同类风险公司在风险相同而只有资本结构不同时,其公司价值相等。在1963年莫迪格莱尼与米勒修正了原来的资本结构理论,建立了有公司税的MM模型,认为由于负债的避税作用所产生的财务杠杆效应,使公司可以通过这种作用降低综合资本成本,从而提高公司的价值。米勒在1977年进一步探讨了在同时存在公司所得税和个人所得税的情况下,资本结构对公司价值的影响。基本思想是:修正的MM理论过高地估计了负债经营对公司价值的作用,实际上,个人所得税在某种程度上抵减了负债利息的减税利益。

后来的金融学者在早期MM理论的基础上不断放宽假设,继续研究,几经发展,提出了税负利益—破产成本的权衡理论,该理论认为:随着公司债权比例的提高,公司的风险也会上升,因而公司陷入财务危机甚至破产的可能性也就越大,由此会增加公司的额外成本,降低公司的价值。因此公司最佳的资本结构应当是节税利益和债权资本比例上升而带来的财务危机成本与破产成本之间的平衡点。

3.新的资本结构理论

20世纪七八十年代后又出现一些新的资本结构理论,主要有代理成本理论、信号传递理论和啄序理论等。

(1)代理成本理论。在代理成本理论中,最优资本结构是考虑代理成本以后融资决策收益与成本之间权衡的结果,特别是集中分析了既定的资本结构对代理成本的影响。所以,资本结构的代理理论又被称为债务的高成本监管理论。

(2)信号传递理论。信号传递理论认为公司可以通过调整资本结构来传递有关盈利能力和风险方面的信息,以及公司如何看待股票市价的信息。

(3)啄序理论。啄序理论是基于公司金融环境中的信息不对称现象而出现的一种观点,其前提假定公司没有负债目标,不存在最优资本结构。公司选择的融资顺序应该先是内部融资,然后是外部债权融资,并且是从低风险债券到高风险债券,包括可换股债券和其他准股票证券,最后才是外部股权融资。

各种资本结构理论只是提供了一个研究问题的有用的思路框架,可以让我们以此来思考如何进行最佳资本结构的决策,实际决策时还必须充分考虑各个公司的实际情况和客观经济环境等因素的影响,而不能教条地去进行纯理论模型的套用。

三、货币的时间价值理论

货币时间价值理论是公司金融的基础理论。具体内容如下:

(一)时间价值的概念和经济含义

公司任何金融活动的经济实质都体现为货币的运动,并在运动中体现货币的价值。所谓货币的时间价值是指货币经过一段时间的运动而发生的增值,也就是说货币在不同的时点具有不同的价值。

货币的时间价值的经济含义,可以从不同的角度来理解,从人们的时间偏好来讲,人们在消费的时候,认为当前消费带来的效用要大于远期的消费,所以人们往往会选择当期获得收益来进行消费,即使当前与未来消费的是同样的商品或者劳务,但是因为时间的偏好,带来的效用是不一样,货币的时间价值就表现为两期带来效用的差;从风险偏好的角度来讲,因为经济环境的复杂性以及对于未来的不确定性,人们的有期理性认为当前收益要比远期收益来得更具有确定性,这种对于风险的规避选择会让人们觉得显示确定性的当期收益要大于不确定的未来收益;通货膨胀的存在,也使得货币在远期产生了贬值的可能性,于是当期收益就要大于未来收益;货币的时间价值还表现为货币的时间机会成本,当期的收益经过再投资,到达未来的一个时点的时候,可能就会创造出来更大的价值,而远期收益是在未来的时点的固定收益,机会成本的存在就使得当前的收益具有更大的经济效用。

(二)时间价值的几个重要概念

既然货币具有时间价值,在不同时点上的货币价值是不同的,需要将不同时点的货币价值换算成具有相同时间价值的基础才能进行比较和汇总。从前面的分析中,我们知道,货币价值相当于在无风险和无通货膨胀条件下让渡使用权而获得的一部分补偿。因此货币时间价值的增值过程与无风险无通货膨胀条件下利息的增值过程是相似的。

计算货币时间价值的方法有单利、复利两种,以及现值与终值。下面介绍这几个概念,具体的计算方法在以后的章节中介绍。

1. 单利与复利

所谓单利是指在计算利息时,仅用最初本金来加以计算,而不计入在先前利息周期中所累积增加的利息,即通常所说的"利不生利"的计息方法。在计算利息时,某一计息周期的利息是由本金加上先前计息周期所累积利息总额之和来计算的,这种利息称为复利,也即通常所说的"利生利"、"利滚利"。复利计算有间断复利和连续复利之分。按期(年、半年、季、月、周、日)计算复利的方法称为间断复利(即普通复利);按瞬时计算复利的方法称为连续复利。

2. 现值与终值

所谓现值,是指一笔货币在现在这个时点上的价值;所谓终值,也称将来值是指一笔货币在将来的某时点上的价值。由于货币时间价值的存在,不同时点上的货币金额是不能够直接比较大小的,更不能直接相加减。要使在不同时点上的货币金额能够相比较大小,必须首先将它们折算到同一时点上。理论上,将它们折算到过去、现在、将来的任意一个时点上都可以比较大小,但是通常为了简便和易于理解,大都折算到现在,即比较现值的大小。

在现代经济活动中,现值比终值使用更为广泛。因为用终值进行分析,会使人感到评价结论的可信度较低;而用现值概念很容易被决策者接受。因此,在换算的过程中应当注意以下两点:①正确选取折现率。折现率是决定现值大小的一个重要因素,必须根据实际情况灵活选用。②注意现金流量的分布情况。从收益方面看,获得的时间越早、数额越大,其现值也越大。因此,应使投资项目早日投产,早日达到设计生产能力,早获收益,多获收益,才能达到最佳经济效益。从投资方面看,投资支出的时间越晚、数额越小,其现值也越小。因此,应合理分配各年投资额,在不影响项目正常实施的前提下,尽量减少建设初期投资额,加大建设后期投资比重。

(三)公司的现金流分析

公司货币的时间价值的研究,实际上就是对公司的现金流的分析,尤其是对公司未来现金流的分析。未来现金流量是依据历史的现金流量,公司的盈利状况,投资项目的潜在盈利水平等诸多方面估算出来的,带有一定的主观性,主要从两个方面来进行分析,即现金流的归属问题以及现金流量的来源问题。

1. 现金流的归属分析

现金流量是以公司作为自己的运行载体,因此现金流的归属应当从公司的归属问题入手。公司的契约理论认为,公司是一系列合约的联合体。在该联合体中,要素所有者按照要素使用权交易合约向公司投入各种要素,包括股权资本要素、债权资本要素等非人力资本要素以及经营劳动要素与生产劳动要素等人力资本要素,体现为要素所有者依据交易合约所拥有的对公司的权益。所以从本质上来看,现金流量归属于各个权益所有者。即:

企业现金流量=股东现金流量+债权人现金流量+经营者现金流量+工人现金流量

但是因为公司生存在一个不确定的市场环境中,公司的现金流本身就是一个不确定的量,因此不论是股东、债权人、经营者还是工人,都不可能因为自身的投入而获得一个固定的现金流。设总的现金流入为 R,固定投资产生的现金流流出为 N,固定资产折旧为 D,股东的现金流为 S,债权人的现金流为 I,经营者报酬为 M,工人报酬为 W。就可以把公司的现金流量写成：

$$R_0 = R - N - D = S + I + M + W$$

在这个公式中，N、D 都是常量，当我们把债权人的现金流，经营者与工人报酬都变成常量之后（在现实经济中也基本表现为常量），这个公式也就可以转化为：

$$R_0 = R - N - D - I - M - W = S$$

也就是说股东是公司剩余现金流的唯一分享者，这也符合了公司财务目标的所有者权益最大化的目标。要想使所有者分享的现金流越来越大，公司的经营者只有最大限度地增加公司的现金流量，这样不仅使得 S 扩大，也会使得 I、M、W 扩大，就使得公司所有相关主体的利益变大，当然这也涉及一个分配方案的问题。如何设计一种比较合适的分享方案是管理层需要着重考虑的问题，涉及对各类要素所有者的激励与约束问题。划分现金流的归属问题一方面增强了财务目标函数的作用，涉及公司所有相关主体对公司收益的索偿权利；另一方面将现金流按照不同的所有者予以分类，体现出不同的要素所有者不同的风险偏好程度，即不同的预期要素报酬率。

2. 现金流的来源分析

公司在未来一段时间内的现金流入与流出是由各项经营业务产生或运用的。按照各项业务的性质一般将现金流的产生来源划分为经营活动产生的现金流量，投资活动产生的现金流和筹资活动产生的现金流。

经营活动的现金流是公司在直接与产品生产、产成品或商品销售和劳务供应等有关的经营活动中产生的现金流入或流出。经营活动是公司最主要的活动，也是产生公司现金流变动的最重要的因素，涉及公司的偿还借款、营运资本投资、长期资本投资、维持合理股利政策等几个方面。同时也可以通过经营活动产生的历史现金流来预测未来的经营活动带来的现金流量。经营活动产生的现金流，不外乎表现为现金流入与现金流出。现金流入方面，主要体现为不涉及筹资和投资活动所产生的各类现金流入，如销售商品，提供劳务等。在现金流出方面也表现为不涉及筹资和投资活动产生的各类现金流出。其中经营者与工人的报酬，以及经营者所取得的奖金或期权等与经营有关的收入都划归在经营活动的现金流出中。股东与债权人的现金流实际上是对公司资产拥有实质上的所有权，他们的现金流实际上是外部与内部之间的流动，而不涉及经营活动中来，其中的利息是股东向债权人支付的，不涉及经营活动中来，且利息所带来的抵税收益也反映在加权平均资本成本中，因此也不将利息考虑进来。

R 是营业收入，C 是现金营业成本，D 是非现金营业成本（主要是折旧），T 是税率，利息费用支出是 I，则经营活动所带来的现金流量可表示为：

$$经营活动所带来的现金流量 = R - (C - I) - [R - (C - I) - D]T$$
$$= EBDIT - T(EBDIT - D)$$
$$= (1 - T)EBDIT + T \times D$$

其中，$EBDIT$ 为利息税和折旧前的盈利。

投资活动的现金流量是指购置与处置非流动资产等投资活动产生的现金流入与流出。投资活动的现金流量代表着公司为了获得未来收益和现金流量而导致资源转出的程度，以及以前资源转出带来的现金流入的信息。与投资活动现金流相关的是公司的投资决策。MM 理论认为，公司的资本结构与公司价值无关，虽然这一结论与现实有较大矛盾，但是公司投资决策是决定公司价值的最根本因素。在这一个时点上看，公司价值是由已经投资的项目的价值和新投资项目的价值所构成的;在一个连续的时点上看,公司价值则是由不断的各个投资项目的价值所构成的。

融资活动的现金流量是指公司在一系列理财活动中产生的现金流,公司的经营和投资离不开融资,融资维持着公司日常的经营活动以及各种长期投资。MM 理论的无税模型认为,公司价值与资本结构无关,而当存在税收因素时,该理论强调了负债的节税效应,也就是说,公司应当尽可能地负债,以获得最大的节税收益,但是随着负债率的提高,公司风险也会随之加大,破产成本与代理成本的提高,导致融资成本的上升,从而抵消了负债经营所带来的节税效益,降低了公司的价值。

(四)时间价值理论是公司金融的理论基础

时间价值作为一种重要的经济杠杆,有利于提高资金的利用效率,更好地利用现有资金。公司金融的主要内容是筹资、投资和股利分配等资本活动,也就是对资本所进行的运作。如果公司金融的目标功能是使得公司价值最大化,那么我们可以得出结论:资金时间价值理念是所有公司投资决策、融资决策和股利决策的基础。

公司金融的决策依赖于以下几个重要的原则:时间价值风险必须得到相应的回报;测量现金流量的现值比测量会计收益更重要;公司决策必须考虑时间因素会对其自身价值的影响。从投资决策角度来看,因为货币时间价值的存在,货币使用权的让渡产生了费用,同时也让公司为追求更高的利润率而努力,公司获得的货币的使用权,只有生产利润率至少可以补偿资金需求者的预期报酬率,生产才能继续。因此货币的时间价值也成了公司进行金融决策的基本依据。

资金时间价值理论是公司金融学的基础理论,任何公司的金融活动都是在一定的时空中进行的,离开了资金时间价值因素,就无法正确计算不同时期的金融绩效,也无法正确评价金融活动的盈亏。我国过去曾长期忽视资金时间价值理论的运用,资金使用效率低下,给经济工作带来许多危害。例如,国家拨款的无偿使用,公司许多固定资产闲置,材料物资大量积压,流动资金占用过多;许多项目建设工期过长,资金回收慢,投资效果差等。

四、资本配置理论

公司金融研究领域面临的一个基本问题是:在多大程度上资本被配置到适宜的投资项目上?现在看来,经济学家之所以热衷于公司投资问题是源于他们对资本配置效率的关心。但值得指出的是,公司投资行为的效率问题,乃至微观资本配置问题并不是一开始就成为经济学家关注的焦点,人们对公司资本配置问题的研究和认识是伴随着经济学分析方法和分析范式的发展而不断深入的。

(一)公司资本配置理论的发展

最早经济学家虽然也相当关注公司投资问题,但是由于资本市场被假设或是完善并且有效的,公司被当作一个能够解决跨期最优化问题的经济主体,如果不考虑调整成本因素和税收因素,追求利润最大化的公司能够理性地实施投融资行为,并且自然而然地实现有效率的资本配置。那时,经济学家更多的是从宏观经济学的角度审视公司微观投资问题的,他们关注的是:作为社会有效需求的重要组成部分,公司投资需求如何使市场实现均衡。

在此之后,一方面,对公司投资行为的实证研究发现已有的公司投资理论不能够很好地解释公司的投资行为;另一方面,经济学家对信息问题、代理问题的研究表明,资本市场不是想象中的那么完美,公司的财务状况、融资决策和投资决策不再是毫无联系。此时,和公司投资相关的资本配置效率问题才凸现出来。根据 MM 理论,如果资本市场是完美的,再加上完备资本市场或者其他一些更弱的假设,那么公司的投资决策和公司融资政策无关,而且公司投资能够实现股东财富的最大化,资源配置一定是符合经济学效率原则的。

莫迪格莱尼和米勒等人的开创性研究极大地激发了经济学者研究公司投资问题的兴趣。后续研究者在 MM 定理基础上逐步引入现实世界中资本市场的不完美因素,扩展了相关研究,其中最重要的是资本市场不完美因素对外部资本市场运行的影响。20 世纪 70 年代以来,人们开始引入信息不对称、代理问题等因素考察外部资本市场如何在公司之间配置资本,该研究视角成为公司金融研究领域的一大亮点。

(二)我国公司资本配置研究中应该注意的问题

1.公司治理与资本结构

由于我国转轨经济下的国家整体性制度安排的复杂性和变迁性,形成了完全不同于英美市场主导模式的上市公司的治理机制。在我国上市公司的众多利益相关者中,由于股权的高度集中、贷款银行缺乏"相机治理"的权力、机构投资者的消极性等因素,核心控股股东对贷款银行和中小投资者的侵害成为主要的代理问题。由于缺乏制衡机制,这种现象还极为严重,这种理财的制度环境对公司的金融目标和金融行为均产生了巨大的影响。因此研究中国的公司金融时应该关注制度因素的影响。

2.资本市场的有效性

由于转轨经济的背景,我国股票市场成立的背景和定位是为国有公司脱困改革提供融资、解困的工具,种种转轨制度的合作博弈的结果是资本市场功能的混乱,寻租现象较多,投资性较浓,很难与国外成熟的资本市场相比,这将对公司的实际金融决策产生下列影响:从绩效测量角度来看,市场反应研究只能研究对流通股股东财富的影响,而不能考察非流通股股东财富的影响;股市存在较为强烈的炒作风气,使得事件研究的有效性大打折扣;与西方理论不同,股价的变动不会影响到控制权的安全性,对公司经理层没有太大的压力;上市公司通过金融决策来进行盈余管理或者传递信息以操纵股价。

3.金融行为的解释性研究

在对上市公司金融行为的解释性研究中,要根据公司的治理结构来确定特定金融行为的决策者是谁,他在现实中的目标函数是什么,有什么约束条件,由此又导出了什么样的公司金融决策。而不能像西方经典公司金融理论那样,认为公司处于一种理想的公司治理状态,金融决策者的目标函数都是公司股东价值最大化。例如,在我国,从上市公司的公司治理中可以判断出,拥有公司控制权的是核心大股东,其在现实中的目标函数是为了获取"控制权租金"的最大化,约束条件是公司治理中其他的利益制衡方和资本市场的现实条件,最后由此可以解释其实际的金融决策行为。

4.最优金融决策研究

在有关上市公司的最优金融决策研究中,首先需要确定金融决策的目标函数是什么,然后是不同的公司治理理念。在古典的公司治理理论中始终强调"股东中心主义"。但是随着现代公司的发展,公司目标并不是股票市值最大化或者股东利益最大化,而是要考虑利益相关者的利益,即产生了"利益相关者理论"。公司金融管理被描述为所有利益相关者的行为和结果,并无一个国际通行的公司治理模式。我国目前正处于向市场经济的转轨过程,以后的公司治理发展方向以及公司治理中采取哪种理念尚无定论。

西方公司金融研究都是以最大化公司的价值为目标,就其本质仍然是以出资者为核心,而且由于其股东的股票为全流通股,债权人的债券也可以交易流通,所以就最大化公司的价值就等同于最大化公司股票和债券市价。但我国有着完全不同的情况:首先,公司债务大部分是银行贷款,不能交易流通,债权人追求的是公司金融的安全和本金偿还性;其次,股东中的大部分股票是非流通股,其只能进行有限的协议转让,转让价格约等于净资产,所以,这部分非流通股东若要最大化其价值,必须最大化其所拥有的净资产额;再次,流通股股东的股票能在市场流通转让,则最大化股票价格就成了其追求的目标。以上三部分的公司出资者的追求目标不同,就决定了在最优化公司金融决策时的目标函数有不同的选择。可以设想,在目前这种非流通股股东拥有控制权的情况下,金融决策行为体现了控股股东"控制租金的最大化"的意图。而将来随着国有股的逐渐全流通、治理结构中引入机构投资者,或者是主银行制等,不同的公司治理模式将导致不同的公司金融目标,所以在今后的公司金融研究中,无论在进行行为解释还是进行最优化设计,都不能离开我国特殊的制度背景。

本章小结

1.公司是依照公司法组建并登记的以营利为目的的企业法人。从公司的组织形式而言,有的国家公司法规定了有限责任公司、股份有限公司、无限公司、两合公司等组织形式。

2.公司金融学考察公司如何有效地利用各种融资渠道,获得最低成本的资金来源,并形成合适的资本结构,建立起公司激励兼容的资本配置机制。它属于微观金融学的范畴。

3.公司经营目标是一个目标体系,盈利目标是核心。公司是以营利为目的的从事商品生产和经营的社会经济组织。作为一种经济组织,公司必须有自己的经营目标,否则,经营活动就会失去方向。

4.作为公司经营活动的一项职能化活动,公司金融活动也应当围绕公司总体经营目标制定与自身活动性质相适应的分项目标。公司金融目标包括以下几个方面:①为生产经营筹集所需资本;②降低融资成本和融资风险,构建合理的融资结构;③合理决策经营投资,保持良好的支付能力;④合理决策金融投资,提高金融投资的流动性和盈利性。

5.所谓公司金融原则,是指公司金融活动应遵循的行为准则,包括安全性原则、流动性原则和盈利性原则。

6.任何事物总是和一定的环境相联系、存在和发展的,公司金融业不例外。公司金融工作若想达到成功,必须认识公司的宏观环境和微观环境。公司金融的宏观环境虽然非常复杂,但可以概括为政治、经济、科技、法律、文化和国际经济环境六个方面。公司金融的微观环境是指构成公司生产经营过程和财务管理过程的各种因素总和,包括许多内容,可以从生产经营管理状况、财务管理能力、财务管理组织结构和人员素质这几个因素研究,也可以从企业类型、市场环境、采购环境及生产环境研究。

7.西方经典公司金融理论是指自 MM 理论以来的围绕公司金融研究的各种理论流派,包括权衡理论、代理理论、信号传递、控制权理论等。

8.货币的时间价值是指货币经过一段时间的运动而发生的增值,也就是说货币在不同的时点具有不同的价值。计算货币时间价值的方法有单利、复利两种,以及现值与终值。资金时间价值理念是所有公司投资决策、融资决策和股利决策的基础。

9.公司金融研究领域面临的一个基本问题是:在多大程度上资本被配置到适宜的投资项目上? 我国公司资本配置研究中应该注意的问题主要有:①公司治理与资本结构;②资本市场的有效性;③金融行为的解释性研究;④最优金融决策研究。

关键术语

公司　公司金融　公司资本结构　公司治理　时间价值　MM 理论

思考练习题

1.什么是公司? 公司的组织形式有哪几种?

2.什么是公司金融? 公司金融研究的内容有哪些?

3.什么是资金的时间价值? 为什么说时间价值是公司金融研究的基础?

4.资本配置应该注意的问题是什么?

5.公司金融的目标有哪些?

6.公司金融应该遵循怎样的原则?

第二章 货币的时间价值

本章要点

1. 货币的时间价值及其相关概念
2. 终值与现值计算
3. 年金计算
4. 货币时间价值应用

第一节 货币时间价值概述

货币的时间价值是企业财务管理的一个重要概念,也称之为资金时间价值。在使用权和所有权分离的今天,货币的时间价值是客观存在的经济范畴,越来越多的企业在生产经营决策中将其作为一个重要的因素来考虑。在企业的长期投资决策中,正确评价长期投资的经济效益,需要计算货币的时间价值,由于企业所产生的收支在不同的时点上发生,且时间较长,如果不考虑货币的时间价值,就无法对决策的收支、盈亏做出正确、恰当的分析评价。企业经营的基本原则之一是充分利用货币的时间价值并最大限度地获得其时间价值,货币时间价值存在的客观性要求公司金融的管理者必须具有货币时间价值观念,将公司金融活动过程中不同时点的现金收入和现金支出换算到相同时间的基础上,然后进行大小的比较计算,进而做出科学的融资决策、经营投资决策和金融投资决策。

一、货币时间价值的含义

对于一位投资者来说,在进行投资决策时所面临的基本问题之一,就是如何确定预期未来现金流量在今天的价值。比如一投资项目将在以后 5 年获得 100 万元的收益,那么是否表明该项目的价值就是 100 万元? 当然不是,因为,这 100 万元收益实际上是以每年 20 万元,合计5 年获得的。深入分析我们可知道,当前的 100 万元是实实在在的价值,而每年 20 万元的收益是将来才能得到的,这些未来的收益是预期的,不是现实的。那么投资者是否决定投资这一项目则要衡量未来 100 万元收益的现在价值是不是 100 万元? 换句话说,选择一个投资项目依赖于"当前 1 元钱与未来 1 元钱之间的关系"。

一般来讲,当前 1 元钱与未来 1 元钱之间的关系被称作为货币的时间价值(time value of money)。当今 1 元钱的价值不同于 1 年后 1 元钱的价值,当今 1 元货币能带给个人的效用要高于 1 年后 1 元货币现在能带给个人的效用,所以当今 1 元钱的价值要大于以后 1 元钱的价值。从现实层面来看,个人推迟消费 1 年时间的等待需要货币价值补偿即利息,如银行的存款利率为 6%,某人将 1 元钱存入银行,1 年后取得资金 1.06 元。1 元钱的资金经过 1 年的时间,其价值增长了 0.06 元,这 0.06 元就是 1 元钱的时间价值。

货币的时间价值指当前所持有的一定量货币比未来获得的等量货币具有更高的价值,从经济学的角度而言,现在的一单位货币与未来的一单位货币的购买力之所以不同,是因为要节省现在的一单位货币不消费而改在未来消费,则在未来消费时必须有大于一单位的货币可供消费,作为弥补延迟消费的贴水。从货币时间价值的本质上来说,就是指在不考虑通货膨胀和风险性因素的情况下,资金在其周转使用过程中随着时间因素的变化而变化的价值,其实质是资金周转使用后带来的利润或实现的增值,所以,资金在不同的时点上,其价值是不同的。在公司财务活动中,公司经营者会充分利用闲置资金,购买股票、债券等投资活动以获得投资收益。通常情况下,只有当所获得的投资收益大于或等于利息收入时,即投资利润率等于同期银行利息率时,公司才进行投资活动,否则宁愿把资金存在银行中,而不愿进行有一定风险的投资活动。由此可见,货币时间价值从价值量上看,是在没有风险和没有通货膨胀条件下的社会平均资金利润率,货币时间价值是公司资金利润率的最低限度。

货币时间价值可以用绝对数和相对数两种方法来表示,绝对数是货币价值的增加额即是通常的利息额,相对数是价值的增加额占初始货币的百分数即是通常利息率。但是在实际工作中对这两种表示方法并不作严格的区别,通常以利息率进行计算。在这里我们将初始货币也称为本金,它是产生货币时间价值的基础。

二、货币时间价值产生的原因

(一)货币时间价值的形成

货币时间价值的产生是货币所有权和使用权分离的结果。在商品生产和商品交换的初期,货币时间价值表现为高利贷形式,这是一种最古老的生息资本,由于高利贷的利率很高,债务人很难将借到的货币作生产性运用。随着商品经济的不断发展,到了资本主义社会便产生了借贷资本这一新的所有权资本,借贷资本所有者把资本的使用权转让给产业资本家或商业资本家,他们可以把借贷资本运用于生产或流通过程去创造利润,借贷资本所有者最后以利息的形式收回,利息的多少是按一定量的货币被贷放出去的时间长短来计算的,由此,便产生了货币时间价值的观念。

(二)货币时间价值的产生的原因

简而言之,货币具有时间价值的原因,至少有以下四个方面:

(1)货币可用于投资,获得利息,从而在将来具有更多的货币量;

(2)货币的购买力会因通货膨胀的影响而随时间改变;

(3)一般来说,未来的预期收益具有不确定性;

(4)对于消费而言,个人更喜欢即期消费,因此必须在将来提供更多的补偿,才能让人们放弃即期的消费。

(三)货币时间价值的表现

货币时间价值是按投资时间长短而计算的投资报酬,这种投资报酬是投资在各个项目上都能取得的起码报酬。货币的时间价值通常被认为没有风险和通货膨胀条件下的社会平均利润率,它的定性表现形式从相对量可视为有效利息率,即国债利率,从绝对量看就是使用货币资本所付出的代价,即资本成本或机会成本。它的定量表现形式为复利和年金。

三、货币时间价值计算的相关概念

时间价值的计算要涉及若干基本概念,包括本金、利率、终值、现值、单利制和复利制等。

(1)本金。本金是指能够带来时间价值的资金投入,即投资额。本金是产生时间价值的基础。

(2)利率。利率是指本金在一定时期内的价值增值额占本金的百分比。

(3)终值(future value)。终值是指本金在若干期末加上所计算利息的总数。

(4)现值(present value)。现值是指将来一笔资金按规定利率折算成的现在价值。折算现值的过程称为"贴现",贴现所运用的利率称为"贴现率"。

(5)单利制和复利制。这是计算时间价值的两种方法或制度。单利制是仅就本金计算利息,本金于每期所产生的利息不再加入本金再计算下一期的利息。复利制是不仅本金要计算利息,利息也要计算利息,即将每一期的利息加入本金一并计算下一期的利息。复利制的运用较为广泛,货币时间价值的计算一般都是复利的方式进行。

四、资金的基本类型

货币时间价值的计算是财务管理的基础,要掌握资金时间价值的计算方法和计算技巧,还要学会区分资金的两种基本类型:一次性收付款项和年金,这是掌握货币时间价值计算的关键所在。实际上由于资金的两种基本类型在款项收付的方式、时间及数额上有一定的特点和规律,所以我们可以归纳出不同类型资金的时间价值计算公式,并且配有相应的系数表,这些系数表的运用大大简化了货币时间价值的实际计算过程,因此在货币时间价值的计算中正确判断资金的类型,就可以快速、无误地计算出相应的时间价值。下面介绍资金的几种基本类型。

(1)一次性收(付)款项:在某一特定时点上一次性支付(或收取),经过一段时间后再相应地一次性收取(或支付)的款项。一次性收付款项的特点是资金的收入或付出都是一次性发生的。

(2)年金(annuity):一定时期内每次等额收付的系列款项。年金的特点是资金的收入或付出不是一次性发生的,而是分次等额发生,而且每次发生的间隔期都是相等的。按照每次收付款发生的具体时点不同,又可以把年金分为普通年金、即付年金、递延年金和永续年金。其中普通年金和即付年金是年金的两种基本类型。

第二节　货币时间价值的计算

一、一次性收(付)款项的时间价值

价值,其实质就是不同时点上资金价值的换算。它具体包括两方面的内容:一方面,是计算现在拥有一定数额的资金,在未来某个时点将是多少数额,这是计算终值问题;另一方面,是计算未来时点上一定数额的资金,相当于现在多少数额的资金,这是计算现值问题。货币时间价值的计算有两种方法:一是只就本金计算利息的单利法;二是不仅本金要计算利息,利息也能生利,即俗称"利上加利"的复利法。相比较而言,复利法更能确切地反映本金及其增值部分的时间价值。

(一)单利终值与现值

1. 单利(simple interest)

单利是指只按借贷的原始金额或本金支付(收取)的利息,不再考虑利息再产生的利息。在单利方式下,本金能带来利息,利息必须在提出以后以本金形式投入才能生利,否则不能生利。单利的利息额是三个变量的函数:借(贷)的原始金额或本金、单位时间段的利息率和本金被借(贷)的期限长短,计算单利的公式为:

$$SI = P_0 \times i \times n \qquad (2-1)$$

式中:SI 表示单利利息额;P_0 表示初期的本金或借(贷)的原始金额;i 表示利息率;n 表示期限数。

[例 2-1]　假设一投资者按年利率 10% 的单利将 100 元存入储蓄账户中,保持 3 年不动,在第三年末,利息额的计算如下:

$$利息额 = 100 \times 0.1 \times 3 = 30(元)$$

2. 单利终值

单利终值就是一定时期以后的本利和,是指若干期以后包括本金和利息在内的未来价值。现在的 1 元钱,年利率为 10%,从第 1 年到第 5 年,各年年末的终值可计算如下:

1 元 1 年后的终值 = 1 × (1 + 10% × 1) = 1.1(元)

1 元 2 年后的终值 = 1 × (1 + 10% × 2) = 1.2(元)

1 元 3 年后的终值 = 1 × (1 + 10% × 3) = 1.3(元)

1 元 4 年后的终值 = 1 × (1 + 10% × 4) = 1.4(元)

1 元 5 年后的终值 = 1 × (1 + 10% × 5) = 1.5(元)

因此,单利终值的一般计算公式为:

$$FV_n = PV_0 \times (1 + i \times n) \qquad (2-2)$$

式中:FV_n 为终值,即第 n 年末的价值;PV_0 为现值,即 0 年(第 1 年初)的价值;i 为利率;n 为计算期数。

[例 2-2]　若某人将 1 000 元存入银行,年存款利率为 2%,则经过一年时间的本利和为:

$$FV_1 = PV_0 \times (1 + i \times n) = 1\,000 \times (1 + 2\%) = 1\,020\,(元)$$

3. 单利现值

现值就是指未来一笔资金现在的价值,即由终值倒求现值,一般称之贴现或折现,所使用的利率为贴现率。

若年利率为 10%,从第 1 年到第 5 年,各年年末的 1 元钱,其现值可计算如下:

1 年后 1 元钱的现值 = 1 ÷ (1 + 10% × 1) = 1 ÷ 1.1 = 0.909(元)

2 年后 1 元钱的现值 = 1 ÷ (1 + 10% × 2) = 1 ÷ 1.2 = 0.833(元)

3 年后 1 元钱的现值 = 1 ÷ (1 + 10% × 3) = 1 ÷ 1.3 = 0.769(元)

4 年后 1 元钱的现值 = 1 ÷ (1 + 10% × 4) = 1 ÷ 1.4 = 0.714(元)

5 年后 1 元钱的现值 = 1 ÷ (1 + 10% × 5) = 1 ÷ 1.5 = 0.667(元)

因此,单利现值的一般计算公式为

$$PV_0 = FV_n \times \frac{1}{(1 + i \times n)} \qquad (2-3)$$

〔例 2 - 3〕　在利率为 10％,单利方式计算条件下,李某希望在 5 年后取得本利和 30 000 元,用以支付一笔款项。则此人现在需存入银行的本金为:

$$PV_0 = FV_n \times \frac{1}{(1+i \times n)} = 3\,000 \times \frac{1}{(1+10\% \times 5)} = 2\,000(元)$$

(二)复利终值与现值

1. 复利(compound interest)

复利是指不仅借(贷)的本金要支付(收取)利息,而且前期的利息在本期也计算利息。复利表明,为一笔贷款支付的利息(或从一项投资中获得的利息)要定期加到本金中去。结果,利息和本金一样开始生息,正是这种利息的利息,或说复利的利息形成了一个差额,而这个差额正说明了复利和单利的区别。

复利的利息额是三个变量的函数:借(贷)的原始金额或本金、单位时间段的利息率和本金被借(贷)的期限长短,计算复利的公式为:

$$CI = P_0 [(1+i)^n - 1] \tag{2-4}$$

其中,CI 表示复利利息额,P_0 表示初期的本金或借(贷)的原始金额,i 表示利息率,n 表示期限数。

〔例 2 - 4〕　我们再来看例〔2 - 1〕中 100 元的储蓄,假设利率仍是 10％,期限还是 5 年,但现在按照复利来计算五年末的利息额为:

第一年末投资者将拥有 110 元,其中获得利息额为 $100 \times [(1+0.1) - 1] = 10$ 元,并将全部金额再投资;第二年末投资者将拥有 121 元,其中获得利息额为 $100 \times [(1+0.1)^2 - 1] = 21$ 元。这 21 元包括三部分,第一部分是本金 100 元在第一年获取的利息 10 元,第二部分是本金 100 元在第二年获取的利息 10 元,第三部分是第一年的 10 元利息在第二年获取的利息 1 元,仍将全部金额再投资;第三年末投资者将拥有 133.1 元,其中获得利息额 $100 \times [(1+0.1)^3 - 1] = 33.1$ 元⋯⋯第五年末投资者将拥有 161.051 元,其中获得的利息额 $100 \times [(1+0.1)^5 - 1] = 61.051$ 元,这 61.051 元包括有本金 100 元在五年中获得利息,第一年利息在剩余四年获取的利息,第二年利息在剩余三年获取的利息⋯⋯,第四年的利息在最后一年获取的利息。

2. 复利终值

复利终值,即是在"利滚利"基础上计算的现在的一笔收付款项未来的本利和。现在的 1 元钱,若年利率为 10％,从第一年到第五年,各年年末的终值可计算如下:

1 元 1 年后的终值 $= 1 \times (1+10\%) = 1.1(元)$

1 元 2 年后的终值 $= 1.1 \times (1+10\%) = 1 \times (1+10\%)^2 = 1.21$ (元)

1 元 3 年后的终值 $= 1.21 \times (1+10\%) = 1 \times (1+10\%)^3 = 1.331$ (元)

1 元 4 年后的终值 $= 1.331 \times (1+10\%) = 1 \times (1+10\%)^4 = 1.464$ (元)

1 元 5 年后的终值 $= 1.464 \times (1+10\%) = 1 \times (1+10\%)^5 = 1.611$ (元)

因此,复利终值的一般计算公式为

$$FV_n = PV_0 \times (1+i)^n \tag{2-5}$$

式中:FV_n 为终值,即第 n 年末的价值;PV_0 为现值,即 0 年(第 1 年初)的价值;i 为利率;n 为计算期数。式中 $(1+i)^n$ 通常称为复利终值系数(future value interest factor),其简略形式为 $FVIF_{i,n}$,用符号 $(F/P, i, n)$ 表示。如本例中 $(F/P, 10\%, 5)$ 表示利率为 10％、5 期复利终值的系数。复利终值系数可以通过查阅"复利终值系数表($FVIF$ 表)"直接获得。

[例 2-5] 假设例 2.2 中,此人并不将现金提走,而将 1 020 元继续存在银行,则第二年的本利和为

$$FV_2 = PV_0(1+2\%)(1+2\%) = 1\,000 \times (1+2\%)^2 = 1\,040.4\,(元)$$

同理,第三年的本利和为

$$FV_3 = PV_0(1+2\%)(1+2\%)(1+2\%) = 1\,000 \times (1+2\%)^3 = 1\,061.2(元)$$

第 n 年的本利和为

$$FV_n = PV_0(1+i)^n = 1000 \times (1+2\%)^n$$

3. 复利现值

复利现值是指未来发生的一笔收付款项其现在的价值。具体地说,就是将未来的一笔收付款项按适当的贴现率进行折现而计算出的现在的价值。

若年利率为 10%,从第 1 年到第 5 年,各年年末的 1 元钱,其现值可计算如下:

1 年后 1 元的现值 = 1÷(1+10%) = 1÷1.1 = 0.909(元)

2 年后 1 元的现值 = 1÷(1+10%)² = 1÷1.21 = 0.826(元)

3 年后 1 元的现值 = 1÷(1+10%)³ = 1÷1.331 = 0.751(元)

4 年后 1 元的现值 = 1÷(1+10%)⁴ = 1÷1.464 = 0.683(元)

5 年后 1 元的现值 = 1÷(1+10%)⁵ = 1÷1.625 = 0.621(元)

因此,复利现值的一般计算公式为

$$PV_0 = FV_n \times \frac{1}{(1+i)^n} \qquad (2-6)$$

上式中的字母含义同上,其中 $\frac{1}{(1+i)^n}$,通常称为复利现值系数(present value interest factor)。其简略形式别为 $PVIF_{i,n}$,用符号 $(P/F,i,n)$ 表示,在实际工作中,其数值可以查阅按不同利率和时期编制的复利现值系数表。

以上两个公式可分别改写为

$$FV_n = PV_0 \times FVIF_{i,n} \qquad (2-7)$$

$$PV_0 = FV_n \times PVIF_{i,n} \qquad (2-8)$$

[例 2-6] 某投资项目预计 8 年后可获得收益 500 万元,按年利率 10% 计算,问此项收益相当于现在的价值是多少?

解:$PV_0 = FV_n \times \frac{1}{(1+i)^n} = 500 \times (1+10\%)^{-8} = 500 \times 0.466\,5 = 233.25\,(万元)$

即 8 年后的 500 万元,按资金时间价值为 10% 计算,相当于现在的 233.25 万元。

前面介绍了一次性收付款项的时间价值,在现实的生活中还存在一定时期内多次收付款项,而且每次收付的金额相等,这样的系列收付款项称为年金(annuity)。在经济活动中,有多种形式的年金,如定期收付的保险费、折旧、利息、租金、分期付款以及零存整取或整存零取储蓄,等额回收的投资等等,都表现为年金的形式。

二、年金终值与现值

一般来说,在某一段期间内,以相同的时间间隔连续发生的一系列相等金额的收付款项被称为年金。如分期付款赊购,分期偿还贷款,发放养老金,支付租金,提取折旧等都属于年金收

付形式。年金按其每次收付发生的时点不同,可分为普通年金、即付年金、递延年金和永续年金四种形式。凡收入和支出发生在每期期末的年金,称为普通年金或后付年金(ordinary annuity);凡收入和支出在每期期初的年金,称为预付年金或即付年金(annuity due);凡收入和支出发生在第一期以后的某一时间的年金,称为递延年金或延期年金(deferred annuity);凡无限期继续收入或支出的年金称为永续年金(perpetual annuity)。普通年金在实际应用较多,如不作特殊说明,均指这类年金。

(一)普通年金的终值与现值

1.普通年金的终值

普通年金的终值犹如零存整取的本利和,它是一定时期内每期期末收付款项的复利终值之和。其计算办法如图 2-1 所示。

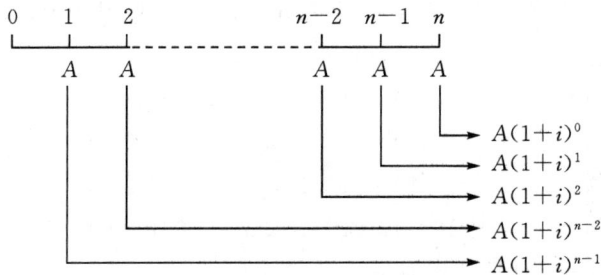

图 2-1　普通年金终值计算示意图

由此可知,年金终值的计算公式为:

$$FVA_n = A \cdot (1+i)^0 + A \cdot (1+i)^1 + A \cdot (1+i)^2 + \cdots + A \cdot (1+i)^{n-2} + A \cdot (1+i)^{n-1} \tag{1}$$

即,$FVA_n = A \sum_{t=1}^{n} (1+i)^{t-1}$

将(1)式两边同乘以$(1+i)$得

$$FVA_n \times (1+i) = A \cdot (1+i)^1 + A \cdot (1+i)^2 + A \cdot (1+i)^3 + \cdots + A \cdot (1+i)^{n-1} + A \cdot (1+i)^n \tag{2}$$

将(2)式减去(1)式得

$$FVA_n \times i = A \cdot (1+i)^n - A$$

$$FVA_n \times i = A \cdot [(1+i)^n - 1]$$

$$FVA_n = A \cdot \left[\frac{(1+i)^n - 1}{i} \right] \tag{2-9}$$

式中:FVA_n 为年金终值;A 为每次收付款项的金额;i 为利率;t 为每笔收付款项的计息期数;n 为全部年金的计息期数。其中$\left[\frac{(1+i)^n - 1}{i} \right]$通常称作年金终值系数(future value interest factors for annuity),其简略表示形式为 $FVIFA_{i,n}$ 或$(F/A, i, n)$,此系数可查阅年金终值系数表直接得到,不必计算。

[**例 2-7**] 假设某项目在 3 年建设期内每年年末向银行借款 200 万元,借款年利率为 10%,问该项目竣工时应付本息的总额是多少?

解：

$$FVA_n = A \cdot \frac{(1+i)^n - 1}{i}$$

$$= 200 \times \left[\frac{(1+10\%)^3 - 1}{10\%}\right]$$

$$= 200 \times (F/A, 10\%, 3)$$

$$= 200 \times 3.310$$

$$= 662 (万元)$$

即该项目在 3 年后除了要偿付本金 600 万元外，还有支付 62 万元的利息。

[例 2-8] 假设某项目在 5 年建设期内每年年末向银行借款 200 万元，借款年利率为 10%，问该项目竣工时应付本息总数额是多少？

解：

$$FVA_n = A \cdot \frac{(1+i)^n - 1}{i}$$

$$= 200 \times \frac{(1+10\%)^5 - 1}{10\%}$$

$$= 200 \times (FVIFA_{10\%,5})$$

$$= 200 \times 6.1051$$

$$= 1221.02 (万元)$$

即该项目在 5 年后除了要偿付本金 1 000 万元之外，还要支付 221.02 万元得利息。

2.普通年金的现值

普通年金现值是指一定时期内每期期末收付款项的复利现值之和。其计算办法如图2-2所示。

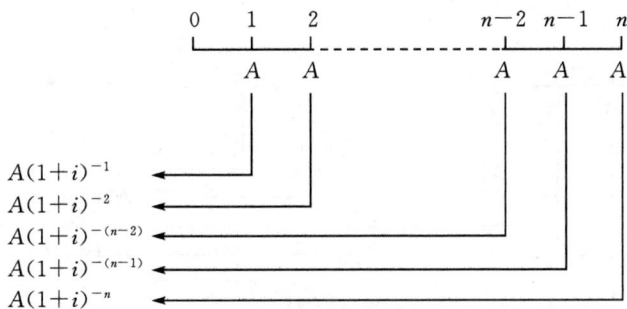

图 2-2 普通年金现值计算示意图

由图 2-2 可知普通年金现值的计算公式为：

$$PVA_n = A \cdot (1+i)^{-1} + A \cdot (1+i)^{-2} + \cdots + A \cdot (1+i)^{-(n-2)} + A \cdot (1+i)^{-(n-1)} + A \cdot (1+i)^{-n} \tag{1}$$

即，$PVA_n = A \sum_{t=1}^{n} (1+i)^{-t}$

将(1)式两边同乘以(1+i)得

$$PVA_n(1+i) = A + A \cdot (1+i)^{-1} + \cdots + A \cdot (1+i)^{-(n-3)} + A \cdot (1+i)^{-(n-2)} + A \cdot (1+i)^{-(n-1)} \tag{2}$$

将(2)式减去(1)式得

$$PVA_n \times i = A - A \cdot (1+i)^{-n}$$

$$PVA_n \times i = A \cdot [1 - (1+i)^{-n}]$$

$$PVA_n = A \cdot \left[\frac{1 - (1+i)^{-n}}{i}\right] \qquad (2-10)$$

式中:PVA_n 为年金的现值,其他字母表示的含义同上。其中 $\left[\dfrac{1-(1+i)^{-n}}{i}\right]$ 称作年金现值系数(present value interest factors for annuity),其简略表示形式为 $PVIFA_{i,n}$ 或($P/A,i,n$),此系数可查阅年金现值系数表直接得到,不必计算。

[例 2-9] 某企业需租入一种设备,每年年末需要支付租金 5 000 元,年复利率为 10%,问 5 年内应支付的租金总额的现值是多少?

解:

$$\begin{aligned}
PVA_n &= A \cdot \left[\frac{1-(1+i)^{-n}}{i}\right] \\
&= 5\,000 \times \left[\frac{1-(1+10\%)^{-5}}{10\%}\right] \\
&= 5\,000 \times (P/A, 10\%, 5) \\
&= 5\,000 \times 3.790\,8 \\
&= 18\,954 (元)
\end{aligned}$$

(二)即付年金的终值与现值

即付年金与普通年金并无实质性的差别,两者仅在于收付款项时间的不同。

1. 即付年金终值的计算

即付年金的终值是其最后一期期末时的本利和,是各期收付款项的复利终值之和。n 期即付年金终值可用图 2-3 加以说明。

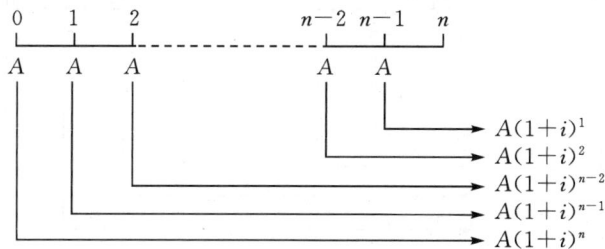

图 2-3 即付年金终值计算示意图表

从图 2-3 中可以看出,n 期即付年金与 n 期普通年金的付款次数相同,但由于其付款时间不同,n 期即付年金终值比 n 期普通年金的终值多计算一期利息。因此,在 n 期普通年金终值的基础上乘上($1+i$)就是 n 期即付年金的终值。

$$\begin{aligned}
FVA_n &= A \cdot \left[\frac{(1+i)^n - 1}{i}\right] \cdot (1+i) \\
&= A \cdot \left[\frac{(1+i)^{n+1} - (1+i)}{i}\right] \qquad (2-11) \\
&= A \cdot \left[\frac{(1+i)^{n+1} - 1}{i} - 1\right]
\end{aligned}$$

式中的 $\left[\dfrac{(1+i)^{n+1}-1}{i}-1\right]$ 称为"即付年金终值系数",它是在普通年金终值系数的基础上,期数加1,系数减1所得的结果。通常记作 $[(F/A,i,n+1)-1]$。这样,通过查阅"年金终值系数表"得 $(n+1)$ 期的值,然后减去1便可得对应的即付年金终值系数的值。这时可用公式计算即付年金的终值:

$$FVA_n = A \cdot [(F/A,i,n+1)-1] \tag{2-12}$$

例2.10　每年年初向银行存入5 000元,连续存入5年,年利率为5%,则5年到期时的本利和为:

$$\begin{aligned} FVA_n &= A \cdot [(F/A,i,n+1)-1] \\ &= 5\,000 \times [(F/A,5\%,6)-1] \\ &= 5\,000 \times [6.802-1] \\ &= 29\,011(元) \end{aligned}$$

2.即付年金现值的计算

即付年金现值,是指在一定时期内每期期初等额收付款项的现值之和。n 期即付年金现值可用图2-4加以说明:

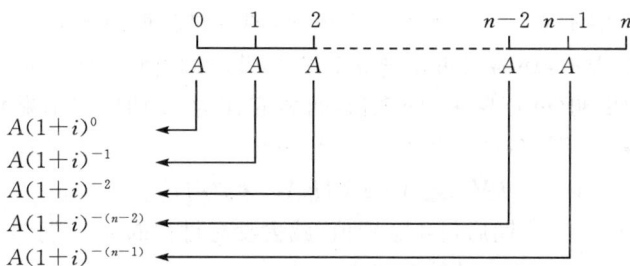

图2-4　即付年金现值计算示意图

从图2-4可以看出,n 期即付年金现值与 n 期普通年金现值的期限相同,但由于其付款时间不同,n 期即付年金现值比 n 期普通年金现值多折现一期。因此,在 n 期普通年金的基础上乘以 $(1+i)$,便可求出 n 期即付年金的现值。

$$\begin{aligned} PV_n &= A \cdot \left[\dfrac{1-(1+i)^{-n}}{i}\right] \cdot (1+i) \\ &= A \cdot \left[\dfrac{(1+i)-(1+i)^{-(n-1)}}{i}\right] \\ &= A \cdot \left[\dfrac{1-(1+i)^{-(n-1)}}{i}+1\right] \end{aligned} \tag{2-13}$$

式中,$\left[\dfrac{1-(1+i)^{-(n-1)}}{i}+1\right]$ 称为"即付年金现值系数",它是在普通年金系数的基础上,期数减1所得到的结果。通常记作 $[(P/A,i,n-1)+1]$。这样,通过查阅"年金现值系数表"得 $(n-1)$ 期的值,然后加1便可得对应的即付年金现值系数的值。这时可用公式计算即付年金的现值:

$$PV_n = A \cdot [(P/A,i,n-1)+1] \tag{2-14}$$

[例2-11]　某企业为提高生产效率租入一套设备,每年年初支付租金4 000元,年利率

为 8%，则 5 年总的现值应为：

$$PV_n = A \cdot \left[\frac{1-(1+i)^{-n}}{i} \right] \cdot (1+i)$$

$$= 4\,000 \times \left[\frac{1-(1+8\%)^{-5}}{8\%} \right] \times (1+8\%)$$

$$= 17\,248(元)$$

（三）递延年金和永续年金的现值

1. 递延年金现值的计算

递延年金，是指最初若干时期内没有发生收付款项，以后若干期每期发生等额的收付款项，它是普通年金的特殊形式。凡不是从第一期开始的普通年金都是递延年金。m 期以后的 n 期年金现值可用图 2-5 表示：

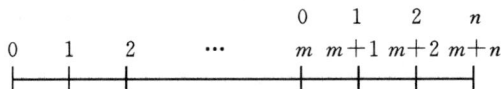

图 2-5　递延年金现值计算示意图

递延 m 期后的 n 期年金与 n 期普通年金相比，两者付款期数相同，但这项递延年金现值是 m 期后的 n 期年金现值，还需要再贴现 m 期。因此，为计算 m 期后 n 期年金现值，要先计算出该项年金在 n 期期初（m 期期末）的现值，再将它作为 m 期的终值贴现至 m 期期初的现值。计算公式如下：

$$PV_0 = A \cdot PVIFA_{i,n} \cdot PVIF_{i,m} \tag{2-15}$$

此外，还可先求出（$m+n$）期后付年金现值，减去没有付款的前 m 期的普通年金现值，即为递延 m 期的 n 期普通年金现值。计算公式为：

$$PV_0 = A \cdot PVIFA_{i,m+n} - A \cdot PVIFA_{i,m} \tag{2-16}$$

［例 2-12］　某人拟在年初存入一笔资金，以便能在第六年末起每年取出 1 000 元，至第 10 年末取完。在银行存款利率为 10% 的情况下，此人应在最初一次存入银行多少钱？

解：

$$PV_0 = A \cdot PVIFA_{i,m+n} - A \cdot PVIFA_{i,m}$$

$$= A[(P/A,10\%,10)] - A[(P/A,10\%,5)]$$

$$= 1\,000 \times (6.144\,6 - 3.790\,8)$$

$$\approx 2\,354(元)$$

2. 永续年金现值的计算

我们已知道，一系列相等的现金流量可被视为年金。上面讨论的年金都有一个特定的期限，如果年金期限一直无限地持续下去，则构成一种特殊年金形式，称为永续年金（perpetual annuities）。也就是说永续年金是指相同时间间隔的无限期等额收付款项。对于永续年金而言，因其没有终止时间也就没有终值，只能计算现值。计算这类特殊年金的方法也适用计算永久债券和优先股的价值。

在实际工作中，永续年金是不存在的，但通常期限很长的年金，在计算时可以作为永续年金处理。如有些债券未规定偿还期限，其利息也可视为永续年金。永续年金的计算公式如下：

$$PV_0 = A \sum_{i=1}^{\infty} (1+i)^{-t}$$

$$= A \lim_{n \to \infty} \frac{1-(1+i)^{-n}}{i} = \frac{A}{i} \qquad (2-17)$$

[例2-13]　某品牌商标能为某公司每年带来30万元的超额收益,若市场的无风险资金利润率为6%,问这项商标现在的价格为多少?

解: $PV_0 = \dfrac{A}{i} = 30 \times \dfrac{1}{6\%} = 500(万元)$

第三节　货币时间价值应用

以上介绍的是计算货币时间价值的基本原理。但在实际应用中,单利、复利终值和现值的计算要复杂得多。例如,现值计算过程中的不等额现金流量的现值的计算、计息期短于一年的现值和终值的计算、贴现率的计算等等情况,下面分别按不同情况予以介绍。

一、计息期小于1年的时间价值的计算

所谓计息期就是指每次计算利息的期限。按照国际惯例,如没有特别说明,通常是指年。到目前为止的讨论,我们均假定利息的支付每年一次,因为在这样的假设下,最容易对货币时间价值有一个基本的理解。但在实际中有时也会遇到年利息支付的次数超过一次,即计息期限小于1年的情况,如债券利息一般是半年支付一次。因此,当计息期短于1年时,利率必须与计息期相适应,计息期 n 为月数,i 就应当是月利率;当计息期 n 是季数,就应当是季利率。为此,要根据不同的计息期对年利率进行换算,复利终值和现值的计算公式也要做适当的调整。

计息期小于1年时,每期利率与计息期数的换算公式为:

$$r = \frac{i}{m} \qquad (2-18)$$

$$t = nm \qquad (2-19)$$

式中:r 表示每期利率;i 表示年利率;m 表示一年中计息期数;n 表示年数;t 表示换算后的计息数。计息期数换算后,复利终值和现值的计算公式可变为:

$$FV_t = P_0(1+r)^t = P_0(1+\frac{i}{m})^{nm} \qquad (2-20)$$

$$PV_0 = FV_t \times \frac{1}{(1+r)^t} = FV_t \times \frac{1}{(1+\frac{i}{m})^{nm}} \qquad (2-21)$$

[例2-14]　假定现在每季度计息一次,年利率8%,计算3年后1000元的终值是多少?

解:

$$FV_{12} = P_0(1+\frac{i}{m})^{nm} = 1\,000 \times (1+\frac{8\%}{4})^{4\times3}$$

$$= 1\,000 \times (1+0.02)^{12}$$

$$= 1\,269.2(元)$$

即3年后1000元的终值是1269.2元。

如果上例中假定每半年计息一次,这时 1 000 元的终值是:

$$FV_6 = 1\ 000 \times (1+0.08/2)^{2\times3} = 1\ 000 \times (1+0.04)^6 = 1\ 265.2(元)$$

假定一年计息一次,这时 1 000 元的终值是:

$$FV_3 = 1\ 000 \times (1+0.08/1)^{1\times3} = 1\ 000 \times (1+0.08)^3 = 1\ 259.7(元)$$

从上可以看出,每年付息次数越大,终值越大。当(2-20)式中的 m 趋于无穷大时,即是在无穷小的时间间隔进行复利计息,也就是一般所说的连续复利,这时公式中的 $(1+i/m)^{mn}$ 趋向于 e^{in}。因而,在利率为 $i\%$,本金为 PV_0 时,连续复利 n 年后的终值计算表达式为:

$$FV_n = PV_0 \times e^{in} \tag{2-22}$$

类似地,连续复利 n 年后的现值计算公式为:

$$PV_0 = FV_n/e^{in} \tag{2-23}$$

在上例中,若每年利率为 8%,本金为 1 000 元,则连续复利 n 年后的终值为:

$$FV_n = PV_0 \times e^{in} = 1\ 000 \times e^{0.08\times3} = 1\ 000 \times e^{0.24} = 1\ 271.2(元)$$

比每年复利一次时的终值高出 11.5 元。这是因为利息在它赚得利息的瞬间又转化为本金,因而利息的金额就会持续增长。

二、不等额现金流量的现值

前述现值的计算均指每期收入或付出的款项都是相等的。但在公司金融活动中,更多的情况是每期发生的收付款项并不一定相等。例如,普通股票的每年红利支付额,每年并不一定相同,因此,有必要在此分析不等额现金流量的现值的计算过程。

其基本计算公式为:

$$\begin{aligned} PV_0 &= \frac{A_1}{(1+i)^1} + \frac{A_2}{(1+i)^2} + \cdots + \frac{A_{n-1}}{(1+i)^{n-1}} + \frac{A_n}{(1+i)^n} \\ &= \sum_{t=1}^{n} \frac{A_t}{(1+i)^t} \end{aligned} \tag{2-24}$$

不等额现金流量序列中每项的现值之和就是该序列未来收入的现值。

[例 2-15] 某项目的现金流量如表 2-1,年利率为 10%,试计算该项目现金流量的现值。

表 2-1 现金流量表 单位:万元

年份	1	2	3	4
现金流量	1 500	2 000	2 500	3 000

$$\begin{aligned} PV_0 &= \frac{1\ 500}{(1+10\%)^1} + \frac{2\ 000}{(1+10\%)^2} + \frac{2\ 500}{(1+10\%)^3} + \frac{3\ 000}{(1+10\%)^4} \\ &= 1\ 500 \times 0.909 + 2\ 000 \times 0.826 + 2\ 500 \times 0.751 + 3\ 000 \times 0.683 \\ &= 6\ 940(万元) \end{aligned}$$

三、贴现率的确定

在前面的计算中,我们假定贴现率 i 是既定的。但在公司金融活动的实际操作中,往往需要根据已知的计息期数、终值和现值来估算贴现率。一般说来,倒求贴现率可分为两步进行:①求出年金(复利)现值(或终值)系数;②根据该系数再求出其相应的贴现率。这里分两种情况,一种情况是,根据复利现值或终值系数及相应的计息期数 n,通过倒查相应的系数表,直接得出贴现率 i;另一种情况是计算出来的系数中没有正好相对的系数,即它是介于两个系数之间,这时要采用插值法来进行计算。

[**例 2-16**]　某职员采取按揭方式购买一套商品房,该房市价为 157 950 元,银行提供其首付 20% 后的剩余房款,按 5 年期的按揭贷款还本付息。如果银行要求该职员在未来 5 年的每年年末等额地向银行支付贷款本息 30 000 元,试计算银行按揭贷款的利率为多少?

解: 根据 $PVA_n = A \sum\limits_{t=1}^{n} (1+i)^{-t}$,已知 $A = 30\,000$,$n = 5$,

$$PVA_0 = 157\,950 \times (1-20\%) = 126\,360 (\text{元})$$

可得,$126\,360 = 30\,000 \cdot \sum\limits_{t=1}^{5} \dfrac{1}{(1+i)^t}$

所以,$\sum\limits_{t=1}^{5} \dfrac{1}{(1+i)^t} = \dfrac{126\,360}{30\,000} = 4.212$

查现值系数表,系数为 4.212,n 为 5,则其对应的 i 为 6%。

现实生活,根据系数及已知的期数 n,通过查表得出 i 的情况并不多见。经常是计算出系数是介于两个贴现率之间,这时可用近似的插值法来计算。

仍用上例,将每年年末等额地向银行偿付贷款的本息由原来的 30 000 元改为 29 500 元。

$$\sum\limits_{t=1}^{5} \dfrac{1}{(1+i)^t} = \dfrac{126\,360}{29\,500} = 4.283$$

从年金现值表中可以看出,在 $n=5$ 的各系数中,i 为 5% 时,系数为 4.329;i 为 6%,系数为 4.212。可见,贴现率应在 5% 至 6% 之间,假设 x 为超过 5% 的百分数,则用插值法计算 x 的过程,如图 2-6 所示:

图 2-6　用插值法计算贴现率

插值法

$$\frac{x}{1} = \frac{0.046}{0.117}$$

$$x = 0.393$$

$$i = 5\% + 0.393\% = 5.393\%$$

当然,用插值法计算 i 是一种近似的算法。

四、期数的推算

期数的推算，其原理和步骤同贴现率的推算是相同的。

现以普通年金为例，说明在 PVA_n、A 和 i 已知情况下，推算期数 n 的基本步骤。

(1)计算出 PVA_n，A，设为 α。

(2)根据 α 查普通年金系数表。沿着已知的 i 所在列纵向查找，如能找到恰好等于 α 的系数值，其对应的 n 值即为所求的期数值。

(3)如找不到恰好为 α 的系数值，则要查找最接近 α 值的左右临界系数 β_1、β_2 以及对应的临界期数 n_1、n_2，然后应用插值法求 n。计算公式如下：

$$n = n_1 + \frac{\beta_1 - \alpha}{\beta_1 - \beta_2} \cdot (n_2 + n_1) \qquad (2-25)$$

[例 2-17]　某企业拟购买一台柴油机，更新目前的汽油机。柴油机价格较汽油机高出 2 000 元，但每年可节约燃料费 500 元。若利息率为 10%，则柴油机至少使用多少年此项更新才有利？

解： 已知 $PVA_n = 2\ 000$，$A = 500$，$i = 10\%$

$$PAV_n/A = 2\ 000/500 = 4 = \alpha$$

即 $PVIFA_{10\%,n} = \alpha = 4$

求 n：查普通年金现值系数表。在 $i = 10\%$ 的列上纵向查找，无法找到恰好为 4(即)的系数值，于是查找大于和小于 4 的临界系数 β_1、β_2 以及对应的临界期数 n_1、n_2，即

$$\beta_1 = 4.355 > 4 \qquad n_1 = 6$$
$$\beta_2 = 3.791 < 4 \qquad n_2 = 5$$

可见，期数应在 5 至 6 之间，可用插值法求 n 如下：

期数			年金现值系数		
6%			4.355		
	$x\%$	1%		0.355	0.564
?			4.000		
5%			3.491		

$$\frac{x}{1} = \frac{0.355}{0.564} \qquad x = 0.6$$

因此，$n = 5 + 0.6 = 5.6$(年)

五、实际年利率(effective annual interest rate，EAIR)

若计息期不同，则不同的投资会提供不同的收益。如果多个投资有不同的计息期，在选择投资时就有必要对计息期作出说明。这就需要区别名义利率和实际年利率。实际年利率是这样一种利率：它在每年计息一次时所提供的利息应等于名义利率在每年计息 m 次所提供的利息。

按照定义：

$$(1 + EAIR) = (1 + i/m)^{m \times 1}$$

因此，在给定名义利率 i 和每年计息期期数为 m 时，实际年利率计算公式如下：

$$EAIR = (1+i/m)^m - 1 \qquad (2-26)$$

[例 2-18]　如果名义利率是 8%，每季度复利计息，那么实际利率是多少？

解：

$$EAIR = (1+i/m)^m - 1 = (1+8\%/4)^4 - 1 = 8.24\%$$

名义利率只有在给出计息间隔期的情况下才有意义。例如名义利率为 10%，1 元在半年复利间隔期的情况下年末终值为 $(1+0.10/2)^2 = 1.1025$ 元，在按季度计息情况下的终值为 $(1+0.10/4)^4 = 1.103$ 元，但是如果仅给出名义利率为 10%，而计息间隔没有给出，就不能计算终值。相反，实际利率本身的意义很明确，它不需要给出复利计息的间隔期，例如，若实际利率为 10.25%，就意味着 1 元投资在 1 年后就可以变成 1.1025 元。

六、贷款的分期偿还

现值概念的一个重要应用是决定一项分期偿付性质的贷款的偿付率。这种贷款形式有一个显著特点：贷款偿付是分期进行的，每期的偿付额相等，偿付额中既有利息，也有本金，偿付期长短不一，可以是一个月、一个季度、半年或一年。在抵押贷款、消费贷款和特种商业贷款中，分期偿付是很普遍的。

[例 2-19]　假设按 8% 的年利率贷款 25 万元，要求在 10 年内还清，这 10 年内每年年末偿付的总和必须足以弥补 25 万元，并向贷款方提供 8% 的回报，求每年偿付额是多少？

解：

$$250\,000 = R\sum_{t=1}^{10} \frac{1}{(1+i)^t} = R(PVIFA_{8\%,10})$$

从年金现值系数表中可以查阅到利率为 8% 的 10 年期年金复利现值系数是 6.710，即是 $PVIFA_{8\%,10} = 6.710$，那么从上述式子中可得出：

$$R = 250\,000/6.71 = 37\,257.8(元)$$

因此，每年支付 37 257.8 元就能在 10 年内完成偿付 25 万元，并向贷款方提供要求的报酬。每次偿付中包含部分的利息和部分的本金。表 2-10 就是分期偿付的时间表。从表中可见每年的利息等于年初未偿还的本金乘以 8%，本金偿付额等于分期偿付总额减去利息偿付额。随着时间的推移，分期偿付额中利息偿付所占的比例是下降的，而本金偿付所占的比例是上升的，在第 10 年年末，本金总额 25 万元都已偿付完，此项贷款也已完全偿付。利息和本金之间的此消彼长是很重要的，因为在纳税时，只有利息才能作为费用扣除。

表 2-2　贷款分期偿付时间表

年末	A 分期偿付额（元）	B 每年利息（元） $D_{t-1} \times 0.08$	C 本金偿付额（元） $A-B$	D 年末未还本金额（元） $D_{t-1}-C$
0				250 000
1	37 257.8	20 000	17 257.8	232 742.2
2	37 257.8	18 619.4	18 638.4	214 103.8
3	37 257.8	17 128.3	20 129.5	193 974.3

	A	B	C	D
4	37 257.8	15 517.9	21 739.9	172 234.4
5	37 257.8	13 778.8	23 479.0	148 755.4
6	37 257.8	11 900.4	25 357.4	123 398.0
7	37 257.8	9 871.8	27 386.0	96 012.0
8	37 257.8	7 681.0	29 576.8	66 435.2
9	37 257.8	5 314.8	31 943.0	34 492.2
10	37 257.8	2 759.4	34 492.2	0.0
	372 578.0	122 578.0	250 000.0	

关键术语

时间价值　单利　复利　现值　终值　年金　实际利率

思考练习题

1. 谈谈对货币时间价值的理解。

2. 什么是复利？复利和单利有什么区别？

3. 一般来说，在每期利率为 r 下，1 美元投资 t 期后的终值是多少？

4. 把未来金额贴现回到现在的过程是什么的颠倒？

5. 下列未来现金流量将在各年末收到，第 1 年 1 000 元，第 2 年 1 400 元，第 4 年 900 元，第 5 年 600 元，年贴现率为 8%。

(1) 这些预期未来现金流量的现值是多少？

(2) 这些现金流量在第 5 年的价值是多少？

(3) 这些现金流量在第 3 年的价值是多少？

6. 如借入一笔款项，银行贷款的年利率为 10%，每年复利一次，银行规定钱 10 年不用还本息，但从第 11—20 年每年年末偿还 5 000 元本息，这笔借款的现值是多少？

7. 某公司有一项收入，开始 4 年无收入，后 5 年每年年末流入 500 万元，市场利率为 10%，则其现值为多少？

8. 若年利率为 8%，连续 5 年，每周 100 元现金流量的现值是多少？

9. 若年利率为 6%，连续 10 年，每月 200 元现金流量的终值是多少？

10. 假定某人能连续 48 个月，每月偿付 439.43 元，则银行同意给此人贷款 18 000 元，则银行收取的年利率是多少？

11. 若年利率为 13%，连续复利，25 年期，50 000 贷款的月偿还额是多少？

第三章 公司财务规划

本章要点

1. 财务分析的基础知识
2. 财务预测方法
3. 现金预算的编制

第一节 财务分析

一、财务报表概述

随着我国市场化步伐的加速,无论是企业管理层还是外部股东都越来越关注财务分析。谈到财务分析,我们不得不与财务报表联系起来,因为作为财务分析最基本的数据指标都来自于财务报表,这使得我们必须对企业的各种财务报表给予关注。

(一)财务报表的概念、分类及编制财务报表的目的

1. 财务报表的概念

财务报表是财务会计程序最后对企业财务状况和经营成果的反映。财务报告与财务报表是有区别的。财务报表是总括反映财务资料的手段,通过编制财务报表,把企业在一段时间内的经济活动全面、系统、集中地反映出来,它向企业管理部门和企业外部的关系单位及其他与企业有关的报表使用者提供必要的供制定决策用的有用的财务信息;财务报表反映企业资金投入和运用情况、净收益取得情况、资金的筹措、资金的来源、资金的用途以及现金收支活动的情况等。财务报告是反映企业财务状况和经营成果的总结性书面文件,除了包括编制财务报表所用的信息,即编制资产负债表、损益表、现金流量表等之外,还包括了直接或间接地利用会计报表所提供的信息。因此,财务报告既包括了财务报表,又包括了用财务报表以外的形式提供的其他财务信息,其中有企业的年度报告、预测计划或发展前景说明书、企业的社会环境影响以及管理方面认为对外界有用而主动提供的非财务信息和财务报表以外的财务信息等。可见,财务报告和财务报表编制的目的基本相同,财务报表是财务报告编制的中心部分,是企业对外界传输会计信息的主要手段。

财务报表对于不同的使用者具有不同的意义和作用。对现在和潜在的投资者、债权人以及其他用户来说,财务报表能为他们提供有用的信息,以帮助他们做出合理的投资、信贷和其他的决策;有助于他们评估企业未来净现金流量的金额、时间和不确定性;有助于他们认清企业财务状况及其弱点,评估其变现能力和偿债能力,了解企业在某一期间内的经营业绩,协助他们评估企业的未来前景。

2.财务报表的分类

财务报表可以按照不同的标准进行分类。

(1)根据财务报表所反映的经济内容来分,可以分为资产负债表、损益表、现金流量表及若干附表。

资产负债表是反映某一企业在某一时点上所有的资产、负债、权益以及它们之间相互关系的报表。

损益表是反映某一企业某段时期的收入和费用,提供企业在该期间内经营成果的报表。

现金流量表是反映某一企业在某一时期内因经营活动、筹资活动和投资活动所引起现金流量变化情况的报表。

(2)根据财务报表反映企业的资金方式来分,可以分为静态财务报表、动态财务报表。

静态财务报表是从某一时点(如"月末""季末""年末",等等)上反映企业经营状况的财务报表,如资产负债表。

动态财务报表是全面、系统地反映企业报告期内资金运动情况和运动结果的财务报表,如损益表、现金流量表等。

(3)根据财务报表的使用者来分,可以将报表分为对内财务报表和对外财务报表。

对内财务报表是指向企业内部管理部门提供的会计报表。

对外财务报表是指向企业外部有关方面提供的财务报表。

(4)根据财务报表是否反映某会计主体的分支机构或子公司的情况,可以将报表分为个别财务报表和合并财务报表。

个别财务报表是只反映会计主体其自身经营成果和财务状况的报表。

合并财务报表是将某会计主体所属的子公司或分支机构的财务报表与母公司的财务报表予以合并,以反映包括子公司在内的整个企业的财务状况和经营成果。

(5)根据财务报表的编报时间,可以将财务报表分为月度报表、季度报表和年度报表。月度报表如损益表和资产负债表,每月月末编制一次;年度报表如现金流量表,每年年末编制一次。

3.编制财务报表的目的

编制财务报表的本身并不是目的,而是为了提供对经济决策有用的信息。

(1)为投资决策、信贷决策提供有用信息。财务报表应提供给现在的和潜在的投资者、信贷者以及其他用户做出合理的投资、信贷和其他类似决策时的有用信息。这里所讲的投资者主要是指权益证券、债务证券的持有者;信贷者主要是指给企业以卖方信贷的货物和劳务的供应人,对企业有求偿权的客户和职工、贷款机构、个别的贷款者,以及持有债务证券的人。投资者与信贷者还可以理解为包括证券分析人员和顾问、经纪人、律师、主管机构,以及其他投资者和信贷者的顾问或利益代表人,或者是其他关注投资者和信贷者处境的人们。

鉴于个别投资者、债权人或其他潜在使用者的自身能力以及对企业的经济环境、企业活动、证券市场和有关事项的了解程度各有不同,对财务信息的理解、使用的方法以及对财务信息的依赖程度可能有很大差异。因此,企业的财务人员在编制财务报表时,在成本—效益分析的基础上,尽可能地提高财务信息的可理解程度,以满足一般使用者的信息需求。

(2)为预测现金流量提供有用的信息。财务报表所提供的信息,应该有助于投资者、信贷者以及其他使用者评估有关企业未来净现金流量的金额、时间和不确定性。

（3）及时、准确地反映企业资源、对资源的请求权及两者变动情况的信息。财务报表应提供关于企业经济资源、对资源的请求权以及因交易、事项和环境的影响而造成资源及对资源请求权发生变动的各种信息。具体来说包括以下内容：

①财务报表应提供关于企业经济资源、债务和业主权益的信息，以协助报表使用者认清企业财务状况及其弱点，并评估其变现能力和偿债能力。同时这类信息也可以作为评估企业某一时期内经营业绩的基础。

②编制财务报表，通过对收益及其组成内容的计量，提供关于企业业绩的信息。所以财务报表应提供企业在某一时期内经营业绩的信息，以协助财务报表的使用者评估企业的未来前景。

③企业的变现能力、偿债能力通常是投资者和债权人关注的首要问题。从财务报表的编制要求来看，财务报表应提供关于企业如何筹措与使用资金、借款与偿还、资本交易以及其他可能影响变现能力和偿债能力因素的各种信息。

④财务报表应提供企业管理者如何运用其受托使用的资源，如何向业主或股东尽其监管责任的信息。

⑤财务报表应提供各种说明和解释，以帮助财务报表的使用者理解所提供的财务信息。管理者通常比企业的外部人士更了解企业的经营活动。因此，对管理者信息作出必要的说明和解释，将会增加财务报表使用者对财务信息的理解程度。

（二）资产负债表

1.资产负债表的概念和功能

（1）资产负债表的概念。资产负债表又称财务状况表，用于表述一个企业某一时点上的财务状况，它以"总资产＝总负债＋所有者权益"列示。财务状况是指一个企业资产、负债、所有者权益及其相互关系。此外还包括依据一般公认会计准则所应予揭露的或有事项、承诺及其他财务事项等等。

资产负债表是一种静态报表。在编制资产负债表时，首先要把所有的项目按照一定的标准进行分类，并以适当的顺序编报。在国际上，大多数国家按照流动性的顺序编制资产负债表。资产项目按照其流动性的大小排列，流动性强的在先，流动性弱的在后；负债项目按照其到期日的远近排列，到期日近的在先，到期日远的在后；所有者权益项目按其永久程度的高低排列，永久程度高的在先；永久程度低的在后。

（2）资产负债表的功能。资产负债表的功能主要有以下几个方面：

①评估企业目前财务状况。资产负债表最主要的功能在于将会计年度结束日企业财务状况以及各个项目和货币金额表达出来，分析人员可以通过报表数字的信息了解企业的状况，若进行多期报表的比较，则可看出并预测企业的经营趋势。

②评估企业资产流动性。资产负债表可以揭示企业所掌握的资产及其分布结构，这对评估企业财力的强弱、显示企业资产流动能力与变现能力提供良好的分析基础。

③可揭示企业资金的来源及构成，借以评估企业的财务风险。

④有助于评估企业的获利能力。若结合损益表，通过计算可以反映企业的盈利能力。

⑤评估企业的净资产期间变动。

2.资产负债表的格式及构成要素

（1）资产负债表的格式。资产负债表的格式有三种：账户式、报告式和营运资金式。

①账户式。将资产负债表分为左右两方,左方列示资产项目,右方列示负债与所有者权益项目,左右两方的合计数应保持平衡。这是应用最广泛的一种格式。

②报告式。将资产负债表的资产、负债和所有者权益三个项目由上往下列示,资产在最上面,负债居其中,所有者权益在最后。

③营运资金式。将资产负债表的重点置于营运资金概念,将流动资产减流动负债得出营运资金,再加非流动资产减去非流动负债后得到股东权益。所使用的科目及概念均围绕在营运资金之上。

(2)资产负债表的构成要素。资产负债表的基本构成要素包括三大部分,即资产、负债和所有者权益。

①资产。资产是指企业因过去的交易或事项所取得或控制、并且预计能提供未来经济效益的经济资源。

资产可以是有形的,也可以是无形的。按照资产的流动性,可将资产划分为流动资产、长期投资、固定资产、无形资产、递延资产及其他资产。所谓流动性,是指资产在正常经营活动中,合理预期的变为现金的速度快慢和难易程度。

资产是一种能以货币计量的经济资源,在现行财务与会计实务中,资产确认的标准有以下几种:

第一,依据法律观念。资产的确认大多数基于法律观念之上,例如,应收账款的记载源于货物的销售及收款权利是否成立;固定资产的购置以产权的转移为基础。

第二,依据稳健原则。提早确认可能发生的损失,而可能发生的利得则不宜提早确认。例如,长期工程合约采用全部完工法时,在完工前如果预期将有损失,应在完工之前估计入账;但如果预期有利益,需要等到完工时再予以确认。

第三,依据业务的实质性。例如,发生资本(融资)租赁,从法律上讲,租赁财产的所有权并没有转移,而实质上,与租赁财产相关的风险和报酬已全部转移给了承租方,因此,承租方应将租赁财产作为一项资产予以入账。

第四,依据资产的价值。若资产价值的大小无法客观而明确地加以确定,就不应认定为资产。

②负债。负债是指企业由于过去的交易或事项所产生的,能以货币计量并且在将来向其他主体提供劳务或转交资产的现有义务。

时间概念在负债的确认中有着重要的意义,会计期间内如果某项负债没有及时地记录下来,可能会导致某项费用的遗漏,从而造成费用的低估和收益的高估。

负债的确认同资产确认一样,也可从以下几方面入手。

第一,依据法律观念。企业负债大多数是依法确定的,如根据合同规定产生的经济义务,但会计上的负债观念比法律上的负债观念更为广泛。因为会计上包括了诸如为售出产品质量担负责任、低质商品退换责任等这类涉及商业信用的估计经济负担。

第二,依据稳健原则。在财务与会计实务上,更注重记录负债和费用,而不是资产和收益,以保证会计信息的可靠性。

第三,依据业务的实质性。若只签订了产品融资协议而与产品所有权相关的风险和报酬并没有发生相应转移,则不能确认为负债。

第四,依据负债金额的可计量性。若某项负债的金额难以计量,会计人员如果不采用非常主观或武断的方法就不能确定,那么这种负债就不应予以记录。

③所有者权益。所有者权益,即指企业的资产减去负债后的余额。在财务与会计上,所有者权益可以分为实收资本、资本公积、盈余公积和未分配利润四个部分;而在美国,则分为股本、资本公积和留存收益三个部分。

第一,实收资本,是企业所收到的国家投入资本、法人投入资本、个人投入资本及外商投入资本等多种投资。这种投资可以是货币形式的,也可以是非货币形式的。

第二,资本公积,包括企业接受的捐赠资产、资产重估增值、资本汇率折算差额和资本溢价,等等。

第三,盈余公积,包括法定盈余公积和公益金两部分。法定盈余公积是用于发展生产、预防风险的基金,公益金是用于职工集体福利的基金。

第四,未分配利润,是指企业实现净利润中提取盈余公积和应付投资者利润后的余额,它是企业留待以后年度用以分配的利润。

(三)损益表

1.损益表的概念和功能

损益表又称为利润表,是反映企业在一定会计期间经营成果的财务报表。损益表是动态性财务报表,在损益表中,通过反映企业在一个会计期间的所有收入与所有费用,按照收入与费用相配比的原则,计算出企业在该会计期间的利润或亏损,以此衡量企业管理者的经营绩效和企业的未来获利能力。通过对利润构成因素的分析,发现影响利润变动的重要因素,及时改善经营管理,提高企业的经济效益。另外,从当期损益和股利发放来看,损益的结果往往影响企业当期的股利发放和今后的股利政策,而股利的发放又是决定企业股票价格、反映企业整体价值的一个重要因素,这是投资者所关心的重要问题。

2.损益表的格式与构成要素

(1)损益表的格式。按照收入与费用在表中列示的方法,不同的会计制度规定采取不同的方式编制损益表。

①单步式损益表。将所有收入和所有费用各自加总,两者相减后得出本期利润。具体来说,又可分左右对照的账户式结构和上下列示的报告式结构。这种格式比较直观、简单,易于编制,但它不能反映各收入与费用之间的配比关系,不便于同行业之间报表的比较和分析。

②多步式损益表。将损益表的内容作多项分类,从产品销售收入到本期净利润。一般包括主营业务利润、营业利润、利润总额和净利润等四个部分。

(2)损益表的构成要素。多步式损益表通常采用上下列示的报告式结构,由于在报表中进行了收入与费用项目的分类与配比,所以能够揭示净利润各构成要素之间的内在联系,便于财务报表使用者进行企业盈利能力的比较和分析。

损益表的构成要素一般包括收入、费用、利润和损失四个部分。每股盈余也是损益表重要的列示项目。在我国,利得和损失分别在营业外收入与营业外支出项目予以核算。

收入是指企业的报告期内,因支付或生产商品、提供劳务或其他构成企业的主要或核心营业活动所引起的企业资产流入或增加及负债的清偿。

费用是指企业因主要或核心的营业活动所造成的商品转移或生产、劳务的提供或其他交易行为所引起的资产耗用或流出及负债的增加。

收入与费用相匹配,才能算出利润。按照权责发生制的原则,费用的确认一般有三种方法:按照费用与营业收入的因果关系确认,凡是与本期收入有直接联系的耗费,就应归属于本期的费用;按系统且合理的方式分摊;直接确认为当期的费用。

(四)利润分配表

1.利润分配表的意义与功能

利润分配表反映的是企业利润分配情况的报表。它所提供的信息能反映出企业由于获取利润所增加的所有者权益数额,也可反映出企业的投资者所获得的投资报酬。

业主权益是指一个企业的资产减去其负债之后的剩余部分。股东权益变动表是反映某一个会计期间股东权益变化情况的报表。我国目前尚未采用,但在国际上较为常见。

通过业主权益变动提供的会计信息,财务报表的使用者可以了解企业以下几方面的情况:企业资本来源的类别、数额及期间的增减变动;资本公积来源的类别、数额及期间的增减变动、留存收益的数额及期间的增减变动、业主权益附加或抵消项目的数额及期间的增减变动。

2.利润分配表的格式与构成要素

利润分配表可以和损益表编在一起,也可单独编制。利润分配表的编制是从净利润开始的,在净利润的基础上经过两个层次的计算,揭示净利润的分配过程。第一个层次是在净利润加上年初未分配利润,减去单项留用的利润,得出可供分配的利润;第二个层次是对可分配利润按照分配的顺序进行利润分配。可分配利润减去已分配的利润即为未分配利润。

(五)现金流量表

在财务理论中,现金流的概念备受推崇,这逐渐影响到人们对财务报表也要求通过现金的方式来表现。于是,现金流量表成为企业财务报告的一个重要角色。

现金流量表是以现金流入与现金流出为基础,汇总说明企业在特定期间内营业、投资及筹资活动有关信息的报表。现金流量表的一个典型特征是以现金及现金等价物概念取代了营运资本概念;现金不仅应包括手边持有的货币,而且还应包括存在银行或其他金融机构的活期存款。现金等价物是短期的、流动性高的投资,一般只限于那些在购买日到期、期限等于或短于3个月的短期投资,这类投资能轻易转化为已知金额的现金。因此,现金与现金等价物更能恰当地反映企业主体的财务状况和变现能力。

从现金流量表提供的信息来看,它具有以下功能:反映企业在未来会计期间产生净现金流量的能力;反映企业偿债及支付投资者报酬的能力;反映企业利润总额与营业活动所产生的净现金流量发生差异的情况及原因,提供收入质量的相关信息;有助于评估企业的财务弹性和变现能力;反映企业会计年度内影响或不影响现金流量的投资和筹资活动。

现金流量表的编制,按照现金流入与流出的原因不同,常可以将企业的经济活动分为三个部分,即经营活动、投资活动和筹资活动。

经营活动是指直接进行产品生产、商品销售或劳务提供的活动。

投资活动包括两个部分:一是购买劳动资料的活动;二是为了获取高额利息或股利收入,或由于其他目的(如控制其他主体的经营),而将企业的资金投入到其他主体的行为。

筹资活动是指企业在经营过程中发生的、与资金筹集有关的活动。

另外,现金流量表还应反映汇率变动对现金流量的影响以及影响现金流量的投资和筹资活动。

具体来说,现金流量表有直接法与间接法两种编制方法。直接法是对于营业活动中所产生的各项现金流入和现金流出直接列示,来反映现金流量的编制方法,即直接将损益表中与营业活动有关的各项目由权责发生制为基础转换成收付实现制为基础。以直接法报告营业活动的现金流量时,由于详细列示了各项现金流入的来源及现金流出的方向,有助于报表的使用者预测企业未来的现金流量和偿债能力,不足之处在于容易对应计基础的利润总额与现金基础的利润总额产生误解。

间接法是以利润表中的利润总额为计算起点,调整当期不影响营业活动现金流量的收入、费用、利得与损失项目以及与营业有关的流动资产及流动负债项目,以计算当期由营业活动所产生的净现金流量。

在间接法下,通过有关项目的调整,可以了解企业本期损益与现金流量之间的差异以及造成这些差异的原因,但并不能知道企业营业活动中关于现金流入的来源和现金流出的运用。

二、财务报表分析:比率分析法

对企业的主要财务报表有了比较深刻的认识后,我们就可以利用财务报表提供的数据进行分析了。我们首先向大家介绍比率分析法。

比率分析是根据财务报表中两个项目或多个项目之间的关系,计算其比率,用以评估企业的财务状况与经营业绩。

(一)资产负债表比率

1. 流动比率

流动比率表明的是流动资产与流动负债的比率关系,表示每一元的流动负债有几元的流动资产来抵偿,故又称为偿债能力比率。

$$流动比率 = \frac{流动资产}{流动负债}$$

短期债权人可以该比率评估其安全边际(流动资产超过流动负债的部分)的大小,测定企业的营运资金是否充足。

20世纪初,美国的银行界均以流动比率作为投资贷款的依据,且要求此项比率应维持在2∶1以上。资产负债比率越高,说明企业偿还流动负债的能力越强,流动负债得到偿还的保障越大;但这个比率也不能过高,若流动比率过高,可能会表明企业在流动资产上占用了过多资金,为此,可能会影响到企业的获利能力。

2. 速动比率

速动比率又称酸性测验,也是测验企业短期偿债能力的一个有效工具,其表明的是速动资产对流动负债的比率关系。所谓速动资产是指可迅速支付流动负债的资产,如现金、有价证券、应收账款等,扣除了存货、待摊费用等变现能力较差的资产。

$$速动比率 = 速动资产/流动负债$$

据西方经验,认为速动比率为1∶1时较合适。速动比率越高,说明企业的短期偿债能力越强。但是如果速动资产中应收款占一大部分且有一部分是不易收回而成为坏账的,则速动比率就不一定能真实地反映企业的偿债能力。

3. 现金比率

现金比率是指现金和现金等价物(有价证券)对企业流动负债的比例关系。现金类资产包括库存现金、随时可以用于支付的存款和现金等价物,即现金流量表中所反映的现金组合。

$$现金比率 = (现金 + 现金等价物)/流动负债$$

现金比率是酸性测验的进一步分析,该比率越高,表明企业可用以偿付流动负债的现金数额越多,可变现损失的风险越小,而且变现的时间也越短,但现金比率过高的企业说明其没从最佳角度利用现金资源;反之,若现金比率过低,则又说明企业即期支付方面出现了问题。

以上的流动比率、速动比率、现金比率都是可用来衡量企业短期偿债能力的比率,按严谨程度排列,则应该是现金比率大于速动比率,速动比率大于流动比率。

4.资产负债率

资产负债率是企业负债总额与资产总额的比率。资产负债率＝负债总额/资产总额。本指标反映企业资产总额中有多少是由债权人提供的。对债权人而言,负债对总资产的比率越小,表示股东权益的比率越大,则企业的资金力量越强,债权的保障越高。反之,结果亦相反。对股东而言,则希望以较高的负债比率扩大企业获利的基础,并以较少的投资控制整个企业。但负债比率过高时,若企业状况较好,则通过财务杠杆作用可使股东获得较高的报酬率;若企业状况不佳,则利息费用高,财务风险大。管理者在决定企业资产负债比率时,应考虑影响企业的各种因素在收益与风险之间的平衡。

5.债务股本比率

债务股本比率也称作产权比率,是负债对股东权益的比率,即债务股本比率＝负债总额/股东权益总额。该比率越大表示股东对债权人承担的责任越大,企业短期偿债能力越强,债权人权益越安全。

6.股东权益比率

股东权益比率是表明股东权益对总资产的比率关系,即:股东权益比率＝股东权益总额/资产总额。该比率反映企业资产中有多少是所有者投入的。由会计恒等式:资产＝负债＋股东权益,可得:(负债/资产)＋(股东权益/资产)＝1。资产负债比率和股东权益比率从不同的侧面反映企业长期的财务状况,股东权益比率越大,负债比率越小,企业财务风险就越小,偿还长期债务的能力就越强。

7.权益乘数

权益乘数是股东权益比率的倒数,即:权益乘数＝资产总额/股东权益总额,本指标表明资产总额是股东权益的多少倍,权益乘数越大,股东权益总额在总资产中所占比重越小。

8.有形净值债务率

有形净值债务率＝负债总额/(股东权益－无形资产净值)。本指标反映在企业清算时债权人投入的资本受到有形的股东权益保障的程度。该比率越低,则企业财务风险越小。

(二)损益表比率

1.利息保障倍数

利息保障倍数是指企业在一个会计期间内所得的利润与固定利息费用的倍数关系。表明了企业盈利能力与利息费用支付能力间的关系,即:利息保障倍数＝(税前利润＋利息费用)/利息费用。

这里的利息费用不仅包括财务费用中的利息费用,还包括计入固定资产成本的资本化利息。该指标反映了企业经营所得支付债务利息的能力。如果这个比率太低,则说明企业难以保证用经营所得来按时按量支付债务利息,债权人的保障程度受到威胁,一般来说,利息保障倍数至少要大于1。

2. 销售毛利率

销售毛利率表明企业的销售毛利与销售收入净额的比率,即:销售毛利率=销售毛利÷销售收入净额×100%。

上式中销售毛利是企业销售收入净额与销售成本的差额。该比率反映企业销售成本与销售收入净额的比例关系。毛利率越大,则说明在销售收入净额中销售成本所占比重越小,企业通过销售获得利润的能力越强。

3. 销售净利率

销售净利率反映企业净利润与销售收入净额的比率,即:销售净利率=净利润÷销售收入净额×100%。该比率能评价企业通过销售赚取利润的能力,表明企业每1元销售净收入可实现的净利润。该比率越高,企业通过销售的扩大获得高收益的能力越强。

4. 成本费用净利率

成本费用净利率表明企业净利润与成本费用总额的比率,它反映了企业生产中所发生的耗费与所获得的收益之间的关系。成本费用净利率=净利润÷成本费用总额×100%。这一比率越高,则说明企业为获得收益而付出的代价越小,获利能力越强,因此该比率可用以评价企业经营管理控制成本费用的能力。

5. 每股利润

每股利润又称每股收益或每股盈余。每股利润指标是针对普通股而言的,是税后净利润扣除优先股股利后的余额除以发行在外的普通股平均股数,即:每股利润=(净利润-优先股股利)/发行在外的普通股平均股数。该指标反映了股份公司发行在外的普通股每股所取得的利润,反映了股份公司的获利能力,若每股利润越高,则股份公司获利能力越强。

6. 每股股利

每股股利是普通股分配的现金股利总额除以发行在外的普通股股数.反映了普通股获得的现金股利的多少。每股股利=(现金股利总额-优先股股利)/发行在外的普通股股数。从每股股利的高和低,能反映出公司获利能力的强弱、现金的充裕程度以及公司的股利政策。

7. 股利发放率

股利发放率是普通股每股股利与每股利润的比率,表明股份公司净收益中有多少用于股利的分派。股利发放率=每股股利÷每股利润×100%。该指标体现了公司的股利政策。

8. 每股净资产

每股净资产又称每股账面价值,是反映股东权益总额与发行在外的股票股数的比率关系。

$$每股净资产＝股东权益总额/发行在外的股票股数$$

9. 市盈率

市盈率又称价格盈余比率或价格与收益比率的关系。市盈率=每股市价/每股利润。表明普通股每股市价与每股利润的比率。该指标反映了股份公司获利能力,是投资者制定投资策略的重要参考因素。通常来说市盈率高,说明投资者对该公司的发展前景看好,愿意出较高的价格购买该公司的股票;然而,如果某股票市盈率过高,则意味着这种股票具有较高的投资风险。

10. 应收账款周转率

应收账款周转率是指赊销净额与平均应收账款总额之间的比例关系。该比率指标可用以评价某特定期间内企业收回赊销款项的速度和效率。应收账款周转率=赊销净额/平均应收账款总额。

这里须注意的是,大部分企业的赊销账款中,除了一般性的应收账款外,还包括应收票据在内。所以在计算平均应收款项时,应将应收票据及应收账款都包括在内,但应剔除已向银行或其他金融机构办理贴现且已不在外流通的应收票据。

该指标高,说明企业在短期内能收回贷款,利用经营产生的资金支付短期债务的能力越强,在一定程度上可弥补流动性比率低的不利影响;但周转率过高,则说明企业可能采取了过紧的信用政策和苛刻的信用条件,以致妨碍企业正当销售量的扩大,影响企业发展。

11.应收账款平均收账期

应收账款平均收账期反映的是应收账款数额同年平均每天赊销数额之间的比例关系。即:应收账款平均收账期=360/应收账款周转率。该指标用以测验企业收回账款期间的长短,信用期短意味着企业未来应收款项的收现风险较小;反之,信用期长则意味着应收款项的收现风险较大。

12.存货周转率

存货周转率是反映某一特定期间的存货余额对期间销货成本的比例关系,即存货周转率＝销货成本/存货平均库存。

该指标用以评价企业存货通过销售实现周转的速度、存货的利用效率以及存货管理绩效。该指标越高.说明存货的使用效率越高,囤积存货的风险相对降低;但该指标也不能过高,若指标过高,则说明库存数量太低,未设置应有的安全库存、经常性缺货、平均次数过于频繁、库存成本过高,等等。若该指标过低,则可能反映出库存管理不良、产、供、销配合不好、库存积压、资金积压、利息支出增加、资金流动性减弱,等等。所以合理的存货周转率是存货管理的重要方面,是评判企业实际经营业绩好坏的重要标准。当然,存货周转率与行业类别也有密切关系。

13.存货平均周转期

存货平均周转期是反映存货每周转一次所需的时间,即:存货平均周转期＝360/存货周转率。通常情况下,存货平均周转期低,说明存货管理情况好,但存货平均周转期也不能过低;若过低,则反映出可能因缺少存货而遭受销售损失。当然,在使用该指标时也要结合行业情况和企业发展的实际情况。

14.流动资产周转率

流动资产周转率是反映企业销售收入与流动资产平均余额的比率关系。流动资产周转率＝销售收入/流动资产平均余额。该指标可评价企业对于全部流动资产的利用效率,该指标越高,说明企业流动资产的利用效率越高。

15.固定资产周转率

固定资产周转率反映的是企业销售收入与固定资产平均余额的比率关系。固定资产周转率＝销售收入/固定资产平均净值。该指标可用于分析企业对厂房、设备等固定资产的利用效率。该比率越高,说明企业对固定资产的利用率较高,管理水平越好;反之,如果固定资产周转率与同行业平均水平相比偏低的话,则说明企业的生产效率偏低,可能会影响企业的获利能力。

16.总资产周转率

总资产周转率反映的是企业销售收入与资产平均总额的比率关系。总资产周转率＝销售收入/资产平均总额。该指标可用来分析企业全部资产的使用效率,这个比率高,则说明企业利用其资产进行经营的效率较高,有助于获利能力的提高。

(三)现金流量表比率

1.现金流量比率

现金流量比率是用来反映企业偿还即将到期的债务的能力,衡量企业短期偿债能力的动态指标。现金流量比率=经营活动所产生的净现金流量/流动负债。该指标越高,说明企业短期偿债能力越强;反之,则表示企业短期偿债能力弱。

2.到期债务本息偿付比率

到期债务本息偿付比率反映的是经营活动产生的现金流量净额与本期到期债务本息的比率关系。到期债务本息偿付比率=经营活动现金净流量/(本期到期债务本金+现金利息支出)。本指标反映经营活动产生的现金净流量是本期到期债务本息的倍数,可以衡量企业经营活动所生产的现金偿付本年度内到期的债务本金及相关利息支出程度。一般地说,该指标应大于等于1;若小于1,则表明企业经营活动产生的现金不足以偿付本期到期的债务本息。

3.偿债保障比率

偿债保障比率是反映负债总额与经营活动现金净流量的比率关系。偿债保障比率=负债总额/经营活动现金净流量。该指标能评价企业用经营活动产生的现金净流量偿还全部债务所需的时间,以此反映出企业通过经营活动所获得的现金偿还债务的能力。该比率越高,则企业偿还债务的能力越低。

4.现金利息保障倍数

现金利息保障倍数反映企业一定时期经营活动所取得的现金是支付利息支出的倍数。现金利息保障倍数=(经营活动现金净流量+现金利息支出+付现所得税)/现金利息支出。该指标能更明确地反映企业实际偿付利息支出的能力。

5.资产现金流量回报率

资产现金流量回报率是反映企业经营活动现金净流量与资产平均总额之间的比率关系。资产现金流量回报率=经营活动现金净流量÷资产平均总额×100%。该指标在分析企业获利能力和资产利用效率时,能进一步评价企业在利用资产进行经营活动过程中获得现金的能力,该指标越高,则说明企业的经营越有效率。

6.每股现金流量

每股现金流量反映企业每股发行在外的普通股的资金流量。每股现金流量=(经营活动所产生的净现金流量-优先股股利)/流通在外的普通股股数。

每股现金流量越高,表明企业的每股普通股在一个会计年度中所赚得的现金流量越多;反之,每股现金流量越低,则每股普通股所赚得的现金流量越少。

三、共同比分析和趋势分析

(一)共同比分析

共同比分析又称作结构分析,将财务报表中的某一关键项目金额作为100%,再将其余有关项目的金额换算为对该关键项目的百分比,从而揭示出财务报表中各项目的相对地位和总体关系。一般地说,在共同比资产负债表中,各资产、负债及所有者权益项目分别被表述为占资产总额的比重;在共同比损益表中,各项则被表述为产品销售收入的比重。

由共同比财务报表分析,我们从报表中每一项目的结构变化,就可充分掌握企业各项结构内容的动态配置。并将原来无法比较的绝对数字,转换为同一基础上的数据以便于比较。我们应在进行共同比财务报表分析的同时,结合绝对数字的增减变动,以便更好地了解企业的实际状况。

(二)趋势分析

趋势分析主要是通过比较企业连续几期的财务报表或财务比率,了解企业财务状况变化的趋势,借以预测企业未来的财务状况。进行趋势分析一般应用比较财务报表、比较百分比报表、比较财务比率、图解法等方法。比较百分比报表是指对于企业连续数年的财务报表,以第一年或另选择某一年份为基期,计算每一期间各项目对基期同一项目的趋势百分比,使之成为一系列具有比较性的百分比,借以显示该项目的各期间上升或下降的变动趋势。

趋势分析可以通过对过去的研究与观察来显示企业未来的发展趋势,并通过以下公式求得趋势的百分比,即:

$$某期趋势百分比＝当期金额÷基期金额×100\%$$

趋势分析中,基期选择是比较重要的。基期不得为零或负数,且应剔除非常年度的极端资料,并应配合绝对数字一起观察;在前后各期进行分析时,所选各期所执行的会计原则、政策应一致,否则趋势分析就无意义,如果分析时所涉及的时间跨度过长,因物价变动等因素对财务信息扭曲程度便会很严重,从而使分析不科学。

四、综合分析法:杜邦分析法

(一)杜邦分析法概述

杜邦分析法利用几种主要的财务比率之间的关系来综合地分析企业的财务状况,这种分析方法最早由美国杜邦公司使用,故名杜邦分析法。杜邦分析法是一种用来评价公司赢利能力和股东权益回报水平,从财务角度评价企业绩效的一种经典方法。其基本思想是将企业净资产收益率逐级分解为多项财务比率乘积,这样有助于深入分析比较企业经营业绩。

杜邦模型最显著的特点是将若干个用以评价企业经营效率和财务状况的比率按其内在联系有机地结合起来,形成一个完整的指标体系,并最终通过权益收益率来综合反映。采用这一方法,可使财务比率分析的层次更清晰、条理更突出,更能使报表分析者全面仔细地了解企业的经营和盈利状况。

杜邦分析法有助于企业管理层更加清晰地看到权益资本收益率的决定因素,以及销售净利润率与总资产周转率、债务比率之间的相互关联关系,给管理层提供了一张明晰的考察公司资产管理效率和是否最大化股东投资回报的路线图。

(二)杜邦分析法框架图

杜邦分析图提供了下列主要的财务指标关系的信息。

1.权益净利率

权益净利率是一个综合性最强的财务比率,是杜邦分析系统的核心。它反映所有者投入资本的获利能力,同时反映企业筹资、投资、资产运营等活动的效率,它的高低取决于总资产利润率和权益总资产率的水平。决定权益净利率高低的因素有三个方面——权益乘数、销售净利率和总资产周转率。权益乘数、销售净利率和总资产周转率三个比率分别反映了企业的负债比率、盈利能力比率和资产管理比率。

2.权益乘数

权益乘数主要受资产负债率影响。负债比率越大,权益乘数越高,说明企业有较高的负债程度,给企业带来较多的杠杆利益,同时也给企业带来了较多的风险。

3.资产净利率

资产净利率也是一个重要的财务比率,综合性也较强。资产净利率是一个综合性的指标,同时受到销售净利率和资产周转率的影响。它是销售净利率和总资产周转率的乘积,因此,要进一步从销售成果和资产营运两方面来分析。

销售净利率反映了企业利润总额与销售收入的关系,从这个意义上看提高销售净利率是提高企业盈利能力的关键所在。要想提高销售净利率:一是要扩大销售收入;二是降低成本费用。而降低各项成本费用开支是企业财务管理的一项重要内容。通过各项成本费用开支的列示,有利于企业进行成本费用的结构分析,加强成本控制,以便为寻求降低成本费用的途径提供依据。

企业资产的营运能力,既关系到企业的获利能力,又关系到企业的偿债能力。一般而言,流动资产直接体现企业的偿债能力和变现能力;非流动资产体现企业的经营规模和发展潜力。两者之间应有一个合理的结构比率,如果企业持有的现金超过业务需要,就可能影响企业的获利能力;如果企业占用过多的存货和应收账款,则既要影响获利能力,又要影响偿债能力。为此,就要进一步分析各项资产的占用数额和周转速度。对流动资产应重点分析存货是否有积压现象、货币资金是否闲置、应收账款中分析客户的付款能力和有无坏账的可能;对非流动资产应重点分析企业固定资产是否得到充分的利用。

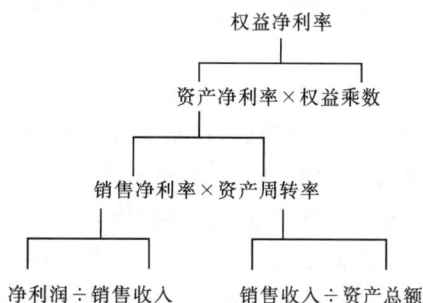

图3-1　杜邦分析图

净利润＝销售收入－全部成本＋其他利润－所得税

资产总额＝长期资产＋流动资产

流动资产＝其他流动资产＋现金有价证券＋应收账款＋存货

全部成本＝制造成本＋管理费用＋销售费用＋财务费用

(三)杜邦分析法的局限性

从企业绩效评价的角度来看,杜邦分析法只包括财务方面的信息,不能全面反映企业的实力,有很大的局限性,在实际运用中需要加以注意,必须结合企业的其他信息加以分析。杜邦分析法的局限性主要表现如下:

(1)对短期财务结果过分重视,有可能助长公司管理层的短期行为,忽略企业长期的价值创造。

（2）财务指标反映的是企业过去的经营业绩。这用以衡量工业时代的企业能够满足要求，但在目前的信息时代，顾客、供应商、雇员、技术创新等因素对企业经营业绩的影响越来越大，而杜邦分析法在这些方面是无能为力的。

（3）在目前的市场环境中，企业的无形知识资产对提高企业长期竞争力至关重要，杜邦分析法却不能解决无形资产的估值问题。

五、财务报表分析的局限性

从财务分析的对象、方法等方面看，财务分析资料主要是会计报表资料，而会计报表资料本身有着诸多的局限性，因此财务报表分析中也存在了一些问题，主要有以下几方面。

（一）会计报表的统一资料难以满足各类报表使用者的特殊需要

会计报表尤其是对外会计报表，其种类、格式及所反映的内容都是统一规定的。作为外部信息使用者，出于不同的经济利益，分析者自身有着不同的分析目标，各自站在不同的角度，从企业的会计报表中采集自己需要的企业信息。统一的会计报表对绝大部分信息使用者来说是适用的，但对一些特殊的信息使用者来说，统一报表就不一定能满足他们的特殊要求，因此，仅仅依照统一会计报表资料进行分析是不够的。

（二）在物价变动情况下，会计报表资料通常与分析时的实际情况不一致

企业的会计核算建立在币值稳定的假设之上，因此，会计核算资料也就不考虑物价变动对会计资料的影响，而以历史成本作为原则进行会计核算。但是，在物价变动的情况下，按照历史成本反映的会计报表资料就会与现时的实际物价水平不符，依照会计报表资料进行分析，并根据分析的结论去进行投资和信贷等决策显然容易出现决策错误。

（三）缺乏统一的分析依据

要全面地反映一个企业的财务状况和经营成果，必定要选择适当的标准作为分析的依据。在实际进行分析时，一般可先选定企业前期资料、本期计划资料、同行业水平或者是理想状态的资料作为比较分析的标准，但是只有当某一项标准成为所有的企业共同参照的依据时，才能使得各企业能够在同一标准下进行比较分析。在实际中，每一个企业在进行财务分析时，依据不同的标准进行，可比性较差，也就很难对一个企业的情况做出科学全面的判断。

（四）会计报表资料不能全面地反映一些对企业产生重大影响的非货币信息

有些事项虽然不能用价值量来表示，但同样会对企业的经营活动产生重大影响，如企业的人力资源变动，企业员工的精神面貌，企业的市场形象，企业所处的行业发展趋势等等，都会对企业的经营活动产生影响，甚至产生重大影响，这些方面一般无法在企业的会计报表资料中揭示，而仅仅根据企业合并报表资料进行分析，显然不能全面地揭示一个企业的真实情况。

（五）企业的财务分析方法中提供了诸多的人为修饰便利

人们总是想方设法设计出多种分析方法，以揭示企业的真实情况，但出于方法本身的缺陷，也就造成了财务分析的局限，甚至于这些财务分析方法为一些企业财务人员主观上对一个企业实际情况进行掩饰提供了方便。例如，为了提高企业的流动比率，可提前偿还一笔银行借款，这样使流动比率的分子和分母同时减少一笔等额的款项，虚夸了企业的流动比率。一般来说，运用静态资料计算的财务指标都可作一定的粉饰，使指标从表面上看起来更加如意。

第二节　财务预测

一、现金流量分析预测法

财务预测是财务管理的首要环节。正确的财务预测为企业财务决策提供依据,并为财务计划的编制服务。本章从现金流量的分析中探求财务预测的基础,并以此为出发点,介绍财务预测的若干方法。

财务预测是对企业未来资金需要量加以估计。要研究未来的资金需求,首先要考察资金需求与哪些因素密切相关,为此有必要对企业的现金流量进行分析。这是因为任何企业营运的过程都是资金的筹集和使用的过程,在这个过程中,资金处于不断流转之中,资金流转的起点和终点都是现金,其他资产都是现金在流转中的转化形式,因此,资金流转又称现金流转。现金流转的来龙去脉以及现金流量的变化可以从资产负债表中看出。

总之,企业的现金流转形式是这样的:某种订货要求本企业用现金购买材料,材料的赊购产生了应付账款,进一步加工生产的过程,不仅消耗已有的材料,还要投入人的劳动,劳动使用后,尚未支付的工资,即形成应付工资。在产品加工完成后,形成产成品和存货。这样,在生产产成品过程中,一部分现金转化为非现金资产,另一部分现金用于支付工资及其他费用,形成现金耗费。产品销售后,现销使企业重新收回现金,赊销使产成品转化为应收账款,现金流转到这一点便是短期筹资的最高峰。如果企业不在成品库存时借款,那么它就有可能在赊销变为应收账款时借款,出现了筹资的要求。如果订货要求进一步增加,当现有能力利用完毕时,不仅要对流动资产进行即时投资,还需要为固定资产追加投资。

在现金流转的过程中,伴随着销售的扩大,现金流入量与现金流出量无论在数量上还是在时间上都不能平衡,一般都会遇到相当严重的现金短缺情况,不仅固定资产的扩大,存货的增加还有应收账款和经营费用的增加,都会使现金流出扩大,这就要求企业的财务人员设法满足扩大了的现金需求。

二、销售百分比预测法

(一)销售百分比法的基本依据

从上述现金流量的分析中我们可以看出,影响企业资金需求的最重要变量是预测的销售金额,因此,财务预测的起点应该是销售预测。一般情况下,财务预测仅把销售作为已知数,即财务预测是在已知销售水平的情况,预测企业的资金需要量。所以销售预测本身不是财务管理的职能,但它是预测资金需要量的基础。

(二)销售百分比法的运用过程

假定公司现在还有剩余生产能力,即增加销售收入不需要进行固定资产方面的投资,预计下年度留用利润的某一比例,下年度的销售收入预计为某一数值,那么企业需要筹措多少资金用作投资呢? 其计算步骤如下:

1. 确定损益表各项目与实际销售额之间的百分比

表中有些项目与销售并无多大的关系,用"*n. a.*"表示,意为不相关;然后根据预计年度销售收入预计数,乘以损益表各项目与实际销售额之间的销售百分比;最后确定预计年度损益表各个项目的预计数,编制成销售百分比损益表。

2.将资产负债表中预计随销售变动而变动的项目分离出来并相应计算其销售百分比,另一些资产及负债项目与销售变化无多大关系,仍用"n.a."(不相关)表示

在财务上,我们将那些与销售同步变化的项目称为敏感资产项目和敏感负债项目,而那些与销售变化无关的项目称为非敏感项目。并根据预计年度销售收入数,乘以敏感项目的销售百分比,而非敏感项目的数字暂且照抄,确定预计年度资产负债表各项目的预计数,编制销售百分比资产负债表。

我们在考察销售百分比法的运用过程后可以发现,该方法及时反映了公司预计年度的资金缺口,这个资金缺口可以通过内部筹资来源来解决,不足之处再对外追加筹资。该方法不但使用成本低,而且也便于了解主要变量之间的关系,是一种比较简单且实用的方法。计算公式为:

$$D = \Delta s(\sum a - \sum r) - \Delta E$$

式中:D 表示对外筹资额;Δs 表示预计年度销售增加额;$\sum a$ 表示敏感资产项目销售百分比之和;$\sum r$ 表示敏感负债项目销售百分比之和;ΔE 表示预计年度留存利润增加数。

(三)现金预算:收入与支出

现金预算是对公司在未来特定时期的现金流入与现金流出所做的预计,也是对现金收支差额提出平衡措施的计划。通过现金预算,可以让财务人员了解公司现金流量的数额,更好地测定公司未来的现金需要;同时,现金预算也可以反映公司的计划目标是否在其筹资能力范围以内,以便更好地筹措资金,并控制其现金流转。公司可按照未来任何一个时期编制现金预算。最常见的是按照年、分季或分月来编制。按月编制的现金预算最多,因为在现金流转不太稳定的情况下,时间越短的现金预算准确性越高。一般现金预算包括四个部分,即:现金收入、现金支出、现金余缺及现金融通。现金预算的编制是以销售预测及其他经营预算为基础的。

现金收入是指一定时期内的现金收入额,主要包括现销的销售收入和赊销的应收账款的收回。此外,如租金收入、股利收入、营业外收入等也是现金收入。预算期的现金收入额与期初现金余额合在一起,称为本期可动用的现金总额。如果取得上述资料,首先必须进行销售量预测,这是因为:①销售收入是公司现金收入的主要来源,也是创造和实现利润的基本要素。②在其他财务项目中,很多是随销售量的变化而变化的,如销售成本与费用等。因此,只要在做出销售预测的基础上,根据其他项目与销售之间的比例关系,就可以估计其他项目的数据。

现金支出是指一定时期内可发生的全部现金支出额,包括生产经营过程中的采购材料支出、支付工资支出以及付现性的制造费用、管理费用与销售费用等;其他现金支出如固定资产投资支出、有价证券购买支出、偿还债务本息、解缴税款、派发股利等也是公司的现金支出。

1.生产预算

为反映上述现金支出,应着手安排生产预算的编制,生产预算是对预算期生产规模的规划,它为预算成本和费用提供依据,生产预算的主要内容是预计生产量。由于生产和销售不能同步同量,需要设置一定量的存货,以保证均衡生产,因此有:

预计生产量＝预计销量＋预计期末存货量－预计期初存货量

其中,预计销量是销售预算的结果,而预计期末存货量往往按销量的一定百分比计算。

2. 直接材料预算、应付账款预算与现金支出

在生产预算的基础上，应着手编制直接材料预算。该预算主要是用来确定预算期材料采购水平的；其主要内容是在考虑原材料存货的基础上确定材料的采购数量及采购成本，计算公式为：

$$预算材料采购量＝预计材料耗用量＋预计材料期末存量－预计材料期初存量$$

其中：

$$预计材料耗用量＝预计生产量×材料单耗$$

$$预计材料采购成本＝预计材料采购量×材料单价$$

上述公式中预计生产量是生产预算的结果。

3. 账款预算

账款预算主要反映材料货款的支付情况计算。在直接材料预算之后，通常要编制账款预算，也是对预计材料采购引起的现金支出。

总之，通过现金预算的编制，一方面表明了公司所需的融资总额以及所需融资的时间，另一方面可表明在一定的销售收入和股利政策下，公司的资金有多少在内部生成，又有多少必须通过外部筹集。因此，现金预算有助于防止公司财务计划与融资能力之间的任何失调，同时利用现金预算可对公司的现金头寸及现金流转进行有效的控制，以减少现金危机。

三、预测现金流量表

现金预算是对预测期内可能发生的现金流入和现金流出所作的详细预计，也可通过建立预测财务报表的方法进行预测。预测财务报表包括预测损益表、预测资产负债表及预测现金流量表。预测财务报表与历史实际的财务报表不同，所有企业在年末编制的历史实际财务报表是依法向外部提供信息的。而预测财务报表是为企业理财服务的，是从整体上反映一定期间公司的投资和收益情况及经营的全局状况，相当于公司的总预算。

虽然预测财务报表与现金预算的作用各不相同，但是，现金预算及其所依据的信息又有许多可用来编制预测财务报表。绝大多数企业的经营管理人员主要关心的是损益表，但是，当目标是预测资金需要量时，预测现金流量、编制预测现金流量表就显得十分必要。

现金流量预测主要是对预测期经营活动的现金流入和现金流出作总括的预测，一般采用间接法编制，即以净利润为起点对一些不影响现金流量的项目进行调整，反映预计现金流入与现金流出的变化，而预计现金流入与现金流出的差额就是资金需要量。

四、其他财务预测方法

除了上述的销售百分比法以及利用现金预算预测未来现金流量进行财务预测外，还可使用其他方法进行财务预测。常用的方法之一就是回归分析法。

财务预测的回归分析法是利用一系列的历史资料求得资产负债表项目与销售额的函数关系，据此预测销售额与资产、负债数量，然后预测资金需求量的一种方法。通常假设销售额与资产、负债数量存在相互依存的线性关系，根据这种依存关系可将总资金区分为不变资金与可变资金。不变资金是指资金总额不随销售额变化而变化的资金。也就是说，当销售额在一定范围以内变动，这部分资金保持不变。例如生产经营过程中占用的永久流动资产（正常生产必需的最低的流动资产占用）、长期固定资产，等等。可变资金是指资金总额随销售额变化而变

化的资金。也就是说,当销售额在一定范围以内变动,这部分资金随销售额变动而成正比例变动。例如生产经营过程中占用的临时流动资产(季节性、临时性因素影响而占用的流动资产)。在资金划分为变动资金与固定资金后,销售额与资金需求之间的关系可用下列线性方程表示。

$$Y = a + bX$$

式中:Y 表示资金需求量;X 表示预计销售额;a 表示不变资金总额;b 表示单位可变资金。

若能利用历史资料求出式中 a 和 b 值,并知道预计的销售额,即可以预测出资金需求量的情况。

回归分析法在具体运用时,还有以下两种形式:

(1)根据资金占用总数与销售额的关系来预测。

(2)根据每一资产、负债项目与销售额的关系预测。该方式根据每一资产、负债项目与销售额的关系划分不变与可变部分,对每一资产与负债项目的预计资金需求量进行预测,在完成了各项目的预计后,其他的计算步骤可比照销售百分比法。

由于外部资金需求受多种因素的影响和牵制,前述方法均过于简单化。如果要充分考虑各种因素对财务预测的影响,往往需要利用计算机来进行调整,最常见的计算机财务预测方法是使用 LOTUS1-2-3 或 EXCEL 软件,使用电子表格编制预测财务报表(在此不作详细介绍)。因此,使用电子计算机进行财务预测也是预测的方法之一,并将成为今后财务预测的主要发展方向。

本章小结

本章主要介绍了财务规划的两项重要内容:财务分析和财务预测。财务分析是企业财务管理的基本手段,也是财务管理的重点环节,并能为企业内部和外部信息使用者提供真实和对决策有用的信息。本章介绍的财务分析主要是比率分析,同时还介绍了共同比分析和趋势分析等方法。财务预测是财务管理的重点环节,它能为企业正确的财务决策提供依据,也是企业建立有效财务预算的基础。有效的财务预测方法包括现金流量分析预测法、销售百分比预测法等,理解和学会正确地运用这些方法来对企业的经营发展状况做出正确的预测。

企业在一定时期内进行的现金预算的编制也在本章中予以介绍,财务人员根据企业的现金流入、流出和余缺,对企业预期现金流量作全面的安排,并在此基础上编制出预测的现金流量表。

关键术语

财务分析　　比率分析　　财务预测　　现金预算　　销售百分比预测　　共同比分析　　趋势分析　　杜邦分析法

思考练习题

1.为什么说现金流量表是沟通资产负债表和损益表的桥梁?

2.在财务分析指标中,你认为最重要的指标是哪些? 为什么?

3.流动比率是否越高越好? 为什么?

4.企业到底是盈利能力指标重要? 还是偿债能力指标重要?

5.如何进行现金流量分析?

6. 如何进行共同比和综合财务分析?

7. 怎样使用销售百分比预测资金需要量?

8. 简述现金预算编制的基本原理。

9. 线性回归分析的前提及运用形式如何?

10. 编制现金预算的基本过程是怎样的?

第四章 公司价值评估

> **本章要点**
>
> 1. 公司价值评估的内涵
> 2. 公司价值评估理论的发展
> 3. 现金流量贴现法原理及应用
> 4. 经济利润法原理及应用
> 5. 相对价值法原理及应用
> 6. 期权估价法原理及应用

第一节 公司价值评估概述

一、公司价值评估的内涵

(一)公司价值评估的定义

按照公司价值评估的一般理论,公司价值评估研究的是一个经济实体公司的经济价值,它是公司这一典型整体资产在现时市场条件下的公允市场价值,是由公司的未来整体获利能力所决定的市场价值。作为现代市场经济和现代公司制度相结合的产物,它是适应频繁发生的公司改制、公司上市,公司并购和跨国经营等经济活动的需要而产生和发展的,是一种综合性的整体资产评估业务,它在西方发达国家已形成多种模式并日趋成熟,其在我国的应用空间也正迅速地拓宽。

(二)公司价值评估的目的

一是用于投资分析,提供决策依据。价值评估是股市基础分析的核心内容,股票价格在本质上是投资者基于对公司未来收益、现金流量、投资风险所做出的预期判断。例如通过公司价值评估可以确定股票首次发行如何定价;评价证券效率及信息传递效应等。投资者寻找被市场低估的证券或公司,以期获得高于市场平均报酬率的收益。

二是用于价值管理,实现理财目标。公司经过筹资、投资、经营,分配来进行财务活动,最终要实现的是公司价值最大化。通过正确的公司价值评估,描述财务决策、公司战略和公司价值之间的定量关系,判断公司创造价值所需要的条件,真正实现公司价值最大化这一财务管理的根本目标。

三是用于并购分析,推动战略重组。公司并购分析是公司战略重组的重要环节。实践表明,并购失败的一个重要原因是目标公司的定价过高,增大了并购成本和风险。因此,对目标公司的价值进行合理评估,确定适当的并购价格,可以正确判断并购能否增加股东财富,以及如何增加股东财富,以推动战略重组。

(三)公司价值评估的经济意义

公司价值评估对公司评价和管理有重要作用。以开发公司潜在价值为目的的价值管理正在成为当代公司管理的新方向。公司价值管理更为强调的是对公司整体获利能力的分析和评估,通过制定和实施合适的发展计划以保证公司的经营决策有利于增加股东的财富价值。在这一趋势下,公司管理人员将不再满足于要求财务数据反映公司的历史,而是更多地运用公司价值评估的信息展望公司未来,提高公司未来盈利能力;规范公司的经营管理,充分反映出管理层的经营绩效。

公司价值评估能促进公司利用资本市场实现产权转让。产权转让的最终目的是提高资本的使用效率。实现这一目标有许多途径,但从根本上都离不开公司价值评估这一环节,如国有资本逐步退出一般竞争性领域,这是加快国有公司改革的重要方面,在所有涉及国有公司产权改革的交易事项中,公司价值评估已成为产权交易的前提和关键。又如公司上市也需要专业评估机构按照有关规定,制定合理的评估方案,运用科学的评估方法评估公司的盈利能力及现金流量状况,对公司价值做出专业判断。与此同时为公司兼并和收购提供公司价值评估服务已成为许多评估机构的核心业务之一。由于战略性并购着眼于经济利益最大化的特点,使得并购中对目标公司的价值评估非常重要。

投资者需要更加理性的投资理念。随着中国证券市场的规范化,不论是一级市场还是二级市场的投资者都逐渐趋于理性。对公司进行价值评估能充分将公司的真实价值展现在投资者的面前,对投资行为有重要的指导意义,有利于帮助投资者进行决策。

价值评估可较确切地反映公司的真实价值。传统的账面价值忽略了公司资产的时间价值和机会成本。受到会计核算准则和计量方法等人为因素的影响,往往低估、甚至不估无形资产的价值,如高新技术公司账面价值较低,而股票市价很高;一些拥有成套厂房、设备,但没有发展前景的公司,账面价值很高,而市场价值则较低。经过调整的经济价值虽然克服了账面价值的一些缺点,但它同样是从公司本期经营情况角度来计量的,没有反映出市场对公司未来经营收益的调整。通过市场价值评估则相对真实地反映了公司的价值。

二、公司价值评估理论的发展历程

公司价值评估的思想源于 20 世纪初艾尔文·费雪(Irving Fisher)的资本价值论。1906年,费雪出版了《资本与收入的性质》一书,完整论述了资本与收入的关系以及价值的源泉问题,为现代公司价值评估理论奠定了基石。1907 年,费雪在他的另一部专著《利息率:本质、决定及其与经济现象的关系》中,分析了利息率的本质和决定因素,并且进一步研究了资本收入和资本价值的关系,初步形成了完整而系统的资本价值评估框架。费雪创造和发展的净现值法是公认的资本预算决策的最优方法。

从 20 世纪初到 50 年代末的这段时间,费雪的资本预算理论广为流传,但公司价值评估理论发展却很缓慢,主要原因在于费雪的资本价值评估思想与实践脱节,很难应用于实践之中。这一理论体系受到公司产权交易实践的极大挑战,直到 1958 年,莫迪利亚尼(Modigliani)和米勒(Miller)发表了他们影响深远的、给理财学研究带来重大变革的学术论文——《资本成本、公司财务与投资理论》,对投资决策、融资决策与公司价值之间的相关性进行了深入研究。他们认为,公司价值的大小主要取决于投资决策,在均衡状态下公司的市场价值等于按与其风险程度相对应的贴现率对预期收益进行贴现的资本化价值。莫迪格莱尼和米勒第一次系统地将不确定性引入到公司价值评估理论体系之中,精辟论述了公司价值与公司资本结构之间的关系,创立了现代公司价值评估理论。1961 年,米勒和莫迪利亚尼又在《商业杂志》发表了《股利政策、增长和股票价格》一文,对股利政策的性质和影响进行了系统分析,提出了 MM 股利无关论。该理论的基本假设是完全市场假设:①市场强有效;②无公司和个人所得税;③资本市场无交易成本;④举债经营对资本成本几乎无影响;⑤公司投资决策和股利政策相互独立。在此假设下,公司的价值与股利政策无关。基于可靠的经济分析,他们提出了 MM 定理。1963 年,他们对 MM 定理的适用性进行了探讨,提出了存在公司所得税状态下的公司估价模型,为公司估价理论的推广和应用奠定了坚实的基础。

20 世纪 50 年代以来,理论界对贴现率的认识和计算取得了重大突破,资本市场理论、资产组合理论有了突飞猛进的发展。资本资产定价理论(CAPM)和套利定价理论(APM)揭示了金融风险和收益之间的对应关系,为人们精确估计公司资本率扫清了一大障碍,从而使原本粗糙的现金流贴现法(DCF)日臻完善,成为人们普遍认同的主流方法。1974 年,为弥补现金流贴现法的不足,美国麻省理工(MIT)斯农管理学院(Sloan School of Management)的梅耶斯(Myers)教授提出了调整现值法(APV)。与现金流贴现法相比,调整现值法是一个进步,但由于它的琐碎和复杂,以及它在调整资本化率问题上面临着与现金流贴现法同样的难题。实际应用效果也并不乐观。斯提杰克(Devstrickek,1983)对产权交易中公司价值的确定进行了分析。他认为:所谓价值就是买者对标的物效用的一种感觉,效用是用人们现在及将来占有某件物品所获得的利益来度量的。这里的公司价值并不仅仅是以持续经营为假设前提,而是按贡献原则与变现原则混合产生的公司价值。表现在评估方法上,不是采用贴现现金流法,而是采用单项资产评估加和法确定资产价值,基础数据则来源于市场价值、账面价值或原始成本。虽然这些数据含义明确,易于获得,但以此确定的公司价值在理论上缺乏足够的说服力。

1991 年思特(Stewart)提出了经济附加值(EVA)概念,由总部设在纽约的思腾思特(Stern&Stewart)咨询公司将该方法引入价值评估领域(EVA 商标由 Stern&Stewart 公司注册持有)。根据思腾思特咨询公司的解释,经济附加值表示的是一个公司扣除资本成本后的资本收益。也就是说,一个公司的经济附加值是该公司的资本收益和资本成本之间的差。EVA 的方法是以股东利益最大化经营目标为基础,在欧美国家风靡一时,一度成为像高盛、JP 摩根等著名投资银行分析公司价值的基本工具之一。但是,经济附加值概念至今没有成形的理论体系,也没有一套公认的可供操作的方法体系,因此它的应用和发展也受到了一定的制约。

三、公司价值评估方法研究的现状及发展趋势

(一)公司价值评估方法研究的现状

至今,公司价值评估方法已发展得相当丰富。仅美国官方推荐投资者分析上市公司所采用的评估方法就至少有 17 种(Alexandra Reed Lajox&Stanley Foster Reed,1999)。这些方法大致上可以分为两大类模型:①基于收入和资产的模型;②基于现金流的模型。这两类模型在实践操作中各有千秋。普遍的认识是:基于收入和资产的模型比基于现金流模型所需的信息

量少。但同时存在理论上不够严谨的问题(Sudarsanam,1987)。总结起来,这些方法又可以大致归结为三种基本方法:加和法、比较法和现金流贴现法。其他各式各样的价值评估方法都是由这三种基本方法组合变换而来。

加和法是将构成公司的各种要素资产的评估值加总求得公司整体价值的方法。它的优势在于采用了较客观的价值类型,但由于严重缺乏对资产未来收益的前瞻性。无法准确把握一个持续经营公司价值的整合效应,一般只适合于清算公司的价值评估。现金流贴现法和比较法均是以公司持续经营为假设前提,强调评估对象的未来获利能力。其中,比较法运用现有会计利润与相关的各种会计指标之间的比率(常见的指标如市盈率),通过与同类公司对比来确定公司价值。这种方法在一些英联邦国家应用比较普遍。现金流贴现法最符合经济学原理,是理论上最为成熟的评估方法,它采用现金流量而非利润指标,排除了会计利润易受会计方法、会计政策等人为因素干扰的不利影响,因此成为公司价值评估的一种基本方法,受到欧美等国价值评估人员的青睐。关于公司价值的评估,由美国经济学家汤姆·科普兰等著的《价值评估》一书,是迄今为止被称为麦肯锡公司价值评估的精髓,书中由于作者认为价值等于公司未来现金流的贴现,而对现金流贴现法推崇备至。由于本章的目的在于研究正常经营状态下的公司价值,主要介绍比较法和现金流贴现法。

(二)公司价值评估方法的发展趋势

在经济金融化、全球化和以信息技术为核心的高新技术迅速发展的推动下,公司产权交易行为越来越活跃,公司价值评估的应用空间得到了极大的拓展。同时,公司产权交易涉及的内容和关系也越来越复杂。新的形势也催生出一些新的方法。

越来越多的文献指出,不确定性的广泛存在使基于未来现金流预测的传统贴现方法面临严峻挑战。究其原因有两点:其一,贴现方法自身的缺陷,贴现方法中过多依赖于决策者的主观判断,极易造成财务估价与金融市场估价的不一致;其二,现代公司新的经营模式所致,如外包许可证、伙伴等或有交易使传统贴现方法的适用范围受到限制。对不确定性价值进行评估是当前实践中面临的最大难题之一。到 20 世纪 90 年代初期,这一领域终于取得了一些进展。迪克西特(Dixit)与平迪克(Pindyck)指出,公司价值应该是由经营资产价值与投资机会的价值两部分组成。他们从投资的角度分别对这个问题进行了研究。迪克西特指出若投资项目的价值是不确定的,立即投资丧失了等待选择权,存在着投资机会成本问题。平迪克在连续时间模型下研究了投资的时间选择性对投资机会和投资决策的影响,假定在不同时间投资,建成项目的价值是不同的,并且是不确定的,而投资支出是不随时间变化的常数;分析了投资项目的价值独立于投资支出时的决策问题,指出项目价值的不确定性使决策者倾向于延迟投资以获取更多的信息。另外,梅耶斯教授也指出:"标准贴现方法经常低估灵活性投资价值",并最先提出了实物期权定价思想,认为人们可以参照金融期权定价的方法对公司战略的灵活性进行定价。在梅耶斯教授等人的启发下,理论界逐渐形成了一种新的公司价值评估方法——期权定价法。在这种评价体系下,公司价值由未来获利能力决定。从发展眼光来看,公司的未来获利能力包括两部分:公司现有基础上的获利能力和潜在的获利机会。所以,公司价值等于公司现有资产获利能力的价值与潜在获利的机会价值之和。如何准确有效地评估公司不确定性价值,成为当前公司价值评估方法研究的热点问题,受到越来越多学者的关注。

第二节　现金流量贴现法

一、现金流量模型

(一)自由现金流量

自由现金流量(Free Cash Flow,FCF)最早是由美国西北大学阿尔弗雷德·拉巴波特、哈佛大学詹森等学者于 20 世纪 80 年代提出的一个全新的概念。简单地讲,自由现金流量就是公司产生的在满足了再投资需要之后剩余的现金流量。这部分现金流量是在不影响公司持续发展的前提下,可供分配给公司资本供应者的最大现金额。

对自由现金流量的内涵定义,存在着各种表达,如:"这是经过从预计收益减去预期经营成本和为了提高现金流而花费的费用之后剩下的现金流。"换个角度说,"自由现金流量就是流量等于公司的税后营业利润加上非现金支出,再减去营业流动资金,物业、厂房与设备及其他资产方面的投资,它未纳入任何与筹资有关的现金流量,如利息费用或股息"。实际上,自由现金流量也等于向所有资本供应者支付或收取的现金流量总额(利息、股息、新的借款、偿还债务等)。我们可以将自由现金流量定义为:

(1)公司的自由现金流量是公司经营带来的现金流量满足公司再投资需要后,尚未向股东和债权人支付现金前的剩余现金流量。

(2)自由现金流量是扣除营运资本投资与资本投资之后的经营活动所带来的现金流量。是公司为了维持持续经营而进行必需的固定资产与营运资产投资后可用于向所有者分派的现金。

根据前面对自由现金流量的认识和了解,公司自由现金流量是指扣除税收、必要的资本性支出和营运资本增加后,能够支付给债权人或股东的现金流量。用公式表示为:

自由现金流量＝息税前利润＋折旧－所得税－资本性支出－营运资本净增加

　　　　　　＝税后净营业利润－净投资

　　　　　　＝债权人自由现金流量＋股东自由现金流量

其中:　　　　　　税后净营业利润＝息税前利润－所得税

　　　　　　净投资＝资本性支出＋营运资本净增加－折旧

净投资就是投资资本的变化额。用公式表示如下:

净投资＝流动资金投资＋固定资产投资＋在建工程投资＋无形资产投资

(二)基于自由现金流量评估模型

1.模型评估公式

公司价值＝明确的预测期间的现金流量现值＋明确的预测期之后的现金流量现值

$$= \sum_{t=1}^{\infty} \frac{FCF_t}{(1+WACC)^t} + \frac{V_t}{(1+WACC)^t} \tag{4-1}$$

式中:FCF_t 表示明确预测期内第 t 年的自由现金流量;V_t 表示明确预测期后第 t 年的自由现金流量;$WACC$ 表示公司加权平均资本成本。而公司在明确预测期后的连续价值计

算为:

$$V = \frac{FCF_{t+1}}{WACC - g} \tag{4-2}$$

式中:FCF_{t+1} 表示明确预测期后第 1 年的自由现金流量;$WACC$ 表示加权平均资本成本;g 表示明确预测期后的自由现金流量可持续增长率;V 表示公司的连续价值。

根据公式(4-1)和公式(4-2)可以得到公司价值的计算公式为:

$$企业总价值 = \sum_{t=1}^{\infty} \frac{FCF_t}{(1+WACC)^t} + \frac{V_t}{(1+WACC)^t} + \frac{FCF_{t+1}}{WACC - g} \tag{4-3}$$

2. 自由现金流量评估模型评估过程

运用自由现金流量评估模型对公司价值进行评估可以分为以下六个步骤:

(1)分析历史绩效。对公司历史绩效的分析主要目的是要彻底了解公司过去的绩效。可以为判定和评价对今后绩效的预测提供一个不可少的视角。历史绩效分析主要是对公司的历史会计报表进行分析,计算税后净营业利润。

(2)预测未来绩效。预测绩效就是对公司今后经营所产生的现金流量的分析,这一过程必须全面地考察公司影响价值创造的各种因素,包括评估行业状况,根据历史绩效及未来发展前景预测财务具体细目等。

(3)估计资金成本。资金成本是影响公司价值的重要因素。需要指出的是资本成本的组成部分一定要与计算被贴现的现金流量的口径一致。

(4)连续价值估算。首先选择适当的估算方法和预测期限;然后估测估值参数;最后贴现连续价值。可以根据公式(4-2)算出连续价值。

(5)计算公司价值。以公司的加权平均资本成本对预测的自由现金流量和连续价值进行贴现,来确定公司经营的价值总额,再将现金流量未纳入自由现金流量和经济利润的任何非营业资产的价值计入,以估算整个实体的价值,最后再将所有债务、混合证券、少数股东权益或优于剩余权益的其他债权从市场价值中扣除。

(6)评估结果检验。包括检验计算结果是否符合预测时所指的价值驱动因素,结果与市场价值是否相差太大,是否有合理的理由等。

二、现金流量模型的应用

(一)预测自由现金流量

自由现金流量模型的基本思想是增量现金流量原则和时间价值原则,即任何资产(包括公司或股权)的价值是其产生的未来现金流量的现值。在这个模型中,首先要完成对公司环境分析和过去3~5年财务报表分析,然后基于公司环境未来发展的假设之下预测未来的自由现金流量。

1. 分析历史绩效

在进行预测时,需要使用高质量的获利能力。高质量的获利能力是指利润中仅包括会重复发生的项目;而符合一般会计准则(GAAP)的利润表中所包含的营业外收支、会计政策变更的累积影响和非持续经营等事项属于非经常事项和不会重复发生的事项,因此我们需要把它们从利润中剔除,从而获得"真实"的利润。

以 ABC 公司为例:

表 4-1 ABC 公司历史经营利润表 单位:千元

项目＼年份	2005	2004	2003	2002	2001
主营业务收入	14 520 736	10 771 077	9 490 523	9 793 150	6 923 142
减:主营业务成本	12 080 096	9 473 797	8 430 929	8 735 297	6 320 951
主营业务税金及附加	38 588	24 600	25 276	25 550	15 146
主营业务利润	2 402 052	1 272 680	1 034 318	1 032 303	587 045
减:营业费用	231 034	185 360	158 670	168 158	119 066
管理费用	279 623	244 369	194 730	170 093	79 390
财务费用	9 498	13 835	− 25 858	− 39 678	− 37 300
营业利润	1 881 897	849 116	706 776	733 730	407 889
减:所得税	621 026	280 208	233 236	242 131	134 603
净利润	1 260 871	568 908	473 540	491 599	273 286

2. 参数估计

采用两阶段模型,即把预测期分为两个阶段:第一阶段为公司快速发展阶段,以年为基础逐年做出公司详细的销售收入增长率和现金流量预测(通常预测期通常为 3～5 年);第二阶段为公司永续增长阶段,销售收入和现金流量具有充分的稳定性和可预测性,可以直接估计其永续价值。

公司价值＝预测期内现金流量现值＋后续期内现金流量现值

基于历史绩效分析,编制 ABC 公司的财务计划,未来的营运情况见下表4-2:

表 4-2 ABC 公司销售收入增长率预测表

年份	2006	2007	2008	2009	2010	2010 年之后各年
收入增长率	25%	20%	15%	10%	5%	3%

3. 预测自由现金流量

自由现金流量是公司真正的营业现金流量。它是公司产生的税后现金流量总额,可以提供给公司所有的资本供应者,包括债权人和股东。它是公司扣除了必需的、受约束的支出,公司可以自由支配的现金。计算公式如下:

自由现金流量＝净利润＋折旧与摊销＋财务费用－营运资本增加－资本支出增加

根据历史财务报表和以上假设条件,我们就可以预测 ABC 公司的自由现金流量,如下表4-3所示:

表 4 - 3　ABC 公司自由现金流量预测表　　　　　　　单位:千元

年份 项目	2006	2007	2008	2009	2010	2010 年后
主营业务收入	18 150 920	21 781 104	25 084 270	27 553 097	28 930 751	29 798 674
减:主营业务成本	16 016 372	19 219 646	22 102 893	24 312 852	25 528 495	26 294 350
主营业务税金及附加	45 377	54 453	62 621	68 883	72 327	74 497
主营业务利润	2 089 171	2 507 005	2 883 056	3 171 361	3 329 929	3 429 827
减:营业费用	304 935	365 923	420 811	462 892	486 037	500 618
管理费用	333 977	400 772	460 888	506 977	532 326	548 296
财务费用	18 151	21 781	25 048	27 533	28 931	29 799
营业利润	1 432 108	1 718 529	1 976 308	2 173 939	2 282 636	2 351 115
减:所得税	472 596	567 115	652 182	717 400	753 270	775 868
净利润	959 512	1 151 451	1 324 127	1 456 539	1 529 366	1 575 247
加:本年度计提折旧	495 337	586 324	675 453	755 427	819 194	877 055
财务费用	18 151	21 781	25 048	27 533	28 931	29 799
减:营运资本增加	544 528	544 528	490 075	375 724	206 648	130 188
资本支出增加	657 784	1 856 889	1 818 961	1 632 116	1 301 373	1 180 828
FCF	657 784	−641 896	−284 405	231 679	869 470	1 171 085

(二)公司价值评估

经上述分析和预测,现在进行公司价值评估。这一步骤需要将公司未来的自由现金流量按照加权平均资本成本(weighted average cost of capital,WACC)带入两阶段成长模型以求得公司整体的价值;最后,公司整体价值减去负债和其他要求权价值后得到权益价值,除以在外流通的普通股股数就可以得到公司每股合理价值。

1.计算加权平均资成本(WACC)

加权平均资本成本一般是以各种资本占全部资本的比重为权数,对个别资本成本进行加权平均确定的。其公式为:

$$WACC = R_d \times b \times (1-T) + R_e \times (1-b) \tag{4-4}$$

式中:R_d 表示债权人要求的报酬率即负债的成本;R_e 表示所有者要求的报酬率即市场确定的权益资本机会成本;T 表示公司的所得税税率;b 表示资产负债率。

ABC 公司加权平均资本成本的计算过程见表 4 - 4:

表 4 - 4　ABC 公司加权平均资本成本计算表

加权资本成本	$WACC = R_d \times b \times (1-T) + R_e \times (1-b)$	0.0857
所得税率	T	0.3300
资产负债率	b	0.3127
债权人报酬率	R_d	0.0154
权益报酬率	$R_e = R_f + \beta \times (R_m - R_f) = R_f + \beta \times m$	0.1200
无风险报酬率	R_f	0.0198
市场平均报酬率	R_m	0.1200
风险溢价	m	0.1002
系数	β	1

2.计算公司权益的价值

运用自由现金流量模型评估公司权益价值,是用公司的营业价值(可以向所有投资者提供的公司价值,即预期未来自由现金流量的现值)加非营业净资产市场价值减去债务价值和其他投资要求权(如优先股、少数股东权益等等)。根据公式(4-1),公司价值的计算如下:

公司价值=高速增长期内现金流量现值+永续增长期现金流量现值

$$= \sum_{t=1}^{\infty} \frac{FCF_t}{(1+WACC)^t} + \frac{V_t}{(1+WACC)^t}$$

经过计算得到 ABC 公司权益的实质价值:每股 5.62 元。如表 4-5 所示:

表 4 - 5　ABC 公司价值预测表　　　　　　　单位:千元

项目 ＼ 年份	2006	2007	2008	2009	2010	2010 以后
未来各年 FCF	657 784	−641 896	−284 408	231 679	869 470	1 171 085
$WACC$	0.0995	持续增长率 g	0.0300			
贴现率的倒数	1.0995	1.2088	1.3291	1.4613	1.6067	0.1116
未来各年 FCF 的现值	598 272	−531 001	−213 987	158 543	541 167	10 491 754
FCF 合计	11 044 748					
加:长期投资	266 718					
减:一年内到期的长期负债	400 000					
减:长期负债	1 668 604					
普通股价值	9 242 862					
上市流通的普通股总数	1 643 309					
股份总数	2 962 309					
每股价值(元)	5.62					

三、其他常见的现金流量贴现模型

(一)调整现值模型(APV)

调整现值模型(APV)与公司自有现金流量模型相似,对自由现金流进行贴现来估计经营价值,再加上非经营性资产价值得到公司价值。公司价值减去债务价值后得到权益价值。APV 与传统 DCF 模型的区别是,APV 模型把经营价值分为两个部分:一是完全由权益资本融资的经营价值;二是由于债务融资形成的税收利益的价值。

这个评估模型体现了 MM 定理的结论。MM 定理指出在无税的情形下,公司的公司价值(权益与债务之和)独立于资本结构。这样,公司价值就不受资本如何在债务和其他索取权之间进行分配的影响。

在无税的世界中,MM 定理对价值评估的含义在于,无论公司的资本结构如何,资本的加权平均成本为常数。如果总价值为常数,且自由现金流独立于资本结构,情况必然如此。唯一的结论就是资本结构只能通过税收和其他方面的市场不完美性来影响公司价值。

APV 模型有三个核心概念。一是无债务时公司的资本成本(称为权益的无杠杆成本),二是债务对价值的影响,三是税收对价值的影响。大多数国家的税收政策中,利息可以在税前列支,因此,如果公司的资本结构中有债务,则公司及其投资者支付的税款会降低。

在传统的 DCF 模型中,税收利益体现在资本的加权平均成本的计算中,根据税收利益对债务成本进行调整。在 APV 模型中,通过对预计的税款节约量进行贴现来估计债务挡板的税收利益。

如果能够正确计算资本的加权平均成本,则两个方法必然是一致的。下面的公式表明了 WACC 与权益的无杠杆成本的关系。

$$WACC = k_u - k_b \left(\frac{B}{B+S} \right) T \tag{4-5}$$

式中:k_u 表示权益的无杠杆成本;k_b 表示债务成本;T 表示利息费用的边际税率;B 表示债务的市场价值;S 表示权益的市场价值。

[例 4-1] 以赫雪食品公司为例,其债务成本为 5.5%,利息支出边际税率为 39.0%,折现系数为 7.5%,债务市值与其市值比为 13.8%。求其无杠杆权益成本。

$$\begin{aligned} k_U &= WACC + k_b \frac{B}{B+S} T \\ &= 7.5\% + (5.5\% \times 13.8\% \times 39.0\%) = 7.8\% \end{aligned}$$

如表 4-6 所示,用赫雪公司的无杠杆成本对其预计自由现金流量进行折现,便得出该公司的无杠杆营业价值为 93.9 亿美元。如表 4-7 所示,赫雪公司的债务税收益价值为 6.42 亿美元。这样,得出表 4-8 赫雪公司的权益价值为 92 亿美元。

表4-6　赫雪食品公司自由现金流量调整后现值评估一览表

年份	自由现金流量 （100万美元）	无杠杆权益成本	折现系数	按无杠杆权益成本计 算的现金流量现值 （100万美元）
1999	331	7.80%	0.928	307
2000	349	7.80%	0.860	301
2001	364	7.80%	0.798	290
2002	379	7.80%	0.740	281
2003	395	7.80%	0.687	271
2004	412	7.80%	0.637	262
2005	429	7.80%	0.591	253
2006	447	7.80%	0.548	245
2007	466	7.80%	0.508	237
2008	485	7.80%	0.472	229
连续价值	13 526	7.80%	0.472	6 384
				9 056
年中调整系数				1.037
自由现金调整后现值				9 391

表4-7　赫雪食品公司利息节税收益现值评估一览表

年份	利息节税收益 （100万美元）	折现系数 （以无杠杆权益成本 7.8%为折现率）	按无杠杆权益成本计 算的现金流量现值 （100万美元）
1999	27.5	0.928	26
2000	26.6	0.860	23
2001	22.9	0.798	18
2002	29.8	0.740	22
2003	25.8	0.687	18
2004	33.4	0.637	21
2005	29.2	0.591	17
2006	36.5	0.548	20
2007	31.9	0.508	16
2008	38.9	0.472	18
连续价值	890.0	0.472	420
			619
年中调整系数			1.037
节税收益调整后现值			642

表 4-8	单位：100 万美元
营业自由现金流量价值	9 390
债务节税收益	642
非营业资产	450
公司总价值	10 482
减：债务价值	1 282
权益价值	9 200

(二)权益 DCF 模型

权益 DCF 模型在理论上是一个最简单的模型，但难以在实践中应用。权益 DCF 模型以权益成本对权益所有者的现金流进行贴现。公司带给所有者的现金流入包括两部分：股利收入和出售时的资本利得。公司权益的内在价值由一系列的股利和将来出售公司股票时售价的现值所构成。

如果股东永远持有股票，他只获得股利，是一个永续的现金流入，这个现金流入的现值就是股票的价值：

$$V = \frac{D_1}{1+R_s} + \frac{D_2}{(1+R_s)^2} + \cdots + \frac{D_n}{(1+R_s)^n} + \cdots$$

$$= \sum_{t=1}^{\infty} \frac{D_t}{(1+R_s)^t} \tag{4-6}$$

式中：D_t 表示第 t 年的每股现金股利；R_s 表示股东要求的必要报酬率；t 表示年度。

如果投资者不打算永久持有公司股票，而在一段时间后出售，这时公司权益带给投资者的未来现金流入包括股利收入和将来股票出售时的售价两个部分，于是权益价值的计算公式可以修正为：

$$V = \frac{D_1}{1+R_s} + \frac{D_2}{(1+R_s)^2} + \cdots + \frac{D_T}{(1+R_s)^T} + \frac{P_T}{(1+R_s)^T}$$

$$= \sum_{t=1}^{T} \frac{D_t}{(1+R_s)^t} + \frac{P_T}{(1+R_s)^T} \tag{4-7}$$

式中：T 表示股票持有的期限；P_T 表示第 T 期末的股票每股售价。

上式表明，若投资者在第 T 期出售股票，则普通股的价值就等于第 1 期至第 T 期的每年股利之现值加上第 T 期股票售价的现值之和。

如果预计某股票的每股股利在未来以某一固定的增长额或增长率增长，那么这种股票就被称之为固定增长股。其中，以固定增长额增长的股票，称为定额增长股，以固定增长率增长的股票称为定率增长股。通常所说的固定增长股多为定率增长股。

对于定额增长股，因其股利以固定的增长额增长，故有

$$D_t - D_{t-1} = \Delta D$$

即： $D_t = D_1 + (t-1)\Delta D$

将上式代入公式(4-7)可得：

$$V_0 = D_1 \left[\frac{1}{1+R_s} + \frac{1}{(1+R_s)^2} + \cdots + \frac{1}{(1+R_s)^n} + \cdots \right]$$

$$+ \Delta D \left[\frac{1}{(1+R_s)^2} + \frac{2}{(1+R_s)^3} + \cdots + \frac{n-1}{(1+R_s)^n} + \cdots \right]$$

$$= D_1 \sum_{t=1}^{\infty} \frac{1}{(1+R_s)^t} + \Delta D \sum_{t=1}^{\infty} \frac{t-1}{(1+R_s)^t}$$

$$= \frac{D_1}{R_s} + \frac{\Delta D}{R_s^2} \tag{4-8}$$

公式(4-8)即为定额增长股的价值评估模型,又称 Walter 模型。

对于定率增长股,因其股利以固定增长率 g 增长,则有：

$D_1 = D_0(1+g)$

$D_2 = D_1(1+g) = D_0(1+g)^2$

……

$D_t = D_{t-1}(1+g) = D_0(1+g)^t$

代入公式(4-7)可得：

$$V_0 = \sum_{t=1}^{\infty} \frac{D_t}{(1+R_s)^t} = \sum_{t=1}^{\infty} \frac{D_0(1+g)^t}{(1+R_s)^t}$$

当 $R_s > g$ 时,上式可简化为：

$$V_0 = \frac{D_0(1+g)}{R_s - g} = \frac{D_1}{R_s - g} \tag{4-9}$$

在现实生活中,大多数公司的股利既不是长期固定不变,也不是长期固定增长,而会随着公司生命周期的变化呈现出一定的阶段性。一般地,在发展初期,公司的增长率通常高于国民经济的增长率;中期,公司的增长率与国民经济的增长率持平;晚期,公司的增长率低于国民经济的增长率,这就使得公司的每股股利的增长率也处于变动之中,这种公司的股票为非固定增长股。对于这种股票,由于在不同时期有不同的增长率,未来股利的预期增长率不是一个,而是多个,在这种情况下,只有分段计算,采用多重增长模型才能确定公司权益的价值。

现以两阶段增长为例,说明权益价值的估价模型。

假设某股票前 T 年每年股利呈 g_1 增长,其后呈 g_2 增长,则这一股票的价值为：

$$V_0 = \sum_{t=1}^{T} \frac{D_0(1+g_1)^t}{(1+R_s)^t} + \sum_{t=T+1}^{n} \frac{D_T(1+g_2)^{t-T}}{(1+R_s)^t} \tag{4-10}$$

当 n 趋向于无穷大时,上式简化为：

$$V_0 = \sum_{t=1}^{T} \frac{D_0(1+g_1)^t}{(1+R_s)^t} + \frac{D_{T+1}}{R_s - g_2} \times \frac{1}{(1+R_s)^T} \tag{4-11}$$

与两阶段增长模型相类似,我们还可建立三阶段、四阶段等更多阶段的增长模型,其原理和计算方法与两阶段增长模型类似。股利的增长阶段划分得越细,股利的增长就越接近于线性函数,相对来说就越接近于实际,评估者可以根据自己的实际需要加以考虑。

[例 4 - 2] A 公司 2008 年的销售收入为 5 000 万元,预计公司 2009 年的销售收入增长 10%,但是以后每年的销售收入增长率将逐年递减 2%,直到 2011 年以后,达到所在行业 6% 的长期增长率。基于公司过去的盈利能力和投资需求,预计 EBIT 为销售收入的 10%,净营运资本需求的增加为销售收入增加额的 6%,资本支出为销售收入增加额的 8%,折旧费用销售收入增加额的 4%,若公司的所得税率为 25%,加权平均资本成本为 10%,则 A 公司 2009 年初的公司价值为多少?

【解答】

预测 A 公司的自由现金流量 单位:万元

年份	2008	2009	2010	2011
1.销售收入	5 000	5 500	5 940	6 296.4
2.相对上半年的增长率		10%	8%	6%
3.EBIT(销售收入的 10%)		550	594	629.64
4.无杠杆净收益		412.5	445.5	472.23
加:折旧(销售收入增加额的 4%)		20	17.6	14.256
减:资本支出(销售收入增加额的 8%)		40	35.2	28.512
减:净营运资本的增加(销售收入增加额的 6%)		30	26.4	21.384
自由现金流		362.5	401.5	436.59

$$V_{2011} = \frac{436.59 \times (1 + 6\%)}{10\% - 6\%} = 11\ 569.64(万元)$$

企业价值 $= 362.5 \times (P/S, 10\%, 1) + 401.5 \times (P/S, 10\%, 2) + 436.59 \times (P/S, 10\%, 3) + 11\ 569.64 \times (P/S, 10\%, 3) = 9\ 681.63(万元)$

第三节 经济利润法

一、经济利润模型

(一)经济利润

经济利润这个概念至少可以追溯到 1890 年阿尔弗雷德·马歇尔(Alked Marshall)出版的书中写道:"(所有者或经理的)利润在按现行利率扣除了资本利息后所剩的部分,可称为经营收益或管理收益。"Marshall 指出,公司在任何期间创造的价值(经济利润),不但要必须考虑会计账目中记录的费用开支,而且要考虑业务占用资本的机会成本。在经济利润模型中,公司价值等于投入公司中的资本量,加上等于每年创造的新价值贴现值的溢价。

相对于公司 DCF(现金流贴现法)模型,经济利润模型的优点是:经济利润能够有效地测度一个年度公司的绩效。例如,无法通过比较自由现金流的计划值与实际值来追踪一个公司的发展,因为任何一年的自由现金流可以通过改变固定资产和营运资本投资来调节。管理层可以通过延期投资,以牺牲长期价值创造为成本来轻易地改善自由现金流。

一个时期公司价值创造的经济利润定义为：

$$经济利润 = 投资资本 \times (ROIC - WACC) \qquad (4-12)$$

其中，$ROIC$ 为资本回报率。

经济利润把两个价值决定因素（即投资资本回报率和增长率）转化为一个货币数字（增长率最终与投资资本量或者公司规模相关）。定义经济利润的另一个方法是税后利润减去公司使用的资本价格：

$$经济利润 = 利润 - 资本价格 = 利润 - (投资资本 \times WACC) \qquad (4-13)$$

从经济利润的定义可以看出，经济利润与会计净利润相似，但它是对公司的所有资本而不仅仅是债务利息计算费用，它实质衡量的是公司的总资本创造出超过总资本成本（包括自有资金的机会成本）的能力，它比会计利润更能反映出一个公司的获利能力。

(二)经济利润评估模型

在经济利润模型中，公司的价值等于投入资本额加上与预计经济利润现值相等的溢价或折扣，即：

$$公司价值 = 投入资本 + 预计经济利润现值$$

而公司的投入资本是通过账面价值反映出来的。因此，公司价值可以表示为：

$$V_0 = BV_0 + \sum_{t=1}^{\infty} \frac{E(RI_t)}{(1 + WACC)^t} \qquad (4-14)$$

式中：V_0 表示现时刻的公司价值；BV_0 表示现时刻的公司的账面价值；$E(RI_t)$ 表示第 t 期的期望经济利润；$WACC$ 表示公司的加权资本成本。

与贴现现金流量模型相比，经济利润模型的优点在于：经济利润模型是了解公司任何单独一年绩效的有效工具，而贴现现金流量模型却不是。通常公司不能通过实际自由现金流量和预计自由现金流量的比较来了解公司的发展情况，因为任何一年的自由现金流量都取决于固定资产和流动资金投资，而这些投资的随意性极强。管理者只要拖延投资，牺牲长期价值创造，便能很容易地改变某年的现金流量状况。

在实际应用中，贴现现金流量模型评估公司价值时，抛开了公司的投入资本，即完全不考虑公司的账面价值（历史成本），只是依据其未来的现金流量来确定公司价值。而且，贴现现金流量法所需市场数据较多，这在我国目前资本市场不很完善的情况下，会使公司价值评估面临更多的不确定性。经济利润模型的公司价值等于投入资本额加上与预计经济利润现值相等的溢价或折扣，投入的资本额可以看作是公司的账面价值（新公司）或公司的重置成本（旧公司），这些数据易收集，得出的结果较准确和可靠。而预计经济利润现值相等的溢价或折扣，其所需的参数对公司价值的影响不如贴现现金流量法大，因此，经济利润模型的总体评估结果会比较可靠。

公式 4-15 给出了经济利润模型的理论模型，但我们在实际应用中对未来的预测不可能是无限期的。因此，把公司的经济利润分为两个阶段，即明确的预测期及其后阶段。这样公式 4-15 转化为：

$$V_0 = BV_0 + \sum_{t=1}^{T} \frac{E(RI_t)}{(1+WACC)^t} + \frac{CV_T}{(1+WACC)^T} \qquad (4-15)$$

式中:CV_T 表示 T 时刻后的经济利润贴现到 T 时刻的现值之和。

在公式 4-15 中,CV 是公司在明确的预测期之后的经济利润在 T 时刻的贴现值之和,通常公司在确定的 T 时刻其经济利润已经稳定了,所以一般而言 CV 有三种形式;一是 T 时刻后公司的经济利润为零,即公司的资产收益率等于其加权资本成本,其 $CV=0$;二是在 T 时刻后公司的经济利润以一个固定数额增长,则 $CV_T = RI_T + 1/WACC$;三是在 T 时刻后公司的经济利润以一个固定的增长率 g 增长,其 $CV_T = RI_T + 1/(WACC-g)$。通常,在充分竞争的市场下,资本只能得到其社会平均利润率,而公司发展到稳定状态,其投入的资本只能得到社会平均利润率,即其资产收益刚好弥补其资金成本,其经济利润为零。因此,一般来说,经济利润模型中的公司的价值可以表示为:

$$V_0 = BV_0 + \sum_{t=1}^{T} \frac{E(RI_t)}{(1+WACC)^t} \qquad (4-16)$$

因此,要确定公司价值,只需要确定公式 4-16 中的各个参数。BV_0 是公司的账面价值,这可以通过公司的资产负债表中(新成立的公司)或通过评估公司的重置成本得到。$WACC$ 是公司的加权资本成本,这可以通过 $CAPM$ 或 ATP 模型得出。所以,确定公司价值的焦点就在于计算从 1 期到 T 期的经济利润了。在具体计算各期的经济利润时,可以通过对经济利润的计算式进行变形,以便能更好、更便捷地预测各期的经济利润。

根据 RI_t 的定义,有:

$$V_0 = BV_0 + \sum_{t=1}^{T} \frac{E(RI_t)}{(1+WACC)^t}$$

$$RI_t = X_t - WACC \times BV_t - 1$$

$$= BV_{t-1}\left(\frac{X_t}{BV_{t-1}} - WACC\right)$$

$$= BV_{t-1}(ROE_t - WACC) \qquad (4-17)$$

式中:X_t 表示公司综合收益(包括借款利息);BV_{t-1} 表示公司 t 期初的总资产;$WACC$ 表示加权平均资本成本;ROE_t 表示公司总资产回报率。

而 ROE_t 又可以分解为:

$$ROE_t = \frac{X_t}{B_{t-1}} = \frac{X_t}{S_t} \times \frac{S_t}{BV_{t-1}} = MOS_t \times ATO_t \qquad (4-18)$$

这里 S_t 表示 t 期的销售收入。销售利润率 MOS 为综合收益与销售收入之比。总资产周转率 ATO 为销售收入与总资产之比。

同样,BV_{t-1} 分解为:

$$BV_{t-1} = S_t \times \frac{BV_{t-1}}{S_t} = S_t \times \frac{1}{ATO_t} \qquad (4-19)$$

t 年的经济利润 RI_t 为:

$$RI_t = S_t \times \frac{1}{ATO_t}(MOS_t \times ATO_t - WACC) \qquad (4-20)$$

从上面的分析可以知道,利用经济利润模型评估公司价值。需要预测的数据主要包括3个:①销售收入 S;②销售利润率 MOS;③资产周转率 ATO。具体的参数预测方法与贴现现金流量的参数预测方法类似,如预测各期的销售收入 S、销售利润率 MOS 和资产周转率 ATO 等参数,可直接采用通常的贴现现金流量模型的参数预测方法。

二、经济利润模型的应用

用一个简单的例子来说明如何使用经济利润评估公司价值。假设第1期期初,C公司投资1 000元于营运资本和固定资产。其后每年公司的利润为100(ROE 为10%)。其净投资为0,所以其自由现金流也为100。C公司的经济利润为20。

经济利润方法认为公司价值等于投资资本量加预期经济利润的贴现值:

价值＝投资资本＋预计经济利润的现值

经济利润模型的逻辑很直观。如果每个时期公司投资资本的回报率等于 $WACC$,则其预计自由现金流的贴现值应当等于其投资资本。公司的价值就是其初始投资。如果投资资本回报率低于或高于 $WACC$,公司的价值就会低于或者高于期初的投资成本。因此,相对于投资资本的折扣或者溢价必然等于公司未来经济利润的现值。

C公司每年获得比其投资者的要求高20的收益(其经济利润)。所以C公司的价值应当等于1 000(其评估日的投资资本总量)加上其经济利润的现值。在这种情况下,因为经济利润维持为每年20,我们可以使用永续公式计算其经济利润的现值,年利率为8%。

经济利润的现值＝20÷8%＝250

C公司的价值是1 250元。如果要贴现C公司的自由现金流,也可以得出C公司的价值是1 250元。

第四节 相对价值法

一、相对价值评估模型

比较法(CCV)是最为常用的公司价值评估方法之一。它的理论基础在于套利原理:相互替代的商品应当以相同的价格出售。这样,不像贴现现金流(DCF)模型直接基于未来的预期支付评估公司价值,这种方法基于可比较公司的定价来决定目标公司的价值或者价格。然而,现实中通常不会有两个完全相同的公司,因此评估必须以与目标公司在一定程度上相似的公司作为基础。第一步是公司价值被转换为一定会计指标的倍数。这些会计指标值被称为参照基础。第二步是用倍数乘以目标公司的参照基础。若评估模型只有一个参照基础,则称为单因子比较评估模型,而使用多个参照基础,就是多因子比较评估模型。

使用可比公司法进行定价,有三个要点:一是选取"可比公司"。可比公司的选取实际上是比较困难的事情,或者换句话说是件不容易做得很好的事情。理论上,可比公司应该与标的公司越相近或相似越好,无论多么精益求精基本上都不过分。在实践中,一般应选取在行业、主营业务或主导产品、资本结构、公司规模、市场环境以及风险度等方面相同或相近的公司。二是确定比较基准,即比什么。理论上,应该与找出所选取样本可比公司股票价格最密切相关的因素,即对样本公司股价最具解释力的因素,这一(些)因素通常是样本公司的基本财务指标。实践中,常用的有每股收益(市盈率倍数法)、每股净资产(净资产倍数法)、每股销售收入(每股销售收入倍数法,或称市收率倍数法)等。三是根据可比公司样本得出的基数(如市盈率、净资产倍数、市收率)后,再根据标的公司的具体情况进行适当的调整。

当前,比较成型的模型一般可认为有如下三种:即市盈率模型、市净率模型、收入乘数模型。各种模型有自己的特性和使用范围。

(一)市盈率模型

市盈率模型假设公司价值是每股净利的函数,公司每股净利越高,公司价值越大。根据Gordon 模型,稳定增长的公司价值为:

$$企业价值 = \frac{股利}{(股权成本-增长率)} \qquad (4-21)$$

等式两面同除每股净利后变形如下:

$$\frac{企业价值}{每股净利润} = \frac{每股净利润×(1+增长率)×股利支付率/每股股利}{权益成本} - 增长率$$

$$(4-22)$$

即:

$$市盈率 = 股利支付率×(1+增长率)/股权成本-增长率 \qquad (4-23)$$

由此可见,影响市盈率的主要因素是股利支付率、增长率和股权成本。可比公司应选择以上三个财务指标类似的公司,选出部分作为代表,计算出加权平均市盈率,用目标公司每股净利乘以加权平均市盈率后计算出目标公司价值。

[例 4-3] 双鹭药业在 2007 年实现营业收入 2.38 亿元,同比增长 62.55%,实现利润总额 1.49 亿元,增长 169.34%,其中归属于上市公司股东的净利润 1.35 亿元,比去年同期增长 181.71%。公司实现基本每股收益 1.09 元。假设公司在前 4 年处于高速增长阶段,其后公司将进入稳定增长阶段。资本市场的平均收益率为 10.74%,5 年期国债利率为 5.4%。

高速增长阶段:预期的净资产收益率=18%(2004—2007 年 ROE 的平均值);预期红利支付率=10%;高速成长期的增长率=ROE(1-红利支付率)=24.45%×(1-0.1)=22%。

双鹭药业股份有限公司的 β 值是 1.3,国债利率是 5.40%,可以得到股权资本成本=5.40%+(1.3×5.26%)=12.24%。

稳定成长期:预期增长率=8.7%;预期股权资本收益率=18%;稳定增长阶段的预期红利支付率=8.7%/18%=48%;股权资本成本=5.4%+(1.1×5.26%)=11.2%。

基于这些结果可以估计出该公司的市盈率为:

$$PE = \frac{0.10×1.22×(1-1.22^4/1.1224^4)}{0.1224-0.22} + \frac{0.48×1.22^4×1.087}{1.1224^4×(0.112-0.087)} = 24.46$$

2007 年 12 月 28 日,该公司股票的每股收益为 1.09,估其价值为 1.09×24.46=26.66(元)

（二）市净率模型

$$市净率 = \frac{企业市场价格}{企业净资产} \qquad (4-24)$$

一直以来,市净率都作为反映公司资产质量的代表指标,该指标的前提是公司价值是其净资产的函数。类比公司应具有相近的市净率,净资产越高的公司,其价值应该越大。即,公司价值＝可比公司市净率×目标公司净资产。以该模型计算公司价值。由哪些因素决定的呢?公式两面同时除以净资产后变形如下:

$$\frac{企业价值}{企业净资产} = \frac{股利 \times (1+增长率)/净资产}{股权成本} - 增长率 \qquad (4-25)$$

即:

$$市净率 = \frac{净资产收益率 \times 股利支付率 \times (1+增长率)}{股权成本} - 增长率 \qquad (4-26)$$

该公式变形后表明,决定公司市净率的因素有净资产收益率、股利支付率、增长率和股权资本成本。这四个财务比率类似的公司会有类似的市净率,目标公司价值等于类比公司的市净率与目标公司净资产的乘积。

[例4-4] A公司今年的每股净利是1元,每股股利0.3元/股,每股净资产为10元,该公司净利润、股利和净资产的增长率都是5%,β值为1.1.政府债券利率为3.5%,股票市场的风险附加率为5%。求该公司的内在市净率。

解: 　　　　股权成本＝3.5%＋1.1×5%＝9%

$$内在市净率 = \frac{30\% \times 10\%}{9\% - 5\%} = 75\%$$

（三）收入乘数模型

收入乘数模型是假设影响公司价值的关键变量是营业收入,公司价值是营业收入的函数,营业收入越高,公司价值越大,即:

$$目标企业价值 = 可比企业收入乘数 \times 目标企业经营收入 \qquad (4-27)$$

$$公司价值 = \frac{股利 \times (1+增长率)}{股权成本} - 增长率$$

等式两面同时除以营业收入得:

收入乘数＝公司价值/营业收入

$$= \frac{销售净利率 \times 股利支付率 \times (1+增长率)}{股权成本} - 增长率 \qquad (4-28)$$

可见,销售净利率、股利支付率、增长率和股权成本是影响收入乘数的主要因素,以上四个指标相近的公司会有类似的收入乘数。

[例4-5] 某石油公司1992年每股销售收入为83.06美元,每股净利润3.82美元,公司采用固定股利支付率政策,股利支付率为74%。预期利润和股利的长期增长率6%。该公司的β值为0.75,该时期的无风险利润率为7%,市场平均报酬为12.5%。

则净利润率＝3.82/83.06＝4.6%

股权资本成本＝7%＋0.75×(12.5%－7%)＝11.125%

$$收入乘数 = \frac{4.6\% \times 74\% \times (1+6\%)}{11.125\% - 6\%} = 0.704$$

按收入乘数估价＝83.06×0.704＝58.47(美元)

二、相对价值模型的比较分析

相对价值法评价公司价值相对于其他方法而言,优点是简便易于操作,能为决策者提供可比的公司价值信息,缺点主要是确认公司价值是建立在类比公司基础上,不能得出自身公司实际价值信息。具体以下三种方法,各有其实用性和局限性。

(一)市盈率模型

市盈率模型的优点是:计算数据容易取得,且计算简单,同时市盈率把价格和收益联系起来,直观地反映投入和产出的关系;再有,市盈率涵盖了风险补偿率、增长率、股利支付率等指标的影响,具有很高的综合性。市盈率模型的不足之处有二:一是如果收益是负值,市盈率就失去了意义;二是市盈率除受公司自身影响外,还受到整个经济景气程度的影响。因此,该模型适用于连续盈利,且本身受国民经济变动影响不显著的公司。

(二)市净率模型

市净率模型的优点是:因为公司净资产很少为负数,因此可适用大多数公司;再者,净资产账面价值比较稳定,不易被人为操纵,在会计政策一致的前提下,市净率的变化可以反映公司价值的变化。市净率模型的不足之处在于账面价值受不同会计标准和会计政策影响,导致市净率失去可比性。而且,在固定资产投资很少的服务性行业和高科技行业,净资产与公司价值关系不大。因此,该种方法主要适用于拥有大量资产,且净资产为正数的公司。

(三)收入乘数模型

收入乘数模型的优点是:首先不会出现负值,对所有公司都能计算出一个有意义的价值乘数;其次它比较稳定,不易人为操纵;最后收入乘数对价格政策变化最为敏感。收入乘数模型的局限之处在于不能反映成本的变化,适用于销售成本较低的服务性行业或成本率相近的传统行业。

综上所述,相对价值法评估公司价值虽然有其优点,但各种模型方法各有其缺点,在适用时应根据目标公司和类比公司的实际情况,选择适合公司的适用模型,才能得出正确结论,为决策提供依据。

[例4-6]　D企业长期以来计划收购一家营业成本较低的服务类上市公司(以下简称"目标公司"),其当前的估价为18元/股。D企业管理层一部分人认为目标公司当前的估价较低,是收购的好时机,但也有人提出,这一估价高过了目标公司的真正价值,现在收购并不合适。D企业征求你对这次收购的意见。与目标公司类似的企业有甲、乙、丙、丁四家,但它们与目标公司之间尚存在某些不容忽视的重大差异。四家类比公司及目标公司的有关资料如下:

项目	甲公司	乙公司	丙公司	丁公司	目标公司
普通股数(万股)	500	700	800	700	600
每股市价(元)	18	22	16	12	18
每股销售收入(元)	22	20	16	10	17
每股收益(元)	1	1.2	0.8	0.4	0.9
每股净资产(元)	3.5	3.3	2.4	2.8	3
预期整增长率(%)	10	6	8	4	5

要求：

(1)说明应当运用相对价值法中的哪些模型计算目标公司的股票价值。

(2)分析指出当前是否应当收购目标公司(计算中保留小数点后两位)。

【解答】

(1)由于目标公司属于营业成本较低的服务类上市公司,应当采用市价/收入比率模型计算目标公司的股票价值。

(2)

项 目	甲公司	乙公司	丙公司	丁公司	平均
每股市价(元)	18	22	16	12	
每股销售收入(元)	22	20	16	10	
收入乘数	0.82	1.10	1.00	1.20	1.03
销售净利率(%)	4.55	6	5	4	4.89

平均修正收入乘数=1.03/(4.89%×100)=0.21

目标公司销售净利率=0.9/17=5.29%

目标公司每股价值=平均修正收入乘数×目标公司销售净利率×100×目标公司每股收入=0.21×5.29%×100×17=18.89元/股

结论:目标公司的每股价值18.89元/股超过目前的估价18元/股,股票被市场低估,所以应当收购。

第五节　期权估价法

一、期权估价模型

20世纪70年代以后发展起来的期权估价法是在期权估价理论的基础上,充分考虑了公司在未来经营中存在的投资机会或拥有的选择权的价值,进而评估公司价值的一种方法。其中,期权是一个来自金融学的概念,它是指其持有人在规定的时间内按约定的价格买卖某项财产或物品的权利。期权估价法以期权定价理论为基础,也就是说,按照期权定价理论的观点,期权是有价值的。由于公司在其持续经营过程中会面临众多的投资机会或选择,所以,公司的价值应该由两部分组成:公司现有业务或投资项目所形成的价值和未来投资机会或选择权的价值。前者往往用贴现现金流量法等方法进行估算,后者则需用特定的期权定价模型来推算。

期权是指期权的持有者提供了一项在期权到期日或期权到期日之前以一个固定价格(称为执行价格)购买或出售一定数量的标的资产的权利。因为期权只包括权利不包括义务,所以期权的持有者可以选择执行期权也可以选择不执行期权。根据基础资产是被出售还是被购入,期权可以分为看涨期权和看跌期权。看涨期权,亦称买进期权,是指其持有者在规定的时间内以确定的价格买进资产(比如股票、利率等)的权利;看跌期权,亦称卖出期权,是指其持有者在规定的时间以确定的价格卖出资产的权利。期权是衍生证券的一种,它是由股票等"原生资产"（或称为"标的资产"）所衍生出来的。实际上，衍生证券在理论上有一个同义词，即未定权益。从定性角度看，期权的价值主要由六个因素决定：标的资产的当前价值，标的资产价值变动的方差，期权的执行价格，期权的有效期，无风险利率以及标的资产的预期红利。而布莱克（Black）和休尔斯（Scholes）在 1972 年提出的 Black-Scholes 期权定价模型以及二权树期权定价模型更是从定量的角度对期权价值进行准确确定。总的说来，这些模型的建立为期权价值的准确确定发挥了重要作用。而运用这些模型评估公司价值，可以有效弥补传统的贴现现金流量法的不足。

期权估价法是建立在对未来收益预测的基础之上的，是对贴现现金流量法的调整。在运用期权估价法估算公司价值时，往往按照以下步骤进行：

1. 用一般的方法估算未考虑选择权时公司的现有价值

此时，可以结合公司现有经营业务的特点，权衡相对估价法、贴现现金流量法、经济利润法等评估方法的利弊，并从中选出一种最佳的方法对公司价值进行评估。

2. 预测公司拥有的投资机会或选择权

受人们预测能力的限制，这里所预测的只能是未来若干年内公司所拥有的选择权。公司所处行业不同，其管理水平、经营状况也不同，公司可以拥有的投资机会或进行的选择也会有所差异。例如，对自然资源投资公司而言，当资源的价格降低时，公司有权搁置该投资项目，暂不进行开发，可以等到价格上涨时再予以开发，或者干脆终止开发；对处于困境甚至濒临破产的公司而言，投资者所拥有的股权也并不是没有任何价值的，只要在债务到期前股票价格能够上升至负债的账面价值，股票就有一定的价值，投资者就可以进行股票交易以获取收益。公司所处行业的特点、公司自身的状况、宏观与微观环境的变化等影响公司发展的因素都是在对公司的选择权进行预测时需要考虑的内容。

3. 选择期权定价模型，估算选择权价值

在估算选择权即期权价值时，常用的期权定价模型有两种：二权树期权定价模型和 Black-Scholes 期权定价模型。

二权树期权定价模型为期权价值的确定提供了一种直观的方法，它可以使我们对期权价值的决定因素有更深刻的了解。但运用此模型时需要大量的数据，而且此模型假设资产的价格变化呈离散分布，即每种选择的结果只有两种可能性。而现实中公司在进行投资选择时，可能出现的结果是很多的，并不只有两种。此时，将不能应用二权树期权定价模型进行期权定价。

Black-Scholes 期权定价模型的提出使期权定价领域的研究有了突破性进展，并对以后相关理论研究和投资实务操作产生了巨大的影响。在 Black-Scholes 期权定价模型中：期权的价值主要由五个变量决定，即期权的交易价格（X）、间隔时间（t）、贴现率（r）、标的价值（S）和波动率（σ）。其中，期权的交易价格是利用投资机会进行新投资或后续投资时发生的资本支出；间隔时间是价值评估距离做出投资选择的时间；标的价值是所评估资产或未来选择权的现有价值；波动率是所评估资产或公司价值增长率的标准差。具体来说，Bhck-Scholes 期权定价模型所评估出来的期权价值为：

$$C_T = SN(d_1) - Xe^{-n}N(d_2) \tag{4-29}$$

其中：$d_1 = \dfrac{\ln(P/E) + (r+0.5\sigma^2)t}{\sigma\sqrt{t}}$；$d_2 = d_1 - \sigma\sqrt{t}$；$N(d_1)$ 为正态分布下，变量小于 d_1 的累计概率；$N(d_2)$ 为正态分布下，变量小于 d_2 的累计概率。

可以认为，Black-Scholes 期权定价模型是二权树期权定价模型的一个特例，在二权树期权定价模型中使用的等价资产组合原理同样适用于 Black-Scholes 期权定价模型。尽管 Black-Scholes 期权定价模型大大减少了估算期权价值所需要的信息量，但在实际运用时，仍需要对相关数据做进一步修正。

4. 加总公司现有价值与期权价值，估算出公司价值

在分别计算出未考虑选择权时公司的现有价值与期权本身的价值之后，将两者相加求和，即可得到公司的真实价值。

二、期权估价模型的应用

某高新技术公司（以下简称 GH 公司）成立于 2003 年 1 月，公司的业务拓展前景良好。某投资公司准备涉足高科技领域，决定将 GH 公司作为风险投资对象。为此，他们委托资产评估事务所对 GH 公司 2004 年底的价值进行评估。资产评估师编制了 GH 公司经过调整后的 2003 年 1 月至 2004 年 12 月的比较资产负债表、比较损益表和比较现金流量表，对公司进行了经营成果和财务状况的分析，然后综合 GH 公司过去和目前的经营情况及未来的发展前景预计了未来年份的自由现金流量。具体数据见表 4 - 9：

表 4 - 9　GH 公司 2006—2010 年预计自由现金流量　　　　单位：万元

项目 \ 年份	2006	2007	2008	2009	2010	2010 后
自由现金流量	78.25	147.21	252.65	390.85	520.38	647.12

经计算，该公司的加权平均资本成本为 10%。而且该公司在 2010 年之后进入稳定的增长时期，增长率 g 为 2.5%。另外，GH 公司正在规划一个新项目，该项目的投入至少需 500 万元。如果开发成功，专家估计至少两年内保持技术的领先地位，估计其所创造的未来收益的现值为 1 000 万元，同期一年期国债年利率为 7.43%。

下面，首先用贴现现金流量法计算该公司 2004 年底的价值。2010 年以后公司的连续价值为：

$$V_{2010} = \frac{FCF_{2010}(1+g)}{(r-g)} = \frac{310.58 \times (1+2.5\%)}{7.43\% - 2.5\%} = 6\,457.29$$

2004 年末，该公司的价值为：

$$V_{2005} = \frac{173.50}{(1+7.43\%)} + \frac{276.32}{(1+7.43\%)^2} + \frac{284.49}{(1+7.43\%)^3} + \frac{292.92}{(1+7.43\%)^4}$$
$$+ \frac{301.62}{(1+7.43\%)^5} + \frac{310.58}{(1+7.43\%)^6} + \frac{6\,457.29}{(1+7.43\%)^7}$$

$$=1\ 654.21$$

接下来,用 Black-Scholes 期权定价模型计算公司的期权价值 V'。

公司在两年内可选择投资期权。投资对象现值 S(标的资产价值)为 1 000 万元,这项期权的执行价格 K 为投资额 500 万元,时间 t 为 2 年。无风险报酬率一般采用一年期国债利率,设此值为 5%。预期年回报率标准差(即标的资产预期产生现金流的波动性)假定为 0.3,将 S,K,t,r 代入 Black-Scholes 公式计算:

$$d_1=\frac{\ln(\frac{S}{K})+(r+0.5\sigma^2)t}{\sigma\sqrt{t}}=\frac{\ln(1\ 000/500)+(0.0443+0.5\times0.3^2)\times2}{0.3\times\sqrt{2}}$$

$$=2.054$$

$$d_2=d_1-\sigma\sqrt{t}=2.054-0.3\times\sqrt{2}=1.63$$

$$N(d_1)=N(2.054)=0.98$$

$$N(d_2)=N(1.63)=0.9484$$

$$V'=S\times N(d_1)-K\times e^{-n}\times N(d_2)$$

$$=1\ 000\times0.98-500\times e^{-0.0443}\times0.9484$$

$$=546$$

公司最终评估价值为:

$$V+V'=1\ 654.21+546=2\ 200.21(万元)$$

从上面的计算中可以看到,当 σ 越大时,期权价值越大。因为公司价值的波动率愈大、风险愈大,那么期权的价值就越大。当 σ 小到一定程度,可以认为公司价值近似于稳定。

期权估价法的理论意义在于,改变了对风险的传统认识,使我们对现金流量不确定的投资和资产的估值有了一种全新认识和解决方法。其理论价值主要表现在五个方面:一是在贴现率中体现了风险补偿的内容。二是考虑了由于筹资比重差异引起的资本成本和税负不同对公司价值产生的影响。三是未来收入用预期现金流的概念来表示,可以等同收益+红利+自由现金流量等。四是解决了贴现评估公式无法计算现金流量不确定公司的估值问题。五是解决了资不抵债公司和高新技术以及新成立公司的价值评估问题。

使用期权估价法的优势在于:随着新经济的到来,尤其是信息技术及相关产业的迅猛发展,公司在经营中会面临越来越多的不确定性和风险,也会面临大量的投资机会和发展机会,在此背景下出现的期权估价理论给公司价值评估提供了一种新的思路,在此理论指导下建立起来的期权估价方法也为公司估价提供了一种有意义的工具。与其他估价方法相比,期权估价法考虑并计算了未来机会及选择权的价值,从而拓宽了投资决策的思路,使公司估价更为合理。

期权估价法的不足在于:期权估价法在实际应用过程中还受到许多条件的制约。例如,Black-Scholes 期权定价模型是在一系列前提假设的基础上建立和发展起来的。这些前提假设在现实中很少能够得到完全实现。Black-Scholes 期权定价模型也是对现实问题的简化和抽象,是对现实状况尽可能相符地模拟,但很难做到与实际情况完全一致。此外,从前面对二权树期权定价模型与 Black-Scholes 期权定价模型的介绍中也不难发现,无论是哪一种期权定价模型,在实际运用时,都是较为复杂和烦琐的。

本章小结

现金流量贴现法是公司价值评估中理论最健全的模型。在发达国家,现金流量贴现模型曾风行一时。目前仍主导着公司价值评估的实践活动,如:主张价值投资的美国"股神"巴菲特在选择股票时就喜欢用这种方法来测算股票的内在价值。如果将现金流量贴现模型用于公司价值评估,需要解决的主要问题是公司现金流量数额及其时间分布如何估计,以及相应的贴现率如何确定。因此该模型很复杂,应用起来会碰到较多的技术问题。尽管如此,由于该方法理论最健全,实证研究又充分,它将成为未来我国公司价值评估活动的首选技术,从而得到广泛的应用。

经济利润法的理论虽然不新鲜,它的大部分内容已存在很长时间,但现实中日益增多的代理现象,使它成为越来越热门的理财思想。人们从大量的实证研究中发现,经济利润可以有效地解释市场增加值。并且经济利润模型在本质上和现金流量贴现模型是一致的。经济利润还具有计算单一年份价值增加的优点,而现金流量贴现法却做不到。经济利润法把投资决策必需的贴现现金流量法与业绩考核必需的权责发生制统一起来了,使得它现在不仅受到理论界的好评,而且经济利润法的出现,可以给公司建立现代公司制度创造考核的平台,许多公司也开始在实务中使用这类模型。因此,经济利润法有可能成为最受推崇的模型。

相对价值法是一种和前两种方法比较起来相对容易的价值评估模型,它的做法虽然简单,但真正使用起来却不简单。它应用的主要问题是选择可比公司。通常的做法是选择一组同业的上市公司,计算出它们的平均市价比率,作为估计目标公司价值的参数。如果用前两种方法碰到许多技术问题导致成本太高,就可以采用相对价值模型。使用这种方法的最大问题是:如果可比公司的价值被高估了,则目标公司的价值也会被高估。实际上,所得结论是相对公司来说的,以可比公司价值为基准,是一种相对价值,而非目标公司的内在价值。

期权定价理论及模型在国内的研究仍不成熟,其适用性也有待进一步研究。但是,在现金流量或者经济利润贴现模型的基础上,引入期权定价理论及模型,建立以贴现现金流量或者经济利润模型为主、期权定价模型为辅,相互结合的一套公司价值评估体系是十分必要的。但必须指出的是,建立预想中的评估体系,其有用性仍有赖于财务报告体系的改善、财务信息披露的规范和资本市场有效性的提高。

关键术语

公司价值评估　现金流量贴现法　经济利润法　相对价值法　期权估价法

思考练习题

1. 公司价值评估方法的基本分类是什么?
2. 如何使用贴现现金流量模型评估公司价值?
3. 如何使用经济利润模型评估公司价值?
4. 相对价值评估模型有什么优点和缺点?
5. 如何将实物期权引入公司价值评估?

第五章 最优资本结构

本章要点

1. 公司资本结构的概念和目的
2. 公司资本结构成本的主要因素
3. 资本成本的测算
4. 杠杆价值
5. 资本结构理论
6. 最优资本结构的决策方法

第一节 资本成本

一、资金成本的作用

(一)资金成本的概念

企业从不同渠道和采用各种方式筹集的资金,都要付出一定的代价,不能无偿使用。资金成本是指企业为筹措和使用资金而付出的代价,是资金使用者向资金所有者和中介人支付的占用费和筹集费用。资金成本有时也称资本成本,这里的资本是指所筹集的长期资金,包括自有资本和借入长期资金。

资金成本包括资金占用费和筹资费用两个部分。

1. 资金占用费

资金占用费是指企业在生产经营、投资过程中因使用资本而付出的费用,如股票的股息、银行借款、发行债券的利息等,这是资金成本的主要内容。长期资金的用资费用因使用资金数量的多少和时期的长短而变动,属于变动性费用。

2. 筹资费用

筹资费用是指企业在资金筹集过程中支付的各项费用,如发行股票、债券支付的印刷费及发行手续费、律师费、资信评估费、公证费、担保费、广告费等,它在发行时一次性支出。例如,向银行支付的借款手续费,因发行股票、债券而支付发行费用等。筹资费用与用资费用不同,它通常是在筹措资金时一次支付的,在用资过程中不再发生。因此,筹资费用属于固定性费用,可视为筹资数额的一项扣除。

资金占用费和筹集资金额、资金占用期有直接联系,可看作是资金成本的变动费用。资金筹集费用同筹集资金额、资金占用期一般无直接联系,可看作是资金成本的固定费用。企业在不同条件下筹集资金的成本并不相同,为了便于分析、比较,资金成本通常以相对数表示。企业筹集使用资金所负担的费用同筹集资金净额的比,叫做资金成本率(通常也叫资金成本)。资金成本和筹集资金总额、资金筹集费用和资金占用费之间的关系式为:

$$K = \frac{D}{P-F}, \quad \text{或} \quad K = \frac{D}{P(1-f)} \tag{5-1}$$

式中:K 表示资金成本;D 表示资金占用费;P 表示筹集资金总额;F 表示资金筹集费用;f 表示资金筹集费用率,是资金筹集费用与筹集资金总额的比率。

在上述公式中,分母 $P-F$ 至少有以下三层含义:

(1)筹资费用是一次性费用,不同于经常性的用资费用,因此,不能用 $\frac{D+F}{P}$ 来代替 $\frac{D}{P-F}$;

(2)筹资费用是在筹资时支付的,可视为筹资数量的扣除额,即筹资净额为 $P-F$;

(3)用分式 $\frac{D}{P-F}$ 而不用 $\frac{D}{P}$ 表明资金成本同利息率或股利在含义上和数量上的差别。

资金成本与资金的时间价值这两个概念往往容易混淆。事实上,两者既有区别,又有联系。一般认为,资金的时间价值这个概念是基于这样一个前提,即资金参与任何交易活动都是有代价的。因此,资金的时间价值着重反映了资金随着其运动时间的不断延续而不断增值的性质。具体地说,资金的时间价值是资金所有者在一定时期内从资金使用者那里获得的报酬。至于资金成本,则是指资金的使用人由于使用他人的资金而付出的代价。它们都是以利息、股利等作为其表现形式,是资金运动分别在其所有者及使用者的体现。但两者也存在明显的区别,这主要表现在以下两个方面:第一,资金的时间价值表现为资金所有者的利息收入,而资金成本是资金使用人的筹资费用;第二,资金的时间价值一般表现为时间的函数,而资金成本则表现为资金占用额的函数。

资金成本有多种形式。在比较各种筹资方式时,可以使用个别资金成本,如长期借款成本、债券成本、股票成本等;在企业进行资本结构决策时,可以使用综合资金成本;在追加筹资决策时,可以使用边际资金成本。

(二)资金成本的种类

资金成本按用途,可分为个别资金成本、综合资金成本和边际资金成本。

个别资金成本是单种筹资方式的资金成本,包括长期借款资金成本、长期债券资金成本、优先股资金成本、普通股资金成本和留存收益资金成本。其中,前两种称为债务资金成本,后三种称为权益资金成本或自有资金成本。个别资金成本一般用于比较和评价各种筹资方式。

综合资金成本是对各种个别资金成本进行加权平均而得的结果,其权重可以在账面价值、市场价值和目标价值之中选择。综合资金成本一般用于资金结构决策。

边际资金成本是指新筹集部分资金的成本,在计算时,也需要进行加权平均。边际资金成本一般用于追加筹资决策。

上述三种资金成本之间存在密切的关系。个别资金成本是综合资金成本和边际资金成本的基础,综合资金成本和边际资金成本都是对个别资金成本的加权平均。三者都与资金结构紧密相关,但具体关系有所不同。

（三）资金成本的作用

资金成本是企业财务管理的一个重要概念，国际上将其列为一项财务标准。资金成本对于企业筹资管理、投资管理乃至整个经营管理都具有重要意义。

1. 资金成本是选择资金来源、确定筹资方案的依据

资金成本是影响筹资决策的一个重要因素。

（1）个别资金成本是比较各种筹资方式优劣的一个尺度。企业筹集长期资金一般有多种方式可供选择，可以用银行贷款，可以发行股票，也可以发行债券。企业在做筹资决策时很重要的一点就是比较不同方式的资金成本，尽量选择资金成本最低的筹资方案，以提高企业的经济效益。

（2）综合资金成本是企业进行资金结构决策的基本依据。企业的长期资金通常是采用多种方式筹资组合构成的，这种长期筹资组合有多个方案可供选择。综合资金成本的高低是比较各个筹资组合方案、做出资金结构决策的基本依据。

（3）边际资金成本是比较选择追加筹资方案的重要依据。企业为了扩大生产经营规模，增加经营所需资产或追加对外投资，往往需要追加筹集资金。在这种情况下，边际资金成本是比较选择各个追加筹资方案的重要依据。

2. 资金成本是评价投资项目、决定投资取舍的标准

筹资总是直接为投资服务的，因此，项目的投资报酬率必须大于筹资的资金成本。一般而言，一个投资项目，只有其投资收益率高于其资金成本率，在经济上才是合理的；否则，该投资项目将无利可图，甚至会发生亏损。

在企业分析预测与价值分析中，资金成本还可作为贴现率，用于计算各投资方案的现金流量现值、净现值和现值指数，以比较不同方案的优劣。

3. 资金成本是确定最优资金结构的主要尺度

不同的资金结构会影响企业的价值。在确定最优资金结构时要考虑的主要因素有资金成本和财务风险。最优资金结构的一项判断标准就是资金成本最小。资金成本直接关系到企业的经济效益，是确定企业选择何种资金结构的一个关键问题。

4. 资金成本可以作为衡量整个企业经营业绩的基准

在这个方面，可以将企业实际的资金成本率与相应的利润率相比较。如果利润率高于资金成本率，可以认为经营有利；反之，如果利润率低于资金成本率，则可认为企业经营不利、业绩不佳，需要改善经营管理，提高利润率，降低资金成本率。

二、个别资金成本的计算

（一）长期债券资本成本的计算

1. 长期借款资金成本的测算

长期借款资金成本主要是指银行利息，企业负债资金成本通常是指税后负债资金成本，税后负债资金成本又称为负债利率。

一般而言，长期债务资金有以下特点：第一，资金成本的具体表现形式是利息，其利息率的高低是预先确定的，它不受企业经营业绩的影响。第二，在长期债务生效期内，一般利息率固定不变，并且利息应该按期支付。第三，利息费用是税前的扣除项目。第四，债务本金应按期偿还。

若企业以借款的方式取得资金,负债的利息最终要计入成本。该利息可以看作是企业财务费用,具有抵减所得税的作用。利息费用构成了债务资金成本的基本内容。由于利息费用是企业缴纳所得税之前的一项扣除,因此,债务资金成本实质上存在两种计算方法。当企业盈利时,由于利息费用是税前列支,故有减免企业所得税的效应。因此,对企业来说,债务资金的实际成本是利息费用扣除由于扣减的利息而少缴纳所得税之后的净额。而当企业没有利润时,由于事实上得不到减税的好处,因此,实际发生的利息费用就是债务资金的实际成本。

$$企业实际负担的借款利息 = 长期借款年利息 \times (1 - 所得税税率)$$

长期借款资金成本的计算公式是:

$$K_L = \frac{L \cdot I_L (1 - T)}{L(1 - f_L)} \tag{5-2}$$

式中:K_L 表示银行长期借款资金成本;I_L 表示长期借款年利息率;T 表示所得税税率;L 表示长期借款筹资额(借款本金);f_L 表示长期借款筹集费用率。

长期借款的筹资费用主要是借款手续费,一般数额很小,计算时亦可略去不计。这时,长期借款资金成本可按下列公式计算:

$$K_L = I_L \times (1 - T) \tag{5-3}$$

[**例 5-1**] 某企业取得长期借款 150 万元,年利率为 10.8%,期限为 3 年,每年付息一次,到期一次还本。筹措这笔借款的费用率为 0.2%,企业所得税税率为 33%。这笔长期借款的资金成本计算如下:

$$\frac{150 \times 10.8\% \times (1 - 33\%)}{150 \times (1 - 0.2\%)} = 7.25\%$$

不考虑借款手续费时,长期借款资金成本为:

$$10.8\% \times (1 - 33\%) = 7.24\%$$

在长期借款附加补偿性余额的情况下,长期借款筹资额应扣除补偿性余额,从而长期借款资金成本将会提高。

2. 债券资本成本的测量

公司债券资金成本的计算与长期借款资金成本的计算基本相同,基本要素也包含债券利息的支付、公司债券筹资的费用以及债券履行还本的方式等。

一般来说,债券的筹资费用较高,主要包括印刷费、发行手续费、资信评估费、公证费、担保费、广告费等。其中,有些费用按一定的标准(定额或定率)支付,有的则并无固定的标准。债券资金成本中的利息亦在所得税前列支,但发行债券的筹资费用一般较高,应予考虑。长期债券资金成本中的利息也可以做企业财务费用,具有抵减所得税的作用。

按照一次还本、分期付息的方式,长期债券资金成本的计算公式是:

$$K_B = \frac{I_B (1 - T)}{B(1 - f_B)} \tag{5-4}$$

式中:K_B 表示长期债券资金成本;T 表示所得税税率;I_B 表示债券年利息;B 表示债券筹资额;f_B 表示债券筹资费用率。

[例 5 - 2]　企业发行总面额为 100 万元的 10 年期债券,年利息率为 10%,筹资费用率为 5%,所得税税率为 40%。该债券的资金成本为:

$$K_B = \frac{100 \times 10\% \times (1 - 40\%)}{100 \times (1 - 5\%)} = 6.32\%$$

由于公司在发行债券时可以采取溢价、折价或面值发行的方式,因此,应该以实际发行价格作为筹资额。

[例 5 - 3]　假定上述公司发行的债券面额为 100 万元,发行价格为 120 万元,年利息率为 10%,筹资费用率为 5%,所得税税率为 40%。该债券的资金成本为:

$$K_B = \frac{100 \times 10\% \times (1 - 40\%)}{120 \times (1 - 5\%)} = 5.26\%$$

假定上述公司发行的债券面额为 100 万元,发行价格为 90 万元,年利息率为 10%,筹资费用率为 5%,所得税税率为 40%。该债券的资金成本为:

$$K_B = \frac{100 \times 10\% \times (1 - 40\%)}{90 \times (1 - 5\%)} = 7.02\%$$

假定上述公司发行的债券面额为 100 万元,发行价格为 100 万元,年利息率为 10%,筹资费用率为 5%,所得税税率为 40%。该债券的资金成本为:

$$K_B = \frac{100 \times 10\% \times (1 - 40\%)}{100 \times (1 - 5\%)} = 6.32\%$$

在实际中,由于债券利率水平通常高于长期借款,同时债券发行费用较多,因此,债券资金成本一般高于长期借款资金成本。

(二)股权资本成本的测算

1.优先股资本成本测算

优先股是权益资金的一种。权益资金是指企业所有者投入企业的资金。根据它们的不同形式,权益资金可分为优先股、普通股以及留存收益等。权益资金的成本也包含两个内容:一是投资者的预期投资报酬,二是筹资费用。权益资金的成本计算具有较大的不确定性,这是由于投资报酬不是事先规定的(优先股例外),它完全由企业的经营效益所决定。另外,与债券的利息不同,权益资金报酬,也就是股利,它是以税后利润支付的,因此,不会减少企业所得税的上缴。所以,权益资金成本的计算有其自身的特点。

优先股是享有某种优先权利的股票,它同时兼有普通股与债券的双重性质,其特征表现为:投资报酬表现为股利形式,股利率固定,本金不需要偿还。优先股的成本也包括两个部分:筹资费用与预定的股利。企业发行优先股股票,与发行债券一样,也需要支付筹资费用,如注册费、代理费等,而且其股息也要定期支付。但是,与债券利息不同的是,其股息是从税后利润支付的,不会减少企业应该上缴的所得税。

因此,优先股资金成本的计算公式为:

$$K_P = \frac{D}{P_0(1 - f)} \tag{5-5}$$

式中：K_P 表示优先股的资金成本；D 表示每年支付的优先股股利；P_0 表示优先股的发行价格；f 表示优先股发行时的筹资费用率。

企业破产时，优先股股东的求偿权位于债券持有人之后，优先股股东的风险大于债券持有人，而且优先股股利不能在税前列支，不减少公司的所得税，因此，优先股股利一般大于债券利息率。

[例 5 - 4]　某企业发行优先股股票，面额按正常时价计算为 200 万元，筹资费用率为 4%，股息年利率为 8%，则优先股的资金成本为：

$$K_P = \frac{200 \times 8\%}{200 \times (1 - 4\%)} = 8.3\%$$

2. 普通股资本成本测算

普通股是构成股份公司原始资本和权益的主要成分。普通股的特征与优先股相比，除了具有参与公司经营决策权外，主要表现为股利的分配是不确定的。从理论上分析，人们认为普通股的成本是普通股股东在一定的风险条件下所要求的最低投资报酬。而且，在正常情况下，这种最低投资报酬率应该表现为逐年增长。因此，基于以上的基本假设，我们需要对这一最低投资报酬率以及股利的逐年增长率加以合理估计。

股份公司支付的股利是在税后支付的，因此，它不能像利息、债息一样减少应该缴纳的所得税。发行股票与发行债券一样，也要支付宣传、推销等费用。假定股票每年的股利是相等的，由于股票是不还本的，因此，我们可以把股利视为永续年金。这样，我们便得到普通股资金成本的基本计算公式为：

$$K_S = \frac{D}{V_0(1 - f)} \tag{5 - 6}$$

式中：K_S 表示普通股的资金成本；D 表示每年支付的股利；V_0 表示股票的发行价格；f 表示股票发行时的筹资费用率。

许多公司的股利是不断增加的，假设增长率为 g，则普通股资金成本的计算公式为：

$$K_S = \frac{D_1}{V_0(1 - f)} + g \tag{5 - 7}$$

式中：D_1 表示下一年支付的股利；g 表示股利增长率。

[例 5 - 5]　假定公司发行的普通股每股发行价为 100 元，第一年年末发放股利 14 元，以后每年保持不变，筹资费用率为 7%。该股票的资金成本为：

$$K_S = \frac{14}{100 \times (1 - 7\%)} = 15.05\%$$

[例 5 - 6]　假定公司发行的普通股每股发行价为 100 元，第一年年末发放股利 12 元，以后每年增长率为 4%，筹资费用率为 7%。该股票的资金成本为：

$$K_S = \frac{12 \times (1 + 4\%)}{100 \times (1 - 7\%)} + 4\% = 17.42\%$$

此外，还有一种计算普通股资金成本的方法——资本资产定价模型法，它以风险大小为基础来计算普通股的资金成本。我们知道，普通股股利实际上是一种风险报酬，它的高低取决于投资者所冒风险的大小。我们只需要计算某种股票在证券市场上的组合风险系数,就可以根据这一风险系数来预计股票的资金成本。资本资产定价模型的含义可以简单地描述为:普通股投资的必要报酬率等于无风险报酬率加上风险报酬率。无风险报酬率一般可以用国库券利率来表示。

采用资本资产定价模型法,普通股的资金成本计算如下:

$$K_S = R_F + \beta \times (R_M - R_F) \tag{5-8}$$

式中:R_F 表示无风险报酬率;R_M 表示市场平均风险必要报酬率;β 表示股票的 β 系数。

[例 5-7] 假定一年期国库券利率为 6%,市场平均风险必要报酬率为 10%,该公司的 β 系数为 1.5。

该股票的资金成本 $K_S = 6\% + 1.5 \times (10\% - 6\%) = 12\%$

3. 留存收益资金成本

留存收益是企业缴纳所得税后形成的,其所有权属于股东。留存收益是企业税后净利在扣除所宣布派发的股利后形成的,它包括提取的盈余公积和未分配利润。留存收益的所有权属于普通股股东所有。它既可以用做未来股利的分配,也可以作为企业扩大再生产的资金来源。我们一般将留存收益再投资称之为留存收益资本化,它是企业的一个重要的筹资来源。

从表面上看,留存收益属于公司股东,使用这部分资金好像不需要任何代价。但事实上,它的使用存在一种机会成本。因为如前所述,对资金的所有者来说,资金的任何一种运用都是有代价的。股东将这一部分未分派的税后利润留存在企业,实质上是对企业追加投资,也要求有报酬。

对于股东来说,如何处理留存收益可以有多种选择,它可以作为现金股利发放,也可以用做本企业或其他企业的投资。但是,不论是哪一种选择,都会使股东付出代价,因此,留存收益也有成本。一般而言,人们将留存收益视同普通股东对企业的再投资,并参照普通股的方法计算其资金成本。因此,对留存收益也要计算资金成本。留存收益的资金成本与普通股的区别在于没有筹资费。

留存收益资金成本的计算公式为:

$$K_E = \frac{D}{P_0} \tag{5-9}$$

股利不断增加时的计算公式为:

$$K_E = \frac{D_1}{P_0} + g \tag{5-10}$$

式中:D_1——下一年支付的股利。

三、综合资本成本的测算

(一)综合资金成本的含义

企业采取不同的方式筹集资金,其资金成本和融资风险各不相同。从整个企业的全部资金来源看,不可能是采用单一的融资方式取得的,而是各种融资方式的组合。因此,企业总的资金成本也就不能由单一资金成本决定,而是需要计算综合资金成本。

综合资金成本是指企业全部长期资金的总成本,通常是以各种资金占全部资金的比重为权数,对个别资金成本进行加权平均确定的,故亦称加权平均资金成本。计算综合资金成本的方法,是根据不同资金所占的比重加权平均计算所得的。综合资金成本是由个别资金成本和加权平均权数两个因素决定的。其计算公式为:

$$K_W = \sum_{j=1}^{n} K_j W_j \tag{5-11}$$

式中:K_W 表示加权平均资金成本;K_j 表示第 j 种个别资金成本;W_j 表示第 j 种个别资金成本占全部资金成本的比重(权数),$\sum_{j=1}^{n} W_j = 1$;n 表示融资方式的种类。

由以上公式可以看出,综合资金成本是由两大因素决定的,这就是每个个别资金成本以及每种资金的权数。因此,在实际计算时,可分以下三个步骤进行:第一步,计算个别资金成本;第二步,计算各资金的权数;第三步,利用上述公式计算出综合资金成本。在已知个别资金成本的情况下,取得企业各种资金成本占全部资金成本的比重后,即可计算企业的综合资金成本。

(二)综合资金成本的计算

计算个别资金成本占全部资金成本的比重时,可分别选用账面价值、市场价值权数、目标价值权数来计算。

个别资金成本占全部资金成本的比重,按账面价值确定,资料比较容易取得。按账面价值计算资金权数的方法又称为账面价值法,这一方法以账面价值作为依据,主要是为了分析过去的筹资成本。但是,当资金的账面价值与市场价值差别较大时,会贻误筹资决策。

为了克服这一缺陷,个别资金成本占全部资金成本比重的确定还可以按市场价值或目标价值确定,分别称为市场价值权数、目标价值权数。

市场价值权数是指股票、债券以市场价格确定的权数,可以反映企业目前的实际情况;同时,为了弥补证券市场价格变动频繁的缺陷,也可以选用平均价格。这反映了该企业目前实际的资金成本,它有利于企业在目前情况下作出适当的筹资决策。当然,市价法也有缺陷,由于市价在不断波动,因此,资金成本受市价影响很大。另外,资金的价值尽管采用现行市价,但也不一定能代替未来的市场价格情况,因此,这一加权平均资金成本不便于企业对未来筹资作出正确决策。

不论是按账面价值计算,还是按市场价值计算,都有一个共同的缺陷,那就是计算出的资金成本不能反映未来的资金变化,不便于企业作未来筹资决策。为了弥补这一不足,也可以采用按目标价值进行计算的方法。这一方法的关键在于债券、股票等都以未来预计的目标市场价值作为权数,从而估计出企业加权的平均资金成本。这一方法一般适用于企业未来筹资的需要。

目标价值权数是指股票、债券以目标市场价格确定的权数,能体现期望的资本结构,而不是像账面价值权数和市场价值权数那样只反映过去和现在的资本结构。所以,按目标价值权数计算的加权平均资金成本更适用于企业筹措新资金。然而,企业很难客观、合理地确定证券的目标价值,因此,这种方法不易推广。

[**例 5 - 8**]　企业拟筹资 2 500 万元投资一个收益率为 11% 的项目,其中,发行债券 1 000 万元,筹资费率为 2%,债券年利率为 10%,所得税税率为 33%;发行优先股 500 万元,年股息率为 7%,筹资费率为 3%;发行普通股 1 000 万元,筹资费率为 4%,第一年预期股利率为 10%,以后各年增长 4%。要求:计算综合资金成本。

解:(1)先计算个别资金成本。

债券资金成本 $=10\% \times (1-33\%) \div (1-2\%) = 6.84\%$

优先股资金成本 $=7\%/(1-3\%) = 7.22\%$

普通股资金成本 $=10\%/(1-4\%) + 4\% = 14.42\%$

(2)确定债券、优先股和普通股分别在全部资金中的权重。

为了更加简单、明确,可以列表表示,见表 5 - 1:

表 5 - 1　综合资金成本的计算　　　　　　　　　　　　　　　　单位:万元

筹资方式	筹资金额	资金成本	资本结构(目标资本结构)	综合资金成本
债券	1 000	6.84%	1 000/2 500=40%	6.84%×40%=2.736%
优先股	500	7.22%	500/2 500=20%	7.22%×20%=1.444%
普通股	1000	14.42%	1 000/2 500=40%	14.42%×40%=5.768%
合计	2 500	—	100%	9.948%

债券在全部资金中的权重为:

$1 000 \div 2 500 = 40\%$

优先股在全部资金中的权重为:

$500 \div 2 500 = 20\%$

普通股在全部资金中的权重为:

$1 000 \div 2 500 = 40\%$

(3)计算综合资金成本。

综合资金成本 $=6.84\% \times 0.4 + 7.22\% \times 0.2 + 14.42\% \times 0.4 = 9.95\%$

[**例 5 - 9**]　某公司拟筹资 4 000 万元,其中,发行票面利率为 12% 的债券 1 000 万元,偿还期限为 5 年,发行手续费率为 3%;发行优先股 10 万股,每股 100 元,固定年股息率为 15%,支付发行费 3 万元;发行普通股 20 万股,每股 100 元,假定一年期国库券利率为 11%,市场平均风险必要报酬率为 16%,该公司的 β 系数为 1.3,公司所得税税率为 33%。试计算筹资 4 000 万元的资金成本。如果预期投资报酬率为 16%,试分析该投资方案是否可行。

债券资金成本 $=[1 000 \times 12\% \times (1-33\%)] \div [1 000 \times (1-3\%)] = 8.29\%$

优先股资金成本 $=[10 \times 100 \times 15\%] \div (10 \times 100 - 3) = 15.05\%$

普通股资金成本 $=11\% + (16\%-11\%) \times 1.3 = 17.5\%$

综合资金成本 $=1 000 \div 4 000 \times 8.29\% + 1 000 \div 4 000 \times 15.05\% + 2 000 \div 4 000 \times 17.5\% = 14.58\%$

预期投资报酬率为 16%,超过 14.58% 的综合资金成本,说明该投资方案可行。

四、边际资金成本的计算

(一)边际资金成本的含义

前述企业的个别资金成本和综合资金成本,是企业过去筹集或目前使用资金的成本。然而,随着时间的推移或筹资条件的变化,个别资金成本会随之变化,综合资金成本也会发生变动。因此,企业在未来追加筹资时,不能仅仅考虑目前所使用资金的成本,还要考虑新筹资金的成本,即边际资金成本。当其筹集的资金超过一定的限度时,原来的资金成本就会增加,在企业追加筹集资金时,需要知道筹资额在什么范围内可以保持资金成本不变,而超出这个范围后,筹集资金的成本就会发生跳跃性的上升。

边际资金成本是指资金每增加一个单位而增加的成本。边际资金也是按加权平均法计算的,是追加筹资时所使用的综合成本,是筹措新资的综合资金成本。

(二)边际资金成本的计算

企业追加筹资,有时可能只采取某一种筹资方式。在筹资数额较大,或在目标资本结构既定的情况下,往往通过多种筹资方式的组合来实现。这时,边际资金成本需要按加权平均法来计算,其权数必须为市场价值权数,而不应采用账面价值权数。

边际资金成本是综合资金成本的一种特殊形式,其计算方法与综合资金成本相类似。

1.追加筹资时个别资金成本不变

假定各项新增的资金成本仍然等同于原有同类资金的成本时,其新增资金的加权平均资金成本取决于资金结构的变化。当追加筹资仍然保持原来的资金结构时,不管追加筹资的数额发生什么变化,加权平均边际资金成本都与原来的加权平均资金成本相等。如果新增资金改变了原有的资金结构,则加权平均边际资金成本就不同于原来的资金成本。我们可以重新根据新的资金结构来计算加权平均边际资金成本。

2.追加筹资时个别资金成本随筹资规模增大而发生跳跃

企业在追加筹资的决策中,必须预先计算边际资金成本随追加筹资总额及其资金结构变化的情况,这样,在确定追加筹资总额及其资本结构时,就能充分利用边际资金成本发生阶段性跳跃前的筹资量,尽量避免边际资金成本正好发生跳跃。

为了能合理地确定追加筹资总额及其资本结构,企业应预先计算多种情况下的边际资金成本。通常,在资金结构已定的条件下,规划工作是计算边际资金成本随追加筹资总额变化的情况。这种变化的原因是因为各种筹资方式下的个别资金成本会随个别筹资数额有跳跃性变化,相应的边际资金成本也随追加筹资总额呈跳跃变化趋势。

当资金成本随筹资额的增加而发生相应变化时,可以按照以下步骤来计算边际资金成本:

(1)根据金融市场的资金供求情况,确定各类资金的成本分界点。所谓"资金的成本分界点",是指令资金成本发生变化前的最大筹资额。比如,企业利用发行债券的方式,在18万元以内,债券成本为10%;如果超过18万元,则资金成本就要上升为12%,我们将18万元看成是债券筹资方式的资金成本分界点。

(2)确定目标资金结构。追加筹资既可以维持原有的资金结构,也可以改变原来的资金结构。如何选择合理的资金结构不是本章讨论的范围。但是,我们应该认识到,确立目标资金结构是计算边际资金成本的一个重要因素。

(3)根据各类资金的成本分界点以及目标资金结构计算筹资总额的成本分界点,同时列出相应的筹资范围。

(4)计算边际资金成本。我们只需要根据以上列出的筹资范围,就可以分别计算每一个筹资范围的边际资金成本,以供决策的需要。

[**例 5 - 10**] 某公司拥有长期资金 400 万元,其中,长期借款为 100 万元,普通股为 300 万元,该资本结构为公司理想的目标结构。公司拟筹集新的资金 200 万元,并维持目前的资本结构。随着筹资额增加,各种资金成本的变化如表 5 - 2 所示。

表 5 - 2 筹资额与资金成本的变化

资金种类	新筹资金额	资金成本
长期借款	40 万元及以下	4%
	40 万元以上	8%
普通股	75 万元及以下	10%
	75 万元以上	12%

要求:计算各筹资总额的分界点及相应各筹资范围的边际资金成本。

(1)确定追加筹资的资本结构。首先应根据原有资金结构和目标资金结构的差距,确定出追加筹资的资金结构。在本例中,假定企业财务人员已经分析研究,认为目前的资金结构已在目标范围之内,在以后增资时应加以保持,所以,此次追加筹资的资金结构应与原有资金结构相同。计算目标资金结构,具体如下:

长期借款:$100 \div 400 \times 100\% = 25\%$

普通股:$300 \div 400 \times 100\% = 75\%$

(2)计算筹资突破点。所谓"筹资突破点",是指在保持其资金结构不变的条件下可以筹集到的资金总额。换言之,在筹资突破点以内筹资,资金成本不会改变;一旦超过了筹资突破点,即使保持原有的资本结构,其资金成本也会增加。

对于每一种资金,花费一定的资金成本只能筹集到一定限额的资金,超过这个限额,就会引起资金成本的阶段性跳跃,因此,应知道发生阶段性跳跃时相应的追加筹资总额。这时的筹资总额既对应个别资金成本的阶段性跳跃,也对应边际资金成本的阶段性跳跃,具有明显的分界特征,所以,称其为筹资突破点。其计算公式为:

$$筹资突破点 = \frac{可用某一特定资金成本筹集到的某种资金额}{该种资金在全部筹集资金中所占的比重} \quad (5-12)$$

长期借款的筹资突破点 $= 40/25\% = 160$(万元)

普通股的筹资突破点 $= 75/75\% = 100$(万元)

例中的筹资突破点计算如表 5 - 3 所示:

表 5 - 3 筹资突破点

资金种类	资本结构	新筹金额	筹资突破点	资金成本
长期借款	25%	40 万元及以下	160 万元	4%
		40 万元以上		8%
普通股	75%	75 万元及以下	100 万元	10%
		75 万元以上		12%

　　(3)计算边际资金成本。具体可参见表5-4。

边际资金成本(筹资总额为 0～100 万元)＝25％×4％＋75％×10％＝8.5％

边际资金成本(筹资总额为 100 万～160 万元)＝25％×4％＋75％×12％＝10％

边际资金成本(筹资总额为 160 万元以上)＝25％×8％＋75％×12％＝11％

表5-4　边际资金成本规划表

筹资总额	资金种类	资本结构	资金成本	综合资金成本
0～100 万元	长期借款 普通股	25％ 75％	4％ 10％	25％×4％＋75％×10％＝8.5％
100 万～160 万元	长期借款 普通股	25％ 75％	4％ 12％	25％×4％＋75％×12％＝10％
160 万元以上	长期借款 普通股	25％ 75％	8％ 12％	25％×8％＋75％×12％＝11％

　　上列边际资金成本规划表亦可绘制成规划图来反映(见图5-1)。此外,边际资金成本还可与边际投资报酬率相比较,以判断有利的投资与筹资机会。假定与筹资总额相应的投资总额的边际投资报酬率分别为12％,11％,10.5％,绘入图5-1,从中可以通过边际投资报酬线与边际资金成本线的比较,判断有利可图的投资与筹资机会。

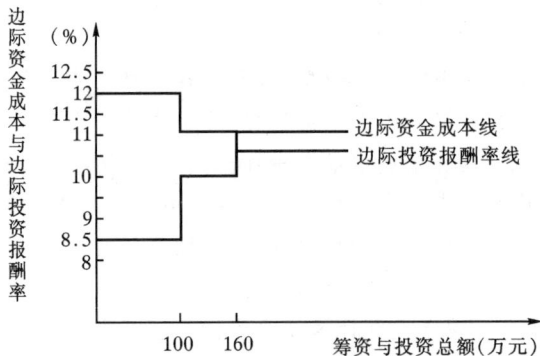

图5-1　边际资金成本规划图

第二节　杠杆价值

　　"杠杆"本是物理学用语,意思是指在力的作用下能够绕固定支点转动,可以产生一个更大额度的作用力。改变支点和力点间的距离,可以产生大小不同的力矩,这就是杠杆作用。财务管理中说的杠杆是无形的,通常指杠杆作用,反映的是不同经济变量的相互关系。杠杆价值是指企业的固定成本和债务资金所带来的价值放大,这种放大作用类似力学中的杠杆原理,故称这类价值放大的好处为杠杆价值。但是,存在杠杆价值的同时,也存在着相关的风险。

　　杠杆价值是现代企业资本结构决策的一个重要因素。资本结构决策需要在杠杆价值与其相关风险之间进行合理的权衡。常见的杠杆有经营杠杆、财务杠杆和综合杠杆。

一、经营杠杆

（一）经营杠杆价值

经营杠杆是指企业经营中固定成本的杠杆作用。由于固定成本的存在，企业能够获得一定的经营杠杆价值，同时也承受相应的经营风险。

企业的总成本分为固定成本和变动成本两个部分。在同等营业额条件下，固定成本比重越高的企业，其经营杠杆程度越高，同时经营风险也越大。在扩大营业额条件下，经营成本中固定成本这个杠杆可以带来更大的经营利润，称为经营杠杆价值。

之所以如此，是因为在一定的产销规模内，固定成本总额固定，由于固定成本并不随产品销售量的增加而增加，而随着销售量的增长，单位产品所负担的固定成本会相对减少，从而为企业带来额外的收益，而且这种额外收益会随着销售量的增长而以更快的速度增长。或者可以这样来描述：由于固定成本的存在，企业经营利润的增长幅度会始终大于销售量的增长幅度。

经营杠杆价值是指在扩大营业额条件下，经营成本中固定成本这个杠杆所带来的增长幅度更大的经营利润（一般用息税前利润表示经营利润）。

［例 5 - 11］　天好实业公司产销玩具，目前最大产销能力为年产 5 亿元玩具，固定成本为 3 000 万元，变动成本率为 30％。年产销玩具 1 亿元时，变动成本为 3 000 万元，固定成本为 3 000 万元，息税前利润为 4 000 万元（10 000×70％－3 000）。当年产销玩具 2 亿元时，变动成本为 6 000 万元，固定成本仍为 3 000 万元，息税前利润变为 11 000 万元（20 000×70％－3 000）。可以看出，该公司的产销量增长 100％时，息税前利润增长 175％，后者大于前者，这样就产生了一个杠杆作用。

（二）经营风险

从选择筹资方式及降低资金成本角度看，筹资的企业随时面临三大风险，即经营风险、财务风险和市场风险。任何一种风险的增大或减少都会影响企业筹资方式的选择、支付本息能力的强弱和资本成本的高低。其中，经营杠杆风险是经营杠杆所带来的负面效应，它是指由于固定成本的存在，使得企业经营利润的下降幅度大于产销量的下降幅度。它是企业因经营状况及环境变化而影响其按时支付本息能力的风险。企业经营状况及环境的变动越大，经营风险也越大，资金成本相应越高。

企业要获得经营杠杆利益，就需要承担由此引起的经营杠杆风险，因此，必须在这种杠杆价值与杠杆风险之间作出权衡。

影响企业经营风险的因素主要有：

(1)产品销售价格的变动；

(2)产品需求的变动；

(3)单位产品变动成本的变动；

(4)固定成本的比重；

(5)经营杠杆；

(6)企业经营管理能力。

在以上因素中，经营杠杆对经营风险的影响最大。企业一般可以通过增加销售额、提高产品价格、降低单位产品变动成本、降低固定成本的比重等措施使经营杠杆系数下降，从而降低经营风险。

(三)经营杠杆系数

为了反映经营杠杆的作用程度,估计经营杠杆价值的大小,评价经营杠杆风险的高低,需要测算经营杠杆系数。

经营杠杆系数也称经营杠杆程度,是企业息税前利润随着销售额(量)的变化而变化的幅度。一般来说,在其他因素不变的条件下,固定成本越高,经营杠杆系数越大,经营风险越大。这可由以下计算公式求得:

$$经营杠杆系数 \ DOL = \frac{息税前收益变动率}{销售额变动率} = \frac{\Delta EBIT / EBIT}{\Delta S / S} \qquad (5-13)$$

其中:

$$EBIT = 销售额 - 总成本 = PQ - (VQ + F) = (P-V)Q - F$$

$$\Delta EBIT = (P-V)\Delta Q$$

于是:

$$经营杠杆系数 \ DOL = \frac{\Delta EBIT / EBIT}{\Delta S / S} = \frac{\Delta Q(P-V)}{(P-V) \times Q - F} \times \frac{S}{\Delta S}$$

$$= \frac{\Delta Q(P-V)}{(P-V) \times Q - F} \times \frac{Q}{\Delta Q} \qquad (5-14)$$

其中:

$$\frac{S}{\Delta S} = \frac{(P-V) \times \Delta Q}{Q(P-V)} = \frac{\Delta Q}{Q}$$

式中:S 表示销售额;Q 表示产品销售量;P 表示产品销售价格;F 表示固定成本;V 表示单位变动成本。

简化,可得出:

$$DOL = \frac{Q(P-V)}{Q(P-V) - F} \qquad (5-15)$$

$$或 \quad DOL = \frac{S - VC}{S - VC - F} \qquad (5-16)$$

式中:VC 表示变动成本总额。

其中,$Q(P-V)$ 是企业息税前利润和固定成本的总和。因此:

$$经营杠杆系数 = \frac{息税前利润 + 固定成本}{息税前利润} \qquad (5-17)$$

上式表明,经营杠杆系数将随固定成本的变化呈同方向变化,与单价呈同方向变化,与单位变动成本呈反方向变化。当息税前利润刚好足以弥补固定成本时,企业不盈不亏,处于盈亏临界点。假设其他条件不变,销售量超过盈亏临界点以后,销售量越大,经营杠杆系数越小。

(四)计算及意义说明

[**例 5 - 12**] 某企业生产 A 产品,固定成本为 60 万元,变动成本率为 40%,当企业的销售额分别为 400 万元、200 万元和 100 万元时,计算经营杠杆系数,并说明其意义。

解:销售额为 400 万元时,$DOL_1 = \dfrac{400 - 400 \times 40\%}{400 - 400 \times 40\% - 60} = 1.33$

销售额为 200 万元时，$DOL_2 = \dfrac{200-200\times40\%}{200-200\times40\%-60} = 2$

销售额为 100 万元时，$DOL_3 = \dfrac{100-100\times40\%}{100-100\times40\%-60} \rightarrow \infty$

通过计算，我们可以看出：

(1)在固定成本不变的情况下，经营杠杆系数说明了销售额变化所引起的利润变化的幅度。如果经营杠杆系数等于 1.33，表明产销业务量变动 1 倍，息税前利润会变动 1.33 倍；如果产销业务量明年会增长 10%，那么，息税前利润会增长 13.3%，一旦明年的产销业务下降 1 倍，息税前利润也会下降 1.33 倍。

(2)在固定成本不变的情况下，不同的销售额对应了不同的经营杠杆系数，销售额越大，经营杠杆系数越小，经营风险也越小；反之，销售额越小，则经营杠杆系数越大，经营风险也越大。

(3)当销售额达到盈亏平衡点时，营业杠杆就趋于无穷大，此时，企业经营只能保本。企业往往可以通过增加销售额、降低单位产品变动成本、降低固定成本等措施，使经营杠杆系数下降，降低经营风险。

二、财务杠杆

(一)财务杠杆价值

财务杠杆是指企业财务中由于存在固定的利息费用而产生的杠杆作用。由于利息费用的存在，企业能够获得一定的财务杠杆价值，同时也承受相应的财务风险。在企业资本结构一定的条件下，企业从息税前利润中支付债务利息是相对固定的，从而当息税前利润增加时，每 1 元所负担的利息费用就会相应降低，扣除所得税后，可分配给所有者的利润就会增加，从而为企业所有者带来了额外的收益。

只要在企业的筹资方式中有固定财务支出的债务和优先股，就会存在财务杠杆效应。由于存在固定的利息和优先股股息，使得每股利润的变动幅度超过息税前利润的变动幅度。当利息和优先股股息固定时，企业在不增加权益资本投资的情况下，获取更多利润，从而相应提高企业权益资本的利润率。因为将借入资金所得的投资利润扣除了较低的借款利息后的利润部分，由企业权益者分享，这样便可大大提高企业权益资本利润率。在股份制企业中，则可提高企业每股普通股的利润额。这种债务对投资者收益的正面影响，称为财务杠杆价值。

(二)财务风险

财务风险是指全部资本中债务资本比率的变化带来的风险。债务比率与财务风险成正比。当息税前利润减少时，会导致普通股每股收益以更快的速度下降，从而给企业带来偿还债务的风险，增加了破产机会或普通股利润大幅度变动所带来的风险。利息和优先股股息越高，财务杠杆系数越大，每股收益变动幅度会大于息税变动幅度，并且波动也越大，这就是财务风险。

(三)财务杠杆系数

财务杠杆系数是普通股每股收益(或利润)的变动率相当于息税前利润变动率的倍数。它可以用来反映财务杠杆的作用程度，估计财务杠杆利益的大小，评价财务风险的高低。要计算和分析企业财务杠杆系数,就必须了解企业各种筹资方式下普通股每股净收益(earnings per-share,EPS)对企业息税前盈余(earnings before interest and taxes,EBIT)反应的灵敏程度。企业息税前收益的大小并不取决于企业财务杠杆的程度,而取决于企业资金占有量的大小和投资报酬率的高低,它与企业经营风险有关,是企业一定时期的经营结果。而这里要研究的问题是企业在运用一定时期杠杆进行各种方式筹资的情况下,当息税前盈余发生变动时,每股净收益将会出现什么样的变化。

$$财务杠杆系数 DFL = \frac{普通股每股收益变动率}{息税前利润变动率} = \frac{\Delta EPS/EPS}{\Delta EBIT/EBIT} \qquad (5-18)$$

其中:$EPS = (1-T)[EBIT-I-D/(1-T)]/N$

$$\Delta EPS = (1-T)\Delta EBIT/N$$

式中:I 表示利息;T 表示企业税率;D 表示优先股股息;N 表示流通股数量。

财务杠杆系数等于2,表明如果明年息税前利润变动1倍,每股收益将变动2倍;或者财务杠杆系数等于3,表明未来息税前利润增长1倍,每股收益增长3倍,一旦息税前利润下降1倍,每股收益就会下降3倍。

将 $EPS,\Delta EPS$ 代入上式,有:

$$\begin{aligned}财务杠杆系数 DFL &= \frac{\Delta EPS/EPS}{\Delta EBIT/EBIT} \\ &= \frac{(1-T)\Delta EBIT/N}{(1-T)[EBIT-I-D/(1-T)]/N} \times \frac{EBIT}{\Delta EBIT}\end{aligned}$$

简化,得到下式:

$$DFL = \frac{EBIT}{EBIT-I-D/(1-T)} \qquad (5-19)$$

通过这个公式可以看到,假如利息 I 和优先股股息 D 同时为零,那么,财务杠杆系数就是1,没有财务杠杆作用,每股利润变动率等于息税前利润变动率;但是,如果存在利息、优先股股息,这时分子要比分母大,表明每股利润的变动幅度会超过息税前利润的变动幅度。

(四)计算及意义说明

[例5-13] 已知某企业的有关部分资产负债表和损益表的信息如表5-5所示。

表5-5　某企业财务数据信息　　　　　　单位:万元

总资产	2 400
负债	1 200
利息支付	120
优先股股息	14
企业税率	30%
总股数	40(万股)
息税前利润	300

试用两种不同方法计算该企业的财务杠杆系数 DFL。

解：$(1) DFL = \dfrac{EBIT}{EBIT - I - D/(1-T)}$

$$= \dfrac{300}{300 - 120 - 14/0.7} = 1.875$$

（2）若假定 $EBIT$ 变动 10%，即息税前利润由 300 万元变为 330 万元。现在考察由此引起的 EPS 变动程度。分别计算 $EBIT$ 在 300 万元和 330 万元时的 EPS，具体如下：

$$EPS_1 = \dfrac{(1-T)[EBIT - I - D/(1-T)]}{N}$$

$$= \dfrac{0.7 \times (300 - 120 - 14/0.7)}{40} = 2.8（万元）$$

$$EPS_2 = \dfrac{(1-T)[EBIT - I - D/(1-T)]}{N}$$

$$= \dfrac{0.7 \times (330 - 120 - 14/0.7)}{40} = 3.325（万元）$$

EPS 变化百分比 $= \dfrac{3.325 - 2.8}{2.8} \times 100\% = 18.75\%$

$DFL = \dfrac{18.75\%}{10\%} = 1.875$

三、综合杠杆

（一）综合杠杆价值

在前面讨论财务杠杆时，是假定经营杠杆不变，即不会因财务杠杆的变动引起经营杠杆变动。同样，在讨论经营杠杆时，也假定财务杠杆不变，即不会因经营杠杆的变动引起财务杠杆变动。其实，这两种杠杆的作用是相互影响和有关联的。如果企业在一定时期为了某种财务管理目的而降低其经营杠杆，那么，它便很可能会适当地增加其财务杠杆的作用。反过来，如果企业要使用较小的财务杠杆，那么，其在资金结构决策中可能会降低其负债比例，而增加经营杠杆的作用，等等。因此，企业的资金结构决策要综合地考虑企业经营杠杆和财务杠杆的作用。

如前所述，经营杠杆是通过销售额的变动，从而引起 $EBIT$ 的变动，而财务杠杆则是通过扩大 $EBIT$ 来引起 EPS 的变化，两者最终都会影响企业普通股利润和每股盈余数，从而产生综合杠杆价值。

因此，如果企业充分使用经营杠杆和财务杠杆的作用，那么，即便是销售额细小的变化，最终也会引起 EPS 较大幅度的变动。所以，可以将经营杠杆和财务杠杆结合在一起，综合地讨论销售额（量）变动对每股净收益的影响。

（二）复合风险

由综合杠杆作用使每股收益大幅度波动而造成的风险，可以称为复合风险。复合风险直接反映企业的总体风险。经营杠杆和财务杠杆可以有许多不同的方式相结合，以达到符合企业理财目的要求的复合杠杆系数和总风险水平。通过复合杠杆系数的测定，财务人员对于较大的经营风险，能用较小的财务风险来抵消，反之亦然。这样能使企业管理当局运用适当的杠杆系数，使企业负担的风险与预期收益之间进行权衡，使企业总风险降低到一个适当的期望水平。

(三)综合杠杆系数

经营杠杆和财务杠杆复合的结果,称为综合杠杆系数,对综合杠杆进行计量的常用指标是综合杠杆系数,即每股收益变动率相当于销售额(量)变动率的倍数,它实际上是经营杠杆与财务杠杆的乘积。

$$综合杠杆系数 = \frac{每股收益变动率}{销售额(量)变动率} \tag{5-20}$$

$$DTL = \frac{每股收益变动率}{销售额(量)变动率} = \frac{\Delta EPS/EPS}{\Delta S/S(\Delta Q/Q)}$$

$$= \frac{\Delta EBIT/EBIT}{\Delta S/S} \times \frac{\Delta EPS/EPS}{\Delta EBIT/EBIT}$$

$$= DOL \times DFL$$

$$= \frac{Q(P-V)}{EBIT-I-D/(1-T)}$$

$$= \frac{Q(P-V)}{Q(P-V)-F-I-D/(1-T)} \tag{5-21}$$

(四)计算及意义说明

[例 5-14] 甲企业的经营杠杆系数为 2,财务杠杆系数为 1.5,综合杠杆系数即为:

$$2 \times 1.5 = 3$$

综合杠杆系数为 3,表明企业的销售额(量)每变动 1%,企业的每股收益变动 3%。同时,企业还可以通过经营杠杆与财务杠杆的不同组合,来实现某一特定的综合杠杆作用。在其他因素不变的情况下,综合杠杆系数越大,复合风险越大;综合杠杆系数越小,复合风险越小。

第三节　资本结构理论

在财务管理理论中,关于财务管理目标的定义有这样一种提法,即财务管理的目标是为了实现企业总体价值的最大化。资本结构理论就是基于这个命题而着重研究资本结构中负债与权益比例的变化对企业总体价值的影响。在这个方面,西方财务管理理论学家提出了净收益理论、净经营收益理论和传统理论三种观点。近年来,最有影响的是莫迪利亚尼(Modigliani)和米勒(Miller)提出的现代资本结构理论,他们在上述三种理论基础上提出的理论模式,在财务学中被称为 MM 理论。MM 理论为资本结构理论的发展做出了重大贡献,为后续资本结构理论研究奠定了坚实的基础。

一、早期资本结构理论

(一)净收益理论

净收益理论的特征是按股本净收益来确定企业的总价值,并且认为利用负债筹资可以降低企业资金成本,故企业采用负债筹资总是有利的,因为它可以提高企业股本净收益。企业的综合资金成本和企业总价值可分别用图表示如下,见图5-2。

根据净收益理论,当企业提高财务杠杆时(B 表示企业债券等负债,S 表示企业发行在外普通股的市价),能降低总资金成本,从而使普通股股票市价上升,并使企业总价值 V 达到最大。但这里有一个重要假设,即当财务杠杆提高后,企业原有权益资本的成本率和负债资本的

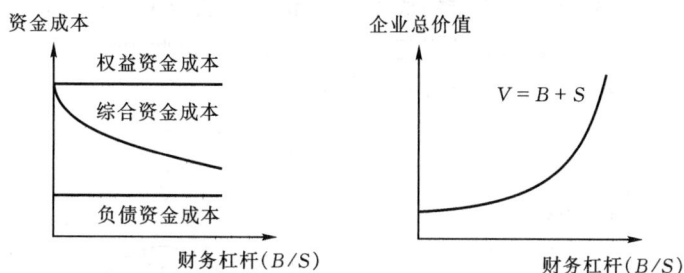

图 5-2　净收益理论

成本率均不变,这样,其总资本成本才会下降。同时,也等于假设企业提高财务杠杆后没有增加财务风险,债权人和权益者都不认为企业的风险也会随之增加。只有这样,才能使企业股本价值和企业资本化的负债价值同步上升,使企业总价值达到最大。

　　显然,随着财务杠杆作用的扩大,不考虑企业财务风险和筹资成本率变化的假设是很难成立的。如果这种假设理论是正确的话,那么,企业资本最理想的结构便是 100% 的负债。因为按照该理论,这种结构能确保总资本成本最低时企业价值最大。

(二)净经营收益理论

　　净经营收益理论认为,不论企业财务杠杆作用如何变化,总资本的成本率是固定的,因此,对企业总价值没有影响。该理论的基本假设是企业利用负债筹资,财务杠杆作用扩大,便会增加企业权益资本的风险,普通股本便要求更高的股利率,财务杠杆作用产生的收益将全部作为股利向股东发放,普通股资金成本上升,正好抵消了财务杠杆作用带来的好处。因此,权益者仍以原来固定的总资金成本来衡量企业的净营业收入,故企业总价值没有变化。这可用图 5-3 来表示。

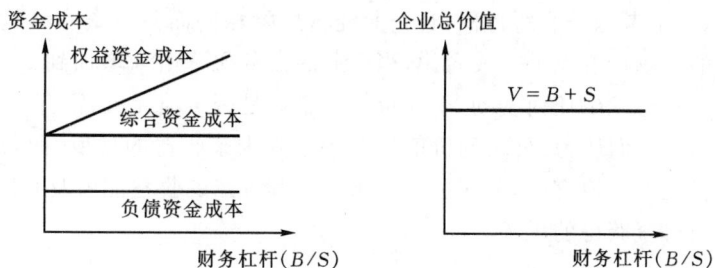

图 5-3　净经营收益理论

　　从图 5-3 可以看出,由于企业总资金成本不变,因此,从资本化计算的角度看,按固定资金成本计算出来的净营业收入必然是相同的,故企业总价值与财务杠杆作用没有关系。

　　根据该理论,不存在资本结构的决策问题,也就没有什么最佳资本结构了。

(三)传统理论

　　传统理论实际上是介于净收益理论和净经营收益理论两个极端之间的一种折中的理论。该理论认为,当企业在一定的负债限度内利用财务杠杆的作用时,负债资本和权益资本都不会有明显的风险增长,故其资本成本基本保持不变,而此时,企业的总价值却开始上升,并且可能在此限度内达到最高点。但是,企业负债筹资的财务杠杆作用一旦超出这个限度,由于风险明显增大,便使企业负债资本和权益资本的成本率开始上升,并使总资本成本率上升。负债比例超出此限度越大,其总资本成本率上升得越快。而在负债超出此限度后,企业的总价值随着其总资本成本的上升而开始下降。这可用图 5-4 来表示。

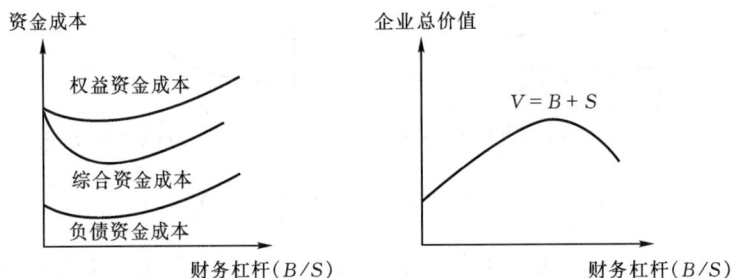

图 5-4 传统理论

传统理论承认企业确实存在一个最佳的资本结构,也就是使企业价值最大的资本结构,并可以通过适度财务杠杆的运用来获得。一般来讲,在最佳资本结构点上,负债的实际边际资本成本率与股本的实际边际成本率相同。在财务杠杆率达到该点以前的所有水平上,负债的实际边际成本率将会超过股本筹资的实际边际成本率;而当财务杠杆达到该点以后,则出现相反的情况。

二、MM 资本结构理论

(一)最初的 MM 理论(无税条件下的资本结构理论)

Modigliani 和 Miller 于 1958 年 6 月份在《美国经济评论》上发表著名论文——《资本成本、公司财务与投资理论》,提出了现代财务管理中最令人振奋的理论之一——资本结构无关论。该理论认为,在不考虑企业所得税,且企业经营风险相同而只有资本结构不同时,企业的资本结构与企业的市场价值无关。或者说,当企业的债务比率由 0 增加到 100% 时,企业的资本总成本及总价值不会发生任何变动,企业价值与企业是否负债无关,不存在最佳资本结构问题,如图 5-5 所示。他们认为,公司的价值只取决于其未来收益的现值,而与其资本结构(即负债/股东权益比)无关。换言之,公司的价值来自于其资产的收益能力及其所伴随的风险,而与这些资产是如何筹资获得的无关。

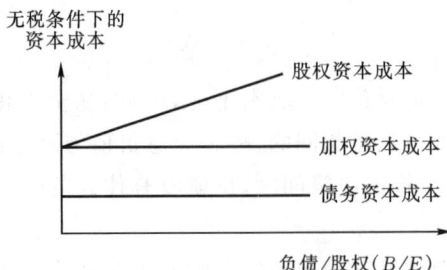

图 5-5 无税条件下的 MM 理论:资本结构与资本成本的关系

最新的 MM 理论假设包括:①没有公司所得税;②资本市场是完善的,即没有交易成本和佣金,信息是对称的,即个人可以和企业一样以相同的利率取得贷款,从而个人可以自制财务杠杆等;③个人和企业的负债,无论举债多少,都没有风险,从而没有破产成本;④套利活动不受限制,并且及时有效;⑤在股东和经理之间以及股东和债券持有人之间没有代理成本。

从这些假设着手,莫迪利亚尼和米勒利用套利来证实资本结构与公司价值是无关的。他们指出,如果负债筹资的公司比全部股东权益筹资的公司有更高的公司价值,拥有这一负债筹资公司股票的投资者就可以出售这些股票,并用所得款项加上借入资金去购买全部股东权益筹资的公司股票。抛出负债筹资公司股票的同时又购入全部股东权益筹资公司股票的市场套利行为会使这两家公司的股票价格趋于一致。这样,一家公司的股票价格与其所采用的资本结构无关。如果 MM 理论是正确的,经理就无需关心资本结构决策,因为这种决策不会影响股票价格。同时,MM 理论认为,公司价值完全由公司资产的获利能力或投资组合决定,股息与保留盈余之间的分配比例不影响公司价值,从而公司的股利政策与公司价值无关。

MM 理论可以从以下两个方面理解:①因为在一系列假设条件下,股东可以自制财务杠杆(即利用负债)来完全替代公司的财务杠杆,所以,公司选择何种资本结构就没有任何实际意义了。同样,在假设条件下,股东可以自制股利来完全替代公司支付的股利,公司股利政策也就与公司价值无关。因此,无论是资本结构无关论还是股利政策无关论,都说明了一个深刻的道理,即公司价值的创造关键取决于公司财务管理是否能为股东做其本人所不能做的某些事情。②公司的价值只取决于其未来收益的现值,而与其资本结构(即负债/股东权益比)无关。

通过展示资本结构与公司价值无关所依据的假设,MM 理论提供了有关负债筹资何时和如何影响公司价值的重要见解。

企业如果试图用债务来代替权益进行筹资,尽管债务成本比权益成本更便宜,但企业的加权资本成本不变。这是由于当企业增加债务时,作为剩余索取权拥有者的股东承担的风险加大了,因此,股东会相应提高其权益成本,这种提高了的权益成本正好抵消了因低成本债务筹资而获得的好处,两者抵消,从而企业价值、加权资本成本与财务杠杆无关。

(二)修正的 MM 理论(含税条件下的资本结构理论)

修正的 MM 理论是 Modigliani 和 Miller 于 1963 年共同发表的另一篇与资本结构有关的论文中的基本思想。他们发现,在考虑企业所得税的情况下,由于负债的利息是免税支出,可以降低综合资本成本,增加企业的价值。因此,企业只要通过财务杠杆利益的不断增加,而不断降低其资本成本,负债越多,杠杆作用就越明显,企业价值就越大。当债务资本在资本结构中趋近 100%时,才是最佳的资本结构,此时,企业价值达到最大。最初的 MM 理论和修正的 MM 理论是资本结构理论中关于债务配置的两个极端看法。

含税条件下的资本结构理论表明,在没有破产成本的情况下,企业价值是财务杠杆的增函数(见图 5 - 6)。这一结论暗含着:企业应采用几乎全部由债务组成的资本结构。

无税条件下的 MM 理论及有税条件下的 MM 理论对于开拓人们的视野,推动资本结构理论的研究,引导人们从动态的角度把握资本结构与资本成本、公司价值之间的关系以及股利政策与公司价值的关系,具有十分重要的意义。MM 理论的重要贡献还在于把融资与投资紧密结合起来了,把以往财务管理主要对资产负债表右侧(筹资决策)的关注调整到资产负债表的左侧(投资决策),因此,在财务管理发展史上具有划时代的意义。

但是,就如其他经济理论一样,MM 理论只是在一组特殊的假设条件下才能成立。这使得其在解决实际问题时,存在一定的局限。但是,也正是这一系列假设条件的存在,使得 MM

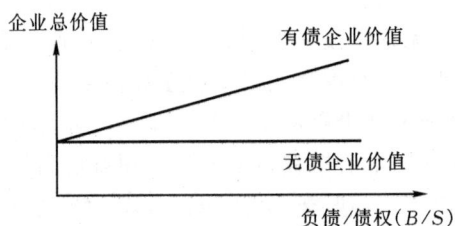

图 5-6 含税条件下的 MM 理论:资本结构与企业价值的关系

理论在逐渐放宽假设条件后,得到不断发展。

三、新的资本结构理论

(一)代理成本理论

代理成本理论是经过研究代理成本与资本结构的关系而形成的。这种理论通过分析指出,公司债务的违约风险是财务杠杆系数的增函数;随着公司债券资本的增加,债权人的监督成本随之提升,债权人会要求更高的利率。这种代理成本最终要由股东承担,公司资本结构中债权比率过高会导致股东价值的减低。根据代理成本理论,债权资本适度的资本结构会增加股东的价值。

上述资本结构的代理成本理论仅限于债务的代理成本。除此之外,还有一些代理成本涉及公司的雇员、消费者和社会等,在资本结构的决策中也应予以考虑。

(二)信号传递理论

信号传递理论认为,公司可以通过调整资本结构来传递有关获利能力和风险方面的信息,以及公司如何看待股票市价的信息。

按照资本结构的信号传递理论,公司价值被低估时会增加债券资本;反之,公司价值被高估时会增加股权资本。当然,公司的筹资选择并非完全如此。例如,公司有时可能并不希望通过筹资行为告知公众公司的价值被高估的信息,而是模仿被低估价值的公司去增加债券资本。

(三)啄序理论

资本结构啄序理论认为,公司倾向于首先采用内部筹资,比如留存收益,因其不会传导任何可能对股价不利的信息;如果需要外部筹资,公司将先选择债券筹资,再选择其他外部股权筹资,这种筹资顺序的选择也不会传递对公司股价产生不利影响的信息。

按照啄序理论,不存在明显的目标资本结构,因为虽然留存收益和增发新股均属股权筹资,但前者最先选用,后者最后选用;获利能力较强的公司之所以安排较低的债权比率,并不是由于已确立较低的目标债权比率,而是由于不需要外部筹资;获利能力较差的公司选用债权筹资是由于没有足够的留存收益,而且在外部筹资选择中债权筹资为首选。

第四节 最优资本结构决策

资本结构是财务结构的一部分,它是指各种长期资本来源占资本总额的比率。企业的长期资本来源主要有长期负债和所有者权益,故企业的资本结构可以用负债比率来反映。在资本结构中使用负债,一方面由于负债成本一般低于自有资本成本,可以降低企业总资本成本,并可以获得适当负债带来的财务杠杆利益;另一方面,也加大了企业的财务风险,在过度负债的情况下,会降低企业信用程度,出现融资困难,从而使企业股价下跌,企业总价值下降。正因为负债比率的高低将对企业的资本成本、股票市价和企业总价值产生不同的影响,故负债比率是资本结构决策的核心问题。

一、影响资本结构决策的主要因素

(一)企业的经营风险

经营风险是指因经营上的原因,如销售量、销售价格、产品成本等的变化,而导致的企业未来息税前收益的不确定性,而这种不确定性又会因财务杠杆作用而进一步被扩大,故经营风险是确定企业资本结构时应考虑的主要因素。具体来说,经营风险较高的企业在确定资本结构时应降低负债比率,以保持较低的财务风险;而经营风险较低的企业可以适当增加负债比率,以获得较大的风险报酬。

(二)企业的盈利能力与成长率

企业提高负债比率以获得财务杠杆利益的前提是该企业的息税前收益率高于其权益资金收益率,因此,企业的盈利状况与最优资本结构的选择密切相关。若企业经营业绩不佳,息税前收益低于负债资本成本,则提高负债比率反而会降低权益资金收益率与每股收益。因此,在确定资本结构时,企业必须将其盈利能力与资金成本进行比较,盈利能力强的企业可以提高负债比率,以获得更大的财务杠杆利益;盈利能力差的企业应降低负债比率,以降低财务风险。

企业在确定资本结构时,不但要考虑目前的盈利能力,还应考虑企业未来盈利能力的成长情况。一般情况下,处于成长阶段的企业盈利能力强,对资金的需求较大,权益资金不能满足其发展的需要,而且成本较高时,可以使用较多的负债。

(三)企业的财务状况

财务状况包括企业的资产结构、资产的周转速度、资产的变现能力等因素。财务状况好的企业,能够承受较大的财务风险。因为负债到期时本息必须用现金支付,而现金支付能力不仅取决于企业的盈利能力,也取决于企业资产的变现能力或现金流量状况。另外,若资产中可供贷款担保资产或者其他易变现资产的比例较大,可以较多地利用负债筹资;否则,则不宜大量使用长期负债。

(四)股东及经营者的态度

在企业经营良好时,股东偏好于采用负债方式筹资,他们往往出于两个方面的考虑:一方面,不愿意分散对企业的控制权;另一方面是为了得到财务杠杆利益,提高每股收益与权益资本报酬率。

企业经营者的态度也将影响融资决策,而这种态度主要取决于其在企业的所有权。对企业控制权甚微的经营者们往往不会热衷于运用财务杠杆,因为如果销售额上升,得到剩余利益的是股东而不是他们;而假如销售额下降,由于财务杠杆的副作用使股东丧失的只是其有限的股份,而经营者们丧失的却是100%的工作。因此,他们为了维持在企业的职务,会将负债比率控制在一定的限度内(不一定是最佳比率);而那些对企业有相当控制权(50%以上)的经营者,则可能倾向于负债筹资,以避免其权利被稀释。此外,融资决策还受经营者的性格与对风险的好恶态度的影响,个性谨慎的经营者趋向于股权融资,喜好冒险的经营者则趋向于负债融资。

(五)企业信用等级与债权人的态度

如果企业的信用等级不高,债权人将要求较高的利率或不愿意借债给企业,从而使企业负债成本过高或是无法达到其所希望的负债水平。因此,企业信用等级的高低与债权人的态度直接影响到企业融资的便利与成本。

二、企业资本结构

衡量企业资本结构是否最合理的标准主要有:

(1)综合的资金成本最低,企业为筹资所花费的代价最少;

(2)筹集到手能供企业使用的资金最充分,能确保企业长短期经营和发展的需要;

(3)股票市价上升,股东财富最大,企业总体价值最大;

(4)企业财务风险最小。

三、最优资本结构的确定

不同企业的最佳负债比率亦不同,但最优资本结构却可以用统一的标准来衡量。衡量一个企业资本结构是否最优一般使用以下几个标准:①综合资金成本最低;②普通股每股收益最大;③股票市价和企业总体价值最大。

(一)综合资金成本比较法

从资本结构看,股东财富或企业价值最大化无异于各资本结构状态下其资金成本的最低化,因此,对于可供选择的各筹资组合或资本结构方案,我们可以通过测定各组合的加权资本成本,然后比较并选择其中最小的成本所对应的结构方案,该方案下的资本结构即为最优资本结构。

[**例 5-15**]　红光实业公司需要筹集 100 万元长期资本,可以采用贷款、发行债券、发行普通股三种方式筹集,其个别资金成本率已分别测定,有关资料如表5-6所示。

表 5-6　红光实业公司资本结构数据

筹资方式	资本结构			个别资金成本率
	方案 1	方案 2	方案 3	
银行借款	40%	30%	20%	6%
债券	10%	15%	20%	8%
普通股	50%	55%	60%	9%

解:首先,分别计算三个方案的综合资金成本 K。

在方案 1 下:

$K = 40\% \times 6\% + 10\% \times 8\% + 50\% \times 9\% = 7.7\%$

在方案 2 下:

$K = 30\% \times 6\% + 15\% \times 8\% + 55\% \times 9\% = 7.95\%$

在方案 3 下:

$K = 20\% \times 6\% + 20\% \times 8\% + 60\% \times 9\% = 8.2\%$

其次,应根据企业筹资评价的其他标准,考虑企业的其他因素,对各个方案进行修正;最后,再选择其中成本最低的方案。在本例中,我们假设其他因素对方案选择的影响甚小,则方案 1 的综合资金成本最低。这样,该公司的资本结构为借款 40 万元,发行债券 10 万元,发行普通股 50 万元。

(二)每股收益分析法

资本结构是否合理,可以通过每股收益的变化进行分析。一般而言,凡是能够提高每股收益的资本结构是合理的(实际上是不考虑由于每股收益提高而相应增加的风险);反之,则认为不合理。然而,每股收益的变化不仅受到资本结构的影响,还受到销售收入的影响。要处理这三者的关系,则必须运用"每股收益无差别点"的方法来分析。

每股收益无差别点是指两种资本结构下每股收益等同时的息税前利润点(或销售额点),也称息税前利润平衡点或筹资无差别点。当预期息税前利润(或销售额)大于该差别点时,资本结构中债务比重高的方案为较优方案,即采用债务融资方式;而当预期息税前利润(或销售额)小于该差别点时,资本结构中债务比重低的方案为较优方案,即采用股权融资方式。如图 5-7 所示,销售额小于无差异点销售额时,企业采用权益方式筹资较为有利,左边的区域属于权益筹资优势区;当销售额大于无差异点销售额时,企业采用负债方式筹资较为有利,右边的区域属于权益筹资优势区;当销售额等于无差异点销售额时,企业采用两种方式筹资等效,此时采用两种方式筹资使得筹资成本相同,对企业价值的影响无差异。这种方法侧重于从资本的产出角度作分析。

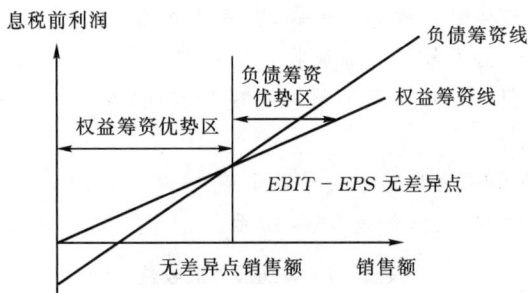

图 5-7 EBIT-EPS 分析原理图

每股收益 EPS 的计算公式为:

$$EPS = \frac{(EBIT - I)(1 - T)}{N} \qquad (5-22)$$

如果有优先股,由于优先股股利在税后发放,因此,计算公式为:

$$EPS = \frac{(EBIT - I)(1 - T) - D}{N} \qquad (5-23)$$

式中:EBIT 表示息税前利润;I 表示负债利息;T 表示税率;D 表示优先股股息;N 表示普通股股数。

每股收益无差异点的计算公式:

$$\frac{(EBIT-I_1)(1-T)-D_1}{N_1}=\frac{(EBIT-I_2)(1-T)-D_2}{N_2} \tag{5-24}$$

使得等式两边相等的 $EBIT$，即为每股收益无差别点。在该点上，对筹资方式的选择不会对企业的息税前利润产生影响。

利用每股收益无差别点决策的基本步骤如下：

(1)计算和预测每股收益的水平；

(2)判断预期值的变动性（变动风险）；

(3)计算负债筹资与权益筹资两种方案下的无差异点（$EBIT$ 值）；

(4)根据企业愿意承担的风险程度判断分析 $EBIT$ 的变动状况，并决定方案是否可以接受；

(5)检查和确定企业预定的资本结构是否可行。

[例 5-16] 某公司目前的资本来源包括每股面值1元的普通股800万股和平均利率为10%的3000万元债务。该公司现在拟投产一个新产品，该项目需要投资4000万元，预期投产后每年可增加息税前利润400万元。该项目备选的筹资方案有以下两个：

(1)按11%的利率发行债券；

(2)按20元/股的价格增发普通股。

该公司目前的息税前利润 $EBIT$ 为1600万元，公司适用的所得税税率为40%，证券发行费可忽略不计。

要求：

(1)计算按不同方案筹资后的普通股每股收益。

(2)分析该公司应当选择哪一种筹资方式，并说明理由。

(3)计算增发普通股和债券筹资的每股收益无差别点。

(4)如果新产品可提供1000万元的新增息税前利润，在不考虑财务风险的情况下，公司应当选择哪一种筹资方式？

解：为了方便理解，本例采用表格方式予以说明。

(1)计算普通股每股收益，具体如表5-7所示。

表 5-7 普通股每股收益　　　　　　　　　　单位:万元

筹资方案	发行债券	增发普通股
息税前利润	2 000	2 000
现有债务利息	300	300
新增债务利息	440	0
税前利润	1 260	1 700
所得税(40%)	504	680
税后利润	756	1 020
优先股红利	—	—
普通股收益	756	1 020
股数(万股)	800	1 000
每股收益(元)	0.945	1.02

（2）该公司应当采用增发普通股筹资。原因在于当新增息税前利润400万元时，采用增发普通股方式，每股收益较高。

（3）每股收益无差别点的计算。

债券筹资与普通股筹资的每股收益无差别点为：

$$[(EBIT-300-4\,000\times11\%)\times0.6]\div800=[(EBIT-300)\times0.6]\div1\,000$$

$$EBIT=2\,500（万元）$$

也就是说，当企业息税前利润总额达到2 500万元时，企业无论是增发普通股还是发行债券，其每股收益都是每股1.32元。

（4）当项目新增息税前利润为1 000万元时，息税前利润总额2 600万元，超过了每股收益无差别2 500万元，因此，选择债券筹资方案比较有利。

（三）综合分析法

上述两种资本结构决策方法都没有考虑风险因素，显然是不够合理的。综合分析法正好克服了这个缺点，是将综合资本成本、企业总价值及风险综合考虑进行资本结构决策的一种方法。

企业的市场总价值等于借入资本的总价值和自有资本的总价值之和。为简化起见，设借入资本的市场价值等于面值，自有资本（普通股）的市场价值可用税后利润与自有资本（普通股）的资金成本之商表示。在风险变动情况下，企业价值最大、综合资本成本最低时的资本结构为最优资本结构。

[**例5-17**] 丰顺公司的现有资本结构为100%的普通股，账面价值为1 000万元，期望的息税前利润为400万元。假设无风险报酬率为6%，市场证券组合平均报酬率为10%，所得税税率为40%。该公司认为现有资本结构不能发挥财务杠杆作用，拟通过发行债券购回部分股票的方式（假设这样做合法且无交易成本）予以调整。经调查，目前的债务利息率和普通股成本情况如表5-8所示。

表5-8中的普通股成本是按资本资产定价模型计算出的。例如，16.8%＝6%＋2.7×（10%－6%）。（2.7为β值）

表5-8 丰顺公司债务信息率与普通股成本资料

债券的市场价值（万元）	债务利息率（%）	β值	普通股成本（万元）
0		1.5	12
200	8	1.55	12.2
400	8.3	1.65	12.6
600	9	1.8	13.2
800	10	2	14
1 000	12	2.3	15.2

根据上述资料，可以计算出资本结构中不同债务情况下的企业总价值和综合资本成本，如表5-9所示。

表 5 - 9 丰顺公司债务信息率与普通股成本　　　　　　单位:万元

债务的市场价值	股票的市场价值	公司的总价值	债务的资金成本	普通股的资金成本	综合资金成本
0	2 000	2 000		12%	12%
200	1 888	2 088	4.8%	12.20%	11.50%
400	1 747	2 147	4.98%	12.60%	11.20%
600	1 573	2 173	5.40%	13.20%	11.00%
800	1 371	2 171	6.00%	14.00%	11.10%
1 000	1 105	2 105	7.20%	15.20%	11.40%
1 200	786	1 986	9.00%	16.80%	12.10%

在表 5 - 9 中,绝对数的计量单位是万元,计算综合资金成本时以市场价值为权数。表中数字计算示例如下:

$$786 = \frac{(400 - 1\,200 \times 15\%)(1 - 40\%)}{16.8\%}$$

$$1\,986 = 1\,200 + 786$$

$$12.1\% = 9\% \times 1\,200/1\,986 + 16.8\% \times 786/1\,986$$

可以看出,在没有债务的情况下,公司的总价值就等于其原有股票的价值。当公司增加一部分债务时,财务杠杆开始发挥作用,公司总价值上升,综合资金成本下降。在债务达到 600 万元时,公司总价值最高,综合资金成本最低。债务超过 600 万元后,随着利息率的不断上升,财务杠杆作用逐步减弱甚至显现负作用,公司总价值下降,综合资金成本上升。因此,债务为 600 万元时的资本结构是该公司的最优资本结构。

本章小结

资本结构也称财务结构,是指企业各种资本的构成及其比例关系。狭义的资本结构仅指长期资本结构,通常主要研究长期资本结构。

杠杆价值是指企业的固定成本和债务资金所带来的价值放大。存在杠杆价值的同时,也存在着相关的风险。经营杠杆是指由于固定成本的存在而使得企业的息税前利润的变动幅度大于销售额的变动幅度。财务杠杆反映的是普通股每股收益与息税前利润的关系,是指由于债务利息、优先股股息等固定资本成本的存在,犹如杠杆的支点,使得每股收益的变动幅度大于息税前利润的变动幅度。综合杠杆就是用来反映财务杠杆和经营杠杆综合发挥作用的,即研究每股收益变动与销售额变动的关系。杠杆效应具有双面性,既可以产生杠杆利益,也可能带来杠杆风险。杠杆作用的大小通常用杠杆系数来表示。

经营杠杆系数也称经营杠杆程度,是企业息税前利润随着销售量(额)的变化而变化的幅度。财务杠杆系数是普通股每股收益(或利润)的变动率相当于息税前利润变动率的倍数。综合杠杆系数是每股收益变动率相当于销售量(额)变动率的倍数,它实际上是经营杠杆与财务杠杆的乘积。

资本结构理论研究起始于 20 世纪 50 年代。以戴维、杜兰德为代表的西方经济学家提出了净收益理论、净经营收益理论和传统理论等。

净收益理论的特征是按股本净收益来确定企业的总价值,并且认为利用负债筹资可以降低企业资金成本,故企业采用负债筹资总是有利的,因为它可以提高企业股本净收益。在这种理论下,企业资本最理想的结构便是100%的负债。

净经营收益理论认为,不论企业财务杠杆作用如何变化,总资本的成本率是固定的,因此,对企业总价值没有影响。

传统理论认为,当企业在一定的负债限度内利用财务杠杆的作用时,负债资金和权益资金都不会有明显的风险增长,故其资金成本基本保持不变,而此时,企业的总价值却开始上升,并且可能在此限度内达到最高点。但是,企业负债筹资的财务杠杆作用一旦超出这个限度,由于风险明显增大,便使企业负债资金和权益资金的成本率开始上升,并使总资金成本率上升。这种理论认为企业确实存在一个最佳的资本结构,也就是使企业价值最大的资本结构。

最初的MM理论认为,在不考虑企业所得税,且企业经营风险相同而只有资本结构不同时,企业的资本结构与企业的市场价值无关。考虑企业所得税的MM理论认为,由于负债的利息是免税支出,可以降低综合资本成本,增加企业的价值,因此,企业只要通过财务杠杆利益的不断增加,而不断降低其资本成本,负债越多,杠杆作用就越明显,企业价值就越大。当债务资本在资本结构中趋近100%时,才是最佳的资本结构,此时,企业价值达到最大。

代理成本理论认为,代理成本取决于互相对冲的债务融资的代理成本和股权融资的代理成本,当负债比率增加时,负债代理成本也随之增加而权益代理成本下降;反之,当负债比率下降时,负债代理成本也随之下降而权益代理成本上升。两者相互作用的结果是存在一个动态的最佳资本结构,在最佳资本结构下,公司的总代理成本最小,公司的价值达到最大。不对称信息理论认为,由于不对称信息的存在,企业在决定筹资顺序和确定最佳资本结构时,应当考虑投资者对企业价值的不同预期这一重要因素。

啄序理论认为,当企业有好的投资项目需要资本的时候,先是内部融资,使用留存收益;如果内部留存收益不够,再向银行借债,或在市场上发行债券;最后实在没有办法了,才去发行股票。

不同企业的最佳负债比率亦不同,但最优资本结构却可以用统一的标准来衡量。衡量一个企业的资本结构是否最优,一般使用以下几个标准:

(1)综合的资金成本最低,企业为筹资所花费的代价最少。

(2)筹集到手能供企业使用的资金最充分,能确保企业长短期经营和发展的需要。

(3)股票市价上升,股东财富最大,企业总体价值最大。

(4)企业财务风险最小。

案例分析

四川长虹电器股份有限公司成立于1988年6月,其源头国营长虹机器厂创业于1958年,在当时是我国研制生产军用、民用雷达的重要基地。长虹于20世纪70年代初开始研制和生产电视机,1992年开始进行规范化股份制改组。1994年,长虹股票(A股代码:600839)在上海证券交易所挂牌上市。其主营业务涵盖:视频、空调、视听、电池、器件、通讯、小家电及可视系统等产品的研发生产销售。

以下的图表是四川长虹上市来历年的资本结构情况:

会计年度	资产	负债	资产负债率
1994	3 349 807 251.65	1 642 534 100.00	52.78%
1995	6 413 782 013.09	3 361 600 982.13	52.41%
1996	11 054 308 626.42	6 610 208 887.23	57.28%
1997	16 784 895 593.00	7 811 278 520.00	46.54%
1998	18 561 892 831.00	7 874 886 463.00	42.46%
1999	16 756 798 744.00	3 857 073 679.00	23.04%
2000	16 162 976 316.00	3 510 866 167.00	21.77%
2001	17 611 190 481.60	4 876 743 311.73	27.71%
2002	18 653 868 397.80	5 727 621 896.11	30.71%
2003	21 338 363 225.34	8 170 329 852.55	38.20%
2004	15 649 029 806.38	6 064 191 932.36	38.75%

可以发现,长虹的资产负债率一直以来都低于行业水平,大致低 10 到 20 个百分点,在 1996 年时最高达到 57%,低于行业水平仅 5 个百分点,此后资产负债率不断减少,到 2000 年时最低,仅约 22%,与行业水平相差近 25 个百分点,2001 年开始,长虹又加大了负债的力度,逐渐接近于行业水平。这一变化的原因在于长虹在 20 世纪 90 年代后期进行数次配股融资,而近年来股票市场融资功能萎缩转而寻求贷款支持。

从长虹历年的年报中,可以看到长虹从 1994 年至 2004 年,大部分是依靠股票融资,没有发行债券,长期借款也相对较少。较大笔的长期借款发生在 1998 年和 2003 年,分别是 5 年期的 3 千万和 3 年期 7 千万。为满足日常经营的短期借款则维持在 10 亿元级数的惊人规模。在年报中公司未披露长期借款投入的项目,也缺乏具体项目的投资回报率,故未能对该项借款的效果予以评估。

少量举债而大量募股,是其多年以来的倾向性选择。通过 2000 年之前的三次配股,长虹总共募集资金 45.576 亿元,这些资金多数被应用于提高彩电生产线的劳动效率,以及扩建配套加工能力上,而不是投入到更有前瞻性的技术研究领域,并且资本使用效率低下。

通过计算普通股、债务以及优先股的成本,以及它们相应的市场价值,可以计算长虹的加权平均资本成本,进而确定长虹的最优资本结构。通过计算可得:

资产负债比率	税后负债成本	权益成本	加权平均资本成本
0%	4.90%	10.00%	10.00%
10%	4.90%	10.52%	9.96%
20%	4.90%	11.18%	9.92%
30%	4.90%	12.02%	9.89%
40%	4.90%	13.15%	9.85%
50%	4.90%	14.72%	9.81%
60%	6.90%	17.09%	10.97%
70%	9.40%	21.02%	12.89%
80%	12.40%	28.90%	15.70%
90%	15.90%	52.52%	19.56%

从上表中可以得到,最优资本结构的点大致位于资产负债率在50%的情况下,这时加权平均资本成本最低为9.81%。(叶亮:《上市公司的资本结构问题——基于四川长虹的案例分析》,载《财经界》2006年第11期)

关键术语

资金成本 个别资金成本 综合资金成本 边际资金成本 经营杠杆价值 经营杠杆系数 财务杠杆价值 财务杠杆系数 综合杠杆价值 综合杠杆系数 资本结构 最优资本结构 财务风险

思考练习题

1.试述综合资金成本的计算。

2.什么是资金成本?

3.资金成本的作用有哪些?

4.简述个别资金成本的测算。

5.简述股权资金成本的测算。

6.简述综合资金成本的测算。

7.简述财务杠杆与财务风险的关系。

8.简述财务杠杆、经营杠杆、综合杠杆的相互关系。

9.试述不同筹资方式资金成本的计算方法。

10.简述衡量企业资本结构最合理的标准。

11.试述经营杠杆的含义及衡量方法。

12.试述财务杠杆的含义及衡量方法。

13.试述综合杠杆的含义及衡量方法。

14.试简述资本结构理论的发展和沿革。

15.简述为什么资本结构问题总的来说是负债资本的比例问题。

16.简述负债筹资的意义。

17.如何进行正确的资本结构决策?应注意哪些方面的问题?

第六章 公司融资决策与管理

本章要点

1. 公司融资决策的动因、原则
2. 公司融资渠道、融资方式
3. 公司短期融资和长期融资的概念、分类及特点
4. 公司股权融资的概念、方式及特点
5. 公司混合证券融资的概念、类型及特点

第一节 公司融资决策

公司融资决策是指公司为实现其经营目标,在预测资金需要量的基础上,通过对各种融资方式、融资条件、融资成本和融资风险的比较,合理选择融资方式以及确定各种融资量即融资结构的过程,其核心是确定最优资本结构。

一、公司融资的动因

公司融资是指公司根据其生产经营、对外投资及调整资金结构等活动对资金的需要,通过一定的渠道,采取适当的方式,获取所需资金的一种行为。一般而言,公司融资的动因主要有以下几个方面:

(一)为设立、创建公司

任何公司的设立是以充分的资金准备为基本前提的。首先必须筹集资本金,进行公司的设立、登记,才能开展正常生产经营活动。我国的公司法对公司设立必须具备的资本金的最低限额作了严格规定。

(二)满足公司发展的需要

公司必须不断发展壮大才能求得生存。公司的发展集中表现为扩大收入,扩大收入的根本途径是扩大销售的数量,提高产品的质量,增加新的品种。这就要求不断扩大生产经营规模,不断更新设备和进行技术改造,合理调整企业的生产经营结构,并不断提高各种人员的素质。而无论是扩大生产经营规模,还是进行技术改造,都需要进行资金筹集。

(三)偿还债务

公司为了获得杠杆收益往往进行负债经营。当债务到期时,公司必须通过一定的方式筹集资金,满足偿还到期债务的需要。

（四）调整资本结构

资本结构是指公司各种资本的构成及其比例关系，它是由公司采用各种筹资方式及其不同的组合而形成的。当公司的资本结构不合理时，可以采用不同的筹资方式筹集资金，人为地调整资本结构使其趋于合理。如当企业发现其负债率偏高时，可发行股票筹集一部分资金偿还债务，或当权益资本比重过小时可以适当举债，加大分红，从而使资本结构达到公司所期望的目标。

（五）适应外部环境变化

公司的生存和发展是以一定的外部环境为条件的，外部环境对公司筹集资金有着重要的影响。外部环境的任何变化都会影响到公司的生产和经营。比如，在通货膨胀的情况下，不仅会由于原材料价格上涨造成资金占用量的大量增加，还会引起公司利润虚增而造成公司资金流失等。这些都会增加公司的资金需求，公司必须筹集资金满足这些原因引起的资金需求。

二、公司融资决策的原则

（一）适用性原则

适用性原则是指公司融资决策应根据所需资金的种类和数量来决定融资的方式和数量。公司经营活动对资金的需求具有多样性，从资金的性质看，既有对债务的需求，也有对股本的需求；就资金的期限而言，既有对短期资金的需求，也有对长期资金的需求。公司融资决策要根据公司经营活动的具体情况，选择相应的融资方式，确定相应的融资量。

（二）安全性原则

安全性原则是公司经营所遵循的一个基本原则，它是指公司融资决策应根据自身的负债能力来决定融资的方式和数量。由于不同融资方式下的融资风险的高低不同，公司融资决策时必须分析各种融资方式下的融资风险，合理选择融资方式并确定各种融资方式下的融资量，确定一个与公司风险承受能力相适应的融资结构。

（三）收益性原则

收益性原则是指公司融资决策在融资方式和数量的确定上应以尽可能低的融资成本获取所需资金。公司是以盈利为目的的经济组织，公司经营活动必须注重成本核算，降低成本，遵循收益性原则。不同融资方式下的融资成本是不同的，因此，公司在融资决策时应分析各种融资方式下的融资成本，合理选择融资方式并确定融资量，确定一个使公司融资成本尽可能低的融资结构。

（四）可得性原则

可得性原则是指公司融资决策应根据融资方式的难易程度来选择和确定融资的方式和数量。在外部环境既定的情况下，不同类型的公司和公司不同的经营状况以及融资方式的不同条件要求，决定了资金的可得性是不同的。例如，股份有限公司可以发行股票融资，而有限责任公司则不能发行股票融资；大公司由于盈利水平高、担保能力强、信誉高，因而较之小公司资金的可得性强。

三、公司融资决策的程序

（一）确定资金用途，提出融资决策

确定资金投向，是合理筹集资金的先决条件。通过市场的调查和预测，可以了解公司的生

产经营活动是否为市场所需要,并据此确定公司的发展方向、新产品研制方案、价格与成本水平,最后确定资金投向,编制投资方案,提出融资决策。

公司资金投向通常有两种情况:一是公司日常经营投资,表现为投入、产出、再投入、再产出的往复过程。在这种情况下,公司对资金的需求主要表现为短期实物资产投资;二是公司项目投资,包括新建项目投资、扩建项目投资和更新改造项目投资。在这种情况下,公司对资金的需求包括长期实物资产投资对资金的需求。

(二)预测资金需求量

预测资金需求量,就是对资金需求的不同情况,运用各种方法对资金需要量做出估计和测算,包括定性测算法(个人经验法、专家会议法、特尔菲法)和定量测算法(销售百分比法)。

(三)制定融资方案

制定融资方案是融资决策中的关键,是指为筹集到所需资金,选择融资方式,确定各种融资方式下的融资量,制定出多种可能的融资方式及其融资量组合的融资方案。

(四)选择最优融资方案

选择最优融资方案是指在已制定出的多个融资方案中,分析其融资结构、融资成本等因素,选择具有最优资本结构的融资方案。

(五)组织实施融资方案

所谓实施融资方案,是指根据最优融资方案所选择的融资方式和确定的融资量,按照各种融资方式的融资程序,筹集所需资金的过程。

(六)反馈调整融资方案

在最优融资方案的实施过程中,如果发生融资活动受阻或者融资量达不到预定目标,应及时调整融资方案,按调整后的融资方案筹集所需资金。

四、公司融资渠道与融资方式

(一)公司融资渠道

融资渠道是指筹措资金来源的方向与通道,体现资金的来源与供应量。一般而言,公司融资渠道主要有:

1. 国家财政资金

国家对公司的直接投资是国有企业最主要的资金来源渠道,特别是国有独资企业,其资本全部由国家投资形成。现有国有企业的资金来源中,其资本部分大多是过去由国家财政以直接拨款的方式形成的。此外,还有国家对企业"税前还贷"或减免各种税款而形成的。不管是何种形式形成的,从产权关系上看,它们都属于国家投入的资金,产权属国家所有。

2. 银行信贷资金

目前银行对企业的各种贷款是各类企业最为重要的资金来源。我国银行分为商业性银行和政策性银行两种。其中,商业银行是以盈利为目的、从事信贷资金投放的金融机构,主要为企业提供各种商业贷款;而政策性银行不以盈利为主要目的,是为特定企业提供政策性贷款的银行机构。

3. 非银行金融机构资金

非银行金融机构主要包括信托投资公司、保险公司、租赁公司、证券公司、企业集团所属的财务公司等。它们提供的各种金融服务既包括信贷资金投放,也包括物资的融通,还包括为企业承销证券等金融服务。非银行金融机构所提供的资金量相对比银行要小,但有广阔的发展前景。

4.其他企业资金

企业在生产经营过程中,往往形成部分暂时闲置的资金,并为一定的目的而进行投资。在市场经济条件下,企业间的购销业务可以通过商业信用方式来完成,从而形成企业间的债权债务关系,形成债务人对债权人的短期信用资金占用。企业间的相互投资和商业信用的存在,使其他企业资金也成为企业资金的重要来源。

5.民间资金

对于社会闲散资金,公司可以通过一定的方式例如发行股票、债券等,把这些资金集中起来,可用于对企业进行投资,形成民间资金渠道。

6.公司自留资金

公司自留资金也称公司内部资金,是指公司内部形成的资金,主要包括公司计提的折旧、提取公积金和未分配利润等。这些资金无须公司通过一定的方式去筹集,而直接由公司内部自动生成或转移。

7.境外资金

境外资金是指外国投资者和我国香港、澳门、台湾地区投资者向我国公司投入的资金,是外商投资公司的重要资金来源渠道。

(二)公司融资方式

公司融资方式,就是公司作为资金需求者从资金供给者手中获取资金的形式、手段和途径。对公司融资方式划分的依据不同,有不同的分类:

1.短期融资方式与长期融资方式

根据筹措资金的期限可划分为短期融资和长期融资。短期融资是指对期限在一年以内的资金的融通;长期融资是指对期限为一年以上的资金的融通。

2.股权融资、债务融资和混合类融资方式

根据融资工具的不同,融资方式可分为股权融资、债务融资和混合类融资。股权融资是指公司发行股票进行融资,其获取的资金形成公司的股本,股本代表着公司的所有权,所以股权融资又被称为所有权融资。

债务融资是公司向其债权人筹措资金的一种方式,包括公司发行债券、向银行借款、商业信用以及其他应交、应付款项。

混合类融资是指运用既有股权又有债务特点的金融工具进行融资的方式,包括可转换公司债券、认股权证、优先股融资等。

3.内源融资与外源融资

根据融资过程中资金来源的方向不同,公司融资方式可分为内源融资和外源融资。内源融资是公司从内部筹措资金的一种方式,包括公司设立时股东投入的股本、折旧基金以及各种形式的公积金、公益金和未分配利润等留存收益,还包括公司股利分配中发放股票权利;外源融资是公司从外部其他经济主体筹措资金的一种形式,包括发行股票和公司债券、向银行等金融机构借款、商业信用融资和金融租赁等。

4.直接融资与间接融资

根据在融资过程中资金供求双方是否通过中介机构建立资金往来关系,可将融资方式分为直接融资和间接融资。直接融资是指公司自身或委托金融中介机构出售有价证券,直接从资金供给者手中筹措资金的融资方式;间接融资是指由商业银行等金融中介机构通过发行辅助证券的方式,将社会闲散资金集中起来,然后再供应给资金最终需求者的融资方式。

(三)我国公司融资方式

1.吸收直接投资

吸收直接投资是指公司以协议形式吸收国家、其他企业、个人和外商等直接投入资金,形成公司资本金的一种融资方式。

2.发行股票

股票是股份有限公司为筹措自有资本而发行的有价证券,是持股人拥有公司股份的凭证。

3.金融机构借款

金融机构借款是指公司向银行或非银行金融机构借入的,按照规定期限还本付息,是公司负债经营时所采取的最主要的融资方式。

4.商业信用

商业信用是指公司之间在商品交易中以延期付款或预收货款进行购销活动而形成的借贷关系,是公司之间由于商品和货币出现时空分离时的直接信用行为,是公司短期融资的方式之一。

5.发行债券

债券是指公司发行的约定在一定期限内向债权人还本付息的有价证券,是公司融入借入资本的重要方式。

6.发行短期融资券

短期融资券是公司为融入短期资金而发行的无担保短期期票,我国目前已经重新启动了这一融资方式,并取得了良好的收效。

7.租赁

租赁是出租人以收取租金为条件,在合同规定的期限内,将资产出租给承租人使用的一种经济行为,使现代公司融资的一种特殊方式。

8.公司内部积累

内部积累是指公司在税后利润中按规定比例提取的盈余公积金、公益金和未分配利润等。公司通过内部积累的方式融资,既能满足扩大公司生产经营规模的资金需求,又能减少公司的财务风险。

第二节 短期融资与长期融资

一、短期融资

(一)短期融资的特点

短期融资是为了满足企业临时性流动资金需要而进行的融资活动。由于短期资金一般是通过流动负债方式取得的,因此短期融资也可称为流动负债融资或短期负债融资。其特点主要有:

1.速度快

申请短期借款比申请长期借款更容易、更便捷,通常在短时间内即可获得。长期借款的时间长,贷款风险大,贷款人需要对企业的财务状况评估后方能作出决定。因此,当企业急需资金时,往往首先寻求短期借款。

2.成本低

在正常情况下,短期负债融资所发生的利息支出低于长期负债融资所发生的利息支出,而某些"自然性融资"则没有利息负担。

3.风险大

尽管短期债务的成本低于长期债务的成本,但其风险却大于长期债务。因为,第一,长期债务的利息相对比较稳定,即在较长的时间内保持不变。短期债务的借款利息则随着市场利率的变化而变化,时高时低,使企业难以适应。第二,如果公司过分依赖筹措短期债务,当债务到期时,公司不得不在短期内筹措大量资金还债,这极易导致公司财务状况恶化。

4.弹性高

与长期债务相比,短期贷款给债务人更大的灵活性。长期债务的债权人为了保护自己的利益,往往在债务的合约中加入一些限制性的条款,对债务人的行为进行种种限制,使债务人丧失某些经营决策权。而短期借款中的限制性条款比较少,使企业有更大的行动自由。对于季节性生产的企业,短期借款比长期借款具有更大的灵活性。

(二)短期融资的方式

公司短期融资的主要方式是商业信用和短期借款,通过这种方式筹集的资金主要用于解决临时性或短期资金流转困难而带来的问题。

1.商业信用

商业信用是指商品交易中由于延期付款或预收货款所形成的公司与公司之间的借贷关系。它是公司之间由于商品和货币在时间和空间上分离而形成的直接信用行为,也是一种自发性融资行为。这种融资方式的优点包括:使用方便。因为商业信用与商品买卖同时进行,属于一种自然性融资,不用作非常正规的安排;成本低。如果没有现金折扣,或企业不放弃现金折扣,则利用商业信用融资没有实际成本;限制少。如果企业利用银行借款集资,银行往往对贷款的使用规定一些限制条件,而商业信用则限制较少。商业信用融资的缺点主要是商业信用的时间一般较短,如果企业取得现金折扣,则时间会更短,如果放弃现金折扣,则要付出较高的资金成本。

商业信用的主要表现形式有:应付账款、应付票据和预收账款。

(1)应付账款。应付账款是买卖双方发生商品交易,买方收到商品后不立即支付现金,可延期到一定时间以后再付的款项。对于买方来说,延期付款等于向卖方借入资金购进商品,以满足短期的资金需要。按照信用和折扣取得与否,应付账款可以分为免费信用、有代价信用和展期信用。

(2)应付票据。应付票据是指公司之间根据购销合同进行延期付款的商品交易时,开出的反映债权债务关系的票据。根据承兑人的不同,应付票据可分为商业承兑汇票和银行承兑汇票,支付期限最长不超过9个月。商业承兑汇票是指由收款人开出,经付款人承兑,或由付款人开出并承兑的汇票;银行承兑汇票是指由收款人或承兑申请人开出,由银行审查同意承兑的汇票。应付票据可以带息,也可以不带息。应付汇票的利息一般比银行借款的利息低,且不用保持相应的补偿性余额和支付协议费,因此应付票据融资的成本低于银行借款的成本。但应付票据到期必须归还,如延期必须缴纳罚金,因而融资风险较大。

（3）预收账款。预收账款是卖方公司在交付货物之前向买方公司预先收取部分或全部货款的信用形式。在此形式下，等于卖方向买方借用资金后用货物抵偿，是一种典型的商业信用形式。通常，购买方对于紧俏商品乐意采用这种形式，以便顺利获得所需商品。另外，生产周期长、售价高的商品，如轮船等，生产企业也经常向订货者分次预收货款，以缓解资金占用过多的矛盾。

2. 短期借款

（1）短期借款的概念及种类。短期借款是指公司向银行和其他非银行金融机构借入的期限在一年以内的借款。短期借款具有融资效率高、融资弹性大、偿还期限短的优点，但短期借款的成本较高，特别是在采用补偿性余额信用条件下，短期借款的融资风险增大。一般而言，短期借款分为信用借款和抵押借款两种：

①信用借款。信用借款是指公司凭借自身的信誉从银行取得的借款。公司申请信用贷款时，需要将企业近期的财务报表、现金预算和预测报表送交银行，银行根据这些资料对企业进行风险—收益分析后，决定是否向公司贷款，并拟订具体的借款条件。

②抵押借款。抵押借款是指借款公司以本公司的某些资产作为偿债的担保品而取得的借款。借款公司可以用自己拥有的应收账款、存货、固定资产或其他资产作为担保品，抵押借款需要借贷双方签订抵押借款合同，在合同中必须注明担保品的名称及有关说明。

（2）短期借款的信用条件。按照国际通行的做法，银行发放短期借款往往带有一些信用条件，主要有以下几个方面：

①信贷限额。信贷限额是银行对借款人规定的无担保贷款的最高额。信贷限额的有效期通常为 1 年，但根据情况也可延期。一般而言，公司在批准的信贷限额以内，可以随时向银行借款，但银行并不承担必须提供全额信贷限额的义务。如果公司信誉恶化，即使银行曾同意过按信贷限额提供贷款，公司也可能得不到借款，银行不会因此承担法律责任。

②周转信贷协定。周转信贷协定是一种经常为大公司使用的正式信用额度，是指银行具有法律承诺提供不超过某一最高限额的贷款协定。在协定的有效期内，只要公司的借款总额未超过最高限额，银行必须提供公司在任何时候提出的借款要求。公司享受周转信贷协定时，通常要按贷款限额的未使用部分付给银行一笔承诺费。

③补偿性余额。补偿性余额是指银行要求借款企业在银行中保持着按贷款限额或实际借用额的一定百分比（一般为 10%～20%）的最低存款余额。从银行的角度看，补偿性余额可以降低贷款风险，补偿遭受的贷款损失。对于借款公司来说，补偿性余额则提高了借款的实际利率。

④借款抵押。公司筹措短期借款时的抵押品经常是借款公司的应收账款、存货、股票和债券等，银行接受这一抵押品后，将根据抵押品的面值决定贷款的金额，抵押率的大小取决于抵押品的变现能力和银行的风险偏好。

⑤其他承诺。银行有时还要求公司为取得贷款而作出其他承诺，如及时提供财务报表、保持适当的财务比率等。如果公司违背所作出的承诺，银行可要求公司立即偿还全部贷款。

（3）短期借款的利息支付方法。短期借款的成本体现为短期借款的利息，其支付方法主要有收款法、贴现法和加息法三种：

①收款法。收款法是指在借款到期时向银行支付利息的计息方法，银行向公司发放的贷款大都采用这种方法。

②贴现法。贴现法是指银行向公司发放贷款时,先从本金中扣除利息部分,到期时借款公司偿还贷款全部本金的一种计息方法。采用这种方法,公司可利用的贷款额只有本金减去利息部分后的差额,因此贷款的名义利率高于实际利率。

③加息法。加息法是指银行在发放分期等额偿还贷款时采用的计息方法。在这种方式下,银行根据名义利率计算的利息加到贷款本金上,计算出贷款的本息和,借款公司在贷款期内分期偿还本息和。由于贷款分期均衡偿还,借款公司实际上只平均使用了贷款本金的半数,但却支付了全部利息,公司所负担的实际利率高于名义利率约一倍。

二、长期融资

(一)长期融资的特点

长期融资是指公司为了保证公司在规模上维持生产经营所需资金的融资活动,与短期融资相比,长期融资的特点有以下几个方面:

1. 期限长

长期融资所筹集的资金用于扩大公司生产规模,或提高公司的技术水平上,因此,资金的收回时间较长。这就要求借入资金的偿还期限比较长,最低要和投资项目收回资金的时间相一致。

2. 对投资项目的收益率要求高

同短期资金比较,长期借入资金由于还款期限较长,一般不要求公司有较强的资产变现能力,但由于长期借入资金的成本较高,因而要求长期投资项目的收益率较高,否则将难以承受长期的利息支出。因此,公司在进行长期资金融通时,应着重对长期投资效益进行分析与评价,以保证公司能够获得丰厚的长期投资效益。

3. 对资本结构的安排要求高

长期融资通常同公司的长期规划紧密关联,融资结构是否合理,将直接影响到公司未来的发展。例如,公司通过发行股票可以筹集到无限期使用的长期资金,但公司为此不仅要付出股息和红利,而且还要转移一部分经营决策权。而发行企业债券就不涉及经营权的分离问题。

(二)长期融资的方式

1. 长期借款融资

长期借款是指公司向银行或非银行金融机构借入的期限超过一年的贷款,主要用于公司的固定资产购置和满足长期流动资金占用的需要。长期借款的种类主要有:按照资金用途可分为固定资产投资借款、更新改造借款、科技开发和新产品试制借款等;按照提供贷款的机构可分为政策性银行贷款、商业银行贷款等;按照有无担保可分为信用贷款和抵押贷款;按照偿还方式可分为到期一次偿还贷款和分期偿还贷款。

(1)长期借款融资的优点。运用长期借款的方式进行融资,具有以下优点:

①融资速度快。长期借款程序相对简单,所花时间较短,公司可以迅速获得所需资金。

②融资成本较低。长期借款利率一般低于债券利率,而且融资的取得成本较低;同时,利用长期借款融资的利息可在税前支付,因此可以减少公司实际负担的利息费用。

③融资的灵活性强。长期借款融资的灵活性主要表现在公司对借款合同中的某些条款可以协商或修改。在借款之前,公司根据当时的资本需求与银行等贷款机构直接商定贷款的时间、数量和条件;在借款期间,如果公司的财务状况发生变化,也可以与债权人再协商,变更借

款数量、时间和条件，或提前偿还本息。

④具有杠杆作用。由于长期借款的利率一般是固定或相对固定的，公司可以据此利用财务杠杆作用进行经营。当公司的资本报酬率超过了贷款利率时，会增加普通股股东的每股收益，提高公司的净资产报酬率。

（2）长期借款融资的缺点。长期借款融资方式的缺点表现为：

①财务风险高。公司借款融资必须到期还本付息，在公司经营出现困难时，可能会发生偿付危机，严重时会导致公司破产。

②限制性条款较多。长期借款合同对借款用途等有明确规定，对公司资本支出额度、再融资等行为有严格的约束，这都会限制公司的活动或影响到公司的融资能力。

③融资的数额有限。银行等金融机构出于分散风险的考虑，对每笔贷款的数额都有控制要求，因此，长期借款的融资方式给公司融资的数量较小。

2. 长期债券融资

债券是债务人为借入资本而发行的、约定在一定期限内向债权人还本付息的一种有价证券，又称长期应付票据。债券融资是一种直接融资，面向广大社会公众和机构投资者，对发行企业的资格有严格要求。在我国，非公司制企业发行的债券称为企业债券，股份有限公司和有限责任公司发行的债券称为公司债券，无论是企业债券还是公司债券，大多是长期债券。

（1）根据不同的分类方法，债券可作如下分类。

①按照债券上是否记有持券人的姓名或名称，分为记名债券和无记名债券。

记名债券是指在券面上注明债权人姓名，同时在发行公司的债权人名册上进行登记的债券。记名债券转让时，除要交付债券外，还要在债券上背书和在公司债权人名册上更换债权人姓名。投资者须凭印鉴领取本息。这种债券比较安全，但转让时手续复杂；无记名债券是指债券票面不注明债权人姓名，也不在债权人名册上登记债权人姓名的债券。无记名债券的转让可立即生效，不需要背书，比较方便。

②按照能否转化为公司股票分为可转换债券和不可转换债券。

可转换债券是指在一定时期内，可以按照一定的价格或一定比例，由持有人自由地选择是否转换为普通股的债券；不可转换债券是指不能转换为公司股票的债券，其利率往往高于可转换债券的利率。

③按有无抵押担保分为信用债券、抵押债券和担保债券。

信用债券又称无担保债券，是仅凭债券发行者的信用发行的、没有抵押品作抵押或担保人作担保的债券；抵押债券是指以一定抵押品作抵押而发行的债券，抵押债券按抵押物品的不同，又可分为不动产抵押债券、设备抵押债券和证券抵押债券；担保债券是指由一定保证人作担保而发行的债券。当企业没有足够的资金偿还债务时，债权人可要求保证人偿还。

④按利率是否固定可分为固定利率债券和浮动利率债券。

固定利率债券是将利率明确记载于债券上，并按照这一利率向债权人支付利息的债券；浮动利率债券是指利息率随基本利率（一般是国库券利率或银行同业拆放利率）变动而变动的债券。

⑤按偿还方式可分为分期偿还债券和到期一次偿还债券。

分期偿还债券是指一次发行，分次、分批偿还的债券；到期一次偿还债券指一次发行，到期一次集中偿还的债券。

（2）债券的发行价格。债券的发行价格是指发债公司发行债券时所使用的价格，亦即投资者购买债券时所支付的价格。债券的发行价格与债券的面值可能一致，也可能不一致，取决于债券的票面利率与市场利率是否一致。公司债券的发行价格通常有三种：平价、溢价和折价。

平价是指以债券的票面金额为发行价格；溢价是指以高出债券的票面金额为发行价格；折价是指以低于债券的票面金额为发行价格。债券的票面金额、票面利率在债券发行前就已参照市场利率和发行公司的具体情况确定下来，并载明于债券之上。但在发行债券时已确定的票面利率不一定与当时的市场利率一致，为了协调债券购销双方在债券利息上的利益，就要调整发行价格，即当票面利率高于市场利率时，以溢价发行债券；当票面利率低于市场价格时，以折价发行债券；当票面利率与市场价格一致时，则以平价发行债券。

（3）债券融资有以下优缺点。

①债券融资的优点。与其他长期融资方式相比，债券融资的优点主要有：

a.资金成本较低。与股票的股利相比较而言，债券的利息允许在所得税前支付，发行公司可享受税收利益，故公司实际负担的债券成本一般低于股票成本.

b.可利用财务杠杆的作用。无论发行公司的盈利多少，债券持有人一般只收取固定的利息，而更多的收益可用于分配给股东或留用公司经营，从而增加股东和公司的财富。

c.保障股东控制权。债券持有人无权参与发行公司的管理决策，因此，公司发行债券不会像增发新股票那样可能会分散股东对公司的控制权。

d.便于调整资本结构。由于债券具有偿还期，发债公司可根据自身资金需求情况，合理选择期限，调整资本结构。在公司发行可转换债券以及可提前赎回债券的情况下，可使公司主动地调整资本结构。

②债券融资的缺点。利用债券融集资金，虽有前述优点，但也有明显的不足。其主要缺点是：

a.财务风险较高。债券有固定的到期日，并需定期支付利息，发行公司必须承担按期付息偿本的义务。在公司经营不景气时，亦需向债券持有人付息偿本，这会给公司带来更大的财务困难，有时甚至导致破产。

b.限制条件较多。发行债券的限制条件一般比长期借款、租赁筹资的限制条件都要多且严格，从而限制了公司对债券筹资方式的使用，甚至会影响公司以后的筹资能力。

c.筹资数量有限。公司利用债券筹资一般受一定额度的限制。我国《公司法》规定，公司发行流通在外的债券累计总额不得超过公司净资产的40%。

3.融资租赁

融资租赁又称为资本性租赁，它是由出租人按承租人的要求出资购买租赁物，并在合同规定的较长期限内提供给出租人使用的信用性业务，是专门为承租人在财务困难缺乏资金情况下，解决公司对长期资产需要而采取的一种租赁方式。在租期内，出租人以租金的形式收回租赁设备的全部投资并取得利润，承租人用租赁设备创造的利润分期支付租金。租赁期满，承租人可以选择续租或留租。

（1）融资租赁有以下几种形式。

①直接租赁。直接租赁是指出租人自行筹措资金，根据承租人选定的设备，向供货商购买设备，然后将设备出租给承租人使用的一种租赁形式，是融资租赁的最基本的形式。

②转租赁。转租赁是指出租人应承租人的申请，先从另一家租赁公司以承租人的身份租

入设备,然后再以出租人的身份将设备出租给承租人使用的一种租赁形式。

③售后租回。也称回租租赁,是指由设备物主将自己拥有的设备卖给租赁公司,然后再从租赁公司租回使用的一种租赁形式。对承租人而言,回租租赁能把设备变为现金用于其他投资,同时在租赁期内又能继续使用该设备。因此,当承租人缺乏现金进行投资的情况下,回租租赁是改善财务状况的一种理想的租赁形式。

④杠杆租赁。杠杆租赁是指出租人一般只支付相当于租赁资产价款 20%～40%的资金,其余部分资金由其将欲购置的设备作抵押,并以转让收取部分租金的权利作为附属担保,向银行或长期贷款提供者取得贷款,然后购入设备出租给承租人。这一形式适合于巨额资产的租赁业务。

(2)融资租赁有以下特点。

①融资租赁的优点。融资租赁的优点表现在:

a.融资租赁能迅速获得所需设备。租赁往往比借款购置设备更迅速、更灵活,因为租赁是筹资与设备购置同时进行,可以缩短设备的购进、安装时间,迅速获取公司所需设备。

b.融资租赁融资限制较少。如前所述,债券和长期借款都定有相当多的限制条款,虽然类似的限制在租赁公司中也有,但一般比较少。

c.融资租赁承受的风险较低。首先,融资租赁可以减少设备陈旧过时的风险;其次,融资租赁的租金在整个租期内分摊,可适当减少不能偿付的风险。

d.有利于减轻所得税负担。租赁费中的利息、手续费及租赁设备的折旧费均可以在税前支付,可以获得财务杠杆的利益,减轻了公司的税收负担。

②融资租赁的缺点。尽管融资租赁有诸多优点,但它仍然存在一定的缺点:

a.融资成本较高。一般来说,租赁的隐含报酬要高于负债筹资的利息。在财务困难时,固定的租金也会构成一项较沉重的负担。

b.利率和税率变动的风险。在租赁期间,如果银行利率或者税率发生变动,就会给承租人带来一定的风险。如利率降低,承租人还必须按照合同规定的数额缴纳租金,就不能享受利率下降的好处。

c.采用租赁不能享有设备残值,这也可以看作是一种损失。

第三节 股权融资、债务融资与混合证券

一、股权融资

(一)吸收直接投资

吸收直接投资(简称吸收投资)是指企业按照"共同投资、共同经营、共担风险、共享利润"的原则来吸收国家、企业单位、个人投入资金的一种筹资方式。吸收投资、发行股票、留用利润属于企业筹集自有资金的重要方式。吸收直接投资不以股票为媒介,主要适用于非股份制企业。吸收投资中的出资者是企业的所有者,可通过一定方式参与企业经营决策,有关各方按出资额的比例分享利润,承担损失。

1.吸收直接投资的种类

按照资金的来源,吸收直接投资的融资方式可以分为四类:

(1)吸收国家投资。吸收国家投资是指有权代表国家投资的政府部门或者机构以国有资

产投入企业形成的国有资本。吸收国家投资是国有企业筹集自有资金的主要方式,根据《企业国有资本与财务管理暂行办法》的规定,国家对企业注册的国有资本实行保全原则,企业在持续经营期间,对注册的国有资本除依法转让外,不得抽回,并且以出资额为限承担责任。企业拟以盈余公积、资本公积转增实收资本的,国有企业和国有独资公司由企业董事会或经理办公会决定,并报主管财政机关备案;股份有限公司和有限责任公司由董事会决定,并经股东大会审议通过。吸收国家投资一般具有以下特点:产权归属国家;资金的运用和处置受国家约束较大;在国有企业中采用比较广泛。

(2)吸收法人投资。吸收法人投资是指法人单位以其依法可以支配的资产投入企业形成的法人资本。吸收法人投资一般具有如下特点:发生在法人单位之间;以参与企业利润分配为目的;出资方式灵活多样。

(3)吸收个人投资。吸收个人投资是指社会个人或本企业内部职工以个人合法财产投入企业形成的个人资本。吸收个人投资一般具有以下特点:参加投资的人员较多;每人投资的数额相对较少;以参与企业利润分配为目的。

2.吸收直接投资中的出资方式

(1)现金出资。现金出资是吸收投资中一种最常用、最重要的出资方式。有了现金,便可获取其他物质资源。吸收投资中所需投入现金的数额,取决于投入的实物、工业产权之外尚需多少资金来满足建厂的开支和日常周转需要。外国公司法或投资法对现金出资占资本总额的比例一般都有规定,我国目前尚无这方面的规定,所以需要在投资过程中由双方协商加以确定。

(2)实物出资。实物出资就是投资者以厂房、建筑物、设备等固定资产和原材料、商品等流动资产作价投资。实物资产必须是企业科研、生产、经营所需,技术性能比较好,并且作价公平合理。

(3)无形资产出资。无形资产投资是指投资者以专有技术、商标权、专利权、非专利技术等无形资产作价投资。一般来说,企业吸收的工业产权或非专利技术应符合以下条件:能帮助研究和开发出新的高科技产品;能帮助生产出适销对路的高科技产品;能帮助改进产品质量,提高生产效率;能帮助大幅度降低各种消耗;作价比较合理。我国有关法规规定,企业吸收的无形资产出资(不包括土地使用权)一般不得超过注册资金的20%。

(4)以土地使用权出资。土地使用权是按有关法规和合同的规定使用土地的权利。企业吸收土地使用权投资应符合以下条件:企业科研、生产、销售活动所需要的;交通、地理条件比较适宜;作价公平合理。

3.吸收直接投资的特点

(1)吸收直接投资有以下优点。

①有利于增强企业信誉。吸收直接投资所筹集的资金属于自有资金,能增强企业的信誉和借款能力,对扩大企业经营规模、壮大企业实力具有重要作用。

②有利于尽快形成生产能力。吸收直接投资时,如果直接获取投资者的先进设备和先进技术,有利于尽快形成生产能力。

③有利于降低财务风险。吸收直接投资可以根据企业的经营状况向投资者支付报酬,企业经营状况好,要向投资者多支付一些报酬,企业经营状况不好,就可不向投资者支付报酬或少支付报酬,比较灵活,所以财务风险较小。

(2)吸收直接投资有以下缺点。

①资金成本较高。一般而言,采用吸收直接投资方式筹集资金所需负担的资金成本较高,特别是企业经营状况较好和盈利较强时更是如此。因为向投资者支付的报酬是根据其出资的数额和企业实现利润的多寡来计算的。

②容易分散企业控制权。采用吸收直接投资方式筹集资金,投资者一般都要求获得与投资数量相适应的经营管理权,这是接受外来投资的代价之一。如果外部投资者的投资较多,则投资者会有相当大的管理权,甚至会对企业实行完全控制。

③没有证券为媒介,产权关系有时不明晰,不利于产权交易。

(二)普通股融资

普通股是股份有限公司为筹集自有资本而发行的股利不固定的股票,是股东用来证明其在公司中投资股份的数额,并按相应比例分享权利和承担义务的书面凭证,代表股东对公司拥有的所有权。一般情况下,股份公司只发行普通股,其股利随着公司生产经营状况和管理当局股利分配政策的变化而变化。

1.普通股的分类

(1)按股票票面上有无记名,分为记名股票和无记名股票。

记名股票是在股票票面上记载股东的姓名或者名称的股票,股东姓名或名称要记入公司的股东名册。记名股票一律用股东本名,其转让、继承要办理过户手续。

无记名股票是在股票票面上不记载股东的姓名或名称的股票,股东姓名或名称也不记入公司的股东名册,公司只记载股票数量、编号及发行日期。无记名股票的转让、继承无需办理过户手续,即可实现股权的转移。

我国公司法规定,公司向发起人、国家授权投资的机构、法人发行的股票,应为记名股票;向社会公众发行的股票,可以为记名股票,也可以为无记名股票。

(2)按股票票面是否标明金额,分为有面值股票和无面值股票。

有面值股票是公司发行的票面标有金额的股票,持有这种股票的股东,对公司享有权利和承担义务的大小,以其所拥有的全部股票的票面金额之和,占公司发行在外股票总面额的比例大小来定。我国公司法规定,股票应当标明票面金额。

无面值股票不标明票面金额,只在股票上载明所占公司股本总额的比例或股份数,故也称"分权股份"或"比例股"。其所以采用无面额股票,是因为股票价值实际上是随公司财产的增减而变动的。发行无面额股票,有利于促使投资者在购买股票时,注意计算股票的实际价值。

(3)按股票投资主体的不同,可分为国家股、法人股、个人股和外资股。

国家股是有权代表国家投资的部门或机构以国有资产向公司投入而形成的股份。国家股由国务院授权的部门或机构持有,并向公司委派股权代表。

法人股是指企业法人依法以其可支配的资产向公司投入而形成的股份,或具有法人资格的事业单位和社会团体以国家允许用于经营的资产向公司投入而形成的股份。

个人股是指社会个人或本公司职工以个人合法财产投入公司而形成的股份。

外资股是指外国和我国港、澳、台地区投资者购买的人民币特种股票。

(4)按股票发行对象和上市地区,分为 A 种股票、B 种股票、H 种股票和 N 种股票。

A 股是供我国个人或法人买卖的、以人民币标明票面价值并以人民币认购和交易的股票。

B 股、H 股和 N 股是专供外国和我国港、澳、台地区的投资者买卖的、以人民币标明面值但以外币认购和交易的股票。B 股在深圳、上海上市,H 股在香港上市,N 种股票在美国纽约上市。

2.股票的价值与价格

股票本身并无价值,它仅仅是用以证明股东具有的公司财产所有权的法律凭证。但持有股票者又有获取公司收益的权利,即股票能给持有人带来股息和红利,因此股票就有了价值,股票的价值是指用货币衡量的作为获利手段的价值。股票价值一般有四种表现形式:

(1)票面价值。票面价值是指股票票面所载明的价值,又称为面值。股票的票面价值是以股为单位,用每股的资本数额表示。它表明投资者投入资本的价值,或投资者投资在公司资本总额中所占的份额。票面价值可用作确定股东权利的依据。

(2)账面价值。账面价值又称净值,是指股票所包含的实际资产的价值。账面价值是会计核算的结果,数字具体准确,可信度高,是投资者作投资分析的重要参考数据。通常用每股净值表示,计算公式如下:

$$每股净值＝净资产÷发行股票的股数 \tag{6-1}$$

(3)清算价值。清算价值指公司在清算时每股所代表的实际价值。由于在清算时,企业资产的变现数额往往小于账面价值。所以清算价值一般小于账面价值。

(4)市场价值。市场价值指股票在交易过程中具有的价值。由于股票的市场价值在交易中受多种因素的影响而变动,所以市场价值是一个经常变动的数值。

股票价格则是股票市场价值的集中表现,它可分为发行价格和交易价格两种。发行价格是指股份有限公司在股票发行市场上发行股票时所确定的价格。由于股票的发行方式一般有面额发行、时价发行和中间价发行三种,在不同的发行方式下发行价格各不相同。在采用面额发行时,发行价格应等于股票面值,这种发行方式一般适用于原有股东认购新股;时价发行是指按股票市场上实际买卖价格为基准确定的新股发行价格;中间价发行是指公司董事会根据股票的市场价格,在票面价值与市场价格之间确定一个发行价格出售新股票。

交易价格则是指股票在股票交易市场上流通转让的价格。股票交易目的是完成股票交易过程,实现股票所有权的转移。所以,交易价格是不确定的,一般由当事人"随行就市"确定,即股票持有人可按自己的意愿,根据股市的发展变化情况,独立地决定股票的交易价格。交易价格高低对公司资本数额不产生影响。从理论上讲,投资者在股票市场上将资金投资于股票的主要目的是参与公司收益的分配,因此,影响股票交易价格的主要因素是公司的收益情况及公司股利的分配政策。

3.普通股融资的特点

(1)普通股融资的优点。

①没有固定股利负担,股利的支付与否和支付多少,视公司有无盈利和经营情况而定,经营波动给公司带来的财务负担相对较小。

②没有固定到期日,不用偿还。利用普通股筹集的是永久性的资本,它对保证企业最低的资金需求有重要意义。

③筹资风险小。由于普通股没有固定到期日,不用支付固定的利息,实际上不存在不能偿付的风险,因此风险较小。

(2)普通股筹资的缺点。

①资金成本较高。一般来说,普通股筹资的成本要大于债务资金。这主要是股利要从净

利润中支付,而债务资金的利息可在税前扣除,另外,普通股的发行费用也比较高。

②容易分散控制权。利用普通股筹资,出售了新的股票,引进了新的股东,容易导致公司控制权的分散。

③可能导致股价下跌。发行新股后,股东享受发行前的累积盈余,会降低普通股的每股净收益,从而可能导致股价下跌。

(三)内源融资

公司不但可以从外部融资,而且也可以从公司内部获得资金,即内源融资。公司将税后利润的一部分以保留盈余的方式留下来使用,增加了公司可运用资金总量,实际上是公司的一种融资活动,这种融资活动即为内源融资,内源融资是公司首选的融资方式。

1. 内源融资的优点

(1)内源融资不发生筹资费用。公司向外界筹措资金,不论是采取发行股票、债券的方式,还是采取向银行借款的方式,都需要支付一定的融资费用,而公司利用保留盈余则无需支付融资费用。

(2)内源融资可使股东获得税收利益。内源融资的资金来源于税后利润,属于所有者权益范畴。如果公司将实现的利润以股利的方式全部分配给股东,股东收到股利要缴纳个人所得税,税率一般很高;如果公司适当地利用内源融资,少发股利,相当于股东对公司追加投资,所有者权益并未减少,股东不用缴纳所得税。同时,随着公司以保留盈余的方式追加股本,公司股票价格就会上涨,股东可出售部分股票获取资本利得来代替其股利收入,而出售股票收入所缴纳的资本利得税税率一般较低。

(3)内源融资属于权益融资的范畴,可增加对债权人的保障程度,增加公司的信用价值。

2. 内源融资的缺点

(1)内源融资的数量常常会受到某些股东的限制。有些股东依靠股利维持生活,希望多发股利;有些股东厌恶风险,宁愿目前收到较少的股利,也不愿等到将来再收到不肯定的较多的股利或较高价格出售股票。因此,有些公司的股东总是要求股利支付比例维持在一定的水平上。

(2)保留盈余过多,股利支付过少,可能会影响到公司今后的外部融资。实证研究表明:股利支付比例较高的公司的股票比股利支付比例较少的公司的股票容易出售,因此较多地支付股利,虽然不利于内源融资,但会有力地说明公司具有较高的盈利水平和较好的财务状况。

(3)保留盈余过多,股利支付过少,可能不利于股票价格的稳定和上升。

二、债务融资

债务融资是指公司以债务人的身份对外借款的融资活动,包括发行债券融资、向银行或其他金融机构借款融资和租赁融资等。具体内容参见上节中长期融资的介绍。

三、混合证券融资

(一)优先股融资

优先股股票是一种兼具普通股股票和债券特点的混合型有价证券,相对于普通股而言,优先股股票是指在公司股利支付及财产清偿方面具有优先索取权的股票。

1.优先股的分类

(1)按照股利是否可以累积进行分类,优先股可分为累积优先股和非累积优先股。

累积优先股是指在任何营业年度内未支付的股利可累积起来,由以后营业年度的盈利一起支付的优先股股票。

非累积优先股是指仅按当年利润分得股利,而不予以累计补付的优先股股票。累积优先股发行比较广泛,而非累积优先股则因认购者少而发行量小。

(2)按照股票是否可以转换进行分类,优先股可分为可转换优先股与不可转换优先股。

可转换优先股是指按照规定股东可在一定时期内按一定比例把优先股转换成普通股的股票。转换的比率取决于优先股与普通股的现行价格。

不可转换优先股是指不能转换成普通股的股票。不可转换优先股只能获得固定股利报酬,而不能获得转换收益。

(3)按照是否可以赎回进行分类,优先股可分为可赎回优先股与不可赎回优先股。

可赎回优先股又称可收回优先股,是指股份公司可以按一定价格收回的优先股股票。在发行这种股票时,一般都附有收回性条款,在收回条款中规定了赎回该股票的价格,此价格一般略高于股票的面值。

不可赎回优先股是指不能收回的优先股股票。因为优先股都有固定股利,所以,不可赎回优先股一经发行,便会成为一项永久性的财务负担。

(4)按照是否参与公司利润分配进行分类,优先股可分为参与优先股和不参与优先股。

参与优先股是指不仅能取得固定股利,还有权与普通股一同参加利润分配的股票。根据参与利润分配的方式不同,又可分为全部参与分配的优先股和部分参与分配的优先股。前者表现为优先股股东有权与普通股股东共同等额分享本期剩余利润,后者则表现为优先股股东有权按规定额度与普通股股东共同参与利润分配,超过规定额度部分归普通股所有。

不参与优先股是指不能参加剩余利润分配,只能取得固定股利的优先股。其特点是优先股股东对股份公司的税后利润,只有权分得固定股利,对取得固定股利后的剩余利润无权参加分配。

2.优先股融资的特点

(1)优先股融资的优点。

①融资风险较小。优先股没有固定的到期日,不用偿还本金。事实上等于使用的是一笔无限期的贷款,无偿还本金义务,无需作再筹资计划,减少财务风险。

②融资灵活性大。优先股股利的支付具有一定弹性。如果财务状况不佳,则可暂时不支付优先股股利,减轻财务负担。

③具有财务杠杆效应。优先股属于自有资金,扩大了权益基础,可适当增加公司的信誉,加强公司的借款能力。

④保持普通股股东对公司的控制权。优先股股东没有公司经营管理的投票权,因此,可以保持普通股股东的控制权。

(2)优先股融资的缺点。

①融资成本高。优先股所支付的股利要从税后利润中支付,不同于债务利息可在税前扣除。因此成本很高。

②融资的限制多。发行的优先股通常都有许多限制条款,如对普通股股利支付上的限制,

对公司借债限制等,降低了公司经营的灵活性。

③财务负担较重。由于优先股需要支付固定股利,且需在税后支付,所以,当利润下降时,优先股的股利会成为一项较重的财务负担。

(二)认股权证融资

认股权证是由股份公司发行的,持有者有权在规定期限内以特定价格优先购买一定数量的普通股股票。认股权证的发行通常是为了吸引投资者购买公司证券的促销手段,投资者在购买公司证券时可同时获得认股权证。这样,投资者既可因购买证券而获得固定的利息或股息收入,又可获得按规定价格优先购买公司普通股股票的权利。当普通股市场价格超过认购价时,投资者将获得额外利益。当认股权证同证券分开时,它可单独上市出售;当认股权同证券连在一起时,不能单独出售,只有在证券持有者行使优先认股权并购买股票时才能与证券分离。

1.认股权证的特征

(1)认股权证是优先购买公司发行的普通股的权利证书,不是公司的资金来源。

(2)认股权证可以作为一项独立的证券而存在,在公司创立初期报酬赠与初始资本的投入者。

(3)认股权证规定了每份认股权证所能认购的股数,并被列明在认股权证上。

(4)认股权证上列明认购股票的价格,其价格可以统一,也可根据股票市价进行调整。

(5)大多数认股权证载明有效期限,但也有未规定有效期限的认股权证,这种认股权证对于持有人来说是一种永久性权利。

2.认股权证的价值

(1)认股权证的理论价值。认股权证在其有效期内具有价值,其计算公式为:

理论价值＝(普通股市价一执行价格)×认股权证一权证所能购买的普通股股数

(2)认股权证的市场价格。认股权证的市场价格或售价被称为认股权证的实际价值。当普通股的市价高于认购价格时,高出的差价即为认股权证的价值;当普通股市价等于或低于认购价格时,其理论价值为零,不能形成负值。认股权证实际上是买方期权,由于期权对收益的高杠杆作用,以及投资者对股票价格上涨的预期,认股权证的市场价格一般总是高于理论价格。随着股票价格升高,市场价格与理论价格将逐渐接近。当股票价格升高时,如果执行价格不变,认股权证的市场价格也会升高,因此,它的杠杆作用减弱,而风险将增大,溢价会减少,市场价格将接近于理论价格。

3.认股权证融资的特点

(1)认股权证融资的优点。

①认股权证有利于公司证券的发行。认股权证赋予了投资者按照既定的认购价格优先认购普通股的权利,刺激了投资者的投资欲望。

②认股权证降低了公司的融资成本。认股权证融资灵活,公司处于主动地位。

(2)认股权证融资的缺点。

①资本来源时间不确定,有可能使公司融资陷入被动。

②如果公司对未来普通股市场价格上升预期不准确,有可能产生高资本成本。

本章小结

公司融资决策是指公司为实现其经营目标,在预测资金需要量的基础上,通过对各种融资方式、融资条件、融资成本和融资风险的比较,合理选择融资方式以及确定各种融资量即融资结构的过程,其核心是确定最优资本结构。最优资本结构是指通过权衡融资成本和融资风险,使得公司价值最大化的资本结构。

公司决策应遵循的原则是适用性原则、安全性原则、收益性原则和可得性原则。

公司的融资渠道是指筹措资金来源的方向与通道,体现资金的来源与供应量。包括国家财政资金;银行信贷资金;非银行金融机构资金;其他企业资金;民间资金;公司自留资金;境外资金。公司的融资方式是指公司作为资金需求者从资金供给者手中获取资金的形式、手段和途径,包括吸收直接投资;发行股票;金融机构借款;商业信用;发行债券;发行短期融资债券;租赁;公司内部积累。

最优资本结构是指公司最佳的资本组合方式,是一种能够使财务杠杆收益、财务风险、融资成本、公司价值等因素实现最优均衡的资本结构,融资决策的实质就是寻求公司最佳的资本结构并使其得以应用。

短期融资是为了满足企业临时性流动资金需要而进行的融资活动,其方式主要有商业信用和短期借款。长期融资是指公司为了保证公司在规模上维持生产经营所需资金的融资活动,其方式主要有长期借款、发行债券和融资租赁。

股权融资包括吸收直接投资、内源融资和普通股融资;债务融资包括债券融资、借款融资和租赁融资,是长期融资的主要方式;混合证券融资包括优先股融资和认股权证融资;等等。

关键术语

融资决策　最优资本结构　融资成本　融资风险　短期融资　长期融资　　普通股融资　内源融资　优先股融资　认股权证

思考练习题

1. 简述融资决策的定义、原则和程序。
2. 融资风险的分类有哪些?
3. 什么是最优资本结构?
4. 简述融资渠道的定义和分类。
5. 简述融资方式的定义和分类。
6. 短期融资的概念、分类和特点是什么?
7. 什么是普通股融资? 它有哪些优点?
8. 什么是认股权证? 其基本特征是什么?
9. 简述优先股融资的特点。

第七章　股利理论和股利政策

本章要点

1. 股利及其分配方式
2. 传统股利理论
3. 现代股利理论,尤其是 MM 理论
4. 基于行为的股利理论
5. 股利政策

　　股利,一方面是公司股东获得回报的重要方式;另一方面作为内部融资的主要方式之一,股利政策对公司资本结构和资本成本有重要影响。本章主要介绍公司股利分配方式,为什么公司要派发股利,以及公司应该采取什么样的股利政策。

第一节　股利与股利分配

一、股利

　　股利(dividend)是指公司股东从公司取得的利润,通常以股东投资额为分配依据。实际工作中,人们时常将股利、股息、红利混用,严格来说它们有一定的区别。股息是指优先股股东依照预先约定的比率定期提取的公司经营收益;红利则是指公司在分派股息之后,普通股股东从公司提取的不定期的收益。股息和红利都是股东投资的收益,统称为股利。总的来说,公司直接支付给股东的任何支出都可以被认为是股利的一部分。

(一)股利的指标

1.股利支付率

　　股利支付率(payout ratio)是指公司在一定期间向股东支付的现金股利与当期税后利润之比。它反映了在公司当期实现的净利中支付股利所占的百分比。股利支付率可以用于比较不同时期、不同行业公司股利的支付情况,该指标也反映了公司实现的收益在股东和公司之间的分配关系。

2.每股股利

　　每股股利(dividend per share)是指公司当年现金股利支付额与流通在外普通股股数的比值,反映每一股份的股利收益。

3.股利收益率

　　股利收益率(dividend yield)是指公司每股股利与每股股价的比值,反映股东单位投资的获利能力。

[例7-1]　某上市公司 2002 年年末实现净利润 19 000 万元,拟向股东支付现金股利 5 000 万元,该公司 2002 年年末流通在外的普通股 31 328 万股,该公司股票年末收盘价为 11.37 元。

则:该公司股利支付率 $= \dfrac{现金股利}{税后净利} = \dfrac{5\ 000}{19\ 000} \times 100\% = 26.32\%$

每股股利 $= \dfrac{现金股利}{流通在外普通股股数} = \dfrac{5\ 000}{31\ 328} = 0.16(元)$

股利收益率 $= \dfrac{每股股利}{每股市价} = \dfrac{0.16}{11.37} \times 100\% = 1.41\%$

(二)股利支付的程序

股利是否支付是由股份有限公司董事会决定的。公司向股东支付股利时,前后有一个时间过程。主要经历股利宣告日、股权登记日、除息日和股利支付日。

1.股利宣告日

股利宣告日(declaration date),即公司将股利支付情况予以公告的日期。它是由公司董事会按股利发放的周期举行董事会会议,决定股利分配的预分方案,交股东大会讨论通过后,董事会将股利支付情况正式公告的日期。董事会在公告中将宣布每股支付的股利、股权登记期限、除去股息的日期和股利支付日期。

2.股权登记日

股权登记日(record date),即有权领取本期股利的股东资格登记的截止日期,也称为除权日。只有在股权登记日前在公司股东名册上有记录的股东才有权分享本次股利。而在股权登记之后,登记在册的股东即使在股利发放日之前买进股票也无权分享本次股利。目前,先进的计算机系统为股权登记提供了极大的便利,一般能在股权登记日营业结束的当天打印出股东名册。

3.除息日

除息日(ex-dividend date),即指领取股利的权利与股票相互分离的日期。在除息日前,股利权从属于股票,持有股票者即享有领取股利的权利;除息日始,股利权与股票相分离,新购入股票的人不能分享股利。这是因为股票买卖的交接、过户需要一定时间,如果股票交易日期离股权登记日太近,公司将无法在股权登记日得知更换股东的信息,只能以原股东为股利支付对象。为了避免可能发生的冲突,证券业一般规定股东登记日的前 4 天为除息日。自此日起,公司股票的交易为无息交易,其股票为无息股。这就是说,一个新股东要想取得本期股利,必须在股权登记日的 4 天之前购入股票,否则即使持有股票也无权领取股利。但是现在先进的计算机交易系统为股票的交割过户提供了快捷的手段,股票交易结束的当天即可办理完全部的交割过户手续。因此,现在的除息日是在股权登记日的下一个工作日。

4.股利支付日

股利支付日(payment date),即向股东发放股利的日期。

[例7-2]　A 公司 2003 年 11 月 20 日发布公告:"本公司董事会在 2003 年 11 月 20 日的会议上决定,本年度发放每股 0.6 元的股利,本公司将于 2004 年 1 月 2 日将上述股利支付给已在 2003 年 12 月 20 日之前登记为本公司股东的人士。"

2003 年	2003 年	2003 年	2003 年	2004 年	
11 月 20 日	12 月 16 日	12 月 20 日	12 月 21 日	1 月 2 日	日期
股利宣告日	除息日	股权登记日	除息日	股利支付日	
	（证券业的一般规定）		（现行制度）		

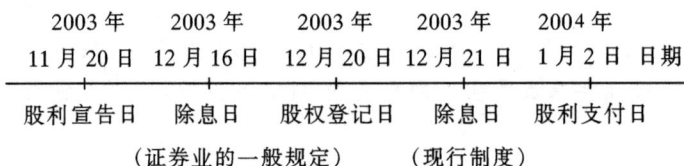

图 7-1　股利分配时间线

二、股利分配的方式

股利分配的方式一般有现金股利、财产股利、债券股利和股票股利。前一种是公司支付现金给股东，后三种是公司通过其他形式支付股利。

（一）现金股利

现金股利（cash dividends）是指公司以现金形式支付股利，它是股利支付的常见及主要方式。该方式能满足大多数投资者希望得到一定数额的现金这种实在收益的投资要求，最易被投资者所接受。当公司采用现金股利支付方式时，所有的股东都将按其拥有的股票数获取相应的现金。但是，现金股利降低了公司的现金流和盈余公积。如果公司采用现金股利的方式分配现金，而其他方面保持不变，那么，在股利支付之后，股票的价格立刻会下跌。因此，这种分配方式只有在公司有累计盈余并有充足现金的前提下才能使用。

（二）财产股利

财产股利（property dividends）是指以现金以外的其他资产支付股利的方式，主要包括实物股利，如实物资产或实物产品等；证券股利，如公司拥有的其他公司的债券、股票等。其中，实物股利形式并不增加企业的现金流出，适用于企业现金支付能力较低的时期。证券股利形式既保留了公司对其他公司的控制权，又不增加企业目前的现金流出，且由于证券的流动性较强，为股东所乐于接受。

（三）债券股利

债券股利（bond dividends）是指以本公司所发行的债券作为分配的股利。这是公司增加其负债经营时所采取的一种股利形式。在我国，只有在不得已的情况下，才会征得股东大会的同意，经国务院证券管理部门批准后发行债券，用长期负债来抵付股利。

（四）股票股利

股票股利（stock dividends）是指公司向现有股东发放额外的普通股股票作为股利的支付方式。一般按股东的持股比例以认购股票或增配新股的方式进行。有关股票股利的特征将随后作详细探讨。

三、股票股利与股票分割

（一）股票股利

在具体操作中，股票股利往往是发行新股时无偿的增资配股，即股东不缴纳任何现金与实物的形式取得公司发行的股票，俗称"送股"。由于公司不是向股东支付现金，因此不受赋税的影响。

股票股利是一种特殊的形式，股票股利支付后，对企业财务及经营成果的影响是：企业的资产总额不变，负债总额不变，股东权益总额也不变，但股东权益项目的内部结构发生改变。

[例 7-3]　某公司假定该公司宣布发放 10% 的股票股利，即发放 1 000 万股普通股股

票,现有股东每持 10 股可得一股新发行股票。若该股票当时市价 10 元,随着股票股利的发放,需从"未分配利润"项目划转到普通股的股本账户资金为:10 000×10%×1＝1 000(万元),划到资本公积账户的资金为:10×10 000×10%－1 000＝9 000(万元),但股东权益总额(70 000 元)并未改变。表 7-1 显示发行股票股利前后对所有者权益的影响。

表 7-1　发行股票股利前后对所有者权益的影响　　　　单位:万元

发行股票股利前		发行股票股利后	
普通股(面额 1 元,已发行 1 亿股)	10 000	普通股(面额 1 元,已发行 1 亿股)	20 000
资本公积	35 000	资本公积	35 000
盈余公积	10 000	盈余公积	10 000
未分配利润	15 000	未分配利润	5 000
所有者权益合计	70 000	所有者权益合计	70 000
负债及所有者权益总计	140 000	负债及所有者权益总计	140 000

从表 7-1 我们可以看到,股票股利只是资金在股东权益账户之间的转移,即将公司的未分配利润或盈余公积转化为股本和资本公积。需要注意的是,发放股票股利将增加发行在外的普通股股票数量,导致每股股票所拥有的股东权益账面价值减少。但由于股东所持有的股票数量将相应地增加,每位股东的持股比例不变、所持有股票代表的权益账面价值也不变。

(二)股票股利的作用

尽管股票股利既不增加股东的财富,又不增加公司价值,但股票股利对股东和公司而言都具有重要的意义。

1.对股东而言,股票股利可以间接地增加股东财富

(1)公司在发行股票股利后,如果还能发放现金股利,且能维持每股现金股利不变,那么股东因所持股数的增加而能分配到更多的现金。

(2)发放股票股利后,从理论上讲,股票价格会随股东所持股数的增加而成比例地下降。但实际上,股价下跌幅度将取决于市场的反应程度,与股数的增加并不成比例。如果股价的下跌幅度小于股数增加的比例,则股东可以得到来自股票价值相对上升的好处。如果股票股利传递的是发展的积极信息,股价还可能因此稳定上升,股东从而获得更多的资本利得。

(3)在股东需要现金时,可以将分得的股票股利出售,由于资本利得税与所得税的差别,股东将得到纳税上的好处。

2.对公司而言,股票股利有利有弊

(1)发放股票股利无需支付现金,又在心理上给股东以投资回报的感觉,使公司留存了大量的现金,便于满足投资机会的需要并缓解现金紧张的状况。

(2)发放股票股利可以降低股票市价,当公司股票价格较高,不利于交易时,股票股利具有稀释股价的作用,从而吸引更多的投资者,促进交易更加活跃。

(3)发行股票股利的费用较高,会增加公司的负担;在某些情况下,股票股利也向投资者传递了企业资金周转不灵的信息,降低了投资者对公司的信心,加剧了股价的下跌,给公司带来负面的影响。

(三)股票分割

股票分割(stock splits)是指将股份公司用某一特定数额的新股,按一定比例交换一定数

额流通在外的股份,即俗称的拆股。例如,用两股新股换一股旧股,即是将一股旧股分拆为两股新股。

[例7-4] 某公司本年净利润400 000元,原发行面额1元的普通股200 000股,若按1股换成2股的比例进行股票分割,那么股票分割前的每股收益为2元(400 000÷200 000),股票分割后公司净利润不变,分割后的每股收益为1元(400 000÷400 000),每股市价也会因此而下降。股票分割前后的相关财务数据比较如表7-2所示。

表7-2　股票分割前后的相关财务数据比较　　　　　单位:元

项　　目	股票分割前	股票分割后
普通股(面额1元,已发行200 000股)	200 000	400 000
资本公积	60 000	60 000
未分配利润	400 000	400 000
每股收益	2	1

(四)股票分割的作用

对公司而言,股票分割可起到以下作用:

1.降低股票价格

如果股票的市场价格每手交易所需的资金量太大,许多小户、散户,就会因资金实力有限而难以入市交易,使得股票的流通性降低,股东人数减少。公司在股价过高时采用股票分割的方法来降低股票的交易价格,可提高股票的流通性,使公司股东更为分散。这种做法也可以防止少数小集团的股东通过委托代理权,实现对企业控制的企图。

2.信号显示

股票分割可以向股票市场和广大投资者传递公司业绩好、利润高、增长潜力大的信息,从而提高投资者对公司的信心。

有时,公司为了提高股价会采取与股票分割相反的反分割措施,即股票合并。如用一股新股交换两股旧股,即将两股旧股合并为一股新股。其结果将减少流通在外的股数,提高每股收益进而提高市价。

表7-3　股票股利与股票分割比较

项　　目	股票股利	股票分割
资产总额	不变	不变
负债总额	不变	不变
所有者权益总额	不变	不变
所有者权益内部结构	变化	不变
股数	增加	大量增加
每股收益	下降	下降
每股市价	下降	下降
股东持有股份的市场价值	不变	不变

股票分割不属于股利方式,但其所产生的效果与发放股票股利近似。为了区别股票股利

与股票分割,现用表 7-3 比较其异同。

从会计的角度来看,股票分割对公司的资本结构不会产生任何影响。它只会使发行在外的股数增加,每股面额降低,每股盈余下降,但公司价值、股东权益总额、权益各项目的金额及其相互间的比例也不会改变。因此,股票分割与股票股利都是在不增加股东权益的情况下增加股票的数量。所不同的是,股票股利虽不会引起股东权益总额的改变,但股东权益内部结构的金额将发生变化,而股票分割后,股东权益总额及其内部结构的金额都不会发生任何变化。

在实际工作中,一般要根据证券管理部门的具体规定,对股票股利与股票分割加以区别。如有的国家规定,发放 25% 以上的股票股利即属于股票分割。由于股票股利与股票分割都具有稀释股价的作用,在对两者进行选择时应注意:一般在公司股价剧涨且难以下降时,才采用股票分割的方法降低股价;而在公司股价上涨幅度不大时,往往采用发行股票股利的方法维持股价。

四、股票回购

(一)股票回购的含义

股票回购(stock repurchases)是指股份公司出资将其流通在外的股票以一定价格购买回来予以注销或作为库存股的一种资本运作方式。公司支付现金在股票市场上购买股票,使得流通在外的股票数量减少,每股收益相应抬高,市盈率降低,从而推动股价上升或维持合理价格。这种行为在国外上市公司中特别普遍。

(二)股票回购的作用

1. 股票回购可以起到积极作用

(1)提高每股收益。由于财务上的每股收益指标是以流通中的股份数作为计算基础,把已发行在外的普通股重新购回,形成库藏股,将直接减少公司发行在外的普通股股数,从而引起每股收益的增加。

(2)稳定或提高公司股价。过低的股价会对公司的经营造成一系列不良影响,降低了投资者对公司的信心,使公司难以从证券市场进一步融资。而股票回购所引起的每股收益增加,会直接导致公司股价上升,使投资者恢复对公司的信任,并使股东从股价的上升中得到更多的资本利得,增加了公司进一步配股融资的可能。

(3)分配公司超额现金。如果一个公司的现金超过其投资的需要量,而又没有较好的投资机会可以使用这笔资金时,最好是分配股利。但出于股东避税、控股等多种因素的考虑,往往采用股票回购的形式进行分配。

(4)改善资本结构。任何产品、企业、产业的发展都具有周期性的特征,扩张期往往对外发行股票融资,加快了资本的形成,但进入衰退期后,出现了闲余资金,利用这部分资金回购股票,可以缩减资本,改善公司的资本结构。

(5)反并购的策略。股票回购可提高公司股价,给收购方增加收购难度,因此,股票回购也可作为反并购的一种策略加以使用。使用时,应注意先回购股票,再将其出售给稳定的股东,以防止股票回购后收购方的持股比例上升。

2. 股票回购也可能对上市公司的经营造成负面影响

(1)回购股票需要大量资金用以支付回购的成本,因此回购的前提是上市公司要有资金实力。如果公司负债率较高,再举债进行回购,不仅公司资产流动性变差,而且将背负巨大的偿债压力,影响公司正常的生产经营和发展后劲。

(2)回购可能使公司的发起人(股东)更注重创业利润的兑现,而忽视公司的长远发展,损害公司的根本利益。

(3)股票回购容易导致内幕操纵股价。股份公司拥有本公司最准确、最及时的信息,如果允许上市公司回购本公司股票,易导致其利用内幕消息进行炒作,使大批普通投资者蒙受损失,甚至有可能出现假借回购为名来炒作本公司股票的违规现象。

(三)股票回购与现金股利

与现金股利相比,股票回购不仅可以节约税赋,而且具有更大的灵活性,需要现金的股东可选择卖出股票,而不需要现金的股东可继续持有股票。如果公司以回购股票的方式分配现金,而其他方面保持不变,股票价格会保持不变。

现将现金股利和股票回购的区别予以举例说明:

[例7-5] 某公司净利润4 000万元,拟向股东分配现金2 000万元,总股本有1亿股,每股的市场价格为8元。如果该公司分配现金股利,则股东可得股利每股0.2元(2 000÷10 000)。在完美市场假设下,股利分配后的每股市价为7.8元(8-0.2)(理论依据参见MM理论)。如果采用股票回购方式分配现金,则公司可购回股票250万股(2 000÷8)。则每股市价为:

$$\frac{10\ 000\times8-2\ 000}{10\ 000-250}=8(元)$$

因此,只要该公司按现行市价回购股票,无论股东是否参与回购,其每股财富都不会受到影响,均为8元。唯一的区别在于,回购股票的股东财富表现为现金,不参与股票回购的股东财富表现为所持股份。

公司采取股票回购和现金股利支付股东现金的两种方式下所反映的财务状况有关数据如表7-4所示。

表7-4　比较现金股利与股票回购对企业财务状况的影响

	分配前	分配后	
		股票回购	现金股利
净利润(万元)	4 000	2 000	2 000
资产总额(万元)	60 000	58 000	58 000
股东权益(万元)	48 000	46 000	46 000
总股本(万股)	10 000	9 750	10 000
每股收益(元)	0.4	0.41	0.4
每股市价(元)	8.0	8.0	7.8
市盈率	20.0	19.5	19.5

第二节　公司股利理论

随着现代财务学的形成,西方股利理论经历了由传统向现代研究转变的过程。这种转变应当归功于美国宏观经济学家莫迪利亚尼和财务专家米勒,于 1961 年合作发表的经典论文《股利政策、增长和股票价格》中提出的著名"股利无关论",从而奠定了现代股利理论的基石。在此后的 40 多年里,股利理论得到进一步的丰富和发展,并逐渐成为公司金融学的重要内容之一。

一、传统股利理论

西方公司股利理论的研究最早是和证券估价分析联系在一起的,很少作为专门的研究领域来进行分析。一般研究认为,投资者更喜欢现金股利,而不大喜欢将利润留给公司。这是因为,对投资者而言,现金股利是确定已实现的,是"抓在手中的鸟",而公司留存收益用于再投资所产生的资本利得是不确定的,是"躲在林中的鸟",随时可能飞走。既然现在的留利不一定转化为未来的股利,那么,在投资者看来,公司分配的股利越多,公司的市场价值也就越大。这种观点被形象地称之为"'一鸟在手'理论"(Bird-in-the-Hand Theory)。

(一)股利重要论

根据"一鸟在手"理论,投资者对于股利的偏好胜过资本利得。在这种观点的影响下,当公司提高其股利支付水平时,证券投资的风险水平降低,根据收益和风险对等原则,投资者投资的必要报酬率降低,意味着公司权益资本的成本降低,使得公司价值增大,公司股票价格就会上升;反之,当公司削减或停发股利时,投资者风险加大,从而要求增加必要的报酬率以补偿由此带来的额外风险,最终导致股票价格下降。因此,股利政策与企业价值是相关的,而且股利支付水平与股价呈正相关。由此得出结论,企业若要追求股价最大化,则必须保持高股利支付政策。这样,"一鸟在手"理论在公司财务中就成为股利重要论。

西方研究学者戴斯(D. A. Dace)和埃特曼(W. J. Eiteman)也认为,股东购买股票的目的是为了获得股利。他们认为股份有限公司赋予股东三个基本权利:①参加公司的经营决策权;②剩余财产分配权;③股利请求权。随着现代证券流通市场的发达,中小股东越来越多,但大部分的股东都没有参与企业经营的打算,购买股票也不是为了分配公司剩余财产,因此,购买股票在于获得股利。而且股利的多少取决于企业收益,实际上,股东购买股票就是买进企业现在和将来对收益的请求权。

(二)威廉斯模型

威廉斯(1938)认为,股票价值应等于固定未来收益的全部股利的现值之和,即:

$$V_0 = \sum_{t=1}^{\infty} \frac{D_t}{(1+k)^t} \qquad (7-1)$$

式中:V_0 表示股票价值;D_t 表示 t 期股利;k 表示折现率。

该式即为股利贴现模型的基本形式。如果股利政策不同,将得到不同的模型。

1. 股利零增长模型

假定企业采用固定股利支付政策,即各期股利支付都相等,均为固定值 D。此时,$D_t = D$($t=1,2,\cdots$),则式(7-1)可转化成:

$$V_0 = \frac{D}{k} \qquad (7-2)$$

2. 股利稳定增长模型

假定每期的股利支付额在基期股利的基础上，按固定比率 g（g 为常数），且 $0<g<k$，则有 $D_t=D_0(1+g)^t$，则式(7-1)可转化成：

$$V_0=\frac{D_1}{k-g} \tag{7-3}$$

从式(7-2)、(7-3)可以得出两点结论：首先，股票价格与股利支付额呈正相关，每期股利支付额越多，股价越高；反之越低。其次，在折现率相同的条件下，股利稳定增长的股票价格要高于固定股利的股票价格。

(三)华特模型

加利福尼亚大学教授华特(1956)假设，公司仅使用内部融资($E-D$)，留存收益的增值部分以股利形式支付给股东；留存收益再投资报酬率 R 和市场资本成本(即贴现率)k 保持不变。在这些假设条件下，股票价值为：

$$V=\frac{D+\frac{R}{k}(E_k-D)}{k} \tag{7-4}$$

式中，E 表示股东权益。

显然，如果将利润全部分配给股东，则该式等价于威廉斯模型中的零增长情况。在使用内部融资中，存在以下三种情况：

(1)如果 $R>k$，表示再投资报酬率高于折现率，股利分配越少，股票价值越高。股利支付率为零时，股票价值最高。此时，企业可将利润留存下来，用于高报酬的投资项目，显然适用低股利支付政策。

(2)如果 $R=k$，则 $V=E/k$。即在再投资报酬率和折现率相同时，股票价值与股利政策无关。在这种情况下，由于投资者可采用与企业投资报酬率相同的方案，因而企业支付股利与否不影响投资者的财富总额。

(3)如果 $R<k$，即再投资报酬率低于折旧率，股利分配越多，股票价值越高。股利支付率为 100% 时，股票价值最高。此时，企业应尽可能投资于高报酬的投资项目，提高分红比例股利。这适用高股利支付政策。

华特模型的实质是根据企业的投资机会来决定其股利政策。从企业的生命周期看，上述三种情况分别相当于企业处于增长、成熟、衰退阶段，因而可针对不同阶段分别采用低股利支付政策、自由股利支付政策和高股利支付政策。

(四)戈登模型

戈登(Gordon)是"一鸟在手"理论的最主要的代表人物。在威廉斯模型的基础上，戈登考虑了一系列的假设条件，对股利贴现模型作了进一步完善。这些假设条件为：

(1)无外来资金用于再投资，留存收益是企业扩大再生产的唯一财源。

(2)企业的再投资报酬率为 r，且保持不变。

(3)企业的资本成本(即贴现率 k)保持不变。

(4)没有税收。

(5)企业永续经营，即 $t\to\infty$。

(6)企业的股利增长率保持不变。

(7)企业的资本成本与股利增长率的关系不变，即 $k>rb$。

(8)企业的股利支付率(1-b)保持不变。

在以上这些理论假设基础上,可推导出股票的价值为:

$$V = \frac{D}{k-rb} = \frac{E(1-b)}{k-rb} \qquad (7-5)$$

不难看出,戈登模型是威廉斯股利稳定增长模型的另一种表达形式,和华特模型的结论也是一致的。但是对于 $R=k$ 的情况,戈登(1963)认为,在放松 k 保持不变的假设之后,股利政策仍然会影响企业的股票价格。根据"一鸟在手"理论的常识,投资者更加注重当前的既得利益,因此,资本成本随股利政策而变。在股利下降时,投资者会相应提高其预期的投资报酬率(即企业的资本成本),并相应改变股票的价格。

二、现代股利理论

(一)MM 理论

股利无关论因莫迪利亚尼和米勒两人姓氏的第一个字母均为 M 而简称为"MM 理论"。这是继两人在 1958 年发表资本结构无关理论并被命名为"MM 理论"之后的又一个"MM 理论"。

该理论认为,在严格的假设条件下,股利政策不会对公司的价值或股票价格产生任何影响。因此,单就股利政策而言,既无所谓最佳,也无所谓最次,它与企业价值不相关。一个公司的股价完全是由其投资决策所决定的获利能力所影响的,而非决定于公司的利润分配政策。

1.MM 股利无关论提出的三个假设

(1)完美资本市场的假设(perfect capital market)。这是指在资本市场上任何投资者(买者、卖者或发行者)的力量都不足以大到通过其各自交易影响操纵证券市场价格;所有人均具有同等且免费获取影响股票价格的任何信息;证券的发行、买卖不存在发行成本、经纪人佣金及其他交易费用;在利润分配与保留、股利与资本利得之间,均不存在税收差异。

(2)理性行为假设(rational behavior)。每个投资者都是个人财富最大化的追求者,并对财富的增加是采用现金支付的形式还是所持股份资本增值作同等对待,即实质重于形式。

(3)充分确定假设(perfect certainty)。投资者对未来投资机会和利润完全有把握,对公司的未来发展充满了信心。

上述假定描述的是一种完美无缺市场,因而股利无关论又被称为完全市场理论。

2.MM 理论的主要内容

(1)投资者并不关心公司的股利分配。如果公司留存较多的利润用于再投资,会导致公司股票价格上升。此时尽管股利较低,但需要现金的投资者可以出售股票。若公司发放较多的股利,投资者又可以用现金再买入一些股票以扩大投资。这两种方式表明,投资者对股利和资本利得并无偏好。

(2)股利的支付比率不影响公司的价值。既然投资者不关心股利的分配,公司的价值就完全由其投资的获利能力所决定。公司的盈余在股利和保留盈余之间的分配并不影响公司的价值(即使公司有理想的投资机会而又支付了高额股利,也可以募集新股,新投资者仍会认可公司的投资机会)。

(3)企业的股票价格与股利政策无关。企业具体如何分配实现的税后利润,与企业的价值没有直接联系。将税后利润用于派发股利或留存于企业,两者间并无差别,因为实现的税后利润总额或总水平已经反映在股票的市场价格上面。如果企业支付股利，必然造成普通股票市场价值的降低，而降低的额度与股利支付额恰好相等，也就是说，支付股利后股票市价与股利支付额之和等于不支付股利情形下的股票市价。

（4）股票持有者能够通过"自制股利"取代企业股利。自制股利（homemade dividends）是指股票持有者定期出售股票取得利润。如果股票持有者需要现金，即便他察觉到当期股利的风险小于未来股利的风险，也会卖掉持有的部分股票以换取现金。

尽管 MM 理论的前提条件过于脱离现实，使其结论与现实情况不相吻合，但正是这些严格的假设条件成为现代股利理论研究的主要内容和线索，使得后来的理论，如税收理论、信号理论、代理理论等的研究重点，都建立在放松这些假设条件后的不完善市场中。

（二）税收理论

在不存在税收因素的情况下，公司选择股利分配方式的差别不大。但是，如果对不同的分配方式税赋不同，那么在公司及投资者看来，则需要权衡选择这些分配方式。例如，美国税法规定，对现金股利和股票回购的资本利得实施不同的税赋，派发现金股利按一般收入纳税，股票回购的收入按投资利得纳税，若对前者的课税重于后者，则支付现金股利就不再是最优的股利分配政策了。由此可见，在存在差别税赋的前提下，公司选择不同的股利支付方式，不仅会对公司的市场价值产生不同的影响，而且也会使公司（及个人）的税收负担出现差异。再者，即使在税率相同的情况下，由于资本利得只有在实现之时才缴纳资本增值税，因此，相对于现金股利而言，其仍然具有延迟纳税的好处。

因此，税收理论认为，一个好的股利政策除了应使融资成本和代理成本最小化之外，还应使税收成本最小化。

（三）信号理论

当市场信息对称时，所有的市场参与者（包括公司自身在内）都能获得相同的信息。然而，在现实中信息往往是不对称的。例如在产品市场，卖者对本产品质量的了解通常比买者多；在信贷市场，借款人向贷款人更多地保留投资项目的收益及风险等情况；在保险市场，投保人比保险公司更清楚所投保财产的风险状况。

与产品市场相似，股利信号理论学派认为，在信息不对称的情况下，公司管理层了解投资者无法知道的内部信息。公司管理者与投资者之间的信息差异成为"信息不对称"现象，将导致股价所反映的公司经营状况滞后于实际经营情况。而通过保持定期发行稳定增长的股利，管理层向股东表明：在可预见的未来，公司能够连续保持较为稳定的股利支付率。那么投资者就可能对公司未来的盈利能力与现金流量抱有较为乐观的预期。公司管理层也许再也找不出其他更可信或者更便宜的方式向投资者传递有关公司未来盈利的信息了。

（四）代理成本理论

MM 理论的假设条件中内含着公司投资者与经营者之间的利益完全一致，经营者的行为致力于股东财富最大化。这意味着公司经理们和股东之间不存在代理问题。即使双方之间产生利益冲突，股东也可以通过强制履约的方式来迫使经理们遵循股东利益最大化的原则。如果管理者不努力使股东财富最大化，则外部股东将对该公司失去信心而抛售股票，导致公司市场价值降低，最终被兼并或收购。新的投资者通过购买股票而控制公司，然后更换管理层；另外，完全竞争的经理市场也使投资者比较容易替换不称职的管理者，公司股东可以随时寻找能更好地为股东利益服务的管理人员来替换原有的管理者，被解聘的管理者将很难在完全竞争的经理市场上再次被雇佣。

然而实际生活中,投资者(即委托人)无法轻易地观察或控制经营者(即代理人)的行为,导致经营者在机会主义动机的驱使下表现明显的自利倾向,有时甚至不惜以牺牲投资者的利益为代价来实现自身利益的经济现象极为普遍。

股利分配的代理理论认为,适当的股利政策有助于保证经理们按照股东的利益行事。所谓适当的股利政策,是指公司的利润应当更多地支付给股东,否则,这些利润就有可能被公司的内部人所滥用。较多地派发现金股利至少有以下几点好处:

(1)公司管理者要将公司的很大一部分盈利返还给投资者,于是其自身可以支配的"自由现金流(Free Cash Flow)"就相应减少了,这可在一定程度上抑制公司管理者过度地扩大投资或进行特权消费,进而保护了外部股东的利益。

(2)由于自由现金流的减少,为了满足新投资的资金需求,可能迫使公司重返资本市场进行新的融资,如再次发行股票。这样,公司则更容易受到市场参与者的广泛监督。例如:银行等债权人要仔细分析公司的经营状况,预计未来发展前景;证券交易委员会将要求对新发行证券的详细资料进行审查并公布给投资者。公司股东也可以通过观察这些资料,获得更多的信息,了解外部对经理人员业绩和未来前景的评价。实际上,股利支付成为了一种间接约束经理人员的监管机制。

(3)再次发行股票后,公司的每股税后盈利被摊薄,公司若要维持较高的股利支付率,则需要付出更大的努力。这些均有助于缓解代理问题,并降低代理成本。

三、行为理论

进入 20 世纪 80 年代,以米勒、塞勒、谢弗林和史特德曼等为代表的学者将行为科学引进和应用于股利政策研究中,着重从行为学的角度探讨股利政策。其中代表性的观点有理性预期理论、自我控制理论和不确定性下选择的后悔厌恶理论等。

(一)理性预期理论

理性预期(rational expectation)理论认为,市场对管理层行为做出的反应,不仅取决于其行为本身,更取决于投资者对管理层决策的预测。在临近管理层宣布下期股利之时,投资者通常会根据对公司内部若干因素(如以前的股利、目前及预期利润、投资机会和融资计划等)和外界因素(如宏观经济环境、行业景气程度、政策可能的变化等)的分析,对股利支付水平和支付方式做出种种预测。当股利政策真正宣布时,投资者会将它与其预测进行比较:①如果两者相同,即使宣布的股利比前些年增加了,股价也不会变化;②如果宣布的股利高于或低于预测水平,投资者就会重新估计公司及其股票价值,审查预料之外股利变动的原因。也就是说,如果公司宣布的股利政策与投资者预期的股利政策存在差异,股票价格很可能会发生变化。

公司管理者认为,那些稳定支付现金股利的公司受到投资者的欢迎,其现金股利存在溢价;而投资者对公司增加和减少现金股利的态度具有不对称性。因此,为了迎合投资者的股利偏好,公司应尽可能地稳定现金股利的支付水平,不能轻易提高或降低。

(二)自我控制理论

自我控制(self-control)理论和后悔厌恶理论都不是以效应最大化为基础的研究,而是从行为学角度来解释人们为什么偏好现金股利。自我控制理论认为,人类的行为不可能是完全理性的,有些事情即使会带来不利后果,人们还是不能自我控制,如吸烟、酒后驾车等。大多数人一方面对未来有着长期规划,另一方面又存在对当前需要的渴求。这种内在的冲突要求他们通过自我意识来控制当前短期行为,以符合长期发展需要。实现自我控制的方法有两种:一种是运用个体自身坚强的意志力,修正当前行为,但是现实生活中,很多人似乎缺乏这种必要的意志力,于是他们往往求助于另一种外在的规则来限制自身对某种短期行为的诱惑。对投资者来说,将预备用于未来之需的资金购买股票,而只是将股利而非动用资本用于当前消费支出,可大大降低由于意志薄弱带来的资本损失。

(三)后悔厌恶理论

后悔厌恶(regret aversion)理论是指在不确定的条件下,投资者在做出决策时会把现时情形和已经选择的情形进行对比,如果他们认为当时放弃的选择对于现在而言会有更好的境地,则会感到后悔。相反,如果当时的选择得到了较好的结果,他就会感到欣喜。例如:A 投资者用现金股利 1 000 元购买了一台冰箱,而 B 投资者出售价值 1 000 元的股票购买了一台冰箱,不久股票价格上涨。问哪一个投资者会后悔呢?答案不言而喻。由于投资者一般都是后悔厌恶型的,所以他们偏好现金股利。

四、公司股利理论的总评价

在 20 世纪 60—70 年代,西方股利之争主要集中在股利政策与股票价格是否有关的研究上,其观点主要有以戈登等为代表的"一鸟在手"理论和以米勒和莫迪利亚尼为代表的 MM 理论。"一鸟在手"理论认为股利会引起股价变化,MM 理论则认为股利不会引起股价变化。经过激烈的论战后,MM 理论在其严格的假设条件下基本上为理论界所接受,然而在现实经济生活中,却很少有公司信奉 MM 股利无关论并采用与之相应的股利政策。为了解释理论与实务的矛盾,西方学者分别从不同的角度、运用不同的方法进行了大量的理论和实证研究。因此,进入 20 世纪 80 年代,股利之争主要集中在股利为什么会引起股票价格变化,其观点有税收理论、信号理论、代理理论和行为理论等。这些观点一方面从放松 MM 理论股利无关论的假设条件着手,另一方面引进相关学科研究成果,改变了传统理论的思维方式和分析方法,极大地扩展了财务学家的研究视野,从而使股利政策问题的研究在"量"和"质"上均产生了很大的飞跃。

第三节　公司股利政策

一、利润分配

(一)利润分配的项目

利润也称收益(profit),是公司一定会计期间经营活动所引起的经济资源的净收入,其表现形式为资产的流入、增值或负债的减少而引起的权益的增加,但不包括与权益所有者出资有关的事项。

利润表反映了当期利润的构成及其余额,主要由主营业务利润、营业利润、利润总额和净利润四个相互关联的部分构成。

1.主营业务利润

主营业务利润是公司在一定会计期间因经营主营业务所实现的利润。其计算公式为:

$$\underset{\text{利润}}{\text{主营业务}} = \underset{\text{收入净额}}{\text{主营业务}} - \underset{\text{成本}}{\text{主营业务}} - \underset{\text{税金及附加}}{\text{主营业务}} \qquad (7-6)$$

式中:主营业务收入净额——主营业务收入扣除销售退回、销售折让和销售折扣以后的余额;

主营业务收入——公司在一定会计期间因经营主要业务所取得的收入总额;

主营业务成本——公司在一定会计期间因经营主要业务发生的成本;

主营业务税金及附加——公司因经营主要业务应负担的税金。

理论上,主营业务利润是构成公司利润的主营来源,因此,在财务分析中,为避免其他因素对公司利润的影响,往往将主营业务利润作为公司利润计量指标。

2.营业利润

营业利润是公司在一定会计期间从事生产经营活动而取得的利润,是公司利润的最主要来源。它由主营业务利润、其他业务利润、存货跌价损失、营业费用、管理费用和财务费用构成。其计算公式为:

$$\underset{\text{利润}}{\text{营业}} = \underset{\text{利润}}{\text{主营业务}} + \underset{\text{利润}}{\text{其他业务}} - \underset{\text{损失}}{\text{存货跌价}} - \underset{\text{费用}}{\text{营业}} - \underset{\text{费用}}{\text{管理}} - \underset{\text{费用}}{\text{财务}} \qquad (7-7)$$

式中:其他业务利润表示公司除主营业务以外取得的收入扣除其他业务的成本、费用、税金后的余额;存货跌价损失表示公司提取或转销存货跌价损失或因市价上升而转回的收益;营业费用表示公司在销售产品和商业性公司在购入商品过程中所发生的费用;管理费用表示公司行政管理部门为组织和管理生产经营活动而发生的费用;财务费用表示公司在筹资过程中发生的各项费用;营业利润也称税前利润,在财务分析中经常使用。

3.利润总额

利润总额是公司在一定会计期间所实现的全部利润。它由营业利润、投资净收益、补贴收入和营业外收支净额构成。其计算公式为:

$$利润总额 = 营业利润 + 投资净收益 + 补贴收入 + 营业外收支净额 \qquad (7-8)$$

式中:投资净收益表示公司以各种方式对外投资所取得的收益扣除损失后的净额;补贴收入表示公司取得的各种收入以及退回的增值税额等;营业外收支净额表示公司的生产经营活动没有直接关系的各项营业外收入与支出的差额。

4.净利润

净利润是公司在一定会计期间各项收入扣减成本、费用、税金、营业外收支净额以后的余额,也称税后利润。其计算公式为:

$$净利润 = 利润总额 - 所得税 \qquad (7-9)$$

式中:所得税表示按税法规定从公司的生产经营所得和其他所得中缴纳的税金。

(二)利润分配的程序

根据我国现行制度规定了利润分配的法定程序,公司各年度实现的收益总额在扣除应上缴的所得税后,应按下列顺序进行分配:

1.计算可供分配的利润

将本年净利润(或亏损)与年初未分配利润(或亏损)合并,计算出可供分配的利润。如果可供分配的利润为负数(即亏损),则不能进行后续分配。

根据我国《公司法》规定,公司发生的年度亏损,可以用下一年度的税前收益弥补;下一年度收益不足弥补的,可以在 5 年内延期弥补;5 年内不足弥补的,可以用税后收益弥补。

2. 计提法定盈余公积

按抵减年初累积亏损后的本年净利润计提法定盈余公积。提取法定盈余公积的基数,不是可供分配的利润,也不一定是本年的税后利润。只有不存在年初累计亏损时,才能按本年税后利润计算应提取数。法定盈余公积按照税后收益的 10%提取,当公司法定盈余公积达到注册资本的 50%时,可不再提取。

3. 计提法定公益金

提取的法定公益金主要用于公司职工集体福利设施的支出。法定公益金的提取比例或金额可由公司章程规定,或由股东会议决议确定,一般按照税后利润的 5%~10%的比例提取。

4. 支付优先股股利

按照公司发行的优先股股数、面值和股利支付率计算支付。

5. 计提任意盈余公积

按照公司章程或股东决议提取。

6. 支付普通股股利

公司弥补亏损和提取法定盈余公积后所余收益,可以按普通股股东所持的股份比例分配。

[**例 7 - 6**]　上海浦东发展银行 2002 年度和 2003 年度利润分配顺序,如表7-5所示。

表 7 - 5　上海浦东发展银行的利润分配表　　　　　　　　　　单位:元

项　　目	2002 年度	2003 年度
一、净利润	1 285 308 817.28	1 566 088 191.44
加:年初未分配利润	511 448 197.35	429 164 369.38
二、可供分配利润	1 796 757 014.63	1 995 252 560.82
减:提取法定盈余公积	128 530 881.75	156 608 819.16
提取法定公益金	128 530 881.75	156 608 819.16
三、可供股东分配的利润	1 039 695 251.13	1 032 034 922.50
减:应付优先股股利		
提取任意盈余公积	128 530 881.75	156 608 819.16
应付普通股股利	482 000 000.00	391 500 000.00
转作股本的普通股股利		
四、未分配利润	429 164 369.38	483 926 103.34

二、股利政策的制定原则

股利政策不仅会影响股东的利益,还会影响公司的正常运营以及未来的发展,甚至会影响到整个证券市场的健康运行。因此,合理地制定股利政策就显得尤为重要。一般来说,公司在制定股利政策时应遵循以下五条原则:

(一)最大限度地保证股东财富最大化

公司的财务目标是股东财富最大化。制定股利政策必须与公司的财务目标相一致,这是制定股利政策的前提条件和根本出发点。

在公司资本结构合理、经营规模适当、没有更好的投资机会时,可派发现金股利。如果未来现金流入稳定,可采取较固定的股利政策;如果未来现金流入不稳定,则应采取较低水平的股利政策。否则,一旦削减股利,传递给投资者的信息是公司未来盈余将减少,从而导致公司股价下跌。

只有公司有良好投资机会及经营效率时,公司才可采取股票股利政策,将留存收益用于再投资;反之,如果其投资报酬率低于股东以现金股利用于其他投资所得的报酬率,则公司分配股票股利对股东较为不利。

(二)既要考虑股东的眼前利益,又要保障公司的长远发展

股利政策的制定实际上是企业利润中股利和留存收益的分配比例问题。就公司发展而言,提高留存收益比例有利于公司当前的财务运作,减少外部融资,降低融资成本。但是,提高留存收益比例即意味着降低股利支付率,减少股东的现时收益,从而影响公司形象和投资者信心,增大公司未来的融资成本和融资难度。因此,股利政策的基本任务之一是通过股利分配,平衡企业和股东面临的当前利益与未来利益、短期利益与长远利益、分配与增长的三大矛盾,有效地增强公司的发展后劲,促进公司的长期稳定发展。

(三)有利于资本结构的调整

股利发放形式对公司资本结构有直接影响。良好的股利政策有助于改善资本结构,使其趋于合理。

如果公司的资产负债率过高,则应考虑将股利留在公司或配股增资,以改善资本结构,增强其财务力量,降低财务风险;反之,则应派发现金股利,同时考虑增加负债,提高财务杠杆利益,或回购一部分公司股票。

如果公司有良好的投资方案,在确定投资方案所需资金的基础上,按照最佳资本结构,相应确定应留存在公司的盈余及相应的负债。

(四)有利于股价的合理定位

公司股票在市场上价格过高或过低都不利于公司的正常经营和稳定发展。股价过高会影响股票的流动性,并留下股价急剧下跌的隐患;股价过低将影响公司声誉,不利于今后增资扩股或负债融资,还可能引发被收购和兼并的活动;股价时高时低,波动频繁剧烈将动摇投资者信心。所以,稳定股价对于公司的正常生产经营具有重要意义。

(五)保持股利政策的连续性和稳定性

一般来说,股利政策的重大调整会在两个方面给股东带来影响:一方面,股利政策的波动或不稳定,会给投资者带来公司经营不稳定的印象,从而导致股票价格的下跌;另一方面,股利收入是一部分股东的生产和消费资金来源,股利的突然减少会给他们的生活带来较大的影响。因此,他们一般不愿意持有这种股票,最终导致需求减少,价格下跌。所以,公司应尽量避免削减股利,只有在确信未来能够维持新的股利水平时才宜提高股利。

三、公司股利政策

股利政策是指公司管理当局对股利分配有关事项所做出的方针与决策。在财务管理的实

践中,股利分配政策主要有以下几种:

(一)剩余股利政策

剩余股利政策(residual dividend)是指股份公司生产经营所获得的盈余先满足有利可图的投资项目的资金需要的政策,如有剩余才派发股利;如果没有剩余就不派发股利。公司决定支付水平的四个步骤为:

(1)确定企业目标资本结构,使得在此结构加权平均资本成本最低。

(2)确定投资所需要增加的权益资本的数额。

(3)首先使用公司内部资金。只有当内部资金充分利用后,才考虑外部融资。

(4)在满足所有投资后,如果内部资金还有剩余则支付股利,如果没有剩余就不付股利。

剩余股利政策的优点是:公司留存收益应优先保证再投资的需要,这有助于降低再投资的资金成本,实现企业价值的长期性和最大化。

但是,这种股利政策往往导致股利支付不稳定,不能使希望取得稳定收入的股东满意,也不利于树立企业良好的财务形象。

现举例说明该政策的具体运用:

[例7-7] 某公司2001年税后利润总额为5 000万元,按规定提取10%的法定盈余公积和5%的法定公益金,2002年的投资计划需要资金3 300万元,公司的目标资本结构是维持借入资金与自有资金的比例为1：2,按照剩余股利政策确定该公司2001年向投资者分红的数据。

解:投资方案所需要的资金总额＝3 300(万元)

可供分配利润＝5 000×(1−10%−5%)＝4 250(万元)

目标资本结构为1/3负债,2/3所有者权益

投资所需增加的权益资本数额＝3 300×2÷3＝2 200(万元)

满足投资需要的自由资金最大限额＝2 200(万元)

向投资者支付股利＝4 250−2 200＝2 050(元)

(二)固定股利支付率政策

固定比例股利政策(constant pay-out ratio policy)是指公司确定一个固定的股利支付率,每年按此比例向股东支付股利的政策。它与剩余股利政策的支付方式相反,是先考虑派发股利,后考虑保留盈余。股利支付率一经确定,一般不得随意变更,公司的税后利润计算确定后,所需派发的股利就相应确定了。每年股利支付额的具体金额将随公司经营状况不同而变动,盈利高的年份股利高,盈利低的年份股利低。采用固定比例股利政策使得股利和公司盈利紧密相关,真正体现风险投资与风险收益对等的原则,同时不会增加公司财务压力。

但是,如果公司各年的盈利波动较大,这种政策下公司的股利随之发生较大变动,极易造成公司盈利不稳定的印象,不利于公司股价的稳定。因此,固定比例股利政策适用于盈利相对稳定的成熟性公司。

(三)稳定增长的股利政策

稳定增长的股利政策(steadily growth dividend policy)是指公司将每年派发的股利额固定在某一特定的水平上,在一段时间内无论公司的盈利情况和财务状况如何,派发的股利额均保持不变的政策。除非公司管理层认为将来的盈利能够使其派发更高的股利支付水平,才会提高每股股利额。公司的管理层通常也不会轻易减少红利金额,除非公司确实不能维持现有

股利水平。

稳定增长的股利政策的主要优点有：

(1)稳定的股利向市场传递着公司正常发展的信息,有利于树立公司良好形象,增强投资者对公司的信心,稳定股票的价格。

(2)稳定的股利有利于投资者计划安排收支,若股利忽高忽低的股票,则不会受这些股东的欢迎,股票价格因此而降低。

但是,这种股利政策使得股利支付与公司盈利能力相脱节,当净利润下降或现金紧张时,仍要保证股利的正常发放,容易引起公司资金短缺,导致财务状况恶化,使公司承担较大的财务压力。

(四)低正常股利加额外股利政策

低正常股利加额外股利的政策(low regular plus extra dividend policy)是指在一般情况下,公司每年只支付数额稳定的低正常股利;在盈余多的年份,再根据实际情况加付额外股利的政策。但额外股利并不固定化,不意味着公司永久地提高了规定的股利率。

这种股利政策的优点是：

(1)向股东发行稳定的股利,可以增加股东对公司的信心,保持了稳定增长股利政策的特征。

(2)给公司以较大的弹性,即使公司盈利和投资机会发生变化,仍可发放稳定的股利。特别是当公司盈利较多时,还可以给股东加付股利。

低正常股利加额外股利的政策吸收了稳定型股利的优点,同时又摒弃了其不足,使公司在股利发放上留有余地和较大的财务弹性。但是,它仍有缺点,主要表现在:①缺乏稳定性,盈利的变化使得额外的股利不断变化,时有时无,给人漂浮不定的感觉;②当公司较长时间一直发放额外股利后,股东可能误以为是"正常股利",一旦取消额外股利,容易造成"企业财务状况恶化"的错觉,使得股价下跌。

企业在进行股利分配时,应充分理解股利政策的思想,结合实际情况,选择适宜于自己的股利分配政策。

本章小结

1.股利是指公司股东从公司取得的利润,通常以股东投资额为分配依据。股息指优先股股东依照预先约定的比率定期提取公司经营收益;红利则指公司在分派股息之后,普通股股东从公司提取的不定期的收益。股息和红利都是股东投资的收益,统称为股利。

2.股票股利是指公司向现有股东发放额外的普通股股票作为股利的支付方式。股票分割是指将股份公司用某一特定数额的新股,按一定比例交换一定数额流通在外的股份,即俗称拆股。两者都是在不增加股东权益的情况下增加股票的数量。所不同的是,股票股利虽不会引起股东权益总额的改变,但股东权益内部结构的金额将发生变化,而股票分割后,股东权益总额及其内部结构的金额都不会发生任何变化。

3.现金股利是指公司以现金形式支付的股利。股票回购是指股份公司出资将其发行的流通在外的股票以一定价格购买回来予以注销或作为库存股。与现金股利相比,股票回购不仅可以节约税赋,而且具有更大的灵活性,需要现金的股东可选择卖出股票,而不需要现金的股东可继续持有股票。如果公司以回购股票的方式分配现金,而其他方面保持不变,股票总价值会保持下变。

4."一鸟在手"理论认为,投资者对于股利的偏好胜过资本利得。因为现金股利是确定已实现的,是"抓在手中的鸟",而公司留存收益用于再投资所产生的资本利得是不确定的,是"躲在林中的鸟"。当公司提高其股利支付水平时,证券投资的风险水平降低,投资者投资的必要报酬率降低,意味着公司权益资本的成本降低,使得公司价值增大,公司股票价格就会上升;反之,当公司削减或停发股利时,投资者风险加大,从而要求增加必要的报酬率以补偿由此带来的额外风险,最终导致股票价格下降。因此,股利政策与企业价值是相关的,而且股利支付水平与股价呈正相关。

5.MM 股利无关论的提出建立在三个假设的基础上:①完全资本市场的假设;②理性行为假设;③充分确定假设。MM 理论认为,在严格的假设条件下,股利政策不会对公司的价值或股票价格产生任何影响。因此,单就股利政策而言,既无所谓最佳,也无所谓最次,它与企业价值不相关。一个公司的股价完全取决于受投资决策影响的获利能力,而非取决于公司的利润分配政策。

6.股利政策是指公司管理当局对股利分配有关事项所做出的方针与决策。在财务管理的实践中,股利分配政策主要有以下几种:①剩余股利政策,是指股份公司生产经营所获得的盈余先满足有利可图的投资项目的资金需要,如有剩余,才派发股利;如果没有剩余,就不派发股利的政策。②固定比例股利政策,是指公司确定一个固定的股利支付率,每年按此比例向股东支付股利的政策。它与剩余股利政策的支付方式相反,是先考虑派发股利,后考虑保留盈余的政策。③稳定增长的股利政策,是指公司将每年派发的股利额固定在某一特定的水平上,在一段时间内无论公司的盈利情况和财务状况如何,派发的股利额均保持不变的政策。④低正常股利加额外股利的政策,是指在一般情况下,公司每年只支付数额稳定的低正常股利;在盈余多的年份,再根据实际情况加付额外股利的政策。

关键术语

股利 股利支付率 每股股利 股利收益率 股利宣告日 股权登记日 除息日 股利支付日 现金股利 股票股利 股票回购 股票分割 自制股利 "一鸟在手"理论 MM 理论 利润 利润总额 净利润 剩余股利政策 固定股利支付率政策 稳定增长的股利政策 低正常股利加额外股利政策

思考练习题

1.股利支付的程序是怎样的?

2.股票股利与股票分割有什么区别? 各自的作用有哪些?

3.股票回购与现金股利哪一种具有更大的灵活性? 为什么?

4."一鸟在手"理论与 MM 理论的主要区别在哪里?

5.对公司股利理论有何总的评价?

6.公司基于什么原则基础之上制定股利政策?

7.试比较不同股利政策之间的优缺点。

第八章　公司风险管理

本章要点

1. 风险的特征、分类
2. 风险管理的起源、概念
3. 风险管理的流程
4. 风险管理识别的工具、方法
5. 风险管理效果评价的含义、要求、主要方法和指标
6. 风险管理汇报的内部渠道和外部渠道

第一节　风险

一、风险概述

(一)风险的含义

古典经济学家在19世纪就提出了风险的概念,认为风险是经营活动的副产品;20世纪以来,风险定义可分为两类:狭义风险和广义风险。

狭义风险的定义:风险是损失的不确定性(risk is the uncertainty of loss)。

广义风险的定义:风险是预期与实际结果的差异(risk is the variation between expectation and practical reality)。

国际标准组织的定义:风险是事件发生的可能性及其后果的综合。

可以轻易看出,人们对风险的认识在进步。广义的风险管理不仅仅研究可能造成经济损失的风险,也开始研究可以带来收益的风险。对于企业的经营者来说,前者是负面风险,后者是正面风险。

在有些时候,同一风险既可能带来损失,也可能带来收益。作为风险管理的一个重要分支,安全管理或风险工程学(risk engineering)仅研究负面风险,其目标是如何预防并减少损失,更侧重于防灾防损工程技术方面的研究。本章探讨的是最新意义上的风险,即国际标准组织定义的风险。

(二)保险

保险既是一种经济制度,同时也是一种法律关系。如何给保险下定义,历来在保险理论界都存在着分歧。保险有广义和狭义之分。

(1)广义的保险,是指保险人向投保人收取保险费,建立专门用途的保险基金,并对投保人负有法律或合同规定范围内的赔偿和给付责任的一种经济保障制度。

（2）狭义的保险，是指通过合同形式，运用商业化经营原则，由专门机构向投保人收取保险费，建立保险基金，用作对被保险人在合同范围内的财产损失进行补偿、人身伤亡以及年老丧失劳动能力者经济损失给付的一种经济保障制度。主要指商业性保险。

（三）风险与保险的关系

风险与保险关系密切，风险是保险存在的前提，保险是对风险进行管理的重要手段与方式，主要表现为：

第一，二者研究的对象都是风险。保险是研究风险中的可保风险。

第二，风险是保险产生和存在的前提，无风险则无保险。风险是客观存在的，时时处处威胁着人的生命和物质财产安全，是不以人的意志为转移的。风险的发生直接影响社会生产过程的继续进行和家庭正常的生活，因而产生了人们对损失进行补偿的需要。保险是一种被社会普遍接受的经济补偿方式，因此，风险是保险产生和存在的前提，风险的存在是保险关系确立的基础。

第三，风险的发展是保险发展的客观依据。社会进步、生产发展、现代科学技术的应用，在给人类社会克服原有风险的同时，也带来了新风险。新风险对保险提出了新的要求，促使保险业不断设计新的险种、开发新业务。从保险的现状和发展趋势看，作为高风险系统的核电站、石油化学工业、航空航天事业、交通运输业的风险，都可以纳入保险的责任范围。

第四，保险是风险处理传统的、有效的措施。人们面临的各种风险损失，一部分可以通过控制的方法消除或减少，但风险不可能全部消除，面对各种风险造成的损失，若单靠自身力量解决，就需要提留与自身财产价值等量的后备基金，这样既造成资金浪费，又难以解决巨额损失的补偿问题，从而，转移就成为风险管理的重要手段。保险作为转移方法之一，长期以来被人们视为传统的处理风险手段。通过保险，把不能自行承担的集中风险转嫁给保险人，以小额的固定支出换取对巨额风险的经济保障，使保险成为处理风险的有效措施。

第五，保险经营效益受风险管理技术的制约。保险经营效益的大小受多种因素的制约，风险管理技术作为非常重要的因素，对保险经营效益产生很大的影响。如对风险的识别是否全面，对风险损失的频率和造成损失的幅度估计是否准确，哪些风险可以接受承保，哪些风险不可以承保，保险的范围应有多大、程度如何，保险成本与效益的比较等，都制约着保险的经营效益。

并不是说所有的风险都是可以通过保险进行转嫁并取得保障的。从保险就是保障危险这一点来说，保险实际上只是对纯粹风险进行保险，给予补偿，其中包括由自然、社会等各种原因引起的财产、人身、责任、信用等方面属于纯粹风险性质的风险所导致的损失。在通常情况下，保险人接受承保的风险还必须具有一定的条件，主要有：

1. 不是投机性的

保险人承保的风险，只能是仅有损失可能而无获利机会的风险，即属纯粹风险性质的风险。对于类似股票买卖，投资者既有因股票价格下跌而亏损的可能，又有因股票价格上涨而盈利的机会的投机风险，保险人是不承保的。

2. 损失必须是可以用货币计量的

保险是一种经济补偿制度，其转嫁风险和保险人承担的赔偿责任都是以一定的货币量计算的。因此，凡是不能以货币计量的风险损失，就不能成为可保风险。但是在保险中，对人身伤残或死亡的风险，则是一个例外，虽然，一个人的伤残程度或死亡所蒙受的损失是难以用金钱来计算的,然而,在保险业务中,却都可以通过订立保险合同约定保险金额来确定,所以从某种意义上说,人身伤残或死亡所带来的损失,也是可以由货币来计量的,人身伤亡的风险也可视作可保风险。

3.必须是具有偶然性和不可预知性

保险人承保的风险必须是有可能因这种风险的发生而导致损失的,如果这种风险损失肯定不会发生,没有必要就此进行保险;又如果这种风险损失一定会发生,如某些货物在运输过程中的自然损耗,机械装备在使用过程中的折旧等,保险人一般是不接受承保的。所以,只有那些有发生可能而事先又无法知道它是否一定会发生以及发生后遭到何等程度损失的风险,才需要保险,保险人才能接受承保。即可保风险必须是具有偶然性和不可预知性。

这里的所谓偶然性和不可预知性是指对每一个具体的保险标的的个体而言,至于保险人通过以往事实情况的大量统计和有关资料进行分析和科学推断,找出某一风险在未来发生的规律性,从中将偶然的、不可预知的风险损失转化为可预知的费用开支,从而为保险经营提供了可能。

4.必须是意外发生的

意外的风险损失是指并非必然会发生和被保险人的故意行为造成的。上面提到过的诸如货物的自然损耗和机器设备折旧等现象就是必然发生的,还有被保险人的故意行为(如故意纵火行为)造成的火灾损失,均不属于保险人的可保风险的责任范围。但是,在实际业务中,对一些必然发生的风险损失(如自然损耗的必然损失),经保险人同意,在收取适当保险费用后,也可特约承保。再者,保险人也承保第三人的故意行为或不法行为所引起的风险损失。例如,在保证保险、信用保险中,保险人对由于另一方不履行与被保险人约定的义务,而应对被保险人承担的经济责任给予赔偿。再如,财产保险中的偷盗险,保险承担赔偿责任的也是由于盗贼的故意行为所造成的损失。

5.必须要有大量标的均有发生重大损失的可能性

可保风险必须是大量标的都有可能遭受重大损失的。因为,如果一种风险只会导致轻微损失,那就无须通过保险求得保障。再者,保险需要以大数法则作为保险人建立保险基金的数理基础,假如一种风险只是个别或者少量标的所具有,那就缺乏这种基础,保险人也就无法利用大数法则计算危险产生的概率和程度损失,从而难以确定保险费率和进行保险经营。

二、风险的特征

从风险的定义及其与保险的关系可以看出,风险具有以下三大特征:

(一)风险存在的客观性和普遍性

作为损失发生的不确定性,风险是不以人的意志为转移的,并超越人们的主观意识而客观存在。人们常说"天有不测风云,人有旦夕祸福"。这说明风险具有普遍性。人类在生产活动、科学实验和日常生活中常常会遭到各种自然灾害和意外事故,以致造成财产损失和人身伤亡。对于未来的事,谁能有百分之百的把握,即便是很有把握的事也会有意外的发生。我们几乎是事事、处处都会遇到风险。虽然人类一直希望认识和控制风险,但直到现在也只能在有限的空间和时间内改变风险存在和发生的条件,降低其发生的频率,减少损失程度,而不能也不可能完全消除风险。

(二)风险发生的偶然性和必然性

风险发生的偶然性表现在任何具体风险的发生都是诸多风险因素和其他因素共同作用的结果,是一种随机现象。风险发生的偶然性意味着在时间上具有突发性,在后果上往往具有灾难性,从而给人们在精神上和心理上带来巨大的忧虑和恐惧,而忧虑和恐惧的影响远远大于风险事故所造成的直接财产损失和人员伤亡对人们的影响。

风险发生的必然性是指虽然个别风险事故的发生是偶然的、杂乱无章的,但对大量风险事故资料的观察和统计分析,发现其呈现出明显的运动规律,这就使人们有可能用概率统计方法及其他分析方法去计算风险发生的概率和损失程度,同时也导致风险管理技术方法的迅猛发展。

(三)风险的可变性

风险的可变性是指风险在一定条件下是可以转化的。这种转化包括:

(1)风险量的变化。随着人们对风险认识的增强和风险管理方法的完善,某些风险在一定程度上得以控制,降低其发生频率和损失幅度。

(2)某些风险在一定的空间和时间范围内被消除。

(3)新的风险产生。

三、风险的组成要素

对于具有结构化视野的管理者而言,风险是由风险因素、风险事故和风险损失等要素组成。

(一)风险因素

风险因素是指引起或增加风险事故的机会或扩大损失幅度的原因和条件,是风险事故发生的潜在原因,是造成损失的内在的或间接的原因。如酒后驾车、疲劳驾驶、车辆制动系统有故障等是导致车祸的原因。根据风险的性质,风险因素的分类如下。

物质风险因素:物质风险因素是指有形的,并能直接影响事物物理功能的因素,即某一标的本身所具有的足以引起或增加损失机会和损失幅度的客观原因和条件。如汽车的超速行驶、地壳的异常变化、恶劣的气候、疾病传染、环境污染等。

道德风险因素:道德风险因素是与人的品德修养有关的无形的因素,即是指由于个人不诚实、不正直或不轨企图促使风险事故发生,以致引起社会财富损毁或人身伤亡的原因和条件。如欺诈、纵火、贪污、盗窃等。

心理风险因素:心理风险因素是与人的心理状态有关的无形的因素,即是指由于人的不注意、不关心、侥幸或存在依赖保险的心理,以致增加风险事故发生的概率和损失幅度的因素。例如,酒后驾车、驾驶有故障车辆、企业或个人投保财产保险后放松对财物的保护措施、投保人身保险后忽视自己的身体健康等。

(二)风险事故

风险事故是指造成生命、财产损害的偶发事件,是造成损害的外在的和直接的原因,损失都是由风险事故所造成的。风险事故使风险的可能性转化为现实,即风险的发生。如刹车系统失灵酿成车祸而导致人员伤亡,其中,刹车系统失灵是风险因素;车祸是风险事故;人员伤亡是损失。如果仅有刹车系统失灵,而未导致车祸,则不会导致人员伤亡。

对于某一事件,在一定条件下,可能是造成损失的直接原因,则它成为风险事故。而在其他条件下,可能是造成损失的间接原因,则它便成为风险因素。如下冰雹使得路滑而造成车祸,造成人员伤亡,这时冰雹是风险因素,车祸是风险事故;若冰雹直接击伤行人,则它是风险事故。

(三)损失

在风险管理中,损失是指非故意的、非预期的和非计划的经济价值的减少,这一定义是狭义损失的定义。显然,风险管理中的损失包括两个方面的条件:一为非故意的、非预期的和非计划的观念;二为经济价值的观念,即经济损失必须以货币来衡量,二者缺一不可。如有人因病使其智力下降,虽然符合第一个条件,但不符合第二个条件,不能把智力下降定为损失。

广义的损失既包括精神上的耗损,又包括物质上的损失。例如记忆力减退、时间的耗费、车辆的折旧和报废等属于广义的损失,不能作为风险管理中所涉及的损失,因为它们是必然发生的或是计划安排的。

在保险实务中,损失分为直接损失和间接损失,前者是直接的、实质的损失;后者包括额外费用损失、收入损失和责任损失。

风险因素、风险事故和损失三者之间存在一定的关系。风险是由风险因素、风险事故和损失三者构成的统一体,它们之间存在着一种因果关系,简单表述如图8-1所示:

```
┌────────┐  增加或产生  ┌────────┐   引起   ┌──────┐
│ 风险因素 │ ──────────→ │ 风险事故 │ ──────→ │ 损失 │
└────────┘              └────────┘          └──────┘
```

图8-1 风险组成要素之间的关系

四、公司面临的风险表现

公司的运营与风险是一对并蒂莲。公司发展的初级阶段风险的管理一般处于次要的地位。公司走过发展的萌芽期,进入快速成长阶段,建立和完善风险管理体系便成为重要的工作。

公司的重大风险一般包括决策风险、财务风险和与运营风险。很多公司试图通过改善内控体系来防范风险的发生而未将风险管理看作一项系统的工程。

公司的风险表现主要有以下八个方面:

(1)在迅速扩张的过程中,造成财务与业务失控,无法进行风险预警、防范。

(2)缺乏正确的业务流程的指导和风险管理体系的保障,影响管理层对于风险的识别和分析,以及采取相应的决策。

(3)缺乏规范的法人治理结构设置,存在政企不分、职责不清等问题,使企业目标发生偏移;有规范的法人治理结构设置,但运作上存在内部人控制和大股东控制等问题。

(4)缺乏风险意识,没有积极、主动、系统地进行风险管理工作,风险的事前管理缺位、事中和事后管理具有一定的随意性。

(5)缺乏包含决策、管理和具体执行层在内的完整的风险管理组织。

(6)缺乏业务操作手册,导致各部门和岗位的人员对其工作职责和操作程序不清晰,造成部门和岗位间互相推诿或业务上的疏漏,从而使公司较难控制业务,降低工作的效率和效果。

(7)对公司的主要业务缺乏风险识别、评估、管理和监控;内部审计工作限于财务报表审计和经济责任审计,缺乏对公司内控程序执行情况的检查和监督。

(8)缺乏对风险进行定期的复核和再评估,降低了企业适应环境变化,管理和规避风险的能力。

五、风险的分类

风险的分类方法有很多,本章只介绍几种与风险管理有密切关系的分类方法。

(一)按风险损害的对象分类

风险按其损害的对象可以划分为以下三类:

1.财产风险

财产风险是导致财产发生毁损、灭失和贬值的风险。如房屋有遭受火灾、地震的风险,机动车有发生车祸的风险,财产价值因经济因素有贬值的风险。人身风险:是指因生、老、病、死、残等原因而导致经济损失的风险。例如因为年老而丧失劳动能力或由于疾病、伤残、死亡、失业等导致个人、家庭经济收入减少,造成经济困难。生、老、病、死虽然是人生的必然现象,但在何时发生并不确定,一旦发生,将给其本人或家属在精神和经济生活上造成困难。

2.责任风险

责任风险是指因侵权或违约,依法对他人遭受的人身伤亡或财产损失应负的赔偿责任的风险。例如,汽车撞伤了行人,如果属于驾驶员的过失,那么按照法律责任规定,就必须对受害人或家属给付赔偿金。又如,根据合同、法律规定,雇主对其雇员在从事工作范围内的活动中,造成身体伤害所承担的经济给付责任。

3.信用风险

信用风险是指在经济交往中,权利人与义务人之间,由于一方违约或犯罪而造成对方经济损失的风险。

(二)按风险的性质分类

风险按其性质可以分为以下三类:

1.纯粹风险

纯粹风险是指只有损失可能而无获利机会的风险,即造成损害可能性的风险。其所致结果有两种,即损失和无损失。例如交通事故只有可能给人民的生命财产带来危害,而决不会有利益可得。在现实生活中,纯粹风险是普遍存在的,如水灾、火灾、疾病、意外事故等都可能导致巨大损害。但是,这种灾害事故何时发生,损害后果多大,往往无法事先确定,于是,它就成为保险的主要对象。人们通常所称的“危险”,也就是指这种纯粹风险。

2.投机风险

投机风险是指既可能造成损害,也可能产生收益的风险,其所致结果有三种:损失、无损失和盈利。例如,有价证券,证券价格的下跌可使投资者蒙受损失,证券价格不变无损失,但是证券价格的上涨却可使投资者获得利益。还如赌博、市场风险等,这种风险都带有一定的诱惑性,可以促使某些人为了获利而甘冒这种损失的风险。在保险业务中,投机风险一般是不能列入可保风险之列的。

3.收益风险

收益风险是指只会产生收益而不会导致损失的风险,例如接受教育可使人终身受益,但教育对受教育的得益程度是无法进行精确计算的,而且,这也与不同的个人因素、客观条件和机遇有密切关系。对不同的个人来说,虽然付出的代价是相同的,但其收益可能是大相径庭的,这也可以说是一种风险,有人称之为收益风险,这种风险当然也不能成为保险的对象。

(三)按风险造成损失的原因分类

风险按其造成损失的原因可以分为以下六类:

1.自然风险

自然风险是指由于自然现象或物理现象所导致的风险。如洪水、地震、风暴、火灾、泥石流等所致的人身伤亡或财产损失的风险。

2.社会风险

社会风险是由于个人行为反常或不可预测的团体的过失、疏忽、侥幸、恶意等不当行为所致的损害风险。如罢工、盗窃、抢劫、暴动等。

3.经济风险

经济风险是指在产销过程中,由于有关因素变动或估计错误而导致的产量减少或价格涨跌的风险等。如市场预期失误、经营管理不善、消费需求变化、通货膨胀、汇率变动等所致经济损失的风险等。

4.技术风险

技术风险是指伴随着科学技术的发展、生产方式的改变而发生的风险。如核辐射、空气污染、噪声等风险。

5.政治风险

政治风险是指由于政治原因,如政局的变化、政权的更替、政府法令和决定的颁布实施,以及种族和宗教冲突、叛乱、战争等引起社会动荡而造成损害的风险。

6.法律风险

法律风险是指由于颁布新的法律和对原有法律进行修改等原因而导致经济损失的风险。

(四)按风险涉及的范围分类

风险按其涉及的范围可以分为以下两类:

1.特定风险

特定风险是指与特定的人有因果关系的风险,即由特定的人所引起,而且损失仅涉及个人的风险。例如,盗窃、火灾等都属于特定风险。

2.基本风险

基本风险是指其损害波及社会的风险。基本风险的起因及影响都不与特定的人有关,至少是个人所不能阻止的风险。例如,与社会或政治有关的风险,与自然灾害有关的风险,都属于基本风险。

特定风险和基本风险的界限,对某些风险来说,会因时代背景和人们观念的改变而有所不同。如失业,过去被认为是特定风险,而现在认为是基本风险。

第二节　风险管理概论

一、风险管理的起源与发展

风险管理的思想在19世纪已开始出现萌芽,它伴随着工业革命的诞生而产生。当时法国科学管理大师费尧(Henry Fayol)所著的《一般与工业管理》一书中,首先将风险管理思想引入企业经营的过程中,但未形成完整的体系。

　　风险管理自 20 世纪 30 年代产生,在 50 年代末得到推广,当时的风险管理主要集中于对纯粹风险的管理,这些风险经常通过购买保险来加以规避,所以企业风险管理发展于保险购买领域。然而在 20 世纪的 70 年代,风险中出现了一些新元素,即外汇风险、商品价格风险、股票风险、利率风险,这些风险的加剧是由于布雷顿森林体系的解体、两次石油危机的爆发、期权市场的发展等因素所导致的,因而风险管理在 20 世纪 70 年代得到迅速发展。20 世纪 80 年代,金融风险管理方法受到了广泛的重视,这种方法特别强调利用金融衍生品对冲金融风险,这些工具主要包括远期合约、期货合约、掉期交易合约以及期权合约。20 世纪 90 年代后,大量金融衍生工具的不恰当使用使得金融风险加剧,并最终产生了企业风险管理,这种风险管理方式最初正是致力于避免衍生工具带来的灾难,并最终发展到最优化公司的价值。在西方发达国家中,风险管理已普及到大中小企业。

　　风险管理主要经历了以下重要事件:1938 年美国采用了科学管理方法;1952 年格拉尔在调查报告《费用控制的新时期——风险管理》中首先提出风险管理一词;到 20 世纪 60 年代系统地开展了对风险管理的研究,在美国保险管理学会的推动下,风险管理教育在美国风行起来,各大学的"保险学"改为"风险与保险学",有关保险团体也纷纷改名,如 1932 创立的"美国大学保险学教师学会",于 1961 年末改为"美国风险与保险学会";1950 年创立的"全国购买者协会",于 1955 年改为"美国保险管理学会",1975 年更名为"美国风险与保险学会",该学会于 1983 年通过了"101 条风险管理准则",使风险管理更趋向规范化;德国 1970 年引进了美国风险管理理论,进而形成了德国风险政策和美国风险管理的折中性学术观点。法国是世界上首先将风险管理引入企业经营体系的国家,但是目前仍未形成完整的风险管理理论体系。在现代社会,风险管理已在许多发达国家广泛应用。风险管理已成为企业中的一个重要组成部分,它与企业的计划、财务、会计等部门一道,共同为实现企业的经营目标而努力。

　　目前风险管理具有两种形式,一种是保险型风险管理,其经营范围仅限于纯粹风险;另一种是经营型风险管理,其经营范围不仅包括静态风险,还包括动态风险。德国的风险管理一直属于经营管理型风险管理。美国及英、法等国的风险管理也均由保险管理型风险管理逐渐发展到经营管理型风险管理。

　　风险管理之所以得到普遍应用,是因为它有着重要的作用。它对整个经济、社会的作用在于:实施风险管理有利于资源分配最佳组合的实现;风险管理有助于消除风险给整个经济社会带来的灾害损失及其他连锁反应,从而有利于经济的稳定发展;风险管理有助于提高和创造一个有利于经济发展和保障人民生活的良好社会经济环境。

　　风险管理对单个企业的作用主要体现在力图以最小的耗费将风险损失减少到最低程度,保障企业经营目标的实现。其主要表现在:通过系统地处置和控制风险,保障企业经营目标的顺利实现;风险管理有助于企业各项决策科学化和合理化,减少决策的风险性;风险管理措施能够为企业提供一个安全稳定的生产经营环境。

二、风险管理的概念

　　企业风险管理是企业对所面临的所有风险进行风险管理的一种方法,现实中企业风险管理又被称作综合风险管理、全球风险管理。企业风险管理原则或步骤包括五点:风险识别、风险度量、风险管理方法评估、风险管理方法选择以及观察检测结果。

风险管理是指经济单位通过风险识别、风险估测、风险评价,对风险实施有效的控制和妥善处理风险所致损失,期望达到以最小的成本获得最大安全保障的管理活动。

风险管理是研究风险发生规律和风险控制技术的一门新兴管理学科,主要是为了适应现代企业自我发展和自我改造的能力。首先由于科学技术的飞速发展及其广泛应用于社会生活的各个方面,无形中使各种风险因素及风险大大增加,并且使风险事故发生所造成的损失规模产生了很大变化。例如,万吨巨轮遭遇海难、钻井平台倾覆海中等,这都说明,现代化的工业也会造成巨额经济损失,这就对企业所负担的责任,提出更高的管理要求。其次,在现代经济生活中,企业面临着国内外众多商家的激烈竞争,其各种经济活动、经济关系日趋复杂,投机活动也越来越多,使各种动态风险因素剧增,并渗透到社会生产和社会生活的各个方面。企业为了防止可能发生的风险与损失,以及解决损失后如何获得补偿等问题,就必须进行风险识别、风险估测、风险评价,并在此基础上优化组合各种风险管理技术,对风险实施有效的控制和妥善处理风险所致损失的后果,期望达到以最小的成本获得最大安全保障的目标。

三、风险管理目标

风险管理目标由两部分组成:损失发生前的风险管理目标和损失发生后的风险管理目标,前者的目标是避免和减少风险事故形成的机会,包括节约经营成本、减少忧虑心理;后者的目标是努力使损失的标的恢复到损失前的状态,包括维持企业的继续生存、生产服务的持续、稳定的收入、生产的持续增长和社会责任。二者有效结合,构成完整而系统的风险管理目标。

(一)损失发生前的风险管理目标

1.降低损失成本

风险事故的形成势必增加企业的经营成本,影响企业利润计划的实现。因此,企业必须根据本身运作的特点,充分考虑到企业所面临的各项风险因素,并且对这些风险因素可能形成的风险事故进行处理,从而使风险事故对企业可能造成的损失为最小,达到最大安全保障的目标。

2.减轻和消除精神压力

风险因素的存在给人们的正常生产和生活造成了各种心理的和精神的压力,通过制定切实可行的损失发生前的管理目标,便可减轻和消除这种压力,从而有利于社会和家庭的稳定。

(二)损失发生后的风险管理目标

1.维持企业的生存

在损失发生后,企业至少要在一段合理的时间内才能部分恢复生产或经营。这是损失发生后的企业风险管理工作的最低目标。只有在损失发生后能够继续维持受灾企业的生存,才能使企业有机会减少损失所造成的影响,尽早恢复损失发生之前的生产状态。

2.生产能力的保持与利润计划的实现

生产能力的保持与利润计划的实现是损失发生后的企业风险管理工作的最高目标。如何使风险事故对于企业所造成的损失为最小,保证企业的生产能力与利润计划不因为损失的发生而受到严重的影响,是企业风险管理工作中必须策划的目标。为了保证这个目标的实现,企业在制定和设计损失发生后的风险管理的目标过程中,就必须根据企业的资本结构和资产分布状况确定消除风险事故影响的最佳经济和技术方案。

3.保持企业的服务能力

保持企业的服务能力是损失发生后的企业风险管理工作的社会义务目标。企业的社会责任之一就是保证其对于社会和消费者所作出的服务承诺的正常履行,这种责任的履行不仅是为了维护企业的社会形象,而且是为了保证企业发挥作为整个社会正常运转的链条作用。所以,对于企业来说,这个目标具有强制性和义务性的特点。如公共事业必须保证对于公共设施提供不间断的服务,生产民用产品的企业必须能够在损失发生后保证继续履行对于其客户承诺的售后服务,以防止消费者转向该企业的竞争对手。

4.履行社会责任

履行社会责任,即尽可能减轻企业受损对其他人和整个社会的不利影响,因为企业遭受一次严重的损失灾难转而会影响到雇员、顾客、供货人、债权人、税务部门以至整个社会的利益。这是损失发生后的企业风险管理工作的社会责任目标。企业作为社会的一部分,其本身的损失可能还涉及企业员工的家属、企业的债权人和企业所在社区的直接利益,从而使企业面临严重的社会压力。因此,企业在制定自身的风险管理目标时不仅要考虑到企业本身的需要,还要考虑到企业所负担的社会责任。

四、风险管理功能

风险管理具备以下功能:

(1)给组织未来的经营活动提供框架性指导;

(2)促进组织决策、规划的科学性;

(3)提高组织的经营免疫力;

(4)促进组织资源的最优配置;

(5)保护组织的资产和形象;

(6)提高组织的运营效率;

(7)实现组织社会责任目标。

五、风险管理流程简介

公司面临的各种风险可简单划分成内部风险和外部风险,并可进一步划分为战略风险、财务

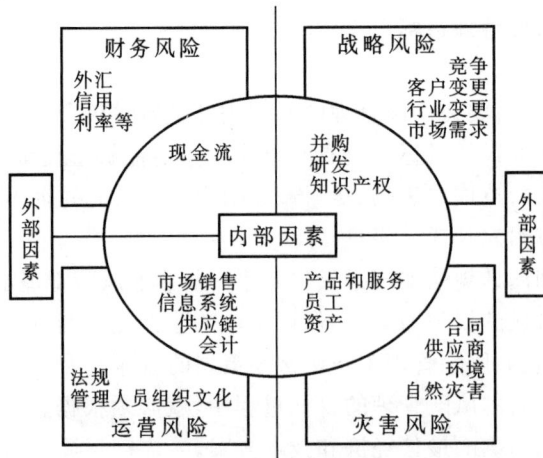

图 8-2　公司风险示意图

风险、运营风险和灾害类风险。下面是公司面临的简单风险和内外部示意图(risk mapping)。

分析公司的经营流程与契约结构也是识别风险的重要方法。无论用哪种方法,风险管理都既是一个整体过程,也是一个个决策过程的综合。其步骤可参见图8-3。

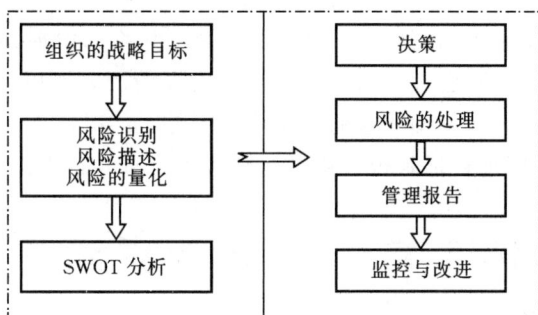

图 8-3　公司完整的风险管理流程

风险管理的基本程序为风险识别、风险估测、风险控制或处理和风险效果评价等四个环节。

1. 风险识别(risk-identification)

风险识别是风险管理的第一步,它是指对企业面临的和潜在的风险加以判断、归类和对风险性质进行鉴定的过程。存在于企业自身周围的风险多种多样、错综复杂。有潜在的、也有实际存在的;有企业内部的,也有企业外部的。所有这些风险在一定时期和某一特定条件下是否客观存在,存在的条件是什么,以及损害发生的可能性等,都是风险识别阶段应予以解决的问题。风险识别即是对尚未发生的、潜在的和客观的各种风险系统地、连续地进行识别和归类,并分析产生风险事故的原因。识别风险主要包括感知风险和分析风险两方面内容,一方面依靠感性认识,经验判断;另一方面,可利用财务分析法、流程分析法、实地调查法等进行分析和归类整理,从而发现各种风险的损害情况以及具有规律性的损害风险。在此基础上,鉴定风险的性质,从而为风险衡量做准备。

2. 风险估测(risk assessment)

风险估测是指在风险识别的基础上,通过对所收集的大量的详细资料加以分析,运用概率论和数理统计,估计和预测风险发生的概率和损失程度。风险估测的内容主要包括损失频率和损失程度两个方面。

损失频率的高低取决于风险单位数目、损失形态和风险事故;损失程度是指某一特定风险发生的严重程度。风险估测不仅使风险管理建立在科学的基础上,而且使风险分析定量化,损失分布的建立、损失概率和损失期望值的预测值为风险管理者进行风险决策、选择最佳管理技术提供了可靠的科学依据。它要求从风险发生频率、发生后所致损失的程度和自身的经济情况入手,分析自己的风险承受力,为正确选择风险的处理方法提供根据。

3. 风险控制或处理(risk treatment)

根据风险评价结果,为实现风险管理目标,选择最佳风险管理技术与实施是风险管理中最为重要的环节,风险管理技术分为控制法和财务法两大类,前者的目的是降低损失频率和减少损失程度,重点在于改变引起风险事故和扩大损失的各种条件;后者是事先做好吸纳风险成本的财务安排。

4.风险管理效果评价

风险管理效果评价是分析、比较已实施的风险管理方法的结果与预期目标的契合程度,以此来评判管理方案的科学性、适应性和收益性。由于风险性质的可变性,人们对风险认识的阶段性以及风险管理技术处于不断完善之中,因此,需要对风险的识别、估测、评价及管理方法进行定期检查、修正,以保证风险管理方法适应变化了的新情况。所以,我们把风险管理视为一个周而复始的管理过程。风险管理效益的大小取决于是否能以最小风险成本取得最大安全保障,同时还要考虑与整体管理目标是否一致以及具体实施的可能性、可操作性和有效性。

第三节 风险管理流程

一、风险识别

(一)风险识别工具

1.财务报表

对财务报表的分析包括对资产负债表和利润表,以及财政预测和预算的检查。现时资产负债表提供了了解公司现期财产载体的线索,而预测和预算则揭示了未来可能的载体。预算显示了计划的未来运营和购买财产所需的支出,了解这些计划的风险管理人员可以识别载体并提出及时的忠告。

2.风险类别表

表 8-1 风险类别表

性质	项目
社会的	道德责任、消费者的压力
政治的	政府干预、外国政府的行动
法律的	民事责任、法定责任、契约责任
财务的	对通货膨胀的预测不正确,错误的销售决定
直接的	各种灾害,如战争、爆炸等
间接的	灾害后的利润损失

3.风险调查表

风险调查表法需要风险管理人员按照一定的要求设计出相应的表式,表式中除需要固定设计一些风险问题,让被调查者按照规范方式回答之外,还需要留有足够的空间让被调查者自由发挥,阐述其对本岗位及企业经营的其他环节所存在的风险的看法,并让其说明理由或举出实例。调查表的格式无统一的要求,各企业可根据自身情况、风险管理需要和被调查者的水平及配合程度自行设计,内容可详可简,可不记名可记名,可即发即填即收,也可发放后隔期收回。

4.损失清单表

损失清单法就是风险管理人员对企业所面临的风险及其可能造成的损失进行列举排队,

类似对企业仓库存货的盘点清查,列出库存物品的品名、品种、规格、数量、价值等项目一样。当然这种排队是基于可识别的和已经识别的风险之上的,所列示的内容是企业生产经营业务人员和管理人员通过生产经营过程和环境的分析,发现并意识到风险因素及其潜在的损失。它的作用类似于一份备忘录,警示风险管理人员不失时机地在生产经营管理的若干环节设防。当然损失清单法不能穷尽企业面临的风险,但列举时应尽量详细、周全。如所列出的风险清单较长,风险的因素很多,风险管理人员可以采用上述的分组分析法,按照一定的标志,将风险划分为若干类别,也就是说损失清单是分页的。

(二)风险识别方法

风险识别的方法主要有:

1.生产流程法

生产流程法是指风险管理部门在生产过程中,从原料购买、投入到成品产出、销售的全过程,对每一阶段、每一环节,逐个进行调查分析,从中发现潜在风险,找出风险发生的因素,分析风险发生后可能造成的损失以及对全过程和整个企业造成的影响有多大。该方法的优点是简明扼要,可以揭示生产流程中的薄弱环节。

2.风险类别列举法

风险类别列举法是指由风险管理部门就该企业可能面临的所有风险,逐一归类列出,进行管理。

3.财务报表分析法

财务报表分析法是指按照企业的资产负债表、财产目录、损益计算书等资料,对企业的固定资产和流动资产进行风险分析,以便从财务的角度发现企业面临的潜在风险和财务损失。众所周知,对一个经济单位而言,财务报表是一个反映企业状况的综合指标,经济实体存在的许多问题均可从财务报表中反映出来。

4.现场调查法

现场调查法是指风险管理部门通过现场考察企业的设备、财产以及生产流程,发现许多潜在风险并能及时地对风险进行处理的方法。

5.分组分析法

企业作为一个大系统是由若干子系统组成的,各子系统又由若干要素构成。企业内部的各个系统和要素之间存在较大的差异,当它们综合为一体时,其风险的生成、发展的线索和轨迹常常会被其系统内部构成的复杂性所掩盖,不易明显展现出来。所以风险管理人员对风险辨别时,按一定的标志将企业生产经营系统划分为若干类别和方面,就能够明显缩小系统内部的差异,使分系统内的各要素更具同质性,使其结构和内容简化,其运行规律更易显露,风险的生成源更易探明,同时,也要确定风险的主要成因和程度。

6.对历史资料的回顾与分析

老练的风险管理人员会随时间的推移而不断积累损失资料(既有本公司的亲身经历,也有行业资料),并运用不同的数量技术来分析这些资料。虽然资料分析主要被运用于风险管理过程的评价步骤,而关于损失种类的资料在识别阶段亦有所帮助。

7.损失清单法

损失清单法就是风险管理人员基于可识别的和已经识别的风险对企业所面临的风险及其可能造成的损失进行列举排队,它的作用类似于一份备忘录,警示风险管理人员不失时机地在生产经营管理的若干环节设防。当然损失清单法不能穷尽企业面临的风险,但列举时应尽量详细、周全。

8.与其他部门的交流

交流有双重目的,一是使每个人都意识到风险,二是帮助风险管理人员了解现实状况。没有人能够清楚知道组织中所发生的每一件事,所以这种帮助很重要。而且,具有风险意识的雇员也可以帮助识别载体,并使风险管理人员能够了解公司运营过程、财产、产品及服务方面的任何改变。这些信息会提醒风险管理人员注意新的损失的可能性。例如,一项新的活动需要经过检查以确保其符合管理规则的要求,新的过程、产品或服务可能是责任风险载体,新添置的财产也有可能未被现有保险所承保。

(三)风险描述

将风险识别出来以后,通常需要使用一些表格的形式对风险的特征进行精确的描述。无论是对组织的日常经营,还是针对某个特定的项目,都可以采用这种做法,其适用性非常广泛。见表 8 - 2。

表 8 - 2　风险的描述

序号	条目	描述
1	风险的名称	
2	风险的波及范围	风险本身、类型、大小、数量的定性描述
3	风险的分类	策略类、运营类、财务类、管理类、合法经营类、灾害类等
4	风险的参与者	谁分担这些风险?各自的期望值如何?
5	风险的量化	发生的频率和烈度
6	风险的期望	暴露于风险之下的总价值;潜在损失或收益的规模与概率;风险控制的目标以及预期
7	风险的处理和控制	对风险进行处理的现行方法;信心指数;审核与监控的方法
8	潜在的改进措施	进一步减少风险的方法与措施
9	策略的制定	确定风险管理策略,并责成职能部门负责日常监管

二、风险估测

在风险估测过程中,可以采用多种操作方法,主要包括定性(qualitative)分析和定量(quantitative)分析,无论何种方法,共同的目标都是找出组织信息资产面临的风险及其影响,以及目前安全水平与组织安全需求之间的差距。

(一)定性分析法(qualitative analysis method)

定性分析方法是目前采用最为广泛的一种方法,它带有很强的主观性,往往需要凭借分析者的经验和直觉,或者业界的标准和惯例,为风险管理诸要素(资产价值,威胁的可能性,弱点被利用的容易度,现有控制措施的效力等)的大小或高低程度定性分级,例如"高"、"中"、"低"三级。

定性分析的操作方法可以多种多样,包括小组讨论(例如 Delphi 方法)、检查列表(checklist)、问卷(questionnaire)、人员访谈(interview)、调查(survey)等。定性分析操作起来相对容易,但也可能因为操作者经验和直觉的偏差而使分析结果失准。与定量分析相比较,定性分析的准确性稍好但精确性不够,定量分析则相反;定性分析没有定量分析那样繁多的计算负担,但却要求分析者具备一定的经验和能力;定量分析依赖大量的统计数据,而定性分析没有这方面的要求;定性分析较为主观,定量分析基于客观;此外,定量分析的结果很直观,容易理解,而定性分析的结果则很难有统一的解释。组织可以根据具体的情况来选择定性或定量的分析方法。

(二)定量分析法(quantitative analysis method)

进行详细风险分析时,最传统的方法还是定量和定性分析的方法。定量分析方法的思想很明确:对构成风险的各个要素和潜在损失的水平赋予数值或货币金额,当度量风险的所有要素(资产价值、威胁频率、弱点利用程度、安全措施的效率和成本等)都被赋值,风险评估的整个过程和结果就都可以被量化了。

简单说,定量分析就是试图从数字上对安全风险进行分析评估的一种方法。定量风险分析中有几个重要的概念:

(1)暴露因子(exposure factor,EF)——特定威胁对特定资产造成损失的百分比,或者说损失的程度。

(2)单一损失期望(single loss expectancy,SLE)——或者称作 SOC(single occurance costs),即特定威胁可能造成的潜在损失总量。

(3)年度发生率(annualized rate of occurrence,ARO)——即威胁在一年内估计会发生的频率。

(4)年度损失期望(annualized loss expectancy,ALE)——或者称作 EAC(estimated annual cost),表示特定资产在一年内遭受损失的预期值。

考察定量分析的过程,从中就能看到这几个概念之间的关系:

(1)首先,识别资产并为资产赋值;

(2)通过威胁和弱点评估,评价特定威胁作用于特定资产所造成的影响,即 EF(取值在 $0\sim100\%$ 之间);

(3)计算特定威胁发生的频率,即 ARO;

(4)计算资产的 SLE:SLE＝Asset Value×EF

(5)计算资产的 ALE:ALE＝SLE×ARO

这里举个例子:假定某公司投资 500 000 美元建了一个网络运营中心,其最大的威胁是火灾,一旦火灾发生,网络运营中心的估计损失程度是 45%。根据消防部门推断,该网络运营中心所在的地区每 5 年会发生一次火灾,于是我们得出了 ARO 为 0.20 的结果。基于以上数据,该公司网络运营中心的 ALE 将是 45 000 美元。

我们可以看到,对定量分析来说,有两个指标是最为关键的,一个是事件发生的可能性(可以用 ARO 表示),另一个就是威胁事件可能引起的损失(用 EF 来表示)。理论上讲,通过定量分析可以对安全风险进行准确的分级,但这有个前提,那就是可供参考的数据指标是准确的,可事实上,在信息系统日益复杂多变的今天,定量分析所依据的数据的可靠性是很难保证的,再加上数据统计缺乏长期性,计算过程又极易出错,这就给分析的细化带来了很大困难,所以,目前的信息安全风险分析,采用定量分析或者纯定量分析方法的已经比较少了。

此外,风险估测常采用两种方法估价每种风险。一种是估计风险发生的可能性或概率,另一种是估计如果风险发生时所产生的后果。一般来讲,风险管理人员要执行以下四种风险管理活动:

(1)建立一个标准(尺度),以反映风险发生的可能性。

(2)描述风险的后果。

(3)估计风险对公司的影响。

(4)确定风险的精确度,以免产生误解。

这两种方法可以从以下几个表中看出:

表8-3估计风险发生的可能性或概率,并对其各自的迹象进行了相关说明。

表8-4估计风险发生的收益可能性或概率,并对其各自的迹象进行了相关说明。

表8-5估计风险发生时损失或收益的可能性或概率,并对其各自的迹象进行了相关说明。

值得注意的是,表8-3和表8-4中的概率值是编者自己人为赋值的,在实际风险管理过程中,风险管理人员可以根据目标公司所处的行业和面对的风险类型进行比较合理的赋值。

表8-3　发生频率的分析——损失

量化估计	描述	重要迹象
高(很有可能发生)	每年都可能发生,或者发生的概率大于0.25	10年内已发生多次,最近三年也发生过
中(有可能发生)	每10年发生一次,或发生概率小于0.25	10年内发生超过一次,历史上曾经发生过
低(不太可能发生)	10年内不太可能发生,或发生的概率小于0.02	从来没有发生过;根据合理掌握的知识认为不太可能发生

表8-4　发生频率的分析——收益

量化估计	描述	重要迹象
高(很有可能发生)	1年内可取得的最好与其成果,或成功概率大于0.75	短期内依靠现有体制并有明确机会取得确定性成果
中(有可能发生)	1年内可取得合理的预期成果,或成功概率在0.25和0.75之间	短期内按照预定计划并在现有体制内无法取得成果,但采取恰当措施则有可能
低(不太可能发生)	1年内不太可能获得预期成果,或成功概率小于0.25	短期内按照预定计划并在现有体制内无法取得成果,管理层暂时也没有恰当的办法

表 8 - 5　关于后果严重程度的分析——损失和收益

风险程度	损失和收益
高	对组织财务状况的冲击巨大;对组织战略和经营活动造成重大影响;引起各关系方的高度关注
中	对组织财务状况的冲击较大;对组织战略和经营活动造成较大影响;引起各关系方的较多关注
低	对组织财务状况的冲击较小(在心理承受线以下);对组织战略和经营活动没什么影响;各关系方不会有很多关注

　　另外,要对每个风险的表现、范围、时间做出尽量准确的判断。对不同类型的风险采取不同的分析办法。

三、风险控制或处理

　　在风险估测之后,风险管理人员会对公司面临的风险进行风险等级划定,从影响程度和发生概率确定风险的大小和高低。具体的风险等级划分可以参照表8 - 6。

表 8 - 6　简明风险程度等级

简明风险程度等级			
影响	高	中等风险	高风险	高风险
	中	低风险	中等风险	高风险
	低	低风险	低风险	中等风险
		低	中	高
	概率值			

　　上述风险分析完毕后,就可以画出任意风险的剖面图,并开始探求对任意风险的处理方法。风险剖面图需要列明风险的种类、性质、分析(频率与后果)、参与方/关系方,并提议处理方法。

　　风险的分析与评估需要达到这样一个效果,即任意风险都要有明确的归属。风险的承担者可以是公司本身及内部的各个构成,也可以是与公司有契约关系的其他组织。

　　通过对风险的识别和估测,公司的管理层应当已经识别出了影响公司战略目标的风险以及其归属,需要考虑采取哪些手段对风险进行处理。风险处理和控制的方法主要包括以下两种:

　　(一)控制法

　　控制法是指避免、消除风险或减少风险发生频率及控制风险损失扩大的一种风险管理方法。主要包括:

　　1.避免

　　避免是指放弃某项活动以达到回避因从事该项活动可能导致风险损失的目的的行为。它是处理风险的一种消极方法。通常在两种情况下进行:一是某特定风险所致损失频率和损失幅度相当高时;二是处理风险的成本大于其产生的效益时。避免风险虽简单易行,有时能够彻底根除风险,如担心锅炉爆炸,就放弃利用锅炉烧水,改用电热炉等,但又存在因电压过高致使电热炉被损坏的风险。但有时因回避风险而放弃了经济利益,增加了机会成本,且避免的采用通常会受到限制。如新技术的采用、新产品的开发都可能带有某种风险,而如果放弃这些计划,企业就无法从中获得高额利润。地震、人的生老病死、世界性经济危机等在现有的科技水平下,是任何经济单位和个人都无法回避的风险。

2. 预防

预防是指在风险发生前为了消除和减少可能引起损失的各种因素而采取的处理风险的具体措施。其目的在于通过消除或减少风险因素而达到降低损失频率的目的。具体方法有工程物理法和人类行为法。前者如精心选择建筑材料,以防止火灾风险,其重点是预防各种物质性风险因素;后者包括对设计、施工人员及住户进行教育等,其重点是预防人为风险因素。

3. 抑制

抑制是指风险事故发生时或发生后采取的各种防止损失扩大的措施。抑制是处理风险的有效技术。例如,在建筑物上安装火灾警报器和自动喷淋系统等,可减轻火灾损失的程度,防止损失扩大,降低损失程度。抑制常在损失幅度高且风险又无法回避和转嫁的情况下采用。

4. 风险中和

风险中和是指风险管理人采取措施将损失机会与获利机会进行平分。如企业为应付价格变动的风险,可以在签订买卖合同的同时进行现货和期货买卖。风险的中和一般只限于对投机风险的处理。

5. 集合或分散

集合或分散是指集合性质相同的多数单位来直接负担所遭受的损失,以提高每一单位承受风险的能力。就纯粹风险而言,可使实际损失的变异局限于预期的一定幅度内,适用大数法则的要求。就投机风险而言,如通过购并、联营等手段,以此增加单位数目,提高风险的可测性,达到把握风险、分担风险、降低风险成本的目的。该方法适用于大数法则,但只适用于特殊的行业、地区或时期。

(二) 财务法

由于人们对风险的认识受许多因素的制约,因而对风险的预测和估计不可能达到绝对精确的地步,而各种控制处理方法都有一定的缺陷。为此,有必要采取财务法,以便在财务上预先提留各种风险准备金,消除风险事故发生时所造成的经济困难和精神忧虑。财务法是通过提留风险准备金,事先做好吸纳风险成本的财务安排来降低风险成本的一种风险管理方法,即对无法控制的风险事前做出财务安排。它包括自留或承担和转移两种。

1. 自留或承担

自留是经济单位或个人自己承担全部风险成本的一种风险管理方法,即对风险的自我承担。自留有主动自留和被动自留之分。采取自留方法,应考虑经济上的合算性和可行性。一般来说,在风险所致损失频率和幅度低、损失短期内可预测以及最大损失不足以影响自己的财务稳定时,宜采用自留方法。但有时会因风险单位数量的限制而无法实现其处理风险的功效,一旦发生损失,可能导致财务调度上的困难而失去其作用。

2. 转移

风险转移是一些单位或个人为避免承担风险损失而有意识地将风险损失或与风险损失有关的财务后果转嫁给另一单位或个人承担的一种风险管理方式。

风险转移分为直接转移和间接转移。直接转移是风险管理人将与风险有关的财务或业务直接转嫁给他人；间接转移是指风险管理人在不转移财产或业务本身的条件下将财产或业务的风险转移给他人。前者主要包括转让、转包等；后者主要包括租赁、保证、保险等。其中，转让是将可能面临风险的标的通过买卖或赠予的方式将标的所有权让渡给他人；转包是将可能面临风险的标的通过承保的方式将标的经营权或管理权让渡给他人；租赁是通过出租财产或业务的方式将与该项财产或业务有关的风险转移给承租人；保证是保证人和债权人约定，当债务人不履行债务时，保证人按照约定履行债务或承担责任的行为；保险则是通过支付保费购买保险将自身面临的风险转嫁给保险人的行为。例如，企业通过分包合同将土木建筑工程中水下作业转移出去，将带有较大风险的建筑物出售等。

上述财务法和控制法的各种形式各有利弊，适用于不同的风险损失类型。

任何对风险的处理都是有经济代价的，判断风险处理的方法是否得当主要是比较风险自身的成本和对风险进行处理的成本，后者小于前者是最低标准。

另外，对某一特定风险进行处理在多数情况下会带来新的风险。一旦新的风险被识别出来，组织应当进行相应的分析与评估。举个简单的例子：在办公大楼内禁止吸烟降低了火灾的频率，安装喷淋系统降低了火灾的烈度。但喷淋系统有可能平时破裂造成水损。在这种时候，风险管理人员需要比较对风险的处理成本是否低于处理后衍生风险的成本，若高，则需要考虑对风险的其他处理手段。

在对风险进行财务处理中，保险是个很重要的方式，但不是唯一的方式。对保险公司进行甄别和选择需要考虑组织的整体风险管理标准。

四、风险管理效果评价

企业在进行了一系列风险管理活动之后，需要对风险管理效果进行评估和反馈。企业风险管理效果评价不像技术咨询、技术设计或投资项目那样，能够用一系列技术经济指标加以评价、测算经济效果。企业风险管理效果评价是在风险管理方案经过一段时间的实施后，才能评价其效果，而且方案的实施程度对企业风险管理效果有直接影响。

(一)企业风险管理后评价的含义及要求

1. 企业风险管理后评价的含义

企业风险管理后评价是指企业实施风险管理方案后的一段时间内(半年、一年或更长一些时间)，由风险管理部门对企业相关部门进行回访，考察企业实施风险管理方案后管理水平、经济效益的变化，并对企业风险管理全过程进行系统的、客观的分析。通过风险管理活动实践的检查总结，评价风险管理问题的准确性，检查风险处理对策的针对性，分析风险管理结果的有效性；通过分析评价找出成败的原因，总结经验教训；通过及时有效的信息反馈，为未来风险管理决策和提高风险管理水平提出建议。

2. 企业风险管理后评价的要求

(1)评价的公正性和独立性。风险管理后评价必须保证公正性和独立性，这是一条重要的原则。公正性标志着后评价及评价者的信誉，独立性标志着后评价的合法性，公正性和独立性应贯穿于风险管理后评价的全过程。

(2)评价的可信性。风险管理后评价的可信性取决于评价者的独立性和实际经验，取决于资料信息的可靠性和评价方法的适用性。可信性的一个重要标志是应同时反映出风险管理的成功经验和失败教训。

（3）评价的实用性。为了使风险管理后评价成果对决策能产生作用，后评价报告必须具有操作性即实用性。后评价报告要有时间性、针对性，应突出重点。

（4）评价的透明性。风险管理后评价的透明度要求是评价的另一项原则。因为后评价往往需要引起风险管理决策者、风险管理决策执行单位及相关部门的关注，从后评价成果的扩散和反馈的效果来看，成果及扩散的透明度越大越好，使更多的人借鉴过去的经验教训。

（5）评价的合作性。由于风险管理后评价涉及企业的各个职能部门，要求各方面融洽合作，使风险管理后评价的工作能顺利进行。

（6）评价的反馈性。反馈是风险管理后评价的主要特点。风险管理后评价的结果要及时反馈到决策部门，作为新的风险管理方案立项和评估的基础，要及时调整风险管理战略与策略，改进和完善风险管理执行中的问题，从而提高风险管理水平的需要，这是风险管理后评价的最终目标。

（二）企业风险管理后评价的程序

企业风险管理后评价应有一个严密、科学的工作程序，后评价工作才能井然有序地展开，评价结果才具有客观性和权威性。企业风险管理后评价可分为 7 个步骤。

1. 建立后评价机构

建立在企业主管风险管理总裁直接领导下的风险管理后评价小组，主要是由具有丰富调查统计经验的人员组成。风险管理后评价的职责是领导、组织、协调风险管理效果的评估工作，包括评估工作计划的制订、指标体系的设定、经费预算、进度、人员培训等。

2. 评价项目的确定

评价项目要根据企业风险管理性质，是企业局部风险管理还是企业整体性战略风险管理。风险管理内容是为加强风险管理打基础还是为促进企业生产技术进步水平；风险管理目的是由侧重于扭转眼前的被动局面，立足于企业长远发展等不同要求来具体确定。对企业局部风险管理应侧重于定量分析计算，以考核实施风险管理方案前后的直接经济效果。而对于企业整体性战略风险管理等宜采用定性和定量相结合，以定性分析为主的方法，评判企业风险管理在打基础、上水平、增效益、提高企业素质方面的积极作用。总之，评价项目只有围绕着企业风险管理原来规定的任务来确定，才能有的放矢。

3. 建立一套科学的评价指标体系

后评价小组根据企业自身特点、风险管理进展情况，建立一套较为客观且可操作的指标体系，制定评价指标应遵守科学性和可操作性原则，使风险管理后评价工作能够全面、客观地反映出企业风险管理实施效果。

4. 资料、数据的搜集

这是后评价工作的一项十分重要的基础工作，关系到后评价结果的客观、准确与否。工作人员应按照后评价指标体系，在企业内外广泛深入地进行资料收集工作。资料搜集方式可采用访问式、问卷式以及查阅历史资料等方式。在搜集过程中，力争做到全面、准确，为下步分析工作奠定基础。

5. 资料、数据的整理

将获得的资料、数据进行分类和统计。在整理过程中，应采用较为科学的分类方法和统计方法，使计算结果客观和可靠。

6.比较、分析

利用上述的统计结果,与前期的有关数据进行比较。如果是初次评价,则将统计结果与有关历史数据进行比较。如果统计数据优于前期数据,说明企业风险管理实施效果较佳,反之说明企业风险管理实施效果欠佳,分析其中存在的问题。

7.总结、反馈

将后评价中所反映出的问题反馈给风险管理决策委员会,为修改、调整风险管理计划提出建设性建议。

(三)企业风险管理后评价的主要内容

目前国内外尚未建立统一的企业风险管理后评价内容、方法和指标体系。对企业风险管理来讲,需要一套符合市场经济规律、符合现代企业制度要求,适用于绝大多数以赢利为主要目的的经营实体运用的风险管理后评价内容、方法、体系和模式。企业风险管理后评价主要内容如下。

1.风险管理决策后评价

风险管理决策后评价是评价现时企业所面临的风险状况和风险管理决策执行的实际情况,验证风险管理前作出的风险预测及对企业风险抵御能力分析是否正确,并重新评价风险管理决策是否符合企业发展的需要。

2.风险管理方案实施情况后评价

风险管理方案实施情况后评价主要是评价风险管理各环节工作实际成绩,总结各环节的经验教训,找出每个阶段的工作对实际风险管理效益和预计风险管理效益的偏差程度。

3.风险处理技术后评价

风险处理技术后评价是通过风险处理方案实际执行后的经济技术参数与执行前预测的数据对照比较,使企业进一步了解风险处理方案的实际情况,找出存在的差距,检验风险处理方案设计的正确程度,为新风险处理方案的评审提供依据。

4.风险管理经济效益后评价

风险管理经济效益后评价是对实施风险处理方案后企业的实际财务状况进行再评价,并与风险处理方案实施前指标对比,分析偏差原因提出改进措施,亦为今后风险管理决策提供参考资料。

5.风险管理社会效益后评价

风险管理社会效益后评价是分析企业风险管理对社会发展目标影响和贡献的一种方法,包括环境影响评价、社会影响评价、经济影响评价等多方面内容的综合评价分析,并作出风险管理后评价的综合结论。

(四)企业风险管理后评价的主要方法和指标

1.征询法

征询法是就企业实施风险管理方案的满意程度向企业职能部门和企业有关人员进行的信函调查法。被调查人员对咨询主要内容进行“满意”、“基本满意”、“不满意”的问卷打“√”,然后对回执加以汇总。若评价结论属“满意”或“基本满意”,说明该风险管理方案富有成效;若属“不满意”。则需进一步分析原因。若“不满意”是因为企业个别相关部门未组织方案实施,则风险管理部门应分析原因帮助其贯彻实施;若因为风险管理方案可操作性差,则应补充完善,使之符合企业实际,以利于实施;若因“药不对症”,则风险管理方案是失败的。

2.评分法

评分法是由风险管理后评价小组负责人组织企业领导、职能部门和车间业务骨干等参加座谈会,收集有关风险管理的各种意见,散发"企业风险管理方案执行情况评分调查表",并向与会人员解释填表方法。

3.计算法及企业风险管理后评价的主要指标

计算法以技术经济指标为依据,直接或间接计算风险管理方案对企业的贡献。可以列出一些评价指标,在此不再赘述。但值得注意的是:①必须用方案本身所带来的直接效益来评价风险管理效果;②在计算风险管理效益时,对实施方案所需的投入(费用)必须扣除;③对评价指标之间的交互作用,经鉴别后要剔除重复计算的部分。

第四节　风险管理的其他问题

一、风险管理中的汇报渠道与沟通

(一)内部汇报渠道

优秀的风险管理体制应当给组织中不同级别的机构和人员提供不同的信息。

在风险管理中,董事会及成员应当做到以下几点:①知道组织面临的最主要战略风险,知道组织实际经营效果与各方预期之间的差异及其后果;②确保组织里各级机构及员工都有恰当的风险意识;③知道组织应当如何进行危机处理;④意识到股东对组织信心与信任的重要性;⑤知道如何管理与投资机构的沟通;⑥知道风险管理系统是否在有效运行;⑦公布组织的风险管理政策、哲学和重要使命。

各营业机构应当做到:①知道各自工作范围内的主要风险以及对其工作业绩的影响;②设立明确的运营指标作为基准,以定期考察实际经营效果与预期之间的差异,并提供改进建议;③向高级管理层随时或定期汇报新出现的风险,或当前体制中存在着的风险控制瑕疵。

基层员工应当做到:①了解组织风险管理系统的基本要求;②了解自己工作职责内的主要风险;③知道应当如何持续改进其各自工作范围内的风险管理;④意识到个人风险管理和风险意识对组织的重要性;⑤向上级管理层随时或定期汇报新出现的风险,或当前体制中存在着的风险控制瑕疵。

(二)外部汇报渠道

任何组织都需要向其投资人或主管部门定期汇报风险管理政策,及其实施的有效性。随着时代的不断进步,越来越多的投资人、社会公众和主管部门会对组织的非财务性经营成果表示关注,例如环保、安全生产、社区形象等等,因此组织对外通报其风险管理政策与效果提出了新的要求。

出色的风险管理体制应当提供操作性很强的方法,以达到保障组织的生存,促进其发展,保护投资人和社会公众利益的最终目的。

对于经营透明度要求很高的公共组织(例如政府或上市公司)来说,以正式途径向公众或直接利益方通报其风险管理政策更是举足轻重。这里处理失败的例子举不胜举,值得深思。

正式通报途径应当明确指出以下内容:①对风险的控制手段,尤其是主管人员对风险管理的责任与义务;②识别风险的流程,以及组织风险管理体系的处理方法;③对重大风险的控制手段；④风险管理的监督与改进机制。

任何现有风险管理系统没有涵盖的重大风险，或者系统本身的瑕疵都应当及时向组织外部关系方进行通报，并提出行动计划。

二、风险管理的结构与日常管理

(一)风险管理政策

任何组织的风险管理政策都应当以书面方式表达，并明确提出组织对风险的认识和管理思路(即"风险文化")。该政策应当对风险管理职责在组织内的分配做出清楚的分工。此外，风险管理政策应当尽可能多地援引组织所处法律和政策环境的要求。法律规定是对风险管理的最低要求。

风险管理政策应当提出针对组织运营特点的风险识别、分析与评估方法，要做到简单明了，以便于组织各级机构掌握，组织的最高决策层应当对风险管理政策的制订负全面责任。

(二)董事会的角色

董事会负责确定组织风险管理的战略方向，创造并维护一个能够让风险管理机制有效运行的大环境。董事会可以下令成立"风险管理委员会"，由组织内高级管理人员组成；也可以委任"首席风险官"来全权处理风险管理事务。

董事会至少应当考虑如下事项：①组织承担负面风险的极限；②这些负面风险一旦发生，组织的命运如何；③如何对这些负面风险进行主动管理；④主动管理这些负面风险的能力极限；⑤主动管理这些负面风险的成本极限；⑥主动管理这些负面风险的预期效果；⑦主动管理这些负面风险的决策。

(三)各营业机构的角色

组织内部各营业机构至少应当考虑如下事项：①各自领域内主要风险是否在日常工作中得到了有效管理；②如何在各自机构内部提高风险意识；③从事的特定项目是否在不同阶段都有相应的风险管理措施；④是否有定期对各自领域内的风险进行审核的机制。

(四)风险管理专职部门的角色

根据组织的规模大小和经营复杂程度，可以设立如下专职机构：①风险管理委员会；②首席风险官；③全职风险管理经理；④兼职风险管理经理；⑤风险管理协调人。

当前判断一个组织是否实力雄厚的重要依据是看该组织的官方网站，但是，判断一个组织的实力也好，发展前景也好，更应当看该组织是否有专门的风险管理职能部门。这是个重要的分水岭。

全职风险管理经理应当至少负责如下事务：①受董事会委托具体制订组织风险管理战略和政策；②在组织内部推行组织的风险文化，提高全员风险意识；③向组织内部机构提供风险管理培训；④给每个营业机构设立内部风险政策和目标；⑤根据组织特点设计并执行风险管理计划；⑥受理组织内部及外部关于改进风险管理的建议和意见；⑦制定危机处理计划；⑧编写、修订组织的《风险管理手册》；⑨向董事会或首席执行官汇报风险管理事务，并接受董事会委托向组织外部有关方面通报风险管理事项。

(五)内部审计的角色

内部审计的功能和角色因组织具体情况而有很多不同，但在风险管理上，至少应当承担以下任务：①审查组织风险管理政策在各机构的执行情况；②向风险管理专门机构提供评估报告；③普及并提高内部审计人员的风险意识。

（六）人力资源部的角色

人力资源部在风险管理上应当承担以下任务：①在工作描述中明确各职位的风险管理功能；②配合风险管理专门部门对组织全体成员提供风险管理培训。

组织也可以充分利用诸如专业的风险管理、安全管理咨询机构、保险公司的防灾防损服务、政府主管部门的监督检查机构、行业协会等外部资源来帮助组织制订、实施风险管理政策与计划。

（七）对风险管理的监督和审核

有效的风险管理机制不是一个密不透风的铁罐子，而应当有充分的弹性采纳来自各方面的改进意见。另外，组织和其外部环境都是在不断发展、变化中的，因此需要对组织的风险管理系统进行日常监督和定期审查，以保证其可靠性和有效性。

监督和审核机制主要考察以下事项：①风险管理系统是否达到预期效果；②风险管理程序是否合理；③风险信息及其采集方法是否有效；④是否有新的风险管理知识、技术、方法产生。

（八）风险管理部门与组织内其他部门的关系

自 20 世纪 70 年代以来，风险管理在组织中发挥的作用一直在高速地发展、变化。70 年代的风险管理负责的仅仅是对组织各种保险的安排和管理，例如财产保险，责任保险，劳工赔偿保险等等。主要思路是统一管理组织需要的各种保险——也就是以支付固定保险费为经济代价将风险转移给保险公司，并相应地负责一些安全管理职能，例如防灾、防损等。

这一时期风险管理职能多数情况下是由财务部兼任的，毕竟安排保险也好，向保险公司索赔也好都和财务有直接关系。组织内部并没有大规模出现具有独立职责的风险管理部门，也很少有专职风险管理经理。

20 世纪 70 年代后期到 80 年代中期，风险管理开始在组织中起到越来越大的作用，其职责也从最初对保险进行管理升级到了要保证企业的财务稳定与健康。这阶段出现了很多非保险方式的风险处理方法，例如提高风险自留额，设立内部风险基金，最后出现了组织专属的自保公司。风险管理在组织中开始真正介入到管理层面上来，出现了专职的风险管理经理，统一管理组织（尤其是跨国组织）在全球的各种风险，包括但不限于财产损失风险，财务损失风险，法律责任风险，人员损失风险等等。风险管理经理开始与组织内部的有关部门，例如法律部门，审计部门，质量控制部门，安全生产部门，人力资源部门等开始全面的合作。

一直到现在，大多数西方企业依然处在这一阶段的后期，风险管理经理在组织中具有非常重要的地位，通常是直接向首席财务长官汇报。图8-4是一个在今天依然有很多跨国公司采用的风险管理组织机构图。

自从 20 世纪 90 年代以来，随着跨国业务的飞速发展，以及组织面临风险的多样化和复杂化，要求风险管理必须发挥更多的主动管理作用，而不是传统的等风险出现后对之进行处理。这要求风险管理必须全面涉及组织的各个方面，而且能够在对过去和现在进行科学分析的基础上，为组织

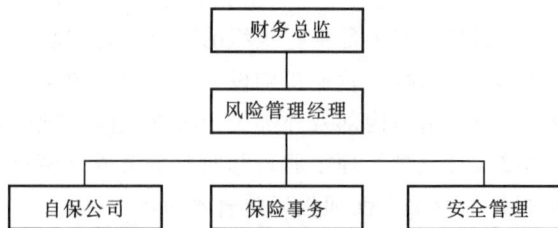

图 8-4 风险管理组织机构图

的决策者提供前瞻性的信息和依据,真正做到高瞻远瞩,未雨绸缪。一些最先进的跨国公司开始考虑对组织面临的各种风险进行统一的、全面的管理,这就是今天一些风险管理人士津津乐道的企业风险管理(enterprises risk management,ERM)。

在这一新体系下,风险管理承担了前所未有的重要职责,风险管理者在组织中的地位也比以往任何时候都重要。下图是目前全世界最先进的跨国公司采用的风险管理组织结构。

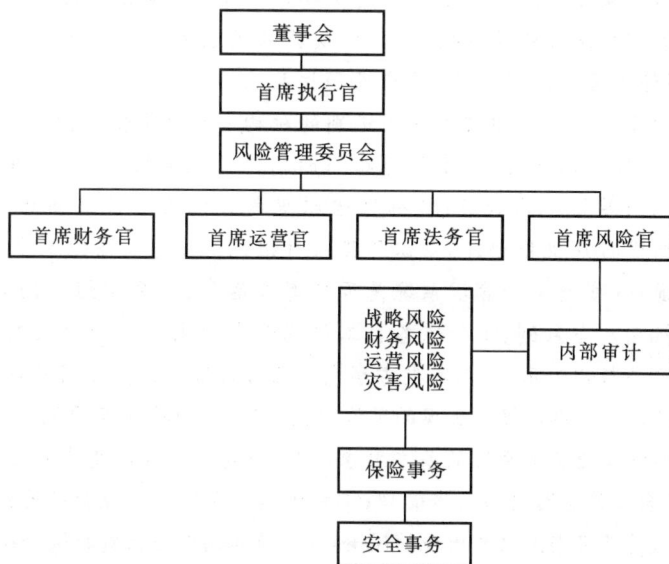

图 8-5　最先进的跨国公司采用的风险管理组织结构

本章小结

古典经济学家在 19 世纪就提出了风险的概念,认为风险是经营活动的副产品;20 世纪以来,风险定义可分为两类:狭义风险和广义风险。狭义风险的定义:风险是损失的不确定性。广义风险的定义:风险是预期与实际结果的差异。

风险是一种客观存在损失的发生具有不确定性的状态。它具有三个特征:①风险存在的客观性和普遍性。作为损失发生的不确定性,风险是不以人的意志为转移的,并超越人们的主观意识而客观存在。人们常说"天有不测风云,人有旦夕祸福"。这说明风险具有普遍性。②风险发生的偶然性和必然性。风险发生的偶然性表现在任何具体风险的发生都是诸多风险因素和其他因素共同作用的结果,是一种随机现象。风险发生的必然性是指虽然个别风险事故的发生是偶然的、杂乱无章的,但对大量风险事故资料的观察和统计分析,发现其呈现出明显的运动规律。③风险的可变性。风险的可变性是指风险在一定条件下是可以转化的。

公司的运营与风险是一对并蒂莲。公司发展的初级阶段风险的管理一般处于次要的地位。公司走过发展的萌芽期,进入快速成长阶段,建立和完善风险管理体系便成为重要的工作。公司的重大风险一般包括决策风险、财务风险与运营风险。很多公司试图通过改善内控体系来防范风险的发生而未将风险管理看作一项系统的工程。

企业风险管理是企业对所面临的所有风险进行风险管理的一种方法,现实中企业风险管理又被称作综合风险管理、全球风险管理。企业风险管理原则或步骤包括以下几点:风险识别、风险估测、风险控制或处理以及风险管理效果评价。①风险识别是风险管理的第一步,它是指对企业面临的和潜在的风险加以判断、归类和对风险性质进行鉴定的过程。②风险估测是指在风险识别的基础上,通过对所收集的大量的详细资料加以分析,运用概率论和数理统计,估计和预测风险发生的概率和损失程度。③根据风险评价结果,为实现风险管理目标,选择最佳风险管理技术与实施是风险管理中最为重要的环节,风险管理技术分为控制法和财务法两大类。④风险管理效果评价是分析、比较已实施的风险管理方法的结果与预期目标的契合程度,以此来评判管理方案的科学性、适应性和收益性。

优秀的风险管理体制应当给组织中不同级别的机构和人员提供不同的信息。在风险管理中,董事会及成员应当做到以下几点:①知道组织面临的最主要战略风险;知道组织实际经营效果与各方预期之间的差异及其后果;②确保组织里各级机构及员工都有恰当的风险意识;③知道组织应当如何进行危机处理;④意识到股东对组织信心与信任的重要性;⑤知道如何管理与投资机构的沟通;⑥知道风险管理系统是否在有效运行;⑦公布组织的风险管理政策、哲学和使命。各营业机构应当做到:①知道各自工作范围内的主要风险以及对其工作业绩的影响;②设立明确的运营指标作为基准,以定期考察实际经营效果与预期之间的差异,并提供改进建议;③向高级管理层随时或定期汇报新出现的风险,或当前体制中存在着的风险控制瑕疵。基层员工应当做到:①了解组织风险管理系统的基本要求;②了解自己工作职责内的主要风险;③知道应当如何持续改进其各自工作范围内的风险管理;④意识到个人风险管理和风险意识对组织的重要性;⑤向上级管理层随时或定期汇报新出现的风险,或当前体制中存在着的风险控制瑕疵。

任何组织都需要向其投资人或主管部门定期汇报风险管理政策及其实施的有效性。随着时代的不断进步,越来越多的投资人、社会公众和主管部门会对组织的非财务性经营成果表示关注,例如环保、安全生产、社区形象等等,因此组织对外通报其风险管理政策与效果提出了新的要求。出色的风险管理体制应当提供操作性很强的方法,以达到保障组织的生存,促进其发展,保护投资人和社会公众利益的最终目的。对于经营透明度要求很高的公共组织(例如政府或上市公司)来说,以正式途径向公众或直接利益方通报其风险管理政策更是举足轻重。这里处理失败的例子举不胜举,值得深思。正式通报途径应当明确指出以下内容:①对风险的控制手段,尤其是主管人员对风险管理的责任与义务;②识别风险的流程,以及组织风险管理体系的处理方法;③对重大风险的控制手段;④风险管理的监督与改进机制。

案例分析

海尔集团并购通用家电的案例分析

一、案例介绍

2016 年 6 月 7 日,海尔集团("海尔")控股 41% 的青岛海尔股份有限公司(SH600690,"青岛海尔")和通用电气(纽交所:GE)联合宣布,双方已就并购交易签署所需交易交割文件,这标志着通用家电正式成为海尔大家庭中的一员。这场并购的完成,不但意味着海尔将成为家电行业全球布局最完整的公司,也意味着海尔全球的资管工作将发展至历史新高度。

2016 年 1 月 14 日,海尔集团与通用电气签署了《股权与资产购买协议》。2016 年 6 月 7 日,家电行业的这两大巨头正式签署了所需交易交割的文件,交易总额为 55.8 亿美元,海尔集团通过自有资金(40%)和贷款(60%)方式来支付。交易标的:通用电气及其子公司所持有的家电业务资产;股权部分包括 10 家全资子公司的 100% 股权和 3 家合资公司的部分股权,以及 3 家公司中的少数股权;非股权资产包括通用电气及其子公司所持有的与业务相关的不动产、相关知识产权、软件与技术、相关政府许可及授权等;拟承接的负债包括所承接的合同下产生的负债,以及税务协议下收购方需缴纳的相关税负等。

1. 通用电气公司简介

通用电气公司,即美国通用电气公司(General Electric Company,简称 GE,创立于 1892 年,又称奇异公司,NYSE:GE),是世界上最大的提供技术和服务业务的跨国公司。2016 年 10 月,通用电气公司排 2016 年全球 100 大最有价值品牌第十名。美国通用电气公司 2017 年 6 月 1 日宣布,在天津空港经济区启用其首个美国以外、服务于多个业务部门的智能制造技术中心。在 2017 年 6 月 7 日发布的 2017 年《财富》美国 500 强排行榜中,排名第十三。2017 年 6 月,《2017 年 BrandZ 最具价值全球品牌 100 强》公布,通用电气公司排名第十九位。

2. 海尔集团简介

海尔集团创立于 1984 年,是全球大型家电第一品牌。2017 年 1 月 10 日,世界权威市场调查机构欧睿国际正式签署发布的 2016 年全球大型家用电器品牌零售量数据显示,海尔大型家用电器 2016 年品牌零售量占全球市场的 10.3%,居全球第一。这是自 2009 年以来海尔第八次蝉联全球第一。此外,海尔冰箱、洗衣机、酒柜、冷柜也分别以大幅度领先第二名的品牌零售量继续蝉联全球第一。海尔在全球有 10 大研发中心、21 个工业园、66 个贸易公司、143330 个销售网点,用户遍布全球 100 多个国家和地区。2017 年 6 月 22 日,海尔居中国 500 最具价值品牌排行榜第三。2016 年海尔集团利润总额达 81.8 亿,同比上年 69.8 亿增长 12 亿。

二、并购动因

1. 从海尔集团的角度来看

(1)海尔的全球家电市场格局。海尔如果想要实现全球家电市场格局,北美市场就是海尔必须攻克的首要难题。北美市场是一个相对成熟的家电市场,市场竞争尤为激烈,海尔要进入这样一个成熟市场树立品牌相对较难。通用家电是通用电气传统起家业务和重要业务部门之一,已有百年历史,在美国拥有超高的市场地位和品牌认知度,通过并购通用家电可以有效弥补海尔在国际上人才、技术、品牌、海外渠道等方面的不足,从而打开北美市场,加快海尔形成全球家电市场格局。

(2)海尔的"年轻之路"。海尔集团创立于 1984 年,成长在改革开放的时代浪潮中,拥有 30 多年的发展历程,是传统的"中国制造"。随着"小众品牌"家电的日益壮大,海尔集团"品牌老化"问题显得尤为突出。然而此时通用家电已在美国建立了一个专门对接各种"小众品牌"的社群,通用家电的很多创意都是通过这个平台进行交互的。海尔通过并购通用家电后,不仅全力支持其做大做强,并将其引进到国内市场,力求与更多的年轻群体建立联系,促使海尔品牌走向"年轻"之路。

2. 从通用家电的角度来看

(1)通用家电的选择。由于通用电气的业务重心发生了转移,所以将其家电业务出售,但通用的家电业务本身仍然处于盈利状态,因此受到了许多企业的青睐。相对于其他企业而言,海尔拥有优秀的整合能力,并拥有多次整合外资品牌的成功经验,有利于通用家电的后续发展。

(2)通用家电的全球化发展。海尔是全球化的企业,多年来一直致力于全球化发展,相对而言通用家电员工的平台仅局限于通用电气平台,局限于美国,加入海尔集团后,他们可在海尔集团的全球市场中寻找机会。

三、案例分析

（1）海尔集团此次并购的最终交易价格为55.76亿美元，约合人民币387.92亿元，其中33亿美元折合人民币为218.55亿元的并购贷款由青岛海尔全资子公司向国家开发银行股份有限公司申请。而海尔集团在2015年的净利润就已下降19.4%，在这种不利的情形下又增加了如此巨大的贷款，这无疑加重了企业的偿债负担。资金成本增加，还本付息的压力也随之增大且全部款项用现金方式支付，影响了企业的现金流，进一步加大了企业的债务负担。

（2）早在1994年海尔就在美国投资设厂，历经八、九年的亏损之后才站稳脚跟，但直到2016年在美国的市场份额也仅仅只有1.1%，而通用家电在美国的市场份额将近20%，通过跨国并购的方式来打开美国市场，从而实现海尔的全球家电市场格局也不失为一条捷径；海尔作为中国老品牌的代表一直致力于向新时代的转型中，通过并购吸收新鲜血液、先进技术、创新精神可以更快更有效地跟紧时代步伐，改善"老化问题"。

（3）有消息显示，通用家电当初并没有选择报价最高的企业而选择了海尔的原因，是看中了海尔国际化整合的成功经验。并购完成后，海尔对外公布的细节显示，海尔将给予通用家电高度自治权，保留通用家电美国总部、设立独立市场和产品团队，让其继续独立运营，将文化差异带来的震荡降到最低。海尔的"人单合一"也会应用于通用家电，并根据本土情况作"轻度整合"，从而调动员工积极性，实现多元文化的并存。

此次并购通用家电后，海尔的业务范围拓展到了北美地区，加快了海尔的全球化进程；海尔与通用家电共有涉及13个产品品类的供应商，通过对通用品类进行全球采购优化供应商资源，从而实现降本增效的成本协同效应；海尔可充分利用通用家电领先的研发实力与技术帮助自身发展；并且此次并购后极大地提高了海尔的业绩。

资料来源：赵丹铜.商场现代化，2017(14).

关键术语

纯粹风险 投机风险 收益风险 特定风险 战略风险 财务风险 运营风险 灾害类风险 风险识别 风险估测 风险评价 风险效果评价 生产流程法 损失清单法 暴露因子 单一损失期望 年度发生率 年度损失期望

思考练习题

1.简述风险的定义。

2.风险有哪些分类？

3.风险有哪些主要特征？

4.什么是风险管理？

5.风险管理有哪些职能？

6.简述风险管理的过程。

7.简述风险管理的总目标。

8.简述风险管理的一般目标。

9.风险管理有哪些目标准则？

10.识别风险有哪些方法和工具？

11.风险管理效果评价的含义是什么？有哪些要求？

12.风险管理的内部渠道和外部渠道有哪些？

第九章　投资管理

本章要点

1. 投资的含义、分类
2. 投资决策的非贴现现金流量法和贴现现金流量法
3. 净现值、现值指数和内部报酬率三种方法的比较
4. 长期证券投资的程序
5. 投资风险测算与投资风险敏感性分析法
6. 提高投资决策科学性的途径

第一节　投资管理概述

一、投资的含义

从广义上说,投资是为了取得更多的利润而发生的现金支出。它包括用于厂房、机器设备等长期资产的新建、改建、扩建或购置的投资,包括购买政府债券、金融债券、企业债券和公司股票的投资,还包括以企业资产采用联营方式等向外单位投资。

一个企业要生存、发展,就必然会面临各种各样的投资决策问题,如:是开发或购买新生产线,还是维持现有的生产线;是购置新设备还是继续使用旧设备;是购买质好耐用价高的设备,还是购买质量一般不太耐用但价格低廉的设备;是否要在外地和境外成立分公司以开拓外地和境外市场;等等。一个好的投资决策会使企业获得丰厚的利润,建立良好的企业形象;而一个坏的投资决策,轻则会使企业劳而无功,重则可能导致企业一蹶不振,难以恢复元气甚至破产。作出坏投资决策的原因可能是多种多样的,如:未进行严密分析,就轻率作出决策;在分析过程中忽视了一些影响方案的重要因素;等。

企业投资既是简单再生产的基础,也是扩大再生产的条件,同时还是调整企业生产能力构成和发展新产品、调整产品结构的主要手段。从投资量说,总是越多越好,但在一定时期内,企业的资金是有一定限度的,如何以有限的资金投入到风险相对较小并能取得丰厚利润的项目,就需要搞好投资管理。只有用科学的方法,按科学的程序进行投资决策分析,才能保证投资的正确合理,使企业得到好的效益,增加企业的财富,才能使企业立于不败之地。

二、投资的分类

企业投资,可以从不同的角度进行分类。

(一)按投资的性质分类

投资按其性质可分为生产性资产投资和金融性资产投资。

1. 生产性资产投资

生产性资产投资包括以下几种：与企业创建有关的创始性投资，如建造厂房，购置机器设备、原材料等；与维持企业现有经营有关的重置性投资，如更新已老化或损坏的设备进行的投资；与降低企业成本有关的重置性投资，如购置高效率设备替代虽能用但低效率的设备进行的投资；与现有产品和市场有关的追加性投资，如为增加产量、扩大销售量所进行的投资；与新产品和新市场有关的扩充性投资，如为新产品和新生产线、开拓新市场进行的投资。

以上生产性资产投资，需要企业首先提出各种不同的可供选择的投资方案，然后利用一定的投资决策方法从中选择最佳方案。通常在实际工作中，以上投资往往是交织进行的，例如，在更新设备过程中，可能会对设备进行一定改造，以达到适当扩大生产规模的目的，这样，就同时会有重置性投资和追加性投资。

2. 金融性资产投资

金融性资产投资即证券投资，它包括对政府债券、企业债券、股票、金融债券及票据等的投资。

(二)按投资时间长短分类

投资按其时间长短可分为长期投资和短期投资。

1. 长期投资

长期投资是指在一年以上才能收回的投资，主要是对厂房、设备以及无形资产的投资，也包括一部分长期占用在流动资产上的投资和时间在一年以上的证券的投资。由于在长期投资中固定资产投资所占比重最大，因此，有时称长期投资为固定资产投资。

2. 短期投资

短期投资是指可以在一年以内收回的投资，主要包括现金、有价证券、应收账款、存货等流动资产。短期投资，亦称为流动资产投资。

公司的投资分为短期和长期投资，体现了各类资金运用的特点，并且在管理上有不同的要求，应选用不同的技术方法，这是提高管理水平和效益所必需的。但是，财务管理是整体管理，在做长、短各类资产管理的同时，还应了解它们相互间的关系和影响，管好投资才能完成理财的目标。

(三)按对未来的影响程度分类

投资按其对未来的影响程度，可分为战略性投资和战术性投资。

1. 战略性投资

战略性投资是指对企业全局及未来有重大影响的投资，如对新产品投资、转产投资、建立分公司等等。这种投资往往要求投资数量大、回收时间长、风险程度高，因此，要求从方案的提出、分析、决策和实施都要按严格的程序进行。

2. 战术性投资

战术性投资是指不影响企业全局和前途的投资，如更新设备、改善工作环境、提高生产效率等的投资。这种投资一般涉及的投资量不大，风险较低，见效较快，而且发生次数比较频繁，因此，一般由企业的部门经理经过研究分析后提出，经过批准即可实施，不必花很多的研究、分析费用。

(四)按投资的风险程度分类

投资按其风险程度可分为确定性投资和风险性投资。

1.确定性投资

确定性投资是指风险小、未来收益可以预测得比较准确的投资。在进行这种投资决策时,可以不考虑风险问题。

2.风险性投资

风险性投资是指风险较大、未来收益难以准确预测的投资。大多数战略性投资属于风险性投资,在进行决策时,应考虑到投资的风险问题,采用一定的分析方法,以作出正确的投资决策。

(五)按投资发生作用的地点分类

投资按其发生作用的地点,可分为企业内部投资和外部投资。

1.企业内部投资

企业内部投资是指把资金投入本企业的生产经营。

2.企业外部投资

企业外部投资是指把资金投入外企业,其目的是为了获得投资收益或控制其他企业的生产经营。这种投资可以以现金、存货、固定资产和无形资产等多种形式进行。随着我国经济发展的迅速增长,此类投资还会逐渐增多。

每项投资活动都会给企业带来预期收益,同时也会发生预期费用损失。成功的理财应该全面地充分地考虑环境诸因素的影响,考虑货币的时间价值、投资风险价值和资本成本等因素的影响,在预期收益与预期费用之间进行权衡,在若干投资方案中选择最佳投资方案,尽可能提高资金使用的经济效益和社会效益。在生产经营活动中对已经投入使用的资产项目进行有效的管理是十分重要的,它是投资决策时预计目标能否付诸实施的实践环节。因而,投资管理更能体现企业的财务管理水平。

三、投资的基本程序

由于投资有短期投资和长期投资之分,它们各自有其鲜明的特点,因而它们投资的基本程序是不同的。

(一)短期投资的特点和基本程序

短期投资主要是对流动资产的投资,与长期投资相比,一般有以下特点:

(1)需要资金数量较小,不会对企业的财力及财务状况造成大的影响。

(2)回收时间短,通常可在一年内通过销售收回。

(3)变现能力较强,如果企业在短期内急需资金,可以通过转让、贴现、变卖等手段将投资在有价证券、票据、存货等方面的资金变为现金,以解燃眉之急。

(4)投资发生次数频繁,企业通常在一个月内就发生数次短期投资。

(5)波动较大,短期投资会随企业经营情况的变化而变化,时高时低。

(6)风险较小。短期投资一般在一年内即可收回,而人们对短期预测的准确程度远远高于长期预测的准确程度,所以风险不大。

短期投资的以上特点决定其程序也比较简单,一般不用考虑资金时间价值因素、风险因素,也不需要花很大的人力、物力对每笔投资都进行周密的调查、分析、研究。一般说,应按以下程序进行短期投资管理。

(1)由基层管理人员根据营业需要提出投资方案。

(2)由部门财务经理对投资的成本和收益进行分析,如果收益大于成本支出,可接受投资方案,进行投资;如果成本大于收益,则应拒绝该投资方案。

(3)投资方案实施后,对投资结果作出评价,为企业今后的短期投资决策积累经验。

(二)长期投资的特点和基本程序

1.长期投资的特点

长期投资主要指对固定资产的投资,是为扩大企业生产经营能力进行的。与短期投资相比,一般具有以下特点:

(1)投资所需的金额大。长期投资对企业的财务状况、资金结构会产生较大的影响。

(2)回收时间长。长期投资项目的回收期都在一年以上,而一些大项目需要十几年甚至几十年才能收回投资。

(3)变现能力弱。长期投资决策一旦实施完成后,如果企业要改变投资方向收回投资,那是相当困难的。

(4)发生次数少。企业固定资产的投资次数一般不多,尤其是投资额在几十万、几百万元以上的项目,不是每年都发生的。

(5)风险大。由于长期投资回收期长,投资者对项目实施过程中可能发生的意外,以及投产后的收益等是很难预测准确的。

2.长期投资的基本程序

由于长期投资有以上特点,所以在进行长期投资决策时需要作详尽的分析,以科学的方法进行论证,并要按程序进行投资管理。一般情况下,长期投资的基本程序包括以下几个步骤:

(1)投资规模较大的项目一经提出,就应组织有关各部门的专家对投资项目进行可行性研究;投资规模较小的长期投资项目,一般由部门经理提出。

(2)对投资项目进行评价,评价过程通常如下:

①估计投资方案的未来现金流量。

②根据未来现金流量的概率分布资料,预计未来现金流量的风险。

③确定资金成本率。

④运用适当的折现率计算未来收入的现值。

第二节　投资决策

为了客观、科学地分析评价各种投资方案是否可行,一般应使用不同的指标,从不同的侧面或角度反映投资方案的内涵。各项指标在大多数情况下对于方案的取舍是一致的,但有时也会出现不一致的情况。在投资决策的分析评价中,应根据具体情况采用适当的方法来确定投资方案的各项指标,以供决策参考。投资决策的分析方法,按照其是否考虑"货币时间价值"可分为非贴现现金流量法和贴现现金流量法两类。

其区别在于:非折现法不考虑资金的时间价值,计算比较简单;折现法考虑资金的时间价值,计算较为复杂。前者主要有投资回收期法、平均报酬率法;后者主要有净现值法、现值指数法、内部收益率法和外部收益率法。

一、投资回收期法

投资回收期是指回收某项投资所需的时间(通常为年数)。这是一种根据重新回收某项投资金额所需的时间来判断该项投资方案是否可行的方法。一般而言,投资者总是希望尽快收回投资,即投资回收期越短越好,这同时也说明了回收期越短,该项投资所冒的风险程度就越小。

运用投资回收期法进行决策时,应当首先将投资方案的投资回收期同决策者主观上的期望投资回收期相比较:如果方案的投资回收期小于期望回收期,可接受该投资方案;如果方案的投资回收期大于期望回收期,则拒绝该投资方案。其次,如果同时存在数个可接受的投资方案,则应比较各个方案的投资回收期,选择回收期最短的方案。

由于方案的每年现金净流量可能相等,也可能不等,投资回收期的计算方法有以下两种:

(1)每年的现金净流量相等,其计算公式为:

$$投资回收期=\frac{原投资金额}{平均每年的现金净流量} \tag{9-1}$$

[例9-1]　某公司为更新旧机器欲购进一台40 000元的新设备,无净残值,每年可节省费用12 000元;同时,出售旧设备可得3 000元,已提完折旧;所得税率33%,新机器可使用五年,该公司以直线法计提折旧;那么,该项投资方案的回收期是几年呢?

分析计算如下:

第一,计算该投资方案的现金净流量,见表9-1。

表9-1　现金净流量表　　　　　　　　　　单位:元

项　　目	金　　额	现金净流量
每年节省其他费用	12 000	
新增折旧费用	8 000	8 000
增加税前利润	4 000	
减:增缴所得税	1 320	
增加税后利润	2 680	2 680
现金净流量		10 680

每年现金净流量为10 680元。

第二,计算该方案的投资回收期。

本方案基年投资支出额为:

新设备买价40 000元-旧机器卖价3 000元=37 000元

$$投资回收期=\frac{37\ 000}{10\ 680}=3.46(年)$$

如果期望投资回收期为四年以上,这个方案就可以接受;如果期望投资回收期为三年以下,则应拒绝这个投资方案。

(2)每年的现金净流量不相等。如果每年的现金净流量不相等,就需要运用各年年末的累计现金净流量的办法计算投资回收期,即逐年计算,直到累计的现金净流量达到投资额的那一年为止。

[例9-2]　某公司有A,B两个投资方案。其基年投资额均为100 000元,以后各年的现

金净流量如表9-2所示。

表9-2 某公司投资方案 单位:元

年次	A方案		B方案	
	年末现金净流量	年末累计现金净流量	年末现金净流量	年末累计现金净流量
1	50 000	50 000	20 000	2 0000
2	40 000	90 000	30 000	50 000
3	30 000	120 000	50 000	10 000
4	30 000	150 000	60 000	160 000
5	20 000	170 000	70 000	230 000

由于基年投资额均为10万元,在A方案中,第一年流入5万元,第二年流入4万元,累计9万元,尚有1万元未收回,第三年3万元,累计达12万元,这就说明方案A的原始投资10万元在该年已全部收回,假定第三年的现金流入量是均衡发生的,那么,A方案的投资回收期为:

$$投资回收期=2+\frac{10\ 000}{30\ 000}=2.33(年)$$

在B方案中,第一年流入2万元,第二年流入3万元,累计5万元,尚有5万元投资未收回;第三年流入5万元,累计达10万元,恰好收回全部投资,因此,B方案的投资回收期为三年。

由于A方案的投资回收期较B方案短,故选择A方案。

投资回收期法具有计算简便、成本不高、容易理解的特点,在电脑普及以前,这些特点是很有其优势的。由于该方法可以衡量出投资方案收回投资的速度,就促使企业尽可能采取措施缩短周期,及早收回投资,这对于资金比较短缺的企业较合适。另外,回收期法常被看作为一个能说明各方案相对风险的指标,因为企业一般短期预测能力较长期预测能力好,通常在其他条件不变的情况下,投资回收速度快的方案,其风险程度相对较小;反之亦然。因此,该方法对短期投资方案的预测有一定优势。如对高科技企业,由于其产品更新换代非常快,技术竞争激烈。对开发高科技产品的投资方案进行决策时,可采用这种方法。

投资回收期法虽然有以上优势,但其劣势也是比较明显的。

第一,它只考虑了收回全部投资的年数,而不再考虑以后的现金流入。在前例中,B方案的回收期长于A方案的回收期,但B方案在回收期以后的现金净流量远高于A方案在回收期以后的现金净流量。如果不同时考虑这些因素,运用该办法就会产生一定的失误。

第二,该种方法没有考虑资金的时间价值对现金流量的影响。在投资回收期法中,第一年发生的1元现金流入与以后年度发生的现金流入看成具有同等的价值,但事实却并非如此。

以上的两个主要缺点,使决策者可能作出错误的决定。因此,在实际工作中,有必要把投资回收期法与其他的分析方法,如净现值法、内部报酬率法结合起来加以应用。

二、平均报酬率法

平均报酬率是指一个投资方案平均每年的现金净流入或净利润与原始投资的比率。它是根据各个投资方案的预期投资报酬率的高低来评价方案优劣的一种方法。平均报酬率越高,说明获利能力越强。

平均报酬率的计算公式如下：

$$平均报酬率 = \frac{年平均现金净流量}{原投资金额} \times 100\% \qquad (9-2)$$

进行决策时，首先应将平均报酬率与决策人的期望平均报酬率相比较．如果平均报酬率大于期望平均报酬率，可接受该项投资方案；如果平均报酬率小于期望平均报酬率，则拒绝该项投资方案。

若有数个可接受的投资方案供选择，则应选择平均报酬率最高的投资方案。

[**例 9 - 3**]　利用表 9-2 的资料，用平均报酬率法进行分析。

A 方案：

$$年平均净利 = \frac{五年净利合计}{5} = \frac{170\ 000}{5} = 34\ 000(元)$$

$$平均报酬率 = \frac{34\ 000}{100\ 000} \times 100\% = 34\%$$

B 方案：

$$年平均净利 = \frac{五年净利合计}{5} = \frac{230\ 000}{5} = 46\ 000(元)$$

$$平均报酬率 = \frac{46\ 000}{100\ 000} \times 100\% = 46\%$$

按这种方法，B 方案的平均报酬率比 A 方案高，应选择 B 方案。

平均报酬率法的优点是简明、易算、容易理解，克服了投资回收期法的第一个缺点，即考虑了整个方案在其寿命周期内的全部现金流量。但其缺点也是很明显的，和投资回收期法一样，它同样没有考虑资金的时间价值。另外，它还失去了投资回收期法的一些优点，如不能说明各个投资方案的相对风险等。

三、净现值法

净现值是指一项投资的未来报酬总现值超过原投资额现值的金额。以净现值法进行投资决策分析时，一般按以下步骤进行。

(1)预测投资方案的每年现金净流量，可用以下公式表示：

$$每年现金净流量 = 每年现金流入量 - 每年现金流出量$$

(2)根据资金成本率或适当的报酬率将以上现金净流量折算成现值。如果每年的现金净流量相等，按年金复利折成现值；如果每年的现金净流量不等，则按普通复利分别折成现值并加以合计。

(3)将方案的投资额也折算成现值。如果是一次投入，则原始投资金额即为现值；如果是分次投入的，则应按年金复利或普通复利折成现值。

(4)以第二项的计算结果减去第三项计算结果，即可得出投资方案的净现值。若净现值为正值，说明可接受此方案；若净现值为负值，则应拒绝此方案。

举例说明如下：

[**例 9 - 3**]　以表 9-1 的资料，试运用净现值法分析该方案；该方案的基年投资额为 37 000 元，第一年至第五年的现金净流量相同，均为 10 680 元，假定资金成本率为 10%，则该方案的净现值计算如下：

$NPV=10\ 680\times3.791-37\ 000=3\ 488(元)$

该方案的净现值为正值,可接受此方案。

[例9-4] 以表9-2的资料,计算A,B方案的净现值。设资金成本率为15%,两方案每年的现金流入量不等,原始投资为一次性投入。

A,B方案每年现金净流量的现值计算见表9-3。

表9-3 现金净流量现值计算表 单位:元

年次	A方案			B方案		
	现金净流量	现值系数	现值	现金净流量	现值系数	现值
1	50 000	0.870	43 500	20 000	0.870	17 400
2	40 000	0.756	30 240	30 000	0.756	22 680
3	30 000	0.658	19 740	50 000	0.658	32 900
4	30 000	0.572	17 160	60 000	0.572	34 320
5	20 000	0.497	9 940	70 000	0.497	34 790
			120 580			142 090

A方案净现值为:

$NPV_A=120\ 580-100\ 000=20\ 580(元)$

B方案净现值为:

$NPV_B=142\ 090-100\ 000=42\ 090(元)$

由于A,B两个方案的净现值均为正值,都可接受。但进行比较发现,B方案的净现值较A方案为高,应选择B方案。

[例9-5] 某公司有三个固定资产投资方案,A方案所需的投资额为60万元,分两年平均投入;B,C两方案均一次性投入资金,金额分别为50万元和40万元;固定资产使用年限为:A方案五年,B,C方案四年;A方案期末无残值,B,C方案期末残值分别为2.5万元和2万元;假设该公司资金成本率为15%,按直线法计提折旧;A,B,C方案各年的净利和现金净流量见表9-4。试问这三种投资方案哪个最佳?

表9-4 现金净流量表 单位:元

年次	A方案			B方案			C方案		
	净利	折旧	合计	净利	折旧	合计	净利	折旧	合计
1				60 000	95 000	155 000	60 000	76 000	136 000
2	150 000	120 000	270 000	70 000	95 000	165 000	60 000	76 000	136 000
3	100 000	120 000	220 000	80 000	95 000	175 000	60 000	76 000	136 000
4	90 000	120 000	210 000	90 000	95 000	185 000	60 000	76 000	136 000
5	80 000	120 000	200000	100 000	95 000	195 000	60 000	76 000	136 000
6	70 000	120 000	190 000						
合计	490 000	600 000	1090 000	400 000	475 000	875 000	300 000	380 000	680 000

A 方案：

(1)由于投产后的现金净流量不同,应分别按普通复利折算成现值;再进行合计,列表 9-5 计算如下：

表 9-5　现金净流量现值表　　　　　单位:元

年次	各年现金净流量	复利现值系数	现值
2	270 000	0.756	204 120
3	220 000	0.658	144 760
4	210 000	0.572	120 120
5	200 000	0.497	99 400
6	190 000	0.432	82 080
合计	1 090 000		650 480

(2)资金投入是分两次进行的,应计算其现值。

现值$=300\,000+300\,000\times0.870=561\,000$(元)

(3)计算净现值

$NPV_A=650\,480-561\,000=89\,480$(元)

B 方案：

(1)因每年现金净流量不同,应分别按普通复利折算成现值,列表 9-6 计算如下：

表 9-6　现金净流量现值表　　　　　单位:元

年次	各年现金净流量	复利现值系数	现值
1	155 000	0.870	134 850
2	165 000	0.756	124 740
3	175 000	0.658	115 150
4	185 000	0.572	105 820
5	195 000	0.497	96 915
合计	875 000		577 475

现值$=577\,475+25\,000(1-33\%)\times0.497\approx585\,800$(元)

(2)计算净现值

$NPV_B=585\,800-500\,000=85\,800$(元)

C 方案：

(1)投产后每年现金净流量相同,可按年金复利折算成现值并加计残值收入的现值。

现值$=136\,000\times3.352+20\,000(1-33\%)\times0.497\approx462\,532$(元)

(2)计算净现值

$NPV_C=462\,532-400\,000=62\,532$(元)

分析以上三个方案,A 方案的净现值最大,为 89 480 元;B 方案次之,为 85 800 元;C 方案最小,为 62 532 元,应选择净现值最大的 A 方案。但如果结合各方案的投资额看,A 方案最大为 60 万元,现值为 56.1 万元,比 B 方案多 6.1 万元,比 C 方案多 16.1 万元,而净现值之间却差别不大,从这个角度看,选择 A 方案似乎不太合理。

净现值法是建立在资金的时间价值基础上的一种方法,因此,必须把未来增加收益的总金额,按照资金成本率或适当的报酬率折算成现值,再与投资的现值进行比较。再者,企业投资的总价值是企业各个投资方案的个体价值之和,如果选择的投资方案的净现值是零或是负数,采用该方案后,企业的财富非但不会增加,可能还会减少;反之,如果采用的是正净现值的方案,则会使企业的财产增加。

四、现值指数法

现值指数是指投资方案未来报酬的总现值与投资额现值的比率。它用来说明每元投资额未来可以获得的报酬的现值有多少。现值指数与净现值法的不同之处在于:现值指数不是简单地计算投资方案未来报酬的现值同原投资额之间的差额。现值指数法,是根据各个投资方案的现值指数的大小来判定该方案是否可行的一种投资决策法,比起净现值法,它使不同方案具有共同的可比基础。

现值指数的计算公式为:

$$现值指数 = \frac{未来报酬的总现值}{投资金额的现值} \tag{9-3}$$

进行投资决策时,如果现值指数>1,可考虑接受该方案;如果现值指数=0或<1,则拒绝此方案;如果要从几个可接受的方案择一,应选择现值指数最大的方案。

[例9-6] 以表9-5、表9-6的资料,例9-5计算出的A,B个方案现值,采用现值指数法分析,试问应选择哪个方案?

$$A\ 方案现值指数 = \frac{650\ 480}{561\ 000} = 1.16$$

$$B\ 方案现值指数 = \frac{585\ 800}{500\ 000} = 1.17$$

$$C\ 方案现值指数 = \frac{462\ 532}{400\ 000} = 1.16$$

从现值指数法中可看出,A,B,C三个方案差别不大,但以B方案为好,与净现值法的选择不同。

五、内部报酬率法

内部报酬率是指一项长期投资方案在其寿命周期内按现值计算的实际投资报酬率。这个内部报酬率是一个能使该投资方案的预期净现值等于零的折现率,即根据这一报酬率对投资方案的每年现金净流量进行折现,此时:

投资成本的现值＝投资收益的现值

内部报酬率法就是通过计算各投资方案的内部报酬率,看其是否高于企业的资金成本的一种方法。若高于资金成本,就可接受该方案;否则,应该拒绝。若同时有几个可接受的方案,以内部报酬率最高的为优。

确定投资方案的内部报酬率,主要有验误法和图解法。这里,只介绍验误法。

验误法的具体步骤如下:

第一步,先估计一个折现率,再用此折现率来计算投资方案的净现值(各期现金净流量的现值和期末残值的现值)。比如,先以10%作为投资方案的资金成本来折算该方案的净现值,再看其净现值是正数、负数还是零。如果净现值为正数,说明估计的10%这一折现率小于该方案的实际投资报酬率,因此,必须提高折现率(如 12%,15%,…),再重新计算净现值;如果净现值为负数,则说明这一折现率大于该方案的实际投资报酬率,应降低折现率并重新计算净现值;重复以上步骤,一直到找出一个可使净现值为零的折现率为止。如果不可能找到一个恰好使净现值为零的折现率,则应找出两个相邻的折现率使净现值近于零,且一个高于零,另一个低于零。

第二步,根据上述相邻的折现率,再用插值法求出该方案的内部报酬率。

[**例 9-7**]　以例 9-5 的资料,采用内部报酬率法确定该企业应采用 A,B,C 三方案中哪个方案。A 方案试算见表 9-7。

表 9-7　A 方案净现值测算表　　　　　　　　　　单位:元

年次	现金净流量	试算一:10%折现率	现值	试算一:12%折现率	现值	试算一:20%折现率	现值	试算一:25%折现率	现值
2	270 000	0.826	223 020	0.797	215 190	0.694	87 380	0.640	172 800
3	220 000	0.751	165 220	0.712	156 640	0.579	27 380	0.512	112 640
4	210 000	0.683	143 430	0.636	133 560	0.482	101 220	0.410	86 100
5	200 000	0.621	124 200	0.567	113 400	0.402	80 400	0.328	65 600
6	190 000	0.565	107 350	0.507	96 330	0.335	63 650	0.262	49 780
合计	109 000		76 320		715 120		560 030		486 920
年次	投资金额	10%折现率	现值	12%折现率	现值	20%折现率	现值	25%折现率	现值
0	300 000	1.000	300 000	1.000	300 000	0.833	300 000	1.000	300 000
1	300 000	0.909	272 700	0.893	267 900	1.000	249 900	0.800	240 000
合计	600 000		572 700		567 900		549 900		540 000
净现值			190 520		147 220		10 130		−53 080

从上表可看出,A 方案的内部报酬率在 20% 和 25% 之间,用插值法计算如下:

$$r_A = 20\% + \frac{10\ 130}{10\ 130 - (-53\ 080)} \times (25\% - 20\%) = 20.8\%$$

B 方案试算见表 9-8。

表 9-8　B 方案净现值测算表　　　　　　　　　　单位:元

年次	现金净流量	试算一:15%折现率	现值	试算一:20%折现率	现值	试算一:25%折现率	现值
1	155 000	0.870	134 850	0.833	129 115	0.800	124 000
2	165 000	0.756	124 740	0.694	114 510	0.640	105 600
3	175 000	0.658	115 150	0.579	101 325	0.512	89 600
4	185 000	0.572	105 820	0.482	89 170	0.410	75 850
5	195 000	0.497	9 6915	0.402	78 390	0.328	63 960
	25 000 ×(1−33%)	0.497	8 325	0.402	6 734	0.328	5 494

年次	现金净流量	试算一：15%折现率	现值	试算一：20%折现率	现值	试算一：25%折现率	现值
合计			585 800		519 244		464 504
投资额	500 000		500 000		500 000		500 000
净现值			85 800		19 244		−35 496

$$r_B = 20\% + \frac{19\ 244}{19\ 244 - (-35\ 496)} \times (25\% - 30\%) = 21.758\%$$

C 方案，其现金净流量每年是一致的，并应注意残值，试算如下：

若折现率为 15%，方案的净现值为：

$$NPV = [136\ 000 \times 3.352 + 20\ 000(1 - 33\%) \times 0.497] - 400\ 000$$
$$\approx 62\ 532(元)$$

若折现率为 25%，方案的净现值为：

$$NPV = [136\ 000 \times 2.689 + 20\ 000(1 - 33\%) \times 0.328] - 400\ 000$$
$$\approx -29\ 901(元)$$

$$r_C = 15\% + \frac{62\ 532}{62\ 532 - (-29\ 901)} \times (25\% - 15\%) = 21.765\%$$

假定该企业的资金成本率为 15%，那么，A，B，C 三个方案的内部报酬率都高于资金成本率，均可接受。但比较看，A 方案的内部报酬率最低，应该拒绝；B 方案和 C 方案的内部报酬率基本相同，但 C 方案略高一些，因此，以 C 方案为最佳。

六、净现值、现值指数和内部报酬率三种方法的比较

(一)净现值法和内部报酬率法的比较

在多数情况下，运用净现值和内部报酬率这两种方法所得出的结论是相同的，但在以下两种情况下则会产生差异：

(1)原始投资不同，一个项目的投资额大于另一个项目的投资额。

(2)现金流入的时间不同，一个在前几年流入较多，而另一个则在后几年流入较多。

虽然在这两种情况下使两种方法产生了差异，但引起差异的原因是一致的。即两种方法假定中期产生的现金流量进行再投资时，会产生不同的报酬率。净现值法假定产生的现金流入量重新投资会产生与企业资金成本相等的报酬率；而内部报酬率法却假定现金流入量重新投资产生的利润率与该项目的特定的内部报酬率相同。

例如，有 C，D 两个投资方案，详细资料见表 9 - 9。

表 9 - 9　　C,D 方案的现金流量、净现值及内部报酬率表　　　　单位：元

年度	C 方案	D 方案
0	10 000	10 000
1	6 000	2 000
2	4 000	3 000
3	3 000	4 000
4	2 000	8 000
贴现率(%)	NPV_C	NPV_D
0	5 000	7 000
5	3 586	4 665
10	2 377	2 764
15	1 362	1 210
20	467	−80
25	−284	−1 152
内部报酬率	23.11%	19.66%

上表计算结果说明，当资金成本率为 5% 时，按净现值法进行评估，D 方案优于 C 方案；而按内部报酬率法：则 C 方案优于 D 方案，为使两者之间关系更清楚，将上表中在不同贴现率下的净现值用图 9 - 1 表示如下：

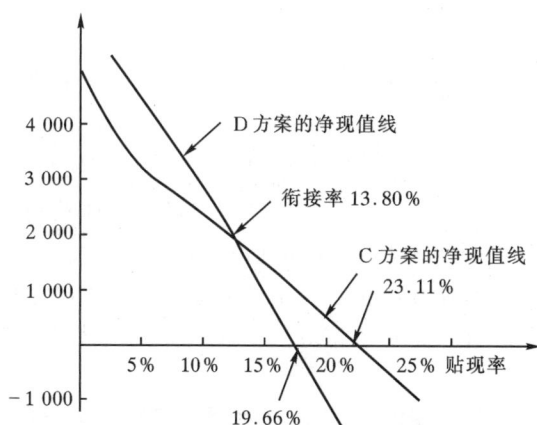

图 9 - 1　C、D 方案在不同贴现率下的净现值

从这个图我们可以看出，C 方案的斜率小于 D 方案的斜率，这正是两种方法产生不同结果的根本原因，即由于 D 方案后期现金流量远远大于 C 方案。而后期现金流量越大，其净现值受贴现率改变的影响也就越大。在本例中，两方案的净现值线相交于贴现率＝13.80%，只要资金成本率大于 13.80%，C 方案的净现值和内部报酬率都优于 D 方案，这时应选择 C 方案；如果资金成本率小于 13.80%，则会产生矛盾：净现值法认为 D 方案优于 C 方案，而内部报酬率法则认为 C 方案优于 D 方案。在这种情况下，哪种方法更为合理呢？

一般而言,当资金成本率低于13.80%时,尽管两种方法得出两种结果,但正确答案只能有一个,即用净现值法得出的评价结果——选用D方案。因为投资决策的目的,是使企业的财富最大化,而净现值最大时能达到这个目的。因此,一般认为净现值法优于内部报酬率法。

(二)净现值法与现值指数法的比较

净现值法与现值指数法使用的是相同的信息,因此,得出的结论常常是一致的。但是,当原始投资不相同时,有可能会得出相悖的结论。

例如,有E、F两个投资方案,有关资料及计算如表9-10所示。(设资金成本率为10%)

从计算结果看,两个方案的净现值均为正数,现值指数都大于1,都是可以接受的方案。但若要选择其一,从净现值法看,E方案优于F方案,而从现值指数看,则F方案优于E方案。产生差异的原因是净现值法用各期现金流量的现值减原始投资,而现值指数法是用现金流量的现值除以原始投资。

表9-10　E、F方案的现金流量和净现值　　　　　单位:元

年度	E方案	F方案
0	20 000	10 000
1	10 000	6 000
2	10 000	6 000
3	10 000	5 000
净现值	4 870	4 165
现值指数	1.24	1.42

如果该企业只存在上述两个投资方案而没有其他投资机会,则应选择E方案。因为最高的净现值符合企业的最大利益,即净现值越高,企业的收益越大,而现值指数只反映投资回收的程度,不反映投资回收额的多少。但是,如果还存在其他投资方案,且现值指数仍然较高时,情况可能会有所变化。例如,在投资总额限量的情况下,若同时可以投资于几个项目,这时就应选择现值指数较高的几个投资机会,这样可以获得最高的整体获利水平——现值总和最大。

综上所述,在无资本限量的情况下,利用净现值法在所有的投资评价中都能作出正确的决策;而内部报酬率法和现值指数法在决定是否采纳方案中也能正确作出决策,但在相斥选择决策中有时会出现失误。因而,在这三种决策方法中,净现值是最好的一种方法。

第三节　证券投资决策

企业将闲置资金投资于有价证券(债券和股票等),称为证券投资。证券投资按投资目的和期限的不同可分为短期证券投资和长期证券投资两种。由于短期证券投资的时间短、金额少,所以通常将这种投资形成的资产——有价证券,等同为现金来管理。而证券投资决策则是指长期证券投资决策。

一、长期证券投资的目的

长期证券投资是指企业购入股票、债券等长期证券所进行的投资。一般说来,企业进行长

期有价证券投资主要出于以下几个目的：

（一）资金的保值和增值需要

企业因计提折旧、留存盈余等原因，往往会有一笔沉淀资金，它们不是在近期正常生产经营所需的现金。这种资金是备今后某个时期所需，如扩建厂房、更新设备、偿还债务等。如果企业把这笔资金存入银行，那么几乎不能带来收益（企业活期存款利率极低），而且可能会因为货币贬值而发生购买力损失。因此，有必要把这笔资金用于投资，获得投资收益，使得资金得以保值和增值。这种保值需求与短期有价证券投资相似，其不同在于后者要随时变现以满足近期现金流动的需求。

（二）控制其他企业的需要

企业投资是为了控制与自身经营有关系的其他企业，如为保证企业生产所需的原料、扩大产品的销路等等，购入并长期持有相关企业一定份额的股票。

（三）未来扩大经营规模的需要

为了未来扩大经营规模这种目的的投资一般有两种：一种是对房地产进行投资，如购买一块土地占用的目的不是为了目前经营使用，而是为今后扩展业务作为准备；另一种是为了将来兼并其他企业而购入该企业的股票。

由于投资的目的不同，企业可以对不同种类的证券进行投资。若是为保值、增值，可以投资于债券或信誉好、声望高、实力强因而股票收益和价格比较稳定的公司的股票。若出于后两种目的，则以股票投资为好，因为股票投资享有经营决策权和收益分享权。另外，这类投资的投资对象有一定限制——必须是与企业现在或今后有关系的其他企业。

二、长期证券投资的程序

长期证券投资具有投资数额大、投资回收期长、投资收益高和风险大等特点，因此，在进行投资时应进行认真的分析，选择好投资对象并按规定的程序进行才能收到较好的效果。长期证券投资的一般程序如下：

（一）选择合适的投资对象

选择投资对象，就是应选择哪种证券投资。目前，我国长期证券的种类较多，如国库券、金融债券、企业债券、可调换债券和股票等。各种证券的成本、收益和风险各不相同，企业可根据自身投资目的不同进行选择。如企业为了使资金保值，最好选择国库券进行投资；如为了控制其他企业，则应选择股票投资。选择投资对象时，还应注意对证券发行人进行选择。在进行股票投资前应对股票发行单位的财务情况、收益水平、盈利状况、企业风险及主要管理人员的学识和经历等进行了解。

（二）选择投资时机

由于证券价格是受政治、经济等多种因素影响的结果，有时并不单纯地决定于发行单位的经济情况，而证券价格的波动又比较大，因此，企业一般应选择证券价格较低时进行投资，以免因证券价格变动造成损失。

（三）委托投资

委托投资，指企业做出投资于某种证券的选择后，应选择合适的证券公司——证券经纪人委托其进行投资。选择经纪人时主要应考虑其信誉及能否有效地提供投资服务。确定经纪人后应在证券交易所开立账户，它是经纪人确认企业是否有能力支付投资款和佣金的前提条件。

账户开立以后,投资人与经纪人的关系基本确定,企业就可以委托其买进证券进行投资。

(四)进行证券的交割和清算

交割是指企业委托经纪人投资成交后交付款项,取得证券的行为。如果企业投资或收回投资业务比较频繁,就不宜采用逐笔结清方式,而是按企业投资买进证券的金额与退出投资卖出证券的金额相互抵消后的净额进行交割,这一过程就叫作清算。交割完成后,钱券两清,整个买卖过程即宣告完成。

(五)办理证券的过户

由于按照我国有关法规的规定,企业只能购买法人股,法人股一般采用记名方式,所以,投资人进行证券投资,买进股票后,应到证券的发行机构办理变更持有人姓名手续。

三、长期证券投资风险的防范

为使企业长期投资的风险降到最低防范,通常采用的防范方法有:

(一)分散投资法

分散投资法是将企业的资金投入不同种类的有价证券的一种方法。采用此法,即使有某一种或几种证券的风险大,但由于其他证券的风险小,就可以对风险起到抵消作用。由于各种证券和不同发行单位发行的同种证券的风险各不相同,企业应选择风险低的证券进行投资。

(二)套期保值法

套期保值法,指利用证券的现货市场和期货市场对证券进行套买套卖,避免因市场利率、股票市场变化带来的风险,并起到对证券保值作用的一种方法。

(三)投资组合法

投资组合法,指将可供选择的证券按一定比例,加以安排,以起到提高收益、防范风险的目的的一种方法。此外,企业还应加强对风险的预测,以便在风险逐渐加大时,通过证券市场将投资转让或收回,防止给企业带来更大的损失。

第四节 企业投资风险:衡量与控制

一、投资风险界定

从财务管理的角度来说,投资风险是指一项投资所取得的结果与原期望结果的差异性。

假定某公司决定将 1 万元现金投资于证券,有两个方案可以选择:第一方案,将 1 万元全部用来购买利率 10% 的国库券;第二方案,将 1 万元全部用来购买某新成立公司的股票。在第一个方案中,投资者可以很准确地算出,一年后公司的投资收益是 10%,在到期日,公司能如数收回 1 万元的本金。该方案的结果是没有差异性的,因而没有风险。在第二个方案中,投资者很难对其投资报酬率进行估计,如果新公司经营管理有方,新上的产品打开了市场销路,企业的盈利很大,且前景良好,股价可能上升很快,这时,投资公司的投资报酬率可能高达 100% 或更高;如果这个新公司业绩中等,则投资者的投资报酬率可能一般;如果该公司经营失败而倒闭,则投资公司的投资报酬率可能为 -100% 甚至血本无归。假定经测算,第二个方案的预期报酬率为 20%,要比第一个方案 10% 的收益率高出一倍,但公司失去全部资金的可能性也比第一个方案大得多。由此可知,第二个方案风险较大。

投资风险是指由于各种难以和无法预料或控制的因素作用,使企业投资的市场收益率偏离预计收益而使企业财务收支方面产生剧烈波动,从而使企业财务有蒙受经济损失的危险或可能性。投资的市场收益率偏离期望市场收益率的程度越小,则该投资的风险越小。如果该项投资的市场收益率偏离期望市场收益率的程度越大,则该投资的风险越大。投资风险一般又可以分为系统风险和非系统风险,系统风险一般是指扣除多样化投资分散的那一部分风险后剩下的风险,是企业多样化投资所不能分散的那一部分风险,而非系统性风险则是指企业多样化投资所分散的那一部分风险。投资风险与投资收益成正比,投资风险越大,投资的收益越高,投资的风险越小,投资的收益越低。企业的各项投资有不同的风险程度,既然风险程度不同而得到同一投资利润率的机会可能相同,则大家都会去选择风险小的投资,在这一领域就会出现经济学上所谓的"羊群效应",各企业一哄而起,重复建设,这种产品的市场很快就会供过于求,导致价格和投资收益率下降,风险因此而逐渐加大。对于这一问题,理论界做了长期的研究,得出了如下公式:

$$期望投资收益率＝无风险的投资收益率(K)＋风险补偿利率 f(x) \qquad (9-4)$$

这一公式表明,期望投资收益率包括两部分,一部分是无风险的投资收益率,如将钱存入银行或买国家发行的公债,到期连本带利肯定可以收回,这个无风险的最基本的利率,可以吸收公众节约储蓄。而另一部分风险补偿利率则和风险的大小有关,用数学公式来表示:

$$\frac{\mathrm{d}f(风险)}{\mathrm{d}(风险)} \quad \frac{\mathrm{d}f(x)}{\mathrm{d}x}=\frac{\mathrm{d}y}{\mathrm{d}x}>0 \qquad (9-5)$$

风险补偿利率＝f(风险),它是风险的函数。风险越大,利率越大。这是由于企业拿了投资者的钱去做生意,结果使投资者承受风险,因此他要求报酬高,故一般的期望投资利润率也包括风险补偿利率。包括风险的利率和风险的关系见图9-2。

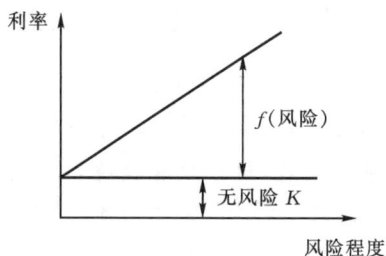

图9-2　包括风险的利率和风险的关系

二、影响投资方案现金流量不确定的因素

影响投资方案现金流量不确定的因素有以下几点:

第一,投资总额的变化。引起投资总额变化的原因很多,如建筑材料、机器设备价格的上涨,建设中某些具体项目的改变等等,都会引起投资总额发生变动,一旦超过一定限度,就会影响项目的投资经济效果。

第二,建设期的变化。建设项目可能由于各种原因延期,或建设项目虽然建成,但其配套工程未同步完成,导致建设项目无法按预定期限投产,这样会影响投资项目的收益。

第三,生产能力及销售量的变动。影响项目投产后的现金流量变化的主要因素是生产能力和销售量,如果生产能力没有达到预期效果,则销售受影响,现金流入低于期望值;如果销售市场没有拓开,则生产能力不能充分发挥,同样会影响投资项目的经济效果。

第四,价格的变化。如果市场竞争激烈,可能会采取降低售价的方法来达到预期的销售量,但价格的降低,仍然会影响现金流量。

第五,产品成本的变化。产品成本的主要构成因素,如原材料、燃料、动力、人工费等等会因价格上涨而使产品成本增高,使项目的现金流出加大。

第六,项目经济寿命的变化。由于科学技术的发展,投资项目所采用的某些技术、设备可能会提前老化,项目的经济寿命也会因此缩短,从而影响投资的报酬。

由于以上因素的影响,势必使投资方案的盈余变得很不稳定,因此,在进行投资决策时,必须采用一定的方法对风险进行分析,将其作为投资决策方法的必要补充。

三、投资风险测算

在已知投资方案各种可能结果发生的概率的情况下,投资风险的大小可以用概率论的方法进行测算。现举例说明:

例如:投资 40 万元生产某产品,经分析预测,未来可能出现的市场状况的概率及可能获得的收益值(资金流入量)如表 9-11 所示。

表 9-11　某产品投资风险测算

可能出现的市场 销售情况	各种时常状况 的概率 P_i	年收益(万元) (X_i)
畅销	0.2	20
一般	0.6	10
较差	0.2	5

第一步,计算收益期望值。上表说明该项投资生产出来的产品,销售时有 20% 的可能会出现市场畅销,每年收益 20 万元;有 60% 的可能会出现市场销售情况一般,每年收益 10 万元;有 20% 的可能会出现市场销售较差,每年只能收益 5 万元。销售该产品后到底肯定能获得收益多少是一个随机变量,只有到将来实际销售后才能知道,在进行决策时只是计算它的收益期望值。

年收益期望 $(\bar{E}) \sum_{i=1}^{n} X_i P_i = 20 \times 0.2 + 10 \times 0.6 + 5 \times 0.2 = 11$(万元)

第二步,计算标准离差和标准离差率。上面计算的收益期望值,是投资方案各种市场状态可能取得的平均收益值,但是将来实际出现的只能是三种状态中的一种,所能得到的收益值只能是 20 万元或 10 万元或 5 万元三个之中的一个。因此,必须考虑各随机变量与期望值可能发生偏离的程度,即风险程度。通常是以标准离差(σ)来反映随机变量与期望值可能发生偏离的程度。标准离差计算公式如下:

$$标准离差 (\sigma) = \sqrt{\sum_{i=1}^{n} (X_i - \bar{E})^2 P_i}$$

把上例有关数据代入公式:

$$\sigma = \sqrt{(20-11)^2 \times 0.2 + (10-11)^2 \times 0.6 + (5-11)^2 \times 0.2} = 4.9(万元)$$

可见,标准离差主要是由各个随机变量与期望值之间的差距所决定的。一般来说它们之间的差距越大,说明随机变量的可变性越大,风险也越大;反之,则越小。因此,可将标准离差的大小,看作是投资方案所含风险大小的标志。当两个方案的收益期望值相同时,可以直接用标准离差来比较风险的大小,在两者中选取标准离差小,即风险较小的方案。但是,标准离差是个绝对值,如果两个方案的收益期望值不同时,直接用标准离差就不好比较,而要用标准离差率了。

所谓标准离差率就是指标准离差同收益期望值相比($\sigma/\bar{E}$)的相对数,它反映了风险程度。标准离差率越大,投资的风险越大。

上例中的标准离差率为:

$$\frac{4.9}{11} \times 100\% = 44.55\%$$

第三步,确定风险附加率。标准离差率虽反映了风险的程度,但它并不等于风险率,因为风险率是指投资者因冒风险取得的报酬与投资额的比率。在实际工作中,风险率可以通过调整贴现率来体现,即采用一个"风险附加率"(风险补偿率),将它加进不包括风险的贴现率中,用以计算净现值。例如,未包括风险的贴现率为10%,风险附加率为4%,则调整后包括风险的贴现率为14%。用这样的贴现率来进行经济评价,就可以将不同风险程度的净现值进行比较,而且这样计算出来的净现值,既反映投资方案内在经济效益,又能反映其所含风险的大小。那么,风险附加率如何确定呢? 在实际工作中,这是不那么容易判断确定的,一般是以标准离差率作基础,分析市场及其他有关条件的情况,由投资者主观决定的。

四、投资风险分析方法

投资风险分析方法很多,如敏感性分析法、情景分析法、直觉判断法、概率分析法、决策树分析法、蒙特卡罗模拟法。下面介绍其中的两种方法。

(一)敏感性分析

某一投资方案所产生的现金流动会受到各种变量(可变因素)的影响,而各变量对现金流动的影响程度是不同的。反过来说,现金流量对各项变量变动的反应敏感程度不一样。敏感性分析就是分析影响一项投资方案的现金流量的各项因素,从中发现造成投资风险的主要因素。敏感性分析可以显示出在其他条件不变的情况下,当某个投入的变量发生变化时,投资方案的净现值也跟着变动的程度。

在进行敏感性分析时,首先要决定投入变量的期望值,再以这些期望值作为基点分析。当某期望值发生增减变动而其他期望值不变时,净现值会有什么改变。

假定某企业有一固定资产投资方案,投资总额10万元,有效期限为五年,每年可增加销售额5万元,折旧费用每年增加2万元,并增加其他营运成本5 000元;假定资金成本率为15%,试分析该方案的风险程度。

首先,计算各变量变化前该方案的净现值。

每年现金净流量=(50 000-5 000-20 000)×(1-33%)+20 000
　　　　　　　=36 750(元)

　　净现值=36 750×3.352-100 000=23 186(元)

其次,现就以上的期望值作为基点进行分析:

(1)如果增加的销售额比原期望值降低10%,净现值将变成多少?

(2)如果营运成本再上升5%,净现值将是多少?

(3)如果资金成本率为20%,净现值又会是多少?

计算如下表9-12所示:

表9-12 某企业不同期望值下的净现值

变动因素及变动率	净现值(元)
销量低10%	4 917
营运成本上升5%	22 593
资金成本率上升5%	9 919

经计算发现,如果销售额降低10%,则净现值由23 186元下降到4 917元,变化幅度很大,营运成本上升5%,净现值仅由23 186元降至22 593元,引起的变化很小;资金成本率上升5%,净现值由23 186元降为9 919元,变化程度较大。

在这个例子中,净现值对各变量的敏感程度,可用图9-3表示:

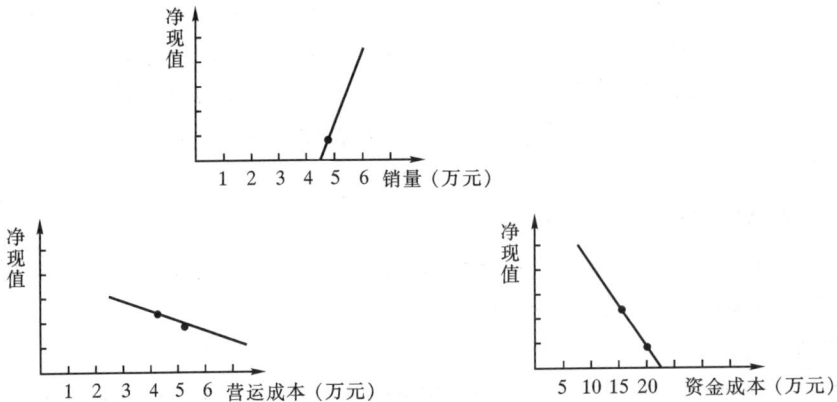

图9-3 净现值对各变量的敏感程度

从上图可以看出,每一条敏感线的斜率各不相同,斜率越大,该方案的净现值受投入变量变化的影响就越大,即其敏感性越高。该方案的净现值对增加销售量的变化最为敏感,对资金成本率的变化比较敏感,而对营运成本的变化则不太敏感。因此,在进行决策分析时,应对未来销售情况作详尽的调查和分析。如情况不理想,风险过大,则应考虑拒绝这个方案。

(二)情景分析

敏感性分析是对关键投入变量的敏感性进行分析,但却没有考虑关键投入变量的值在概率分布中可能散布的范围,情景分析则把这两个因素同时予以考虑。情景分析的程序是:先根据关键投入变量的期望值算出方案的净现值,作为基本情景的结果;然后以低于预期水平的关键投入变量的值(如低销售量、高营运成本等)作为悲观情景,计算出投资方案的净现值,同时,以高于预期水平的关键投入变量作为乐观情景,计算出投资方案的净现值;最后,将不同情景下的净现值进行比较,看其差异的大小。若差异较大,说明投资方案的风险高。若差异较小,则风险低。

现以上例说明情景分析的运用。假定该企业决策者认为该方案的每年销售额低于2万元或高于 7 万元的可能性相当小,那么,可以设想一个悲观情景——增加销售额 3 万元;一个乐观情景——增加销售额 6 万元;以预期销售增量 5 万元作为基本情景。计算不同情景下的净现值,如表 9 - 13 所示。

表 9 - 13　不同情景下的净现值　　　　　　　　　单位:元

情景	预计销售额	净现值
悲观	30 000	21 731
基本	50 000	23 186
乐观	60 000	45 644

从计算结果看,在悲观情景下的净现值 21 731 元与在乐观情景下的净现值45 644元之间的差异相当大,因此,可以得出结论:该方案的投资风险高。

第五节　我国投资体制改革与提高企业投资决策水平

2004 年出台的投资体制改革,将投资决策权还给企业。这样,企业多年来由于投资决策主体缺位,造成在投资前缺乏周密的调研和论证的现象,有望逐步得以解决。因此,如何在新体制下搞好投资决策工作,不仅关系到能否提高企业投资决策水平,还对企业投资效益的好坏有至关重要的作用。

一、投资体制改革给企业投资决策带来的机遇和挑战

投资体制改革明确了企业是投资主体,企业应以投资效益为中心,引导投资主体独立决策、理性投资。在明确投资主体利益和风险的对应关系情况下,不仅有利于还原企业决策主体的"缺位"状态,也使得企业投资决策要承担相应的风险,敦促企业提高决策效率和水平,尽量避免决策损失,规范企业投资行为。由于长期投资具有投资期限长,投资金额大的特点,完善企业的投资控制机制,企业依法享有投资决策权,对降低企业对外投资的风险,真正成为法人实体和市场主体具有极其重要的意义。因此,投资体制的改革,明确了只要符合国家法律法规,符合产业政策,企业上不上项目,应由出资人和企业决定。对外投资的决策要按一定的制度和程序办事,维护企业权益,切实保障投资主体决策自主,保证"谁投资,谁决策,谁受益,谁承担风险"。

在过去的投资体制下,政府对企业投资项目的可行性研究报告要进行审批,是政府部门"越位、错位和缺位"的体现。我国企业开始编写可行性研究报告,是从《工业可行性研究报告编制手册》学习过来的,并成为政府对企业投资项目进行审批的工具。由于在原有投资体制下的预算软约束以及行政审批投资项目,造成了可行性报告成了摆设,变成了套取国家和银行资金的"可行性报告",变成了政府机关"可批性报告",可研报告不可行是造成投资决策的重要原因之一,也是投资效益不高的重要原因之一,这其中的根本原因在于制度性的软约束,使得法人负责制流于形式。

新投资体制规范了政府行为,减少政府对企业投资的干预。企业的投资规模需要根据市

场容量、利润水平以及产品和产业的生命周期决定,因此对企业投资行为的管理,不能再采取以往对企业投资进行审批的方式进行投资管理。将审批制改为核准制和备案制,是对政府"越位"行为的纠正,这样有利于政府集中精力进行社会发展环境建设以及开展公共投资,为各市场主体创造适宜的市场环境,并利用市场信号和产业政策和规划,引导社会投资向健康的方向发展。

《国务院关于投资体制改革的决定》要求,企业投资建设实行核准制的项目,仅须向政府提交项目申请报告,不再经过批准项目建议书、可行性研究报告和开工报告的程序。政府对企业提交的项目申请报告,主要从维护经济安全、合理开发利用资源、保护生态环境、优化重大布局、保障公共利益、防止出现垄断等方面进行核准。

总之,在备案制条件下,政府(国家发改委)下放投资审批权限,强调了不同市场利益主体的角色,应该承担分内的职责。作为政府部门,除了在环保和土地使用方面继续审批项目以外,企业作为投资决策的主体,集中精力论证和自身投资相关的盈利和风险,切实履行好可行性研究的具体内容,将项目有关条件落实到实处。在企业投资主体到位的情况下,可行性研究的目的是要论证投资项目的可行性,包括市场前景可行性、技术方案可行性、财务可行性、融资方案可行性等,从企业角度进行的研究,不需要再以可研报告的形式上报政府部门审批。同时,政府作为宏观经济管理部门,加大自身的工作职责,从投资项目的社会性角度以及投资项目的外部性影响上,对项目进行备案或核准。这样,企业对投资项目的研究也就需要在两个层面进行论证,在微观投资决策条件的论证,是企业自身的决策内容,在约束不断硬化的过程中越来越实事求是地开展;在投资项目的宏观性的因素,需要按照政府部门的规章制度的要求,进行外部性的影响研究并上报政府。企业和政府从不同的角度履行职责,都做到尽职而不越位和缺位。

二、提高投资决策科学性的几个原则

(一)坚持公正、公平和公开的原则,满足实现不断提高投资效益的需要

投资决策的公正性表现为投资决策内容的公正和形式的公正,需要科学性和合理性的有机统一。投资决策公平性是指要兼顾企业绝大多数利益体的需要,并要优先考虑企业的近期利益和远期利益的有机结合。投资决策的内容最终确定之后,要通过一定的法定的程序,以及经理办公会、企业文件、企业经营简报等载体形式,进行投资决策的宣布。

(二)企业投资决策必须求真务实,提高解决企业发展中问题

制订投资决策方案的过程也是解决企业发展壮大问题的过程。因此,需要在投资决策过程中,实事求是地分析问题的根源,科学地制订并选择投资方案,不能利用虚假信息和伪造情况进行投资方案设计;同时,也必须在制订过程中,不回避矛盾和困难,积极地探讨现实可行的投资方案选择,不能超越阶段地追求完美,更不能弄虚作假。

(三)在投资决策过程中,尽可能广泛调动企业各方面的积极性和各个层面的资源,扩大制订投资决策方案的广泛参与程度

投资决策的目标是使企业在市场竞争中不断做强做大。员工的广泛参与是实现企业持久发展的基础,能使企业决策者与员工之间以及企业不同利益主体之间通过对话协同一致。为达到员工的广泛参与,防止决策信息垄断,要求企业为员工(尤其是一线员工)提供交流渠道,提倡谏言献策的自由。

（四）高度关注投资决策方案的现实可操作性

制订投资决策方案的目的是解决企业投资领域中的问题，实现企业投资的目标。因此，能够在复杂的经营环境中，实施投资决策方案，是对投资决策方案的最基本要求。否则，制订出来的投资决策方案缺乏现实执行的基础，成为空中楼阁，就丧失了其本质意义，也不能够实现制订的初衷。

（五）为实现投资效益，需要关注解决投资决策的效率

投资决策的目标就是为了引导企业正确决策，不断提高决策效率，最终实现资源的优化配置，切实提高企业投资效益。一项投资决策是要以最小的投入获得最有效的产出，即以最小的成本或工作量最大限度地进行投资，从而凭借有限的企业资源尽量扩大投资收益。投资成本可以包括直接的人、财、物、时间、信息等的投入成本，也可以包括间接成本、社会成本、机会成本等；投资收益，包括直接的、间接的、具体的、象征性的等。

（六）全面收集相关信息，减少信息不对称的影响

制订投资决策方案需要基于完备的信息，否则就丧失了科学、合理、高效、规范地制订的基础。完备的信息首先表现为信息的完全性程度，尽可能减少信息不对称的程度；其次，还要求信息的来源真实可靠，具有可用性；最后，完备的信息还需要一定的载体，便于我们进行使用。

三、提高投资决策科学性的途径

改革投资体制有利于进一步落实企业投资主体的地位，企业投资决策应该从企业自身的需要出发，侧重于从微观的角度、企业内部的角度进行的技术经济论证，应对市场预测、建设规模、产品方案、厂址选择、技术工艺论证、设备选型、投资估算、经济分析和风险分析等方面进行研究，回答企业投资决策者们所关心的问题。为此，需要着重从如下几个途径不断提高投资决策的水平：

（一）改革与完善制订投资决策的决策体制，提高决策的科学性和有效性

改革和完善投资决策制订的决策机制，是提高投资决策制订过程的科学性和有效性的根本途径。进一步深化投资体制改革，需要落实好企业投资决策的自主权，真正将"谁投资，谁决策，谁受益，谁承担风险"落实到实处。只有在决策主体到位的前提下，才能有进行真正可行性研究的可能性。因此，首先要进一步完善和深化企业法人治理结构等制度建设，是不断提高企业投资决策水平的首要环节，也是不断提高企业投资效益的关键环节之一；其次，在企业决定投资项目的微观决策内容上，应该减少有关政府机关的干扰，严格按照企业自身的发展战略的内在要求，决策投资的领域和规模等事宜；再次，投资决策应该纳入投资战略和年度投资规划之中进行考虑，在公司制度层面上约束投资决策的随意性，减少人为的投资决策冲动；最后，严格投资决策的追究制度，是硬化企业固定资产投资决策的必需环节，只有在约束到位的情况下，各项规章制度才能落实到实处。

（二）重视投资决策的配套性与连续性，重视制订投资决策的前提和约束条件

在制订投资决策时，需要注意投资决策方案的实施客观上所要求的配套政策和连续性，因为任何的投资决策方案都需要一定的条件，也受制于一定的条件。投资决策的配套性要求做到利益表达的多样，投资决策服务群体的多样，以及兼顾社会各个领域的协调发展。投资决策的连续性是指其影响在时间上具有延续性，而且一项投资决策有自己的生命周期。

(三)进一步完善企业投资决策信息系统,加强信息披露的制度建设,加快创造让不同企业利益体广泛参与投资决策制订的条件

在制订投资决策的信息系统建设中,需要进一步加强利用统计机构的数据,全面真实地反映国民经济发展状况,并进行科学合理的预测,为投资决策制订提供可靠的依据。同时,由于投资决策的实施,关系到不同利益群体的切身利益,他们有权利也有义务广泛地参与投资决策的制订过程。所以,应该通过广泛建立和深化调查制度创造信息公开,能够大幅减少决策偏差,不断提升决策质量和实施效果。

(四)严格规范投资项目的可行性研究工作,切实将可行性研究的各项内容实事求是地开展研究

首先,健全科学的可行性研究工作程序和投资决策程序。其次,不断提高企业决策者的素质,加强企业内外各类专家参与决策的程度,尤其是在业务一线的具体工作人员的参与,对于提高投资项目的可行性研究报告的可行性,有重要的现实意义,也是增加固定资产投资决策科学性的应有之意。第二,在可行性研究中,注重利用先进的工具和软件,掌握好定量分析和定性分析的辩证关系,选择好动态决策指标和静态决策指标的有机组合,不断优化投资决策内容和投资决策风险的匹配关系。

本章小结

从广义上说,投资是为了取得更多的利润而发生的现金支出。它包括用于厂房、机器设备等长期资产的新建、改建、扩建或购置的投资,包括购买政府债券、金融债券、企业债券和公司股票的投资,还包括以企业资产采用联营方式等向外单位投资。

企业投资既是简单再生产的基础,也是扩大再生产的条件,同时还是调整企业生产能力构成和发展新产品、调整产品结构的主要手段。从投资量说,总是越多越好,但在一定时期内,企业的资金是有一定限度的,如何以有限的资金投入到风险相对较小并能取得丰厚利润的项目,就需要搞好投资管理。只有用科学的方法,按科学的程序进行投资分析决策,才能保证投资的正确合理,使企业得到好的效益,增加企业的财富,才能使企业立于不败之地。

为了客观、科学地分析评价各种投资方案是否可行,一般应使用不同的指标,从不同的侧面或角度反映投资方案的内涵。各项指标在大多数情况下对于方案的取舍是一致的,但有时也会出现不一致的情况。在投资决策的分析评价中,应根据具体情况采用适当的方法来确定投资方案的各项指标,以供决策参考。投资决策的分析方法,按照其是否考虑"货币时间价值"可分为非贴现现金流量法和贴现现金流量法两类。其区别在于:非折现法不考虑资金的时间价值,计算比较简单;折现法考虑资金的时间价值,计算较为复杂。前者主要有投资回收期法、平均报酬率法;后者主要有净现值法、现值指数法、内部收益率法和外部收益率法。在无资本限量的情况下,利用净现值法在所有的投资评价中都能作出正确的决策;而内部报酬率法和现值指数法在决定是否采纳方案中也能正确作出决策,但在相斥选择决策中有时会出现失误。因而,在贴现现金流量法三种决策方法中,净现值是最好的一种方法。

企业将闲置资金投资于有价证券(债券和股票等),称为证券投资。证券投资按投资目的和期限的不同可分为短期证券投资和长期证券投资两种。由于短期证券投资的时间短、金额少,所以通常将这种投资形成的资产——有价证券,等同为现金来管理。而证券投资决策则是指长期证券投资决策。

投资风险是指由于各种难以和无法预料或控制的因素作用,使企业投资的市场收益率偏离预计收益而使企业财务收支方面产生剧烈波动,从而使企业财务有蒙受经济损失的危险或可能性。投资的市场收益率偏离期望市场收益率的程度越小,则该投资的风险越小。如果该项投资的市场收益率偏离期望市场收益率的程度越大,则该投资的风险越大。投资风险一般又可以分为系统风险和非系统风险,系统风险一般是指扣除多样化投资分散的那一部分风险后剩下的风险,是企业多样化投资所不能分散的那一部分风险,而非系统性风险则是指企业多样化投资所分散的那一部分风险。投资风险分析方法很多,如敏感性分析法、情景分析法、直觉判断法、概率分析法、决策树分析法、蒙特卡罗模拟法,其中敏感性分析法是最常见的分析方法之一。

2004 年我国出台的投资体制改革,将投资决策权还给企业。这样,企业多年来由于投资决策主体缺位,造成在投资前缺乏周密的调研和论证的现象,有望逐步得以解决。因此,如何在新体制下搞好投资决策工作,不仅关系到能否提高企业投资决策水平,还对企业投资效益的好坏有至关重要的作用。

案例分析

2004 年初,赵鹏运服刑期间(2002 年 7 月因涉嫌非法经营犯罪被判刑 2 年,2004 年 6 月刑满释放),赵代虹利用探狱之机同赵鹏运商议决定利用自己和赵鹏运在 20 世纪 90 年代中期成立沈阳大安珠宝有限公司(以下简称大安公司)做传销时形成的团队资源,开展林地传销,以牟取暴利。2004 年 4 月,赵鹏运出狱后,伙同赵代虹、屠晓斌等人先后成立了亿霖集团、北京亿霖林业服务有限公司等,以原大安公司传销骨干为主组建了营销队伍,由赵鹏运等人设计了以团队计酬、收取入门费为主要内容的销售和提成制度,在北京、沈阳、上海、重庆、广州等地开展林地传销。赵鹏运等人在经营中打着招聘的幌子,通过不断发展城市零散投资者加入,从上至下形成销售部长、销售经理、销售主管、销售代表四级具有典型的“金字塔”结构的上下线关系,采取团队计酬的方式,以下线的销售业绩为依据给付上线报酬,并对加入人员收取入门费,经营数额达 16.8 亿余元,涉嫌非法经营罪。2006 年 1 月 16 日,公安机关对亿霖集团涉嫌非法经营犯罪立案侦查,2006 年 6 月 1 日,公安机关对亿霖集团主要犯罪嫌疑人展开抓捕工作,并全面查封了亿霖集团在京的四处经营场所。截至 2007 年 7 月中旬,亿霖专案已抓获犯罪嫌疑人 65 名;共收缴、冻结涉案资金 2.92 亿余元,扣押轿车 19 辆,查封房产 26 处(约折合人民币 3 000 万元),并对亿霖集团投资 7 000 余万元在北京密云、宁夏等地购买的旅游、油井等资产采取了监管措施。2007 年 4 月 29 日,公安机关将赵鹏运、屠晓斌、赵代虹等 9 名犯罪嫌疑人移送检察机关审查起诉,截至目前,移送检察机关审查起诉的犯罪嫌疑人已达 28 名。

关键术语

投资回收期法　平均报酬率法　净现值法　现值指数法　内部收益率法　外部收益率法
标准离差率　套期保值　投资组合　敏感性分析　情景分析

思考练习题

1.试述投资管理的意义。

2.企业投资有哪几种分类?

3.投资的基本程序是什么？

4.什么是投资回收期法？它有何优缺点？

5.什么是平均报酬率法？它有何优缺点？

6.什么是净现值法？

7.什么是现值指数法？

8.什么是内部报酬率法？如何确定投资方案的内部报酬率？

9.比较净现值法、现值指数法和内部报酬率法。

10.什么是短期证券投资？为什么要进行短期证券投资？

11.什么是长期证券投资？长期证券投资的目的是什么？

12.什么是投资风险？

13.影响现金流量的不确定因素有哪些？

14.什么是敏感性分析？如何进行敏感性分析？

15.什么是情景分析？

第十章 公司并购与重组

本章要点

1. 公司并购的含义、动因
2. 公司并购的类型
3. 公司并购的现金并购、股票并购和综合并购
4. 公司并购的成本分析
5. 公司并购的估值

第一节 公司并购与重组概述

一、公司并购与重组的含义

公司并购是公司收购与公司兼并的简称,泛指公司的产权交易行为。公司收购是指并购公司用现金、债券或股票购买另一家公司的部分或全部资产或股权,以取得被并购公司的控制权的交易行为。收购的实质是并购公司取得控制权,使被并购公司原来的投资者丧失经营控制权。收购的对象一般为股权和资产。收购股权与收购资产的主要差别在于:收购股权是购买一家公司的股份,收购方将成为被并购方的股东,将享受该公司的债权,并承担该公司相应的债务;而收购资产仅仅是一般资产的交易行为。由于在收购该公司资产时并未收购其股份,收购方无需承担其债务。

公司兼并通常是指并购公司以现金、证券或其他形式(如承担债务等)购买取得其他公司的产权,使其他公司丧失法人资格或改变法人实体,并取得对这些公司决策控制权的经济行为。从这个意义上讲,兼并等同于我国《公司法》中的吸收合并。公司合并是指以前独立存在的两个或两个以上的具有法人资格的公司,按照特定方式组合成一个公司的行为。按照我国《公司法》的规定,公司合并可以有吸收合并和新设合并两种类型。吸收合并是指一个公司接纳一个或一个以上的企业加入该公司,加入方解散,丧失法人资格,接纳方存续的一种公司合并方式。例如,A、B两个公司是两个独立存在的具有法人资格的公司,目前A公司和B公司合并,合并后B公司解散,丧失原有的法人资格,而成为A公司的一个组成部分。吸收合并是最常见的股份公司合并的形式。一般来说,它多发生在实力相差悬殊的公司之间。而新设合并,指两个或两个以上的公司合并设立一个新公司,合并各方的法人资格都丧失。例如,A、B两个公司是新设合并,合并后新公司为C公司。所以,合并是一个大的概念,兼并是合并的形式之一。不论是兼并(吸收合并)还是新设合并,合并各方的债权债务都应由合并后存续的公司或新设公司承担。

公司收购与兼并有许多相似之处,主要表现在:动因基本相似,都是为了实现企业价值的最大化,具体表现为要么为扩大企业市场占有率;要么为扩大经营规模,实现规模经营;要么为拓宽企业经营范围,实现分散经营或综合化经营;总之,都是增强企业实力的外部扩张策略或途径。另外,公司收购与兼并都是以企业产权为交易对象。

公司收购与兼并的区别在于:在收购中,被并购公司产权可以是部分转让,仍可以法人实体存在;而在兼并中,被并购公司作为法人实体不复存在。在收购后,并购公司成为被并购公司的新股东,以收购出资的股本为限承担被并购公司的风险;而兼并后,并购公司成为被并购公司的新的所有者和债权债务的承担者,其资产、债权、债务一同转换。收购一般发生在企业正常生产经营状态,产权流动比较平和之时;而兼并多发生在被并购公司财务状况和生产经营状况不佳之时,兼并后一般需调整其生产经营,重新组合其资产等等。

公司重组是指企业之间通过产权流动、整合带来的企业组织形式的调整,通常包括改变其资产组合、资本结构以及股利决策等,这些改变通常与所有者权益结构和管理层决策有关。所以,公司并购在所有者权益结构变化和公司控制权易主之后,通常会发生管理层决策的重大变化,也就是说通过公司重组的形式来实现企业价值的最大化。公司重组的主要内容包括业务重组、资产重组、债务重组、股权重组、人员重组、管理重组,其中资产重组是公司重组的核心,是其他重组的基础。

(一)业务重组

业务重组是指对被改组公司的业务进行划分,从而决定进入上市公司的业务的行为。它是资产重组和其他重组的前提,决定公司重组的模式。

(二)资产重组

资产重组是指在社会范围内或公司范围内,对公司的资产进行重新配置,以完成公司资产结构上的战略调整,使公司在较短的时间内实现效益最大化,是公司重组的核心。公司资产重组的内涵很广,既包括固定资产的重组(如厂房、机器设备等),也包括资产置换(如技术专利、商标、股权、债权等)。公司内部的资产重组方式主要是股份公司改制上市、公司业主转换、公司资产分割、出售转让、公司租赁与托管、公司的产权拍卖与破产;公司外部的资产重组方式主要是公司并购、买壳上市、借壳上市。

(三)债务重组

公司负债是指公司所承担的能以货币计量、需要用资产或劳务偿付的债务,包括流动负债和长期负债,公司在进行债务重组时一般都按照"负债随资产"的原则进行。

(四)股权重组

股权重组是指对公司股权的调整,是公司重组的内在表现。

(五)人员重组

公司重组的首要步骤是减少公司冗员,其目的是提高劳动生产率,组建新的高效率的组织结构。

(六)管理重组

管理重组包括两部分,一是管理体制重组,二是新的所有者在公司制度的框架之内对公司管理层进行必要的调整和改组。

二、公司并购与重组的动因

在市场经济环境下,公司作为市场竞争主体,一方面受利益动机驱使,另一方面源于市场竞争的巨大压力,其一切经济行为的动因在于通过提高经营绩效和资源利用效率来实现企业价值的最大化。金融经济学家认为,委托—代理问题的内在矛盾导致公司内部控制体系在没有危机的情况下很少对市场作出有效反应,不能全部解决企业资源利用最大化的社会效率问题。20世纪的世界经济史清楚地显示,限制生产和投资不能有效地实现资源的最大化价值利用,实现资源有效转移的途径是公司并购。通过公司的并购与重组来实现社会资源重新配置,使企业成功退出衰退行业,是提高资源配置效率的有效途径。

而就单个公司的并购与重组而言又会有各自不同的动因。在现实经济活动中,公司并购与重组的动因又以各种不同的具体形态表现出来。

(一)谋求管理协同效应

谋求管理协同效应是指通过公司并购与重组来撤换不称职的管理者,充分利用一批高效率的管理人员,将会给公司带来管理效率上的利益。例如,A公司有一支高效率的管理队伍,其管理能力超出管理该企业的需要,但这批人才只能集体实现高效率,A公司不能通过解聘释放能量,而B公司则缺乏这样的一批管理人才,管理水平低下,则A公司可通过并购与重组B公司以充分利用这批高效率管理群体,通过提高整体效率水平而获得利益。

(二)谋求经营协同效应

所谓经营协同效应是指公司并购与重组后能通过经营规模扩大和经营效率提高所产生的效益,即公司并购与重组后整体效益要大于两个独立公司效益之和的效应。获得经营协同效应的一个重要前提条件是产业中存在的规模经济,并且在公司并购与重组前尚未达到规模经济。规模经济效益具体由生产规模经济和企业规模经济两个层次组成。

1.生产规模经济

公司并购与重组产生生产规模经济主要表现在:通过公司并购与重组对生产资本进行调整,达到最佳经济规模的要求,公司充分利用生产能力来实现生产专业化,使公司能够降低生产成本;在保持公司整体产品结构不变的情况下,在各分厂中实现产品的单一化生产,避免由于转换产品品种而带来的生产时间的浪费,达到专业化生产的要求;纵向公司并购与重组可以解决由于专业化引起的各生产流程的分离,将各生产流程纳入同一工厂中,降低操作成本和运输成本,达到生产规模经济的目的。

2.企业规模经济

通过公司并购与重组将许多工厂置于同一企业领导之下,能够带来一定程度的规模经济。表现为:

(1)节省管理费用。由于公司中高层管理费用将分摊在更多数量的产品中,则单位产品的管理费用可以大大减少。

(2)节约营销费用。公司可针对不同的市场层面进行专门化的生产和服务,而这些不同的产品和服务可以利用同一销售渠道进行推销,从而可以节约销售费用。

(3)通过公司并购与重组可以集中研发费用。公司可以集中足够的人力、物力和财力致力于新技术、新产品的开发,迅速推出新产品,采用新技术。

(4)公司并购与重组后规模相对扩大,公司抵御风险能力增强,使得公司融资变得更为容易。

(三)谋求财务协同效应

公司并购与重组不仅出于企业管理和经营的协同效应,而且在财务方面也会给公司带来收益。

1.实现合理避税

税法对公司的财务决策有很大的影响,公司能够采取某些财务处理方法达到合理避税的目的。例如,公司可利用税法中弥补亏损条款来达到合理避税目的,即如果某公司在一年中出现了亏损,该公司不但可以免付当年的所得税,其亏损还可以向后递延,以抵减以后年度的盈余,公司根据抵减后的盈余缴纳所得税。因此,如果公司在一年中亏损,或该公司连续几年不曾盈利,拥有相当数量的累计亏损时,这家公司往往会被考虑作为公司并购与重组对象,或者该公司考虑并购与重组一家盈利公司,以充分利用它在纳税方面的优势。

2.财务能力的提高

公司并购与重组后整体的偿债能力一般会明显提高,而且还可降低成本,实现资本在并购与重组的公司之间低成本的有效再配置。

3.预期效应

当公司并购以换股方式进行时,由于并购公司规模较大,因此它的市盈率往往作为并购后公司的市盈率,使并购后公司的股价上涨,市场总值超过并购前两个公司的市值之和,形成所谓的"公司并购与重组景气"。

三、公司并购与重组的类型

公司并购依据不同的划分标准,可划分为许多不同的类型。

(一)按出资方式划分

按出资方式划分,公司并购可分为现金购买式和股票交易式两种。

1.现金并购

现金并购有两种情况:并购公司以现金购买目标公司全部资产,目标公司不得不丧失原有法人地位。这种方式适合于产权关系、债权债务关系清晰的目标公司,能够交割清楚,不遗留纠纷。并购公司以现金购买目标公司的股票或股权,一旦拥有目标公司全部或大部分股本,目标公司就会被并购与重组了。

2.股票并购

股票并购也有两种情况。以股票换取资产方式:指并购公司向目标公司发行自己的股票,以换取目标公司的资产,这种方式下并购公司应同意承担目标公司的全部或部分债务责任,目标公司也要把拥有的并购公司的股票分配给目标公司的股东,以防止所发行的大量股份集中在极少数股东手中。以股票换股票方式:这是指并购公司向目标公司股东发行本公司股票,以换取目标公司的大部分或全部股票(达到并购公司能控制目标公司的足够表决权数),达到控制目标公司的目的。通过这种方式的公司并购与重组,目标公司要么成为并购公司的分公司或子公司,要么解散并入并购公司。

(二)按公司并购双方的产品与产业的联系划分

公司并购可分为横向并购、纵向并购和混合并购。

1. 横向并购

横向并购是指同一行业的两个或多个企业所进行的公司并购与重组。早期的公司并购多数属于横向并购。如两家服装厂的公司并购与重组,两厂生产工艺相近。这种公司并购与重组的目的在于清除竞争,扩大市场份额。其优点是可以减少重复设施,提供行业系列产品,有效地实现规模经济。但是,政府应密切关注该类竞争,以免形成高度垄断局面。

2. 纵向并购

纵向并购是指同类产品不同产销阶段的两个或多个企业所进行的公司并购与重组。纵向并购可以是向前并购,也可以是向后并购。向前并购即并购公司并购其销售客户,如某钢厂并购某钢材经销公司;向后并购即并购公司并购其供应商,如某钢厂并购某铁矿企业。纵向并购的主要目的是组织专业化生产和实现供产销一体化。纵向并购可以加强企业对销售和采购的控制,并可以大大节约交易成本,较少受到各国有关反垄断法律或政策的限制。

3. 混合并购

混合并购是指与并购公司生产经营活动无直接关系的公司并购。混合并购既不是与同行业的竞争对手并购与重组,也不是与其供应商或其销售商公司并购与重组。例如,某钢厂与某服装厂的并购与重组。混合并购的目的是为了扩大生产经营规模范围,通过多种经营,降低经营风险。

混合并购是与企业多元化战略目标相联系的。按照企业多元化发展战略,公司并购主要向企业外的主导行业拓展,或直接开拓新的产品部门,以减少企业过分依赖一个主业所带来的风险,达到资源互补、资源配置优化组合的目的。据有关资料显示,美国制造业和采矿业收购案中,20世纪50年代达到混合并购占45.5%,50年代上升为52.6%,60年代72.4%,70年代87.8%。

(三)按公司并购行为发生的法律程序划分

按公司并购行为发生的法律程序划分,公司并购可分为要约并购和协议并购。

1. 要约并购

要约并购是指根据有关证券法规规定,并购公司持有被并购公司股票达到一定限额后,并购方有义务依法对被并购方股东发出收购要约,以符合法律的价格购买其份额,获取被并购方股权的收购方式。我国《股票发行与交易管理暂行条例》第48条规定"发起人以外的任何法人直接或间接持有一个上市公司发行在外的普通股达到30%时,应当自该事实发生之日起45个工作日内,向该公司所有股票持有人发出收购要约,按照下列价格中较高价格以货币付款方式购买股票:①在收购要约发出前12个月内收购要约人购买该种股票所支付的最高价格;②在收购要约发出前30个工作日内该种股票的平均市场价格。前款持有人发出收购要约前,不得再行购买该种股票。"

要约并购直接在股票市场中进行,受市场规则的严格限制,风险较大,但自主性强,速战速决。

2. 协议并购

协议并购是指并购双方协议达到公司并购行为,当然此种行为也要符合所在国家法律规定,并按规定公告陈述。

(四)按涉及被并购公司的范围划分

按涉及被并购公司的范围划分,公司并购可分为整体并购和部分并购。

1.整体并购

整体并购是指将被并购公司的资产和产权整体转让以实现公司并购的行为。其目的是快速集中资本,增强企业实力,扩大生产规模,提高企业市场竞争能力。整体并购有利于加快资金、资源集中的速度,迅速提高规模水平和规模效益。但整体并购在一定程度上限制了资金紧缺者的潜在购买行为。

2.部分并购

部分并购是将被并购公司的资产和产权分割为若干部分进行交易而实现公司并购的行为。具体包括以下三种形式:①对被并购公司部分实物资产进行并购;②将经营权分成几个部分进行并购;③将产权划分若干部分进行并购。部分并购的优点在于可扩大公司并购的范围;弥补大规模整体并购的巨额资金缺口;有利于企业设备更新换代,使被并购公司将不需要的厂房设备转给其他并购与重组者,更容易调整存量资产结构。

一般说来,公司重组的类型主要有联合重组、兼并收购重组和破产重组。

联合重组是由若干企业组成各种形式的经济联合体,但原有公司法人继续存在,只是以各种形式在生产、技术经营上进行联合与合作,实行优势互补,分享利益。通过联合重组,企业间可以共用供货和销售渠道、重要设备、现金技术或品牌商标及产品名称,从而形成生产集中和规模效益,大大减低成本。

兼并与收购是市场经济中资产重组的重要形式,是公司组织结构的变动与调整,是实现资产、产权流动重组的主要经济杠杆。

破产重组主要是指在公司依法被宣布完全解体,其资产被全部变卖进行偿债后,其变卖的资本就成为购买者的生产要素,从而实现了资产在公司中的重组。

四、公司并购与重组的程序

公司并购与重组既是一种经济行为,又是一种法律行为,因此,它是一项复杂的操作过程。一般将并购与重组划分为准备阶段、谈判阶段、交接阶段以及重组阶段等几个过程。但具体操作中,上市公司、非上市公司并购的程序有所不同。现分别作一介绍。

(一)非上市公司并购与重组程序

1.调查准备阶段

具体工作有:拟定意向书,对双方并购总的意向加以肯定;买方企业派出注册会计师对目标公司的财务会计账册、行政事务和商业事务作出调查报告;并购公司或目标公司在签订法律协定前必须将报告提交董事会并得到批准。对一些并购后达到垄断指控标准的,并购双方要提请政府部门批准。

2.谈判阶段

并购双方将就收购价格、收款方式等条款谈判,拟定正式的并购决议,其决议内容包括:并购双方公司名称、并购条款与条件,把每个公司股份转换为存续公司或其他公司股份、债权,或转换为现款或其他财产的方式,关于并购引起存续公司章程改变的内容,有关并购必需的其他条款,最后并购双方交换合同。

3.交接阶段

并购双方共同在媒体上公开发表声明公布并购消息;合同交换后并购公司会调查目标公司产权等,要求股东核准通知单。同时,合同中所要求的特别许可或权威机构许可,都要求有关部门核准。当需要股东核准时,并购公司会召开股东特别大会表决,如果将发行新股作为一定补偿也将要通过表决实现。被并购公司董事会改组,通过新提名董事会名单、股权证和把股票从卖方转入买方的过户,将经过董事会重新登记和盖章,公司法定账簿、地契、动产等各种资料转交并购公司,过程结束后实际付款。重组完毕后,应在规定时间内去政府部门登记,完成正式手续,并购活动生效。

4.重组阶段

并购公司对被并购公司内部重新整合,完成公司运作一体化过程。

(二)上市公司并购与重组的程序

1.准备阶段

首先聘请投资银行作为并购顾问,为公司并购提供财务咨询和建议,处理复杂的法律事务。并购顾问要严格为此次并购活动做出保密措施。在并购活动正式展开前,公司可能事先在市场上少量购入目标公司的一部分股票,但是这种收购达到一定量时就要受到政府证券法规的限制。如《中华人民共和国证券法》第79条规定:"通过证券交易所的证券交易应在该事实发生日起三日内,向国务院管理机构、证券交易所作出书面报告,通知上市公司,并予以公告。"

2.谈判与公告阶段

并购公司或委托投资银行首先提交出价给目标公司董事会,如果得到其支持,则并购成功的可能性很大。目标公司董事会通常会按照证券法规采取步骤,如聘用投资银行顾问,讨论出价,并通告股东并购主要内容。对于确定的出价公告,出价者要遵守报价诺言,并在公平交易、反垄断规定等方面向有关监管部门申报。在出价期间,其股票交易仍可以进行,但对交易可能有一些限制,如内幕交易、交易数量等。在出价意见公布后,目标公司应依据出价者要求,尽快提供股票资本或认股权细则,正式的并购要约要在规定的日期内寄出。并购要约包括:并购公司聘用的投资银行、并购公司和目标公司财务状况、资产接受和转移方式、交易完成程序等。目标公司应公布对并购要约的意见。目标公司如果采用防御措施,可以用股份回购、法律起诉等手段。在出价期间,会由于目标公司自我防卫或第三者加入竞买而出现竞争。

3.接受与重组阶段

完成并购后并购公司将对被并购公司重新组织、整合与购买公司业务运作等一系列工作。《中华人民共和国证券法》规定,收购行为完成后,被收购公司不再具有《公司法》规定的条件,应当依法变更其企业形式。在上市公司并购中,并购公司持有的股份在收购行为完成后6个月内不得转让。并购行为完成后15日内上报国务院证券管理机构和交易所。

[案例10-1]　万达并购AMC公司并购支付方式分析

2012年5月21日,大连万达集团与美国AMC影院公司签署并购协议,向包括Apollp投资基金、摩根大通合伙人、贝恩资本投资者、卡莱尔集团等实际控股股东购买该公司100%股权,并承担该公司债务。万达集团总共为此次交易支付31亿美金,包括并购总交易金额26亿美元,以及并购后投入不超过5亿美金运营资金,收购溢价率约为73%。

一、选择支付方式的影响因素分析

正当外界对万达集团较高的资产负债率担忧,以及万达集团此次选择现金支付方式的可行性进行猜测时,万达集团支付26亿美金,顺利并购AMC集团,本文将从多种角度分析此次大连万达集团选择现金支付方式的原因:

（一）股东及管理者的影响

王健林作为万达集团的绝对控股股东，其为了保证自己对公司的绝对控制权，肯定会倾向于选择使用现金支付的方式，实施并购。这样的原因首先在于股票支付的方式需要发行新股票，而发行新股会在一定程度上稀释其对万达集团的绝对控制权，这是作为万达集团绝对控股股东王健林不愿意看到的事情。其次，万达集团一直以突出优势、整合资源、效益优先、现金为王为其经营理念，从其经营理念可以看出其对现金的钟爱，从而使其更倾向于使用现金的方式支付。

（二）融资能力的影响

万达集团此次并购对价金额高达26亿美元，折合成人民币约为164亿元，而公开数据显示，截止到2011年末，万达集团的总资产达到了1950亿元，且2012年万达集团的年收入为1051亿元人民币，除此以外，对于资金充足的万达集团而言，其融资能力也是超强的，其与我国四大国有银行都保持着战略合作伙伴关系，其在我国四大国有银行的信贷额度高达920亿人民币，并且进出口银行、招商银行和中银国际都表示对万达集团此次并购AMC项目的支持，更有国内一些银行为万达集团并购提供"内保外贷"的融资方式提供资金支持，因此大连万达集团选择现金支付此次并购是已经提前考虑了其资金来源的，是有充足资金支持的。

（三）并购时间的限制

万达集团并购AMC集团的整个过程历时较长，早在2010年的时候就传出了万达集团并购AMC公司的消息，然而一直到2012年5月才对外宣布，双方签订正式的并购协议，整个并购过程相对较慢，周期相对较长，此次并购项目先后通过了中国国家发展和改革委员会、中国商务部和国家外汇管理局的批准，甚至包括美国联邦贸易委员会和美国投资委员会的批准，为了促进并购的迅速完成，加快万达集团通过并购实现战略转型的目标，因而促使大连万达集团选择方便快捷的现金支付方式。

二、支付方式利弊分析

大连万达集团采用的是现金支付并购交易资金支付风险可想而知。首先，现金支付并购成本高。与股权支付方式的成本相比较，现金支付成本会高很多。对于被并购方AMC公司来说，不能具有新公司的股东权益，意味着不能拥有获得万达以后业绩增长效益的机会，而且AMC公司的原有股东将不再持有AMC公司股权，也不持有万达公司股权，按照万达的规划虽然公司的员工可以继续在AMC公司工作，万达仅仅派1～2名监督员到AMC公司，但他们在未来公司架构中都不拥有相关权益。其次，选择我国独有承担债务方式，在一定程度上承担很大的偿债风险。一方面，AMC近两三年来一直在亏损，负债率太高导致还息成本太高，占营业额比例过大。另一方面，万达用现金交易一次性支付，不具备股票支付分担风险的优势，在万达并购AMC院线以后，所有的经营风险都由万达一家承担。

三、对税收的影响

（一）所得税的筹划

现金支付方式下所得税的筹划主要有两点：一是收购企业不能利用目标企业的亏损降低应纳所得税额，但是可利用资产评估增值，获得折旧的抵税效应；二是目标企业必须就其转让的资产缴纳企业所得税。

（二）流转税的筹划

企业并购中涉及的流转税主要有增值税、营业税。在现金支付方式下，流转税处理方法视交易行为的不同而存在差异。第一，产权交易行为。企业产权交易是指企业所有者将其资产所有权和经营权有偿转让的一种经济活动。根据财税〔2002〕191号以及国税〔2002〕165号规定:转让企业产权是整体转让企业资产、债权、债务及劳动力的行为,与企业销售不动产、转让无形资产的行为完全不同,二者的转让定价机制存在明显差异。又根据《中华人民共和国增值税暂行条例》的规定,凡在中华人民共和国境内销售货物或者提供加工、修理修配劳务,以及进口货物的单位和个人,为增值税的纳税义务人。由以上规定可知,产权交易式并购既不缴纳增值税也不缴纳营业税,即不缴纳流转税。第二,资产交易行为。资产交易行为与产权交易行为的差别在于资产交易行为涉及的交易对象是具体的资产而不是企业本身。根据税法规定,目标企业销售不动产应按5%征收营业税;增值税应税货物的转移应缴纳增值税,其纳税义务人为被并购企业,纳税义务发生时间为资产被购买的当天。由此可知,现金购买资产式并购的目标企业要视具体情况缴纳相关流转税及一并增收的税费。因此,现金支付方式操作简单,节税效应不显著。实际操作中,可以通过分期支付策略减轻税负:一是减轻现金支付短期内给并购方带来的现金筹措压力。二是推迟税款支付,给目标企业的股东带来税收利益。

大连万达集团并购AMC整个并购过程较漫长,阻碍较多,包括要经过国内外很多监管机构的审批,以及外界对万达集团资金链的质疑,包括有专业财务人士曾披露万达集团的资产负债率已高达90%,有很严重的财务风险等等,采用现金支付AMC并购的价款以后,其资金基本上来源于银行借款,更是大大提升了其资产负债率,超过了100%,加剧了其财务风险,有很大的偿债风险,而且其后的整合资金也相对缺乏,采用现金支付并购AMC的对价以后,万达集团的资金明显不足,为周转资金,万达开始将一些大型商业地产项目的装修等外包,另外也影响了其后的一些投资项目。如果前期进行有效评估,在选择支付方式时,应该会考虑能够分散风险的股权支付,因而其全部采用现金支付并购价款还是有其固有的限制。

资料来源:俞炒红.万达并购AMC公司并购支付方式分析[N].时代金融,2016(36):334-335.

第二节 出资方式分析

在公司并购活动中,支付是完成交易的最后一个环节,亦是一场并购交易最终能否成功的重要因素之一,在实践中,公司并购的出资方式有三种,即现金并购、股票并购和综合并购。

一、现金并购

(一)现金并购的特点

现金并购是公司并购活动中最清楚而又最迅速的一种支付方式,在各种支付方式中占很高的比例。这是因为:现金并购的估价简单易懂,对目标公司比较有利,常常是目标公司最愿意接受的一种出资方式,因为以这种方式出资,所得到的现金金额是确定的,不必承担证券风险,亦不会受到公司并购后的发展前景、利息率以及通货膨胀率变动的影响,便于收购交易尽快完成等。一般而言,凡不涉及发行新股票的收购都可以被视为现金并购,即便是由并购公司直接发行某种形式的票据完成收购,也是现金并购。在这种情况下,目标公司的股东可以取得某种形式的票据,但其中丝毫不含有股东权益,只表明是对某固定的现金支付所做的特殊安排,是以某种形式推迟了的现金支付。若以资本使用角度看,可以认为这是一种卖方融资,即直接由目标公司的股东提供融资,而不由银行等第三方提供。

并购公司以现金方式支付,不会产生任何税收负担。如果并购方确认现金出资方式会导致目标公司承担资本收益税,则必须考虑可能减轻这种税收负担的安排。否则,卖方只会以自己所可能得到的收益净值为标准,作出是否接受出价的决定,而不是以并购公司实际支付的现金数额为依据。在通常情况下,一个不会引起卖方税收负担的中等水平的现金出价,要比一个可能导致卖方有惩罚性税收的较高水平的现金出价更具有吸引力。

在现金出资方式下,即使资本收益税是不能免除的,也可以通过分期支付得以减轻。在支付期限内,卖方可以得到年度免税额的好处,从而减轻纳税负担。

(二)现金并购的缺点

(1)从被并购公司角度考虑,现金并购使其无法获得合并后公司的持续股本利息;在某些国家,现金并购必须立即缴纳资本利得税,而无法延迟纳税,给目标公司造成不便。

(2)对于并购公司而言,现金并购存在两个问题,一是再筹资问题,即如何在用于并购的现金基础上进行再次融资以满足公司发展的需要。如果用于并购的现金是短期借款,公司面临的问题是贷款能否以一个可以接受的基础重新筹资。这取决于再筹资时的市场条件和某些法律法规的约束。如股票市场一般比债券市场有更多限制,并对证券的发行数量有实际的限制;二是并购的现金来源问题,即并购企业以何种方式筹措并购所需现金。一般来说,现金并购的最普通的现金来源是商业银行贷款,但银行贷款及其条件取决于并购方的信誉,同时还要考虑并购的预期效果和并购交易的方案。

(三)现金并购的影响因素

并购公司在决定是否采用现金并购方式时,应围绕并购公司的资产流动性、资本结构、货币问题和融资能力等几个方面来考虑。

(1)短期的流动性。现金并购要求并购公司在确定的日期支付一定数量的货币,立即付现必然会在资产负债表上产生现金亏空,因此有无足够的即付能力是买方首先要考虑的因素。

(2)中期或长期的流动性。主要是以较长期的观点看待支付的可能性,有些公司有可能在很长时间内难以从大量的现金流出中恢复过来,因此并购公司必须认真考虑现金回收率以及回收年限。

(3)货币的流动性。以上两点并没有涉及货币本身的问题。在跨国并购中,并购公司还须考虑自己拥有的现金是否为可以直接支付的货币或可自由兑换的货币,以及从目标公司回收的是否为可自由兑换的货币等问题。

(4)融资能力。由于收购中所需要的现金通常超过了并购公司持有的数量,因此,并购公司能否通过各种方式迅速筹集现金,也是并购公司在选择现金出资方式时的重要因素。

二、股票并购

股票并购是指并购公司通过增加发行本公司的股票,以新发行的股票替换目标公司的股票,从而达到并购目的的出资方式。

(一)股票并购的特点

股票并购区别于现金并购的主要特点是:并购公司不需要支付大量现金,因而不会影响并购公司的现金状况。并购完成后,目标公司的股东不会因此失去他们的所有者权益,只是这种所有者权益由目标公司转移到了并购公司,使他们成为并购后公司的新股东。也就是说,当并购交易完成之后,目标公司被纳入了并购公司,并购公司扩大了规模,扩大后公司的股东由原有股东和目标公司的股东共同组成,但是并购公司的原有股东应在经营控制权方面占主导地位。

(二)股票并购方式的影响因素

(1)并购公司的股权结构。由于股票并购方式的一个突出特点是它对原有股权比例会有重大影响,因而并购公司必须首先确定主要大股东在多大程度上可以接受股权的稀释。

(2)每股收益率的变化。增发新股可能会对每股收益产生不利的影响。如目标公司的盈利状况较差,或者是支付的价格较高,则会导致每股收益的减少。虽然在许多情况下,每股收益的减少只是短期的,长期来看还是有利的,但无论如何,每股收益的减少仍可能给股价带来不利的影响,导致股价下跌。

(3)每股净资产值的变动。每股净资产值是衡量股东权益的一项重要标准。在某种情况下,新股的发行可能会减少每股所拥有的净资产值,这也会对股价造成不利影响。如果采用股票并购方式会导致每股净资产值的下降,并购公司需要确定这种下降是否会被原有股东接受。

(4)财务杠杆比率。发行新股可能会影响公司的财务杠杆比率,所以,并购公司应考虑到是否会出现财务杠杆比率升高的情况,以及具体的资产负债的合理水平。

(5)当前股价水平。当前股价水平是并购公司决定采用现金并购或是股票并购的一个主要影响因素。一般来说,在股票市场处于上升过程中,股票的相对价格较高,这时以股票作为出资方式可能更有利于并购公司,增发的新股对目标公司也会具有较强的吸引力。不然的话,目标公司可能不愿持有,即刻抛空套现,于是情况进一步恶化,导致股价进一步下跌。因此,并购公司应事先考虑本公司股价所处的水平,同时还应预测增发新股会对股价波动带来多大影响。

(6)当前股息收益率。新股发行往往与并购公司原有的股息政策有着一定的联系。一般而言,股东都希望得到较高的股息收益率。在股息收益率较高的情况下,发行固定利率较低的债权可能更为有利;反之,如果股息收益率较低,增发新股就比各种形式的借贷更为有利。因此,并购公司在收购活动的实际操作中,要比较股息收益率和借贷利率的高低,以决定采取何种出资方式。

(7)股息或货币的限制。在跨国并购中,如果并购公司要向其他国家的居民发行本公司的股票,就必须确认本国在现在和将来都不会限制股息的支付或外汇的支付。外国居民在决定接受股票并购方式之前,也需要得到这种确认。

(8)外国股权的限制。有些国家对于本国居民持有外国公司或以外币标准的股权证券实行限制,也有的国家不允许外国公司直接向本国居民发行新股。也就是说,在跨国并购中采用股票并购方式有时会遇到某些法律上的障碍。

(9)上市规则的限制。对于上市公司而言,不论是收购非上市公司还是收购上市公司,都会受到其所在证券交易所上市规则的限制。有时候,在并购交易完成以后,由于并购公司(上市公司)自身发生了一些变化,很可能要作为新上市公司重新申请上市。这样,并购公司就可能会由于某种原因自此失去上市资格。

三、综合并购

综合并购是指并购公司对目标公司提出收购要约时,其出价为现金、股票、认股权证、可转换债券等多种形式证券的组合。

(一)公司债券

公司债券作为一种出资方式,必须满足许多条件,一般要求它可以在证券交易所或场外交易市场上流通。与普通股相比,公司债券通常是一种更便宜的资金来源。对买方而言,它的一个好处是,可以把它与认股权证或可转换债券结合起来。

(二)认股权证

认股权证是一种由上市公司发出的证明文件(或股权证券),赋予它的持有者的一种权利,即持有人有权在指定的时间内即有效期内,用指定的价格认购由该公司发行的一定数量(按换股比率)的新股。对并购公司而言,发行认股权证的好处是,可以因此而延期支付股利,从而为公司提供了额外的股本基础。但由于认股权证上的认购权之行使,会涉及公司未来控股权的改变,因此,为保证现行公司股东的利益,公司在发行认股权证时,一般要按控股比例送给股东。股东可用这种证券行使优先低价认购公司新股的权利,也可以在市场上随意将认股权证出售,购入者则成为认股权证的持有人,获得相同的认购权利。

(三)可转换债券

可转换债券向其持有者提供一种选择权,在某一给定时间内可以某一特定价格将债券换为股票,可转换债券发行时应事前确定转换为股票的期限,确定所转换股票属于何种类型股票和该股票每股的发行价格(兑换价格)等。

从并购公司的角度看,采用可转换债券这种支付方式的优点是:公司能以比普通债券更低的利率和较宽松的契约条件出售债券;提供了一种能以比现行价格更高的价格出售股票的方式;当公司正在开发一种新产品或一种新的业务的时候,可转换债券也是特别有用的,因为预期从这种新产品或新业务所获得的额外利润可能正好是与转换期相一致的。

对目标公司股东而言,采用可转换债券的优点是:具有债券的安全性和作为股票可使用本金增值的有利性相结合的双重性质;在股票价格较低的时期,可以将它的转换期延迟到预期股票价格上升的时期。

(四)其他方式

发行可转换优先股。优先股虽在股利方面享有优先权,但不会影响原股东对公司的控制权,这是这种支付方式的一个突出特点。从战略角度看,可转换优先股是不可转换的固定收入证券和普通股的结合,评级代理机构一般至少会把可转换优先股的一部分看作权益。根据美国并购市场的情况,可转换股票的履约价格大约是普通股市场现价加 20％的升水。

发行延期支付证券。延期支付证券是债务或优先股融资中的一种工具,它是指延期(指在一定时期之后)支付利息和按固定利率计算出股利的证券偿付级别较低的延期支付证券,通常用于杠杆收购中,其主要作用为:减轻交易后的最初几年收购者的现金债券利息负担,使收购者从银行和其他贷款人那里更容易筹集到更多的偿付级别高(利率低)的资金。

综合起来看,并购公司在收购目标公司时采用综合并购方式,既可以避免支付更多的现金,造成本公司的财务状况恶化,又可防止控股权的转移。由于这两大优点,综合并购在各种出资方式中的比例近年来呈现出逐年上升的趋势。

[案例 10-2] 现金还是股权——民企收购国企案

国企 A 公司由于生产设备落后等原因,经营效益一直不好,公司打算将其转让。经评估,公司现有净资产 4 000 万元,但公允价值只有 2 000 万元。民企 B 公司欲兼并 A 公司,但是采用支付现金的方式还是支付股权的方式进行收购还未确定。A 公司没有可弥补的以前年度亏损,转让当年亦无利润,企业所得税率为 33％。

如果 B 公司按照公允价值支付现金 2 000 万元收购 A 公司,按照《国家税务总局关于企业合并分立业务有关所得税问题的通知》(国税发[2000]119 号)规定,被并企业按公允价值转让应依法缴纳所得税。被并企业的亏损,不得转到收购方企业弥补。收购方企业接受被并企业的有关资产,计税时可以按经评估确认的价值确定成本。因此,A 公司应计算资产转让所得,缴纳所得税。由于 A 公司资产评估减值,资产转让过程中发生损失 2 000 万元,不计征企业所得税。同时,B 公司按照 2 000 万元计提折旧。在不考虑资产残值的情况下,B 公司在资产尚可使用的年限内可以进入成本费用的折旧是 2 000 万元,可以抵减所得税 660 万元。

如果 B 公司按照公允价值支付股权 2 000 万元收购 A 公司,按照文件规定,由于非股权支付额为 0,不超过 20%,经税务机关确认,被并企业不确认资产转让所得或损失,不计算缴纳所得税。被并企业合并以前的全部企业所得税事项由收购方企业承担;以前年度的亏损,如果未超过法定弥补期限,可由收购方企业继续按规定由以后年度实现的与被并企业资产相关的所得弥补。同时,收购方企业接受被并企业全部资产的计税成本,须以被并企业原账面净值为基础确定。这样,A 公司不需缴纳企业所得税;B 公司可以按照 4 000 万元计提折旧。在不考虑资产残值的情况下,B 公司在资产可使用的年限内可以进入成本费用的折旧是 4 000 万元,可以抵减所得税 1 320 万元。

从上述两种合并方式分析,后一方式比前一方式节约所得税支出 660 万元,因此后一方式(即股权收购方式)优于前一方式(现金收购方式)。

第三节　其他相关分析

一、公司并购的风险分析

(一)营运风险

所谓营运风险是指并购公司在并购完成后,可能无法使整个公司集团产生经营协同效应、财务协同效应、市场份额效应,难以实现规模经济和经验共享互补。通过并购形成的新公司因规模过于庞大而产生规模不经济,甚至整个企业集团的经营业绩都会被并购进来的新公司所拖累。

(二)信息风险

在并购战中,信息是非常重要的,知己知彼,百战不殆。真实与及时的信息可以大大提高并购的成功率。但实际并购中因贸然行动而失败的例子不少,这就是经济学上所谓的"信息不对称"的结果。

(三)融资风险

公司并购需要大量的资金,所以并购决策会同时对公司资金规模和资本结构产生重大影响。实践中,并购公司及目标公司并购前资本结构的不同,还会造成并购所需的长期资金与短期资金、自有资本与债务资本投入比率的种种差异。与并购相关的融资风险具体包括资金是否可以保证需要(时间上与数量上)、融资方式是否适应公司并购与重组动机(暂时持有或长期拥有)、现金支付是否会影响公司正常的生产经营、杠杆收购的偿债风险等。

(四)反并购风险

在通常情况下,被并购公司对并购行为持不欢迎和不合作的态度,尤其是在面临在敌意公司并购与重组时,他们可能不惜一切代价布置反并购战役,其反并购措施可能是各种各样的。

这些反并购行动无疑对并购公司构成相当大的风险。

(五)法律风险

各国关于公司并购与重组的法律法规的细则,一般都通过增加公司并购与重组成本而提高公司并购与重组难度。

(六)体制风险

在我国企业资本经营过程中,相当一部分公司的并购行为,都是由政府部门强行撮合而实现的。尽管大规模的并购活动需要政府的支持和引导,但是并购行为毕竟应是基于激烈市场竞争而自主选择的发展策略,是一种市场化行为。政府依靠行政手段对公司并购大包大揽,不仅背离市场原则,难以达到预期效果,而且往往还会给并购公司带来风险。

总之,并购风险非常复杂和广泛,公司需谨慎对待,多谋善选,尽量避免风险,将风险消除在并购的各个环节中,最终实现并购的成功。

二、公司并购与重组的财务分析

(一)公司并购与重组的成本分析

为了真正实现降低成本扩张,在公司并购运作中必须了解和把握并购的各项成本要素。公司并购是一项复杂的操作过程,必然会发生一系列的成本,这些成本既包括并购工作完成成本,也包括并购以后的整合成本;既包括并购的无形成本,也包括并购的有形成本。具体来说,公司并购应该分析的成本项目主要包括以下内容:

1. 公司并购完成成本

所谓完成成本是指并购行为本身所发生的并购价款和并购费用。并购价款是支付给被并购公司的,具体形式有现金、股票和其他资产等。并购费用是指并购过程中所发生的各项费用,如搜寻、策划、谈判、资产评估、法律鉴定、顾问等费用。发行股票还需支付申请费、承销费等。

2. 公司重组与营运成本

并购公司不仅应关注并购时的短期的完成成本,还应测算并购后为使被并购公司健康发展而需支付的长期营运成本。这些成本包括整合改制成本和注入资金成本。

(1)整合改制成本。并购公司取得对目标公司的控制权后,必然需要进行重组或整合,小则调整人事结构,改善经营方式;大则整合经营战略和产业结构,重建销售网络。为此需要支付一定的费用,如派遣人员进驻、建立新的董事会和经理班子、安置多余人员、剥离非经营性资产、淘汰无效设备、进行人员培训等有关费用。

(2)注入资金成本。并购公司要向目标公司注入优质资产,拨入启动资金或开办费、为新公司打开市场而需增加的市场调研费、广告费、网点设置费等。所以,公司进行并购决策时应切实分析目标公司的资源潜能与管理状况,明确并购双方管理资源的互补性,充分估计并购公司在现在基础上能否对目标公司实施有效的管理投入,是否有能力通过有效的整合使目标公司实施制度创新、机制创新。如果并购双方管理资源缺乏有效的互补性,或目标公司管理资源过分缺乏,并购方的管理成本将相当巨大。整合与营运成本具有长期性、动态性和难以预见性,所以并购决策中应特别关注该项成本能否达到最低。

(3)并购机会成本。一项并购活动所发生的机会成本是指为并购目标公司而放弃其他项目投资所丧失的收益,并购活动的机会成本越大,其并购活动的相对收益越小或相对损失越大。

（二）目标公司的价值评估

对目标公司的价值评估是公司并购最关键的环节，直接影响到目标公司的交易价格。对收购方来说，合理的价格是成功收购的第一要素，而过高的收购价格则是多数公司并购失败的主要原因；对目标公司而言，对方的出价是否最大限度地符合股东的利益，是公司管理层和董事会决定是否出售公司的决定因素之一。因此，对目标公司的估值是并购双方共同关注的焦点，估值方法的选择也成为对目标公司定价的基础。在并购过程中通常采用的估值方法有：收益法（包括现金流折现法、红利增长模型等）、市场法、资产法。

1. 现金流折现法

现金流折现法（discount cash flow model, DCF）是公司价值评估的一种基本方法，是通过估计由并购引起的期望增量现金流和贴现率（或资本成本），计算出并购活动给公司带来的净现值，以此确定最高可接受的并购价格。

并购中的现金流折现法通常有两种：一种是以全资本现金流为折现对象，以加权资本成本为折现率的估值模型。为了最终得到股权价值，要从这一评估结果中减去付息债务的价值；另一种是以股权资本现金流为折现对象，以股权资本要求的收益率为折现率的估值模型，其评估结果就是公司股权的折现价值。在运用现金流折现法时有三个关键因素：对未来公司收入流的预测、公司终值的确定和折现率的选择。运用现金流折现法对目标公司估值的步骤如下：

（1）预测自由现金流净现值。自由现金流是指目标公司在履行了所有财务责任（如偿付本息、支付优先股股息等），并满足了公司投资需求之后公司股东可以完全支配的现金流。简单地说，它等于公司税后收入加上折旧减去公司的新投资。如果一公司的税后收入为 3 800 万元，折旧额为 400 万元，公司新投资 800 万元，该公司的自由现金流为：

$$3\ 800 + 400 - 800 = 3\ 400（万元）$$

自由现金流量预测模型为：

$$CFt = St - 1(1 + Gt)Pt(1 - Tt) - (St - St - 1)(Ft + Wt) \tag{10-1}$$

式中：CF 表示现金流量；S 表示年销售额；G 表示销售额年增长率；P 表示销售利润率；T 表示所得税税率；F 表示销售额每增加 1 元所需追加的固定资本投资；W 表示销售额每增加 1 元所需追加的营运资本投资；t 表示预测期内某一年度。

我们将现值和自由现金流概念结合起来，得到自由现金流净现值，它进一步明确了运用净现值方法进行评估时收入的含义。自由现金流净值的计算公式如下：

$$NPV = \frac{FCF_1}{1+r} + \frac{FCF_2}{(1+r)^2} + \cdots + \frac{FCF_n}{(1+r)^n} - P_0 \tag{10-2}$$

（2）计算内部收益率。在公司并购时，内部收益率是被并购公司未来现金流的现值，其等于收购价格时的折现率，内部收益率的计算公式如下：

$$P_0 = \frac{FCF_1}{1+r} + \frac{FCF_2}{(1+r)^2} + \cdots + \frac{FCF_n}{(1+r)^n} \tag{10-3}$$

其中，P_0 为并购价格；FCF_i 为各期的自由现金流；r 为内部收益率。运用上面的计算公式需要用试错法，以得到最准确的内部收益率。

（3）确定终值与选择折现率。在对目标公司进行并购估值时，需要确定公司的终值。因为公司在 5～10 年后的现金流的增长率不同，因此，必须用不同的折现率来估算 5～10 年后的公司价值，这个估算值即为公司的终值。选择折现率意味着对公司未来收益率的选择，由于折现率越高,其现值越小,如果公司可以较低的折现率对未来收入进行折现,其未来收入的现值自然就较大。在一定意义上,折现率的选择也是对公司风险的判断,公司经营风险越高,选择的折现率较高;反之,选择的折现率会较低。但无论如何,公司的折现率不能低于公司的加权资本成本,否则就意味着公司的经营亏损。

在实际的公司价值评估中,折现率的确定有三种方式:一是财务顾问聘请职业评估师进行估价;二是财务顾问自行估值;三是由评估对象公司的管理层进行估价。

2. 市盈率法

市盈率法是根据目标公司的收益来确定其价值的方法,是收益法估值的一种。所谓市盈率(price-earnings ratio,P/E)是指每股价格占每股盈利的百分比。运用市盈率模型对目标公司进行价值评估的步骤如下:

(1)检查目标公司最近时期的利润业绩及由目前的管理层经营下的预期未来业绩。在检查目标公司最近的利润与亏损账目时,并购公司必须仔细考虑其所遵循的会计政策,注意税收减免政策、额外项目的处理、折旧和摊销、养老基金的支付等方面的政策。必要时应调整目标公司公布的利润,使其与并购公司的政策一致。例如,若目标公司已经投资于开发费用时,并购公司可以注销部分或全部研发费用。

(2)选择、计算目标公司的估价收益指标。在对目标公司估值时,考虑到公司经营中的波动性,应选取目标公司最近3年的税后利润平均值作为估值收益指标。

(3)选择市盈率。由于市盈率受到多种因素的影响,如会计准则、经济周期、所处行业等,在选择准确的市盈率时,应充分考虑这些影响因素,选择与目标公司相似的市盈率或选择目标公司的行业平均市盈率。

(4)分析在并购方管理下目标公司的成本收益,这一重估反映出并购方计划在并购后对目标公司经营方面所作的改善。同时,对目标公司并购后的持续收益进行估价,包括对维持这些收益所需投资作出评估,有助于并购方甄别目标公司的资产,以及需要根据目标公司的具体情况和政府的相关政策作出必要的调整。

(5)估算目标公司的价值

目标公司价值估算公式为:

$$目标公司的价值＝估价收益指标×市盈率 \qquad (10-4)$$

4. 资产法

资产法是指利用目标公司的财务数据或目标公司资产的市场价格估算公司的账面价值或清算价值,通过对目标公司的资产(包括有形资产和无形资产)进行估价来评估其价值。确定目标公司资产的价值,关键是选择合适的资产价值评估标准。目前国际上通行的资产价值评估标准主要有以下四种:

(1)账面价值。账面价值是指会计核算中账面记载的资产价值。公司的账面价值是一种静态的评估标准,不能反映持续经营的公司的内在价值,并且与公司的市场价值有很大的差别。因此,运用公司的账面价值来估值只适合特定的情况。

(2)清算价值。清算价值是指在公司出现财务危机而破产或清算时,公司资产可以有序出售时公司的价值。一般而言,公司的清算价值是公司将资产分别出售得到的总金额减去公司的总债务后得到的净值,但有时也扣除清算的评估费用、法律费用和咨询费用等。由于清算价值一般是公司价值的下限,是公司在最坏情况下的最小价值,因此在并购的目标公司的价值评估时,这一方法得到的价值仍然是作为低价供参考的。

(3)市场价值。市场价值是把公司的资产在市场上出售所确定的价值。当公司的各种证券在证券市场上进行交易时,其交易价格就是这种资产的市场价值,它与资产的账面价值往往不一致。

(4)公允价值。公允价值是指将目标公司在未来持续经营情况下所产生的预期收益,按照设定的折现率(市场资金利润率或平均收益率)折算成现值,并以此确定其价值。公允价值把市场环境和公司未来的经营状况与目标公司的价值联系起来,最适宜于评估目标公司的价值。

(三)公司并购后的收益分析

无论公司并购以何种方式进行,重要的是并购后公司是否获得了净收益,衡量公司并购后的收益问题,成为是否进行并购的决定要素。

如果公司并购的支付方式是现金,并购后的净收益主要是并购成本与收益的比较,当盈余增加额的现值大于所需支付的金额时,并购是可行的。

如果公司并购的方式是交换股票,则并购收益大小的关键因素是股票交换比率。所谓股票交换比率是指并购公司对每一股被并购公司的股票所应支付的股数,也即目标公司的每股收购价格处以并购方公司股票的当前价格。如目标公司 A 的每股价格确定为 60 元,而并购公司 B 当前的股价为 120 元,则换股比率为 1 股并购公司股票交换 2 股目标公司股票;如果并购公司采用定向增发股票的方式换股,B 公司的总股票数量为 2.4 亿股,则 A 公司需要增发 1.2 亿股股票来进行交换。

影响股票交换比率的因素主要有:当期每股盈余、预计未来每股盈余、股票的相对市场价值。由于并购双方谈判能力的不同,确定的并购价格有高有低,并购后不同的收购价格会使并购公司的每股收益发生不同方向的变化。如果并购后并购公司的每股收益上升了,说明并购改善了并购公司的收益;如果并购后并购公司的每股收益下降了,说明并购没有立即改善并购公司的收益,形成了并购收益的稀释效应。以上例来说明,假定 A,B 公司在并购时的财务情况如表 10-1 所示:

表 10-1　A 公司和 B 公司并购当年的财务状况表

	A 公司	B 公司
当年收益(亿元)	100	18
流通股份(亿股)	10	2.4
每股收益(元)	10	7.5
股票价格(元)	120	60
市盈率	12	8

根据表中的数据可以得出:

公司合并后的收益=100+18=118(亿元)

公司合并后的总股份=10+1.2=11.2(亿股)

公司合并后的每股收益=118 亿元÷11.2 亿股=10.54 元/股

这表明并购使得每股收益增加了 0.54 元。如果并购价格不是 60 元而是 120 元,若 A 公司的当前股价不变,则股票交换比率为 1∶1,A 公司需要增发 2.4 亿股来进行换股,合并后的总股份为 12.4 亿股,合并后的每股收益降为 9.52 元,与并购前比,每股下降了 0.48 元,即由于更高的并购价格使合并后每股收益稀释了。但如果并购可以获得更快的每股收益增长率,那么尽管每股收益被稀释,并购后最终还是可以得到更高的每股收益。影响并购后每股收益增长速度的因素有两个:一是并购公司与目标公司的市盈率差,目标公司的市盈率比并购公司的市盈率高得越多,并购后每股收益增长得就越快;二是并购公司与目标公司的收益率差,目标公司的收益率比并购公司的收益率高得越多,并购后每股收益增长得就越快。

[案例 10-3] 奔驰克莱斯勒合并案——现金流折现法的运用

奔驰与克莱斯勒是两家世界著名的汽车厂商,于1998年8月4日达成合并协议。其合并是为了追求规模经济效应、互补的产品组合、较低的经营成本和更大的市场份额。两家决定采用换股的合并方式,各自聘请了财务顾问,确定各自公司的股票价值和换股比例,同时,两家选择现金流折现法对两公司的价值进行评估,税后净收益的估算结果如表10-2、表10-3所示。

表 10-2 奔驰公司净收益　　　　　　　　　　　　单位:百万马克

年份 项目	1998	1999	2000	2001
息税前收益	6 165	8 648	10 234	10 962
净利息费用和其他财务收入与费用	901	948	956	940
少数股东权益	−124	−165	−217	−240
税前净收益	6 942	9 431	10 973	11 662
公司所得税	−1 683	−2 171	−2 444	−2 911
净收益	5 259	7 260	8 529	8 751
股东所得税	−1 841	−2 541	−2 985	−3 063
折现净收益	3 418	4 719	5 544	5 688

表 10-3 克莱斯勒公司净收益

年份 项目	1998	1999	2000	2001
息税前收益/百万美元	5 570	6 190	6 261	6 768
净利息费用和其他财务收入与费用/百万美元	165	193	153	188
税前净收益/百万美元	5 735	6 383	6 414	6 956
公司所得税/百万美元	−1 787	−2 458	−2 463	−2 609
净收益/百万美元	3 948	3 925	3 951	3 347
汇率	1.75	1.75	1.75	1.75
调整后的净收益/百万马克	5 225	6 340	6 193	6 814
股东所得税及其他/百万马克	−1 839	−2 219	−2 167	−2 385
折现净收益/百万马克	3 416	4 121	4 026	4 429

在此基础上,应进行现值的计算。在确定折现率时考虑了基础利率、风险溢价和增长率扣减,双方最终确定估价的基础利率为6.5%,风险溢价取决于公司所处行业的风险,平均风险溢价约在4%～6%之间。因为两家公司属同一风险较低的行业,所以统一采用了3.5%的风险溢价。理论上资本市场利率包括了通货膨胀风险补偿,但由于企业可以通过提高销售收入部分补偿未来通货膨胀所造成的成本上升,公司的名义收益将以未来通货膨胀率的一定比例

增长,所以需要进行增长率扣减。假定两家公司未来名义收益将以1%的速度增长,则增长率的扣减为1%。由于1998—2000年的各项收入和费用是按实际金额估算的,所以这三年的折现率无须扣除增长率扣减。考虑到公司股东所得税率为35%,因此两阶段折现率分别为6.5%和5.5%。

在单独评估非经营性资产净价值后,使用上述未来预期收益和折现率,计算出奔驰和克莱斯勒两公司的收益价值分别为1 021亿马克和804亿马克。再加上非经营性资产的价值和其他价值因素,得到两家公司的内在价值分别为1 100亿马克和804亿马克(不出售库存股票)或823亿马克(出售库存股票)。

本章小结

公司并购是公司收购与兼并的简称。公司收购是指公司用现金、债券或股票购买另一家公司的部分或全部资产或股权,以取得该公司的控制权的交易行为。公司兼并通常是指一家企业以现金、证券或其他形式购买取得其他公司的产权,使其他公司丧失法人资格或改变法人实体,并取得对这些公司决策控制权的经济行为。

公司并购的动因:谋求管理协同效应;谋求经营协同效应;谋求财务协同效应。公司并购依据不同的划分标准,可划分为许多不同的类型:按出资方式划分,公司并购可分为现金购买式和股票交易式两种;按并购双方的产品与产业的联系划分,公司并购可分为横向并购、纵向并购和混合并购;按涉及被并购公司的范围划分,公司并购可分为整体并购和部分并购。

公司并购既是一种经济行为,又是一种法律行为,因此,它是一项复杂的操作过程。一般将公司并购划分为准备阶段、谈判阶段、交接阶段以及重整阶段等几个过程。但具体操作中,上市公司、非上市公司并购的程序有所不同。公司并购应该分析的成本项目主要有:并购完成成本、整合与营运成本、并购机会成本。公司并购是高风险经营,财务分析应在关注其各种收益、成本的同时,更重视并购过程中的各种风险,如营运风险、信息风险、融资风险、反收购风险、法律风险、体制风险。

关键术语

公司并购 资产重组 债务重组 管理协同效应 经营协同效应 财务协同效应 现金并购 股票并购 横向并购 纵向并购 混合并购 要约并购 协议并购 整体并购 部分并购 综合并购 公司并购完成成本 整合改制成本 并购机会成本 自由现金流 市盈率 股票交换比率

思考练习题

1.公司并购与重组的含义是什么?
2.公司并购与重组的主要动因是什么?
3.公司并购与重组有哪几种主要类型?
4.什么是横向并购、纵向并购和混合并购?
5.说明上市公司并购与重组的基本程序。
6.公司并购与重组存在哪些风险?

第十一章　行为公司金融理论前沿

本章要点

1. 行为公司金融与传统公司金融在研究思路上的主要区别
2. 非理性投资者(非有效市场)与非理性管理者的理解
3. 投资者的情绪对资本结构、投资决策的影响
4. 管理者非理性对投资决策的影响

第一节　行为公司金融的引入

传统公司金融学遵循新古典的理性人假设,认为金融市场是有效的——金融资产的价格充分而迅速地反映关于该资产内在价值的公开信息。同时,由于公司管理者被假定是理性的,投资者可以预期公司管理者会对所有者和管理者采取的各种激励措施;公司内部与市场对公司管理者的各种约束机制作出理性的反映。但对现实中的一些异常现象,如公司股票的收益短期的"动量效应"和长期反转现象,公司和投资者对股利政策的偏好,以及众多公司无效率,甚至是损害公司价值的接管活动等,传统公司金融理论都无法进行解释。20 世纪 80 年代后,行为金融的兴起为解释这些异常现象提供了新的理论依据,为公司金融理论带来了新的启示。

1951 年,布瑞勒(Burrell)发表了一篇题为《以实验方法进行投资研究的可能性》的论文,首次将心理学与金融学结合起来进行金融决策研究,被视为行为金融学的开创者。不同于传统金融的理性假设,行为金融承认人们的认知、情感、态度等心理特征在决策中的作用和影响,认为市场是非有效的。20 世纪 90 年代行为金融学进入发展的黄金时期,基于市场不完全性假设,形成了前景理论、行为组合理论、行为资产定价理论。这些理论在一定程度上是对传统金融理论的补充和完善。基于心理学在金融操作中的显性表现,行为金融学家还提出了一月效应、惯性效应、锚定效应、心理账户、反应过度与反应不足等理论,对于不同市场的异常现象和现实问题都有较强的解释力,成为人们研究的热点。

行为金融学在研究金融市场、个人投资者的非理性投资行为的同时,也开始关注公司的财务决策(投资决策、资本结构决策等)中的非理性现象,以及这些非理性现象对公司财富的影响,这就是所谓的"行为公司金融(behavioral corporation finance)"。行为公司金融理论不同于传统的公司金融理论,放弃了传统公司金融理论对市场、投资者及经理人的理性假设,引入了有限理性(也称之为非理性或不完全理性)的概念。行为公司金融学建立在两个不同的模型基础之上。模型一是假设公司管理者是理性的,投资者是非理性的(即市场是一个非有效市场),研究投资者的非理性行为对公司决策的影响;模型二是界定投资者是理性的(即市场是有

效的),而公司管理者是非理性的,研究公司管理者的非理性行为对公司决策的影响。

　　将行为公司金融的两个基本研究框架与公司金融的核心工作——投资决策、融资决策、资本结构、并购活动和股利政策相结合,就形成了本章的研究框架。本章分别从非理性的投资者对公司融资及资本结构、投资决策及股利政策的影响和非理性的管理者对公司融资及资本结构、投资决策及股利政策的影响两个角度进行阐述,在与传统公司金融比较分析的基础上,给出行为公司金融的理论及解释。

第二节　理性管理者与非有效市场

一、非有效市场(非理性的投资者)的理解

　　"非有效市场"是针对"有效市场"而提出的。有效市场理论是传统公司金融学建立和发展的基础。有效市场假设的前提是行为主体完全理性的假设,即决策主体能处理所有现有信息,并能精确地使预期效用最大化。有效市场理论的基础由三个逐渐弱化的假设组成:第一,假设投资者是理性的,投资者可以理性评估资产价值。第二,即使存在部分投资者非理性,但是他们的交易是随机发生,由于交易过程中相互抵消作用,这种部分非理性不会影响资产的价格。第三,即使投资者非理性行为并非随机而是具有相关性的,理性的套利者行为也将消除它们对价格的影响。也就是说,有效市场上的完美套利行为,总会使资产的价格回归它的价值,投资者也能充分认识到价格反映了价值这一事实。而行为金融学对有效市场假说产生了质疑,认为资本市场上的投资者并不是完全理性的,资本市场上的套利是不完美的,价格未必能够反映所有公开的信息。由于市场失效,企业价值不能正确定价。这就是所谓的"有限理性投资者"假设,也称之为"非有效市场"假说。

　　"有限理性的投资者"理论假设,投资者是非理性的,但管理者是理性的,当资产的价格出现与价值的偏差时,即出现价格过低或者过高时,理性的管理者会马上获悉这一信息,并对此做出相应的反应。我们可以从下面两个角度对这一假设进行理解。

　　第一,金融市场的投资者是非理性的,他们的非理性行为可以影响证券价格的波动。投资者的非理性主要表现为有时过度悲观、有时过度乐观,投资者的这种情绪使得公司的股票价格随之波动,有时高于它的内在价值,有时又低于它的内在价值。股票价格不能充分反映其内在价值,市场不再是有效的。

　　第二,公司的管理者是理性的,他们可以清楚地分辨出公司的市场价值和基础价值。原因在于:相对于外部投资者来说,公司的高层管理人员更熟悉公司内部的情况,掌握更多的内部信息。正如默勒伯埃克(Muellbroek,1992),赛安(Seyhun,1992)和珍特(Jenter,2004)在研究中发现,公司经理在他们自己的交易中获得了超常的收益。另外,公司管理者可能在没有信息优势的情况下,单凭经验就可以判断市场价格是否失真(即公司的市场价值是否偏离公司的基本价值)。而其他的外部投资者是不具备这样的经验的。如贝克尔(Baker)和斯泰(Stein,2004)的研究中发现,在市场流动性十分充分的时候发行股票往往是十分成功的决策,而大多数公司管理者都具备这样的经验。

　　第三,公司管理者必须关注非理性投资者的交易活动导致的资产的市场价格的变化并对之作出反应。管理者关注市场的一个重要原因在于,公司管理者也担心自己的职位是否会被别人取代,而市场对公司的惩罚可能导致公司管理者失去工作。马丁、默克尼尔(Martin &

McConnell,1991)发现,股票价格长期低于同行业其他公司的股票价格的公司常常成为被收购的对象。

对于一个理性的管理者来说,他们必须平衡三者相互制约的目标:

第一是最大化公司的价值。这是公司金融决策目标最常见的一个,这意味着要选择适合的投融资决策以提高未来现金流的风险折现值。这意味着在投资项目的选择和融资方面需要提高未来现金流的风险调节因子。在没有税收、代理成本以及信息不对称的情况下,公司的基础价值为:$f(K)-K$,函数 $f(K)$ 是对新增投资的增函数和凹函数。

第二是最大化当前公司股票的每股定价,在完美资本市场上,这与第一个目标是一致的,这是因为有效市场假说的定义就是资产的价格等于价值。一旦放松了投资者理性假说的条件,其一致性就不一定了。特别的,第二个目标主要是满足短期投资者的需要,通过特殊的投资策略来取悦这些投资者。通过这些策略,管理者的决策对短期暂时的失真价格进行影响。

第三个目标就是利用当前失真的价格而得益,以维护长期投资者的利益。这是通过一种叫作"市场时机"(market timing)的策略实现的:当公司股票的价格高估时增大股票的供给(IPO 或 SEO);在公司股票价格低估的时候回购股票。这样的策略可将新加入的投资者的部分利益转移给原有的长期投资者。

总之,在有限理性投资者的假设之下,非理性的投资者的情绪会影响到资产价格的波动,而理性经理人在识别到这种错误定价之后,需要在三个相互冲突的目标之间进行权衡,从而对公司的融资决策、投资决策和股利政策产生影响。

二、非有效市场与资本结构

资本结构指的是,公司资本中债务和股权的比率,是公司金融的核心内容。按照 MM 理论,在一个没有交易成本、没有税收、没有破产成本的条件下,资本结构对公司的价值不会产生任何影响。即在完全有效的资本市场上,资本结构是一个公司管理者无须考虑的问题。当引入了交易成本、税收、破产成本和信息不对称等因素之后,MM 理论获得了进一步发展,形成了权衡理论(trade-off theory)和融资优序理论(pecking order theory)。按照传统金融学的理论假设,投资者是理性的,他们能够对公司的现金流进行理性的预期,从而对公司以及公司股票的内在价值进行理性评估。因此计划发行股票的公司在发行股票时,将能够得到公平合理的价格,而这个价格就是该公司现在以及未来的现金流的现值,而且不管公司发行多少股票,其价格不会因为发行量很大而受到损害。根据这一假设可得出一个合理的推断:如果市场是理性的,公司的内在价值不会因为公司选择发行股票的时机不同而不同。我们就可以得到两个结论:第一,公司随时都可以发行股票,上市公司的财富不会因为它的股票上市时间而受到损失,因此公司没有必要选择上市时机;第二,公司不可能通过选择上市时机愚弄投资者,因为投资者都是理性的,能够洞察股票的内在价值,即公司不可能以高于股票内在价值的价格发行股票,从而为公司原有股东创造财富。

而事实上,股票上市具有明显的周期性特征。在某些年份中,大量的公司发行股票,而在另外一些年份却很少有公司发行股票,即形成所谓的"热市"与"冷市"。这一现象可由市场时机理论来解释。

市场时机理论最早是由斯泰(Stein,1996)提出,认为在股票市场非理性时,理性的管理者应该充分利用市场时机,采取不同的融资行为。例如,当企业因为投资者的过度乐观而被充分高估时,理性管理者应该发行新股以利用投资者的过度热情;相反,在股价因为投资者的过分悲观被低估时,企业应该回购股票。该理论有时又被称为企业融资的市场时机假说(market timing hypothesis)。就像《华尔街日报》所说"现在IPO市场的规则是:买,无论价格多高","当投资者悲观时,不能上市;但当投资者乐观时,任何公司都可以上市"。

投资者情绪变化影响IPO市场的原因主要在于,投资者的情绪影响了IPO的发行成本。当投资者情绪高涨的时候,投资者愿意以大幅高于股票价值的价格认购股票,上市成本降低,从而提高最佳上市时机。当投资者消极悲观的时候,低估公司的前景,从而低估公司的价值,提高了上市的成本,因此公司不愿意上市。投资者的情绪变化,为理性的管理者提供了可供操作的机会,管理者利用这种"市场时机"选择上市的时机。

市场时机在预测证券发行方面的成功为资本结构的研究开拓了新空间。可以看出,基于有限理性的投资者的假设,管理者利用市场时机,选择发行股票与否,而并不一定是出于对资金需求的考虑。这与传统的金融理论不符,传统金融理论认为公司资本结构存在一个最优资本结构,管理者在决定采用何种方式融资时,首先要确定的是公司有资金需求的意愿,其次再根据成本收益法则来确定发行的方式。行为公司金融将公司有无资金需求视为非充分条件。即在管理者决定是否采用IPO或SEO方式发行股票,还是回购股票时并不受最优资本结构的制约,而是会受到市场上投资者的情绪的影响。斯泰(1996)指出,在企业管理者是理性的,并且以企业真实价值的最大化为目标的前提下,虽然企业并不是非常需要资金,但如果企业价值被高估,管理者就会发行新股,但不会把筹集到的资金投入到新的投资项目中,而宁愿以现金形式持有或者投到别的合理定价的证券上;在股票价值被低估的时候,管理者会利用低价回购股票,但是不会缩减真实投资。简而言之,在管理者是理性的情况下,非理性的投资者会影响证券发行的时机,但是不会影响企业的投资计划。当然,这种无关性只适宜于那些有大量内部资金和借款能力的企业,它们不需要利用股票为边际投资机会融资。波尔克和萨皮查(Polk and Sapienza,2001)以及贝克尔、斯泰和沃格勒(2001)的实证研究支持了这一结论,发现投资者对资本市场的非理性行为可能会扭曲企业的融资决策。

贝克尔和沃格勒(Baker and Wurgler,2002)在市场时机理论的基础上建立了一种新的资本结构理论。他们的研究表明,资本结构十分依赖使用过去的市值与账面价值比率来衡量得到的历史市场估值。资本结构是历史融资决策的累积结果,而历史的融资决策很大程度上依赖于当时的市场估计,因此资本结构取决于以前的市场评估。在公司进行IPO的第十年后,历史性加权平均市值/账面值比率每提高一个标准差,公司资本结构中账面债权资本比例降低10.49%,市值债权资本比例降低10.45%。这表示公司股票市值/账面值比率变化而导致的资本结构在短期变化后,公司并没有采取相应措施调整资本结构,也就是说暂时性的市场价值变动可能会对资本结构产生长期性的影响。该理论不同于其他市场时机理论的地方在于没有假设资本市场确实是无效的,唯一的要求就是管理者利用市场时机,管理者相信自己对于市场估值的判断是正确的。换句话说,就是管理者相信市场高估时企业发行股票,反之则回购股票。该理论对现实的融资决策有很强的解释力,特别是能够得到实证研究的支持。潘内塔和曾戈勒(Pannet and Zingales,1998)、贝克尔和沃格勒(2002)的实证研究发现账面值与市值比率能够很好地预测企业的新股发行;市值比较高的企业较多采取股票融资,而市值比较低的企业会回购股票。例如,在公司进行IPO的第三年后,公司市值/账面值比率每提高一个标准差,公司资本结构中债权资本的比例降低1.14%,而且市值/账面值比对资本结构中债权比例变化的这种影响主要是通过增发新股产生的。对于市场时机理论的更多支持来自调查结果。格雷汉姆和哈维(Graham and Harvey,2001)在企业总监的调查中发现,67%的参与调查的财务总监表示股价被低估或者被高估是发行股票时的重要考虑因素。

以上分析表明,非理性投资者的行为通过对企业股票市值的影响会对企业的融资决策产生作用,进而影响到企业的资本结构。

三、非有效市场与企业的投资决策

市场上的非理性投资行为会影响资本市场的价格,以及公司的融资决策;此外,证券市场上公司股票价格的失真会导致公司过度投资、投资不足、和资金错配的问题,即投资者的非理性行为会影响到公司的投资决策。

证券价格失真通过两个途径影响投资:第一,公司投资行为本身可能受限于价格失真。例如证券投资者可能过高的估计该公司投资项目的价值,导致管理者不得不背离公司价值最大化的经营目标,而投资于那些净现值为负的项目,因为要是他拒绝那些被投资者看好的项目,造成股价下降,将承担被收购或者被解雇的风险。价格失真导致过度投资或资金错配。第二,一个在融资政策上受限制的公司,如果投资价值被低估的话,公司管理者可能不得不放弃现金流为正的投资机会,这就会出现投资不足问题。

行为金融学者通过寻找股票价格失真的代理变量来研究公司投资与股价失真之间的关系。查瑞克(Chirinko)和斯凯勒尔(Schaller,2001,2004),帕雷尔斯(Panageas,2003),波尔克(Polk)和萨皮查(Sapienza,2004),吉尔瑞斯特(Gilchrist)、赫姆伯吉(Himmelberg)和汉伯曼(Huberman,2004)都发现了公司投资对证券市场上公司股价失真的代理变量的变化比较敏感。他们发现当股票的流通量比较大,且股票持有者更在意短期利益的时候,公司投资对价格失真更为敏感。贝尔克(Baker)和沃格勒(Wurgler,2003),斯泰(1996)指出对于一些仅以发行股票进行新融资的公司,其投资政策对证券市场上的股票价格失真是非常敏感的。但是克里斯托弗·波尔克与帕奥拉·萨皮查(Christopher Polk,Paola Sapienza,2002)在最近的研究中发现,即使是对那些无需到股票市场融资的公司来说,投资者的不理性行为也对公司的投资决策产生了重大影响。他们以公司的应计收益量(公司报告的收益与实际现金流之差)、公司净股票发行量等三个指标代表公司股票被市场高估或者低估——投资者对公司过度乐观或者过度悲观的程度。应计收益量的大小之所以可以用来代表投资者的情绪是因为如果两个公司A,B报告的收益相等,且两个公司的股票价格一样,而公司 A 的应计收益量大,那么公司 A 实际入账的现金流低于公司 B 的现金流,公司 A 的股票高估;因此应计收益大的公司股票常常被高估。在市场时机理论之下,公司股票净发行量也代表了投资者对公司预期的乐观或悲观程度。克里斯托弗·博尔克与帕奥拉·瑟佩查的研究表明,这三个指标同公司的投资之间存在强烈的正相关关系。如,在将实际投资机会与现金流考虑进去后,应计收益量每增加一个标准偏差,投资也增加大约2%。总体而言,他们认为,股票价值被高估的公司投资量也相应更多,而且这些公司投资的是净现值小于零的项目。

行为金融学家还从投资者对股市的依赖程度角度着手,研究了投资者的非理性行为对公司投资决策的影响。马尔科姆·贝克尔等(Malcolm Baker,Jeremy Stern,Jeffery Wurgler,2002)利用公司的现金流、资产、分红、现金量及负债率等建立一个公司对股市资金的依赖程度指标。他们发现,在将公司真正的投资机会等考虑进来以后,公司的这一指数同股票价格对投资的影响之间存在强烈的正相关性,即公司对股市资金的依赖程度越高,其股票价格对投资的影响程度越大。其中,对股市资金依赖程度最高的一组公司的投资对股票价格变化的敏感程度是对股市依赖程度最低的一组公司的 3 倍。同时,马尔科姆·贝克尔等(Malcolm Baker, Jeremy Stern,Jeffery Wurgler,2002)对公司回报的研究发现,对于依赖股市资金的公司,公司的股票净发行量同公司未来回报之间存在强烈的负相关性。因此,从他们的研究可以看出,至少对于那些依赖于股市资金的公司而言,通过股票价格的波动反映出来的投资者的情绪确实扭曲了公司的投资决策。

　　另外,行为金融学家还将并购问题纳入研究视野。研究发现,股市过度乐观往往同并购浪潮同时出现,在并购潮中,股票市值被低估的公司通常可能成为被收购的对象。如果投资者对某一公司过度乐观——对公司现有与未来的投资机会过于乐观,即使该公司的管理者知道公司现有或未来的投资项目都是净现值小于零的项目,为了避免成为收购对象,该公司的管理者也不得不投资这些项目。这是因为如果管理者不投资这些项目,投资者可能会抛售公司的股票,从而导致股票价格的下跌,使该公司成为被收购的目标,而在公司被收购后,管理者通常会失去工作。可见投资者的情绪在一定程度上扭曲了公司的并购决策。

四、非有效市场与股利分配政策

　　分红问题是公司金融中至今仍存在很大争议的问题。关于分红的争议主要围绕着分红是否能够影响公司及股东的财富。理查德·布雷利与斯特瓦特·迈耶斯(Richard Brealey, Steward Mayers,2003)将对这一问题的看法分为三种,分别称为右翼、左翼和中间。右翼的看法认为,分红的增加会增加公司的价值;左翼的看法认为,分红减少公司的价值,只要分红的税率高于资本增值的税率,公司就应该尽可能少地分红;中间观点认为,分红对公司的价值没有影响,这一理论主要是基于 MM 分红定理。总的看来,右翼的观点无法解释既然分红可以创造财富,为什么还有公司并不这样做;左翼的观点无法解释如果既然低分红或不分红可以创造财富,那么为什么没有出现大量公司缩减分红的现象;中间观点用分红无关论解释了上述两个问题,但仍然没有回答一个关键问题:投资者为什么偏好分红,并且要求分红? 以及公司为什么要分红?

　　大量研究与现象表明,投资者总喜欢分红高的公司。当公司宣布削减分红时,公司的股票价格常常大幅下跌。例如,1994 年 5 月 9 日,美国佛罗里达电气电力公司的母公司 FPL 宣布公司的季度分红将削减 32%,即从原来的每股分红 62 美分削减到 42 美分。FPL 就为什么大幅度削减分红向股东作了详细的解释。FPL 强调,在对公司的状况进行了仔细研究之后,公司认为此前连续四年的 90% 的分红率不再符合股东的最大利益,因此公司决定将分红率缩减到 60%。同时,FPL 宣布,将在未来 3 年中回购 1000 美元的公司普通股票,因为 20 世纪 90 年代以来美国的税收法律的改变导致以资本增值方式给股东分红比普通股东分红对股东更有利。此外,FPL 表示,公司以回购股票的方式代替普通股分红的方式也是为了让公司的财务具有更大的灵活性。所有这些表明,FPL 削减分红是出于战略考虑;FPL 向股东做出的详细说明最大程度地降低了信息不对称可能导致的问题;此外,虽然 FPL 削减了普通分红,但以回购股票的方式进行了分红。因此,FPL 削减分红的行为不应该导致该公司股票价格的大幅度下跌。但是,事实上,在 FPL 宣布削减分红的当天,该公司的股票价格还是下跌了将近 14%。

　　谢夫林(Shefrin)和斯塔特曼(Statman)(1984)为代表的行为金融学家从心理学和行为学

的角度对所谓的"股利之谜"现象进行了解释。

(一)自我控制理论

谢夫林(Shefrin)和斯塔特曼(Statman)(1984)认为:许多个体都存在自制能力薄弱的问题。一方面,他们非常想摆脱某种不好的习惯,希望能够控制自己的过度行为;另一方面,他们又因为很容易经不起诱惑而妥协,如人们常常难以摆脱消费的诱惑。为了解决自我控制问题,人们常常为自己设置许多规则,并强迫自己遵守这些规则,虽然用这些强制的方式来解决自我控制问题会让人们付出很大代价。例如,人们经常会做长期投资计划,但同时又必须满足当前的消费需求。如果人们过度放纵自己的消费需求,就会有损长期目标的实现。为了克服这种恶习,人们会要求自己只消费所得的股利,从而保证整个投资组合的本金保持不变。于是,作为一种简单的外部约束机制,股利政策因为能够帮助人们克服自制力上的弱点而受到投资者的欢迎。换句话说,投资者偏好分红可能是因为分红可以帮助他们控制自己的消费。

利斯(Lease)等人(1976)对随机抽样的部分投资者所作的一项调查问卷为自我控制理论提供了经验支持。调查结果显示,年龄越大的投资者越重视股利收入,能够产生股利收入的股票在其投资组合中所占的比重也就越大,并且股利收入对于退休的投资者来说显得尤为重要,支付股利的股票在其投资组合中所占的比例超过了50%。这是因为退休的投资者需要定期的现金收益来维持生活所需,所以他们更愿意投资与派发高额红利的公司。而在1974年美国政府实行工资——物价管制时,很多人要求同时对红利进行管制,这是因为这些人认为分红就是股东的工资。

(二)心理账户理论

对股利政策的第二种解释是:公司通过支付股利,可帮助投资者在心理上将受益与损失隔离以增加他们的效用,这就是"心理账户效应"。谢夫林(Shefrin)和斯塔特曼(Statman,1984)举例对此进行了说明。

例如某公司的股票在某年中上涨了10美元/股。该公司可作如下选择:不分红,但通过股票回购或者其他方式给予投资者10美元的资本增值;或者分红2美元/股,其余的8美元留在工资作为资本增值。如果公司选择第一种方式,那么投资者或得的收益是$V(10)$;如果公司选择第二种方式,投资者更倾向于将其效用表示为$V(2)+V(8)$。根据前景理论(prospect thoery),投资者面临收益和损失两种不同的情况时,对待风险的态度不一样。面对收益,投资者往往表现出风险回避的心理,此时的效用函数是凹函数;而面对损失,投资者会表现为风险偏好,此时的效用函数是凸函数,这样期望理论下的效用函数呈"S"形状。根据期望理论,受益的效用函数为凹函数,有$V(2)+V(8)>V(10)$,故从投资者的主观效用理论角度来看,第二种方案优于第一种方案。

如在公司价值发生损失的情况下,这种股利与资本利得相分离的分配方案同样有效。假设另一家公司在一年中的价值损失为10美元/股,这家公司也面临着两种选择:向投资者分配10美元的资本损失,或者12美元的资本损失和2美元股利。第一种方案下的投资者的效用可表示为$V(-10)$,而第二种方案下投资者更倾向于将其效用表示为$V(2)+V(-12)$的形式。由于期望理论在损失的情况下是凸函数,所以有$V(2)+V(-12)>V(-10)$,因此支付股利的方案仍然会给投资者带来更高的效用。

以上两个例子表明,股利支付政策提高了投资者的效用。原因在于投资者在心理上讲自己的总收益或损失分割成了不同的组成部分。也即心理账户的存在,使得投资者个体更偏好支付高额股利的公司。

（三）后悔回避理论

谢夫林（Shefrin）和斯塔特曼（Statman,1984），认为分红还可以帮助投资者避免遗憾或后悔。后悔是一种挫败感，当人们觉得自己本可以采取其他方式或行动从而产生更好的效果时，他就会产生后悔。人们既可以因为做错某事而后悔，也可以因为没有做某事而后悔。但心理学的研究表明，人们因为做错某事而后悔的程度远高于没做某事而后悔的程度。这在一定程度上解释了投资者偏好分红的现象。

假设投资者拥有一家公司的股票，该公司并没有分红，投资者为了获得消费的资金，不得不出售手中的股票。如果在他卖出股票之后，股价出现上涨，那么它就感到非常遗憾和后悔——因为这种错误是自己的行为造成的。事后聪明会导致他相信他本来就知道或应该知道股票的价格会上涨。这种事后聪明会导致遗憾更深。如果该公司支付分红，该投资者就可以用分红来支付日常消费。股票价格上涨后，该投资者可能会因为没有用分红购买这家公司的股票而感到后悔，但这种后悔程度要轻得多，原因在于这是由他的不作为造成的。

正是由于上述种种原因，投资者形成了对股利的偏好和对分配股利公司股票的需求。这在市场上表现为投资者对这些分配股利的股票的追捧以及由此导致的股票价格的上升。公司的管理层在制定股利政策的时候，为了利用股价的高估降低融资成本，必然会迎合投资者的这一需求，选择发放红利的政策。

（四）迎合理论（catering theory）

迎合理论是由贝克尔和伍格勒（2002）提出来的。他们认为：投资者的情绪会影响公司股利政策的制定和变化。按照这一理论，公司管理者的分红决策完全由投资者的需求所驱动，分红决策的实质就是投资者要什么就给他什么。具体说，当投资者喜欢分红，并以购买分红公司的股票的方式表达出来时，该公司的股票价格就会上涨时，公司管理者就应该向投资者支付分红，而当投资者不需要分红时，管理者就不支付分红。因此，在很大程度上，分红是理性的管理者对股市定价失当所做出的反应；在管理者看来，这种定价失当是由于投资者对分红的偏好所导致的。

阿龙·布拉夫等（Alon Brav,John Graham,Campbell Harvey,Roni Michaely,2003）的调查结果表明，投资者对分红的偏好确实是公司管理者决定是否分红的一个非常重要的考虑因素。CFO们相信，虽然回购股票拥有税收上的优势，但个人投资者仍然强烈偏好分红。大约50％的CFO们相信在吸引投资者购买自己公司的股票方面，分红是一个"重要"或者"非常重要"的因素。对于自己公司股东的构成，即股东中个人投资者与机构投资者的比例，大部分CFO都非常清楚。CFO们相信，如果他们不在个人投资者数量与机构投资者数量比例之间维持很好平衡，他们的公司将会受到股市的惩罚。CFO们认为，必须吸引足够的个人投资者，因为个人投资者可以增加公司股东的数量，而且比机构投资者更忠实，因此可以提高公司投资者的稳定性。

第三节 非理性的管理者与理性的市场

管理者非理性模型假设理性的投资者与非理性的管理者同时存在于金融市场之上。它主要建立在两个假设基础之上：第一，公司管理者个人及个人特征能够影响公司的决策。第二，公司设置的各种约束管理者的机制例如公司治理在约束管理者方面的有效性有限。目前非理性管理者模型的研究主要集中在对管理者两个方面的非理性行为上：公司管理者的过度乐观与过度自信。以非理性管理者模型为基础的研究表明，过度乐观与过度自信可能导致管理者认为自己公司的价值被市场低估，从而导致管理者使用内部资金投资过度，并且在融资方面倾向于使用内部资金，特别是公司内部股权资本。

理解管理者非理性需要与传统金融中的代理问题相区分。传统金融认为，管理者拥有一定的自决权，由于委托代理问题的存在，管理者可以视股东的利益不顾，而追求自身的利益。为了解决管理者与股东之间的利益冲突，公司治理机制的设计尤为重要。传统理论认为，只要能设计出合理的激励和约束机制就能解决委托代理问题，就能使管理者的行为与股东的利益相一致。与此假设不同，管理者非理性假设公司管理者相信他们决策的出发点是最大限度地为公司创造财富，但由于本身存在认识上的偏差、信息不对称和心理因素的影响，他们的决策往往会背离最大化价值的原则。由于管理者认为他们是在为公司创造财富，而不是为自己的利益着想，因此管理者非理性行为对公司财富造成的损失本质上不是代理问题，激励约束机制的建立与完善难以从根本上杜绝这一问题。

当经理人系统性的高估企业盈利活动的概率而低估企业表现不好的概率时，就被认为是乐观的经理人。关于经理人是乐观的论断可以在很多文献中找到证实。维因斯代（Weinstein，1980）认为，人们对于自己能够控制的结果更为乐观，另外人对于与自己关联很大的结果也非常乐观。玛奇和尚尼厄（March and Shanira，1987）的调查结果显示，经理人通常忽视不确定性，认为他们能够决定企业的运营。吉尔森（Gilson，1989）发现经理人一般都认为企业的成功与否对自己的影响非常大，因为他们的名声和就业部分地依赖于企业经营成果。这些研究都表明企业经理人在企业经营过程中多数都表现为过度乐观和自信。

最早讨论管理者过度自信和过度乐观的是罗尔（Roll，1986）。Roll 认为如果管理者对公司资产和投资机会是乐观的，他就会平衡两个相互矛盾的目标：一是最大化基础价值，二是最小化它所认为的资金成本。他认为乐观的管理者选择新融资和投资时需满足下列条件：

$$\max(1+\nu)f(K)-K-ef(K)\nu f(K) \tag{11-1}$$

其中：$f(K)$ 是新增投资 K 的增函数和凹函数，ν 是乐观参数，e 是发行的股票的数额。

上述公式对 K 和 e 取一阶导数得到乐观财务管理人员在资本市场中运作的最佳投资和融资策略。

$$fk'(K)=1/1+(1-e)\nu \tag{11-2}$$

$$(1+\nu)fe'(K)=\nu[f(K)+efe'(K)] \tag{11-3}$$

公式（11-2）是关于投资策略的。管理者越乐观（也就是 ν 越大），同时如果 e 越小，产生的偏离就越大；公式（11-3）是关于融资策略的。转变公司的资本结构而产生的损失是由市场时机策略的损失加权构成的。考虑以下情况：

一是如果不存在最佳资本结构，如果公司管理者不发行股票；如果融资、内部资金和投资者之间没有相互作用，在这种情况下，乐观财务管理人员就会过度投资。

二是如果财务杠杆有一个上限的话，财务管理者的乐观情绪就会有一个融资偏好顺序的现象：首先财务管理人员会依赖于内部资本和债务进行融资，通过股票发行融资是不得已的做法。有其他因素会影响这个排序。如果财务管理人员是风险厌恶而不得不对资产进行分散化的话，那么即使在他认为不合算的情况下，他也会发行股票进行权益融资。

三是如果财务管理人员对未来现金流和资产的看法要比证券市场乐观的话,那么它将会把股利支付看作是持久的。从另外的角度来看,如果他对未来的投资机会和资金需求的预计过多的话,他就可能增加留存而不愿意去支付股利。

一、非理性的管理者与资本结构

希顿(J. B. Heaton,2002)认为,公司管理者的过度乐观有助于解释为什么一些公司在决定资本结构时遵循优序融资理论。过度乐观的管理者相信市场低估了他们公司发行的股票等风险证券,因此当他们需要为自己的项目融资时,将首先选择内部资金,而不愿意以他们认为被低估的价格发行股票等证券。只有在内部资金不足时,他们才会到外部市场去融资,而在必须用外部融资时,他们首先选择的是债权融资。这和优序融资理论所期望的相一致,这在西方一些国家得到了验证(见表 11-1)。

表 11-1 西方部分国家资本结构示意图

国家	美国	英国	德国	加拿大
留存收益占比	66.9%	72%	55.2%	54.2%
负债占比	41.2%	25%	4%	27.%
股权占比	0.8%	4.9%	2.1%	11.9%

资料来源:陈收.行为金融理论与实证[M].2004.

从上表可以看出,1970—1985 年间,在英国、美国、德国和加拿大,留存收益均为占据第一位的融资方式,融资比重高达一半以上,而股权融资均居末位。股票市场最发达的美国,股权融资所占的比例最低。另外,日本、意大利和法国的股权融资比重只占本国融资总额的3.5%,10.6% 和 10.85%。

德尔克·海克巴斯(Dirk Hackbarth,2002)通过对比过度自信、过度乐观的管理者领导的公司的资本结构和不那么自信乐观的管理者领导的公司的资本结构发现,过度乐观、过度自信的管理者对公司的息税前收益(EBIT)的增长率常常估计过高,而过度自信的管理者则会低估公司 EBIT 的波动性。德尔克·海克巴斯的研究也支持优序融资理论。同时他还指出,公司管理者的过度乐观、自信会导致他们管理的公司过度地发行债权,并过高的估计内部资金与外部资金之间的成本差异,因此,过度自信与乐观本身会给公司增加成本;另一方面,过度自信、乐观可能为公司创造财富,原因之一是较高的债权比例要求公司将剩余的现金用于支付债务,从而可以减少公司管理者将这些资金投资于净现值小于零的项目的可能性。

二、非理性管理者与投资决策

在有效市场和非理性管理者的研究框架下,管理者的过度自信与乐观对投资的影响可以体现在企业发展的各个阶段,既包括发展前期的投资决策,也包括发展过程中的投资决策。

(一)非理性管理者与初始投资

有大量事实都证明企业的启动投资都伴随着过度自信和乐观情绪。库珀(Cooper)、宇(Woo)和邓克伯吉(Dunkelberg,1998)发现 68% 的企业认为他们的启动投资相对于同行业竞争对手来说会更成功,而仅有 5% 的企业认为他们自己的表现会更差,同时更有约 1/3 的企业认为他们新建立的企业一定是成功的。林特纳(Landier)和撒斯马(Thesmar,2004)发现一致的结果,大多数企业低估了启动投资后任务的艰巨性:约 56% 的企业认为未来一段时间是比较好的,只有 6% 的企业认为会非常困难。可事实并非如此。林特纳(Landier)和撒斯马(Thesmar)发现当他们建立企业三年后,只有 38% 的企业依然认为未来一段日子里事业仍然会比较好,有 17% 的人认为将会非常困难。更重要的事,只有大约一半的企业生存期超过三年。总的来说,建立企业的启动投资方面的证据与卡门尔(Camerer)和洛瓦勒(Lovallo,1999)的理论一致,他们认为当企业做出决策的时候都有过分自信的表现。

(二)现金流、非理性管理者与投资

企业管理人员的自信和乐观对成熟发展中的企业的投资决策也产生重要影响。马尔门迪耶(Malmendier)和泰特(Tate)(2001)利用福布斯 500 强公司的数据对管理人员在投资中的过度自信进行了检验,结果发现:公司投资决策对现金流的敏感度与管理人员的过度自信密切相关,管理人员越是过度自信,公司的投资对现金流的敏感程度就越高;在主要依靠权益融资的公司,过度自信的影响更为显著。希顿(Heaton,2002)也持相同的观点。他认为:公司管理者的过度乐观可能导致他们相信市场低估了他们公司发行的股票等风险证券,从而导致公司投资不足,这主要是因为他们不愿意以他们认为被低估的价格发行股票等证券为项目融资,因此,当公司出现净现值大于零的项目而公司内部的资金不足时,他们可能选择放弃这些净现值大于零的项目。另一方面,公司管理者的过度乐观可能导致他们系统地高估公司投资项目的现金流,从而导致投资过度。这说明,过度乐观的管理者的投资决策将受到公司现金流的影响——当公司现金流充足时,他们会增加投资,从而出现投资过度;当现金流不足时,他们会放弃现金流大于零的项目,出现投资不足。

乐观的管理者有进行多元化收购的倾向。由于他们天生的乐观和过度自信,经理们总会高估他们从收购中得到的现金流。Kaplan 和 Ruback 调查发现,在他们的 1983—1989 年间 51 个高杠杆交易的调查样本中,实现的税、息、折旧以及摊销前的收益(EBITDA)大约是 3.75%~14.4% 的中间位置,比经理们在头两年各自的预期少。当公司有足够的现金流的时候就没有什么阻止过于热情的经理们按照他们的意志行事。Roll(1986)是最早在非理性管理者的框架下研究并购中的乐观主义情绪和过度自信的。他发现,公司管理者表现出过度自信,过度自信的主要预测结果是会有大量并购活动,并购者与并购目标企业的收益总和为零。马尔门迪耶(Malmendier)和泰特(Tate)(2003)就这一问题进行了继续研究,他们利用自己设计的 CEO 乐观情绪代理变量去进行检测,发现有许多现象与乐观和过度自信理论有关。第一,乐观 CEO 会完成更多的并购,特别是能够带来更多不确定价值的分散化并购。第二,当管理者不需要在并购和股价低估时发行股票这两者之间进行选择的话,他们的乐观情绪在最小权益依赖的企业中影响最大。

吉瓦斯(Gervais)等(2000)认为,风险厌恶的理性管理者倾向于投资风险较小的项目。除非激励适中,否则他们会放弃风险较大,但有可能增加企业价值的项目;而过度自信的管理者会选择风险较大,但实际可以增加企业价值的项目。哈顿(Heaton,2002)从管理者过度乐观假设出发,撇开了不对称信息及制度成本的影响,通过比较与投资相关的可支配现金流收益与成本得出结论认为,过度乐观的管理者对公司的投资项目的看法比外部投资者更为乐观,他们会低估投资项目收益的波动幅度和风险。

（三）确认偏见（confirmation bias）与投资

确认偏见也叫证实偏见，他指的是这样一种倾向：人们希望去寻找那些能证明他们的理论的信息，而不是反驳这些理论的信息。非理性的管理者在投资决策中也表现出这样的倾向。爱德华·康伦（Edward Conlon）在他研究中发现：相对成功的项目来说，财务管理人员往往会将更多的资金投向自己在其中负有重要责任的失败项目。康伦将这一发现成为升级因素（escalation factor）。并且指出，正是由于存在确认偏见，这些财务管理人员往往对自己所负责的失败项目恋恋不舍，因为他们希望能够扭转亏损局面，从而证明自己先前所作的决策是正确的。这一论断可由 sony 公司的案例看出[①]。

康伦的进一步研究还发现：经理人员对失败项目增加投资的数目与沉没成本的规模大小无关，而责任越明显，经理人越倾向于向该项目投入更多的资金。这更加验证了管理者非理性行为对投资决策的影响。

三、非理性管理者与股利政策

行为公司金融对公司股利政策影响的研究，更多的是从非有效市场的角度入手。而从管理者非理性角度入手的研究较少。这方面的最早研究是由林特纳（Lintner，1956）进行的。通过对多家美国公司财务总监的访问，林特纳总结了这些公司在制定股利政策时所遵循的行为模型。在这一模型中，这些公司首先根据股东在收益中应享有的份额确定一个目标股利分配率（建立在公平的基础上），之后，随着工资收益的增加，若股利数额保持不变，则股利在收益分配中所占的比率就会下降，从而低于所设定的目标比率水平。此时，公司一般不会增加股利支付数额，除非公司管理层有足够的信心保证将来不会削减已经增加了的股利水平。

在林特纳提出的模型中，行为因素的影响体现在以下几个方面：首先，公司的股利政策目标并不是使公司价值或股东的税后收益最大化；其次，在制定目标股利分配率时，行为主体需要在主观上对分配比例是否"公平"做出判断；最后，公司管理层对于增加或削减股利的考虑显然是不对称的，即相比之下，他们更希望公司只出现股利增长的情况，而尽量避免削减股利行为。贝纳茨（Benartzi）、塞勒（Thaler）和法玛（Fama）、弗兰奇（French）等学者通过研究发现：时至今日，对于那些支付股利的公司来说，林特纳的行为模型仍然是有效的。

第四节　　其他尚需进一步研讨的问题

虽然在应用非理性模型解释公司金融决策方面，行为公司金融学取得了很大成就，但仍有一些基本问题没有解决，需要进一步的研究。

首先，行为公司金融学并没有形成一个完整的体系。行为公司金融学是在行为金融学的基础上发展起来的，作为行为金融学的理论基石是非效率市场，但这一假设并没有从根本上解

---

① 1957 年，Sony 生产了第一台袖珍晶体管收音机。此后，公司的两位创始人井深大和盛田昭夫一直致力于开发一种新型的彩色电视机装置。1961 年，他们在纽约的一次贸易展览会上看到了一种彩色单枪栅栏式显像管，比较理想，于是他们购买了该种技术的许可权，并开始围绕这项技术开发新的电视接收装置。经过两年的努力，在井深大的带领下，公司成功创造出了样机，但并没有形成可行性的商业制造流程。尽管如此，井深大将 Chromatron 宣布为公司的主打产品，并投入一晶新设备进行批量生产。由于技术尚不成熟，产品的合格率极低，这种新产品的生产成本竟然高达售价的 2 倍之多。此时，索尼的领导层对下一步如何做行动发生了严重的分歧。盛田昭夫想中止这一项目，井深大却坚持生产与销售最终售出了 13 000 台产品，每台的利润均为负。至此，深井大才同意终止这一项目。载自周爱民、张亮荣著，《行为金融学》，206 页，2005 年。

决资产价格形成的问题,在实证上也还需要进一步验证。从根本上讲,行为金融学还无法从根本上与传统金融学相抗衡。建立在此基础上的行为公司金融学,无论从理论基础上还是从实证经验上都有进一步发展完善的必要。

其次,行为公司金融将非理性投资者模型与非理性管理者模型分开进行考虑。这两个模型对投资者、管理者作出完全不同的假设,因此根据这两个模型得出的结论及其含义也大不相同,甚至结论会完全相反。未来行为公司金融研究的方向是如何协调这两个模型,从而为公司管理者的决策提供明确而一致的方向,两者实际上并不相互排斥,行为公司金融学家需要提出一个可以将投资者非理性与管理者非理性同时加以考虑的模型。

第三,就现有的研究框架中,也有一些问题需要深入研究。如:迎合理论在解释了并购浪潮时有一定的说服力,能否用它来解释发生在美国20世纪60年代的多元化并购趋势以及随后而来的拆分大潮,还有待于探讨;在投资者非理性模型中,我们看到投资者的非理性行为对管理者的管理造成压力,使得管理者必须对此做出反应,有时候会做出偏离公司价值最大化目标的决策。除此之外,公司管理者是否会受到第三方的压力?市场中除了个体投资者外,像投资银行这样的重要参与者是否会对管理者的决策产生影响,影响会有多大?现有研究中已经发现投资银行在"股价抑价之谜"中的作用,但对于诸如此类的问题,目前的研究很少涉及。

第四,从现有的研究可以看出,投资者和管理者的非理性会带来资金投融资决策的扭曲和资金的错误配置。但却没有探讨这种扭曲与传统金融理论中的资本市场的不完善有无相关性。例如,如果由于代理问题或信息不对称导致的投资不足与非理性带来的投资不足之间有无关系。

本章小结

行为公司金融是建立在两个不同的模型之上的。模型一是假设投资者是非理性的(市场是非有效的),但管理者是理性的,研究投资者的非理性行为对公司投融资决策、股利分配政策的影响;模型二是假设投资者是理性的(市场是有效的),但管理者是非理性的,研究管理者的非理性行为对公司投融资决策和股利分配政策的影响。本章就是遵循这一研究思路,将行为公司金融的发展和研究进行介绍和说明。

在行为公司金融的研究中放松了"市场有效"的假定,认为投资者是非理性的。投资者情绪的变化会影响企业的资本结构、企业的投资决策以及股利的分配政策。投资者情绪的乐观与悲观,导致股票市场呈现出"热市"与"冷市"。统计数据显示,热市时发行股票的企业数量增多,而冷市时很多企业开始回购股票。这是理性的管理者针对投资者的情绪做出的反应:公司价值被高估的时候发行股票,而公司价值被低估的时候回购股票。行为金融对此的解释是"市场时机",管理者利用市场时机决定发行还是回购股票,即利用股票价格失真获益,以维护公司长期投资者的利益。市场时机在一定程度上影响了公司的资本结构,使公司的融资决策不再依赖于传统公司金融中的"最优资本结构"。投资者的情绪可以扭曲公司的投资决策。投资者的过度乐观使得公司股票价值被高估,股票价值高估的公司的投资量也相应增大,而这些投资项目的净现值通常为负。投资者的非理性假设对股利分配之谜进行了解释。本章从"自我控制"理论、"心理账户"理论、"后悔回避"理论和"迎合"理论四个角度对这一现象进行了分析。前三个理论中,投资者的非理性,主要是其心理和行为的变化影响对股利的需求,"迎合"理论主要解释了公司的分红原因,即理性的管理者是为了迎合投资者的分红需求才做出的分红决策。

行为公司金融还放松了关于"理性管理者"的假设。认为管理者是有限理性的（非理性的），会存在个人风格的偏好和对风险的不同嫌恶程度，在管理技能上也有差异。与传统公司金融不同，行为公司金融认为管理者在公司的经营管理决策中经常会表现出过度乐观和过度自信，这不是仅仅完善公司治理机制就可以解决的问题。研究发现过度乐观的管理者在资本结构的选择中遵循"融资优序"理论，同时发现，过度自信乐观的管理者会发行过多的债务。管理者的非理性行为还表现在企业投资决策上。在初始投资中多伴随着管理者对投资前景的过度乐观与自信；在企业经营过程中的投资决策，过度乐观的管理者会过高估计投资项目的现金流，投资于那些实际上净现值小于零的投资项目，不过这也会受到公司内部现金流充分与否的限制，当公司现金流充足时，他们会增加投资，从而出现投资过度；当现金流不足时，他们会放弃现金流大于零的项目，出现投资不足。管理者非理性对股利分配政策的影响在行为公司金融方面的解释主要是林特纳（Lintner，1956）的行为模型。

关键术语

非有效市场　非理性管理者　市场时机　自我控制　心理账户　后悔回避　迎合理论
确认偏见

思考练习题

1. 试举一两个例子，说明作为普通投资者的你或亲戚朋友在投资决策中存在着非理性行为，这些行为带来的后果怎样？

2. 在投资者非理性的条件下，管理者是理性的假设有没有存在的可能性？请你说明原因。

3. 你认为管理者非理性除了过度乐观和过度自信外，还有没有别的表现？请用管理者非理性假设理论解释并购浪潮。

4. 我们在文中讨论到公司治理不完善与管理者非理性的不同，换句话说，也就是管理者的过度自信与乐观通过治理机制的完善并不一定可行。你能想出约束管理者非理性的行为，从而使他们最大化地为公司创造出财富的办法吗？

第十二章　公司金融国际化

本章要点

1. 跨国公司的内涵、意义、优势、发展的新特点
2. 国际融资的定义、方式、经济影响
3. 国际投资的定义
4. 国际直接投资的环境分析
5. 跨国公司国际直接投资方式
6. 公司金融国家化所面临的风险

第一节　跨国公司

一、跨国公司的内涵

(一)跨国公司的定义

跨国公司,又称多国公司、国际公司、超国家公司和宇宙公司等。20 世纪 70 年代初,联合国经济及社会理事会组成了由知名人士参加的小组,较为全面地考察了跨国公司的各种准则和定义后,于 1974 年作出决议,决定联合国统一采用"跨国公司"这一名称。即跨国公司主要是指发达资本主义国家的垄断企业,以本国为基地,通过对外直接投资,在世界各地设立分支机构或子公司,从事国际化生产和经营活动的垄断企业。

为了深入理解跨国公司的概念,我们需要了解跨国公司的以下基本特征:

1. 由分设在两个或者两个以上国家的实体组成的企业

一般认为,一个企业在两个及两个以上国家进行生产或者经营活动,才称之为跨国公司,因此跨国公司最重要的形式是在其他国家设立分公司或者子公司。企业通过在其他国家设立分公司,可以方便资本输出,大多数发达国家的企业通过海外直接投资抢占国外市场。

2. 跨国公司的主体一般都为资金雄厚的大公司

能够进行国外直接投资并建立国外市场、在国外拥有分公司的企业一般资金实力比较雄厚,并拥有先进的技术和管理经验。在海外开设企业的成本一般比较高,最开始打入当地市场需要投入大量的资金进行前期调研、市场运作;要想成功地把企业推广出去,也需要大量的市场推广活动,而且进行国外投资的风险比较高,企业有面临失败的可能。如果企业资金规模比较薄弱,那么前期的铺垫工作都会出问题。

3. 实行一体化的组织管理，具有全球战略目标

跨国公司的业务活动都是根据母公司的战略目标来进行制定，通过企业在不同国家内或者国家之间，协调或者控制某个生产链条的不同阶段；跨国、跨地区进行生产要素的分配；区域或者国际间转移资源或者生产经营，以达到企业制定的生产任务，最终实现企业的利润最大化。

4. 具有一定程度的垄断性

跨国公司由于其独特的优势，一般都具有不同程度的垄断性。具体表现如下：

(1)以雄厚的资本实力获得垄断地位。跨国公司都具有很强的资金实力或者融资能力，这可以使其在资本争夺中提供强有力的武器。在如今的全球化市场中，资本的作用越来越重要，进一步为垄断的产生提供了绝佳的条件。

(2)强大的技术优势。发展中国家的技术水平相对落后，而发达国家的技术水平较高，这就使得一些掌握着高科技、高技术的发达国家企业不断推出适合发展中国家的产品，获得独一无二的优势，且由于缺少竞争对手，使得它的垄断性程度加深。

(3)品牌效应。很多跨国公司都是比较知名的国际企业，他们的品牌对于消费者有很强的吸引力，因此当知名企业在国外开设分公司时，有一部分喜欢并推崇它们产品的消费者会自发地放弃本土产品，进而选择知名品牌产品。这会使得很多民族品牌被淘汰，跨国公司的市场占有率自然上升。

(4)政治和法律环境宽松。很多新兴市场的政治、经济和法律等制度不完善，在反垄断措施上力度较为薄弱，这使得很多跨国公司在这些市场中凭借其强大的优势获得垄断地位，随着时间推移，逐步建立自己的关系网，使得垄断程度不断加深。

二、跨国公司的意义及其优势

(一)跨国公司的意义

随着全球经济一体化程度的进一步加深，各国之间的联系越来越紧密，跨国之间的经济交流和合作越来越频繁，跨国经营的意义就在于它能够充分地利用当地的生产经营条件，最大限度地提高公司的经营利润。

但是，跨国经营应符合新时代的发展要求，具体如下：

1. 满足国际分工的要求

由于全球经济一体化的程度加深，各国之间的经济贸易合作加深，从而国际分工进一步细化，各国产业结构进行升级调整，每个地区致力于发展自己最有优势的产业，跨国公司通过在不同地区的生产经营，可以合理地分配自己的产品生产任务，最大程度的占用每一个地区最有效率的生产方式。比如电脑公司可以选择在人力成本比较低的欠发达地区进行一些低技术含量的零件生产或者组装工作，在技术比较发达的国家进行芯片等核心部件的开发，在这个过程中促进了国际市场的拓展。

2. 实现国内外资源的优势互补

每个地区都有丰富和相对稀少的资源，跨国公司通过跨国经营在各个地区之间获取资源，整合资源，并利用自己独有的组织体系进行资源的转移和利用，通过跨国公司的发展，可以有效地实现国内外资源的互补，从而避免由于资源的缺乏使得公司的发展受到限制。在国际市场中，资源的获取也充满竞争，出于跨国公司的规模较大，具有强大的信息网，雄厚的实力，能

够冲破贸易保护壁垒和地区保护主义,充分利用多地区资源,使得资源的获取的成本相对降低,从而加速企业的发展。

(二)跨国公司独特的优势

每个公司都有成为跨国公司的目标,但是并不是所有公司都能实现自己的目标。想要走出本国,在海外市场获得一席之地,公司一定要有自己独特的优势,不仅仅要比国内企业更有实力,同时,也要适应东道国的商业规则,并拥有他们企业所不具有的优势,才能弥补自己作为外来企业的缺陷。

其优势主要有以下几个方面来概括:

1. 经营优势

在复杂的国际经营环境下,跨国公司通过在不同地区拥有子公司,可以进行资源的快速获取和整合,从而最有效率的完成资源的收集。

2. 管理优势

跨国公司一般雇佣的员工数量比较庞大,公司的组织结构也比较复杂,因此拥有一套较为完整高效的管理理念和方法。

3. 品牌优势

跨国公司一般在国际上知名度较高,对于一些追求更高生活水平的人而言,比本国的一般品牌要更值得追求。

4. 资金优势

雄厚的资金实力不仅仅可以帮助企业拓展市场,满足生产经营需要,同样使得投资者更为信赖。

5. 规模优势

跨国公司由于生产规模较大,依靠大规模的生产可以获得规模经济利益,可以在规模生产中享受最低的边际成本,从而获得独有的竞争优势。

三、跨国公司发展的新特点

21世纪以来,全球的经济环境发生了巨大的变化,经济全球一体化的速度明显加快,跨国公司面临的经营环境越来越复杂,为了不断满足经济发展的需要,应对日趋激烈的全球竞争环境,跨国公司的经营发展呈现出新的特点。

(一)跨国战略联盟成为跨国公司发展的新趋势

跨国战略联盟是指两个或者两个以上有着共同的战略目标和对等资本实力的跨国公司之间的一种合作关系,他们合作的目的是通过资源互相分享,生产要素的交换,风险的共同承担来达到双方利益的最大化。

跨国公司在二战后的几十年得到迅速的发展。进入20世纪90年代以来,经济的全球化和信息的全球共享使得市场竞争越来越激烈,跨国公司面临着经济活动方式的巨大改变,市场中创新产品越来越多,顾客的需求越来越多样化。在这样的背景下,跨国公司过去所有的独立经营的优势开始下降,仅仅依靠单一的批量生产或者规模经济无法获得长期利益。企业的生产与经营开始寻求合作对象,通过不同企业的协作经营生产,企业由过去的竞争关系转变为利益共享。

在这样的发展条件下,跨国公司为了适应经济的发展和调整自己的战略部署,开始产生了

跨国战略联盟。具体分析产生的因素,由以下几个方面:

1. 跨国战略联盟是科技进步所推动的

在技术迅速发展的今天,产品的更新换代的速度越来越快,西方发达国家和新兴工业化国家纷纷进行产业结构调整以适应全球化的发展。市场不断要求新技术和新产品的出现,并且产品的复杂程度开始上升,从而使得一项产品的完成需要涉及到多个领域和生产流程,这种新科技发展下带来的改变使得跨国公司想要用自己单方面的力量来获得竞争优势的可能性越来越小,为了减小公司的经营成本,不同的跨国公司开始进行联盟,每一个公司负责自己最具有优势的一部分产业,从而使得边际成本下降,利润增加。

2. 跨国战略联盟是为了满足市场需求的多样化

随着各国经济的发展,人民的生活水平得到很大程度的提高,这就意味着消费者的消费习惯开始偏向多元化,在资源比较稀缺的年代,大家对于市场上产品的选择比较狭小,但是随着产品的种类越来越多,消费投入的资金也越来越多,这就要求企业能够提供大量满足不同消费者偏好的产品来适应。而且市场中潮流的变化速度非常快,仅仅依靠公司自己的分支机构来不断推陈出新是非常困难的,即使企业有能力建立一个多样化的体系,也无法对信息做到灵活快速反应。而建立跨国战略联盟则可以具备协调一致的功能,且成员国之间互相合作使得进入和退出的壁垒降低。

3. 跨国战略联盟是为了适应经济全球化的发展

经济全球化的发展使得各国间的资本、技术和劳动力在不断的流动,国家间的经济联系越来越紧密,每个国家的经济都要融入国际经济的发展中,所以使得企业不仅仅需要和国内企业竞争,还要涉及和国外企业的竞争。为了享受到全球经济发展的利益,每个国家都不断地提高自己的开放程度,从而使得原本封闭的市场中涌入新的竞争者来瓜分市场。所以为了应对新的竞争者带来的压力,企业选择建立跨国战略联盟的方式,扩大自己的实力,通过合作来抢占市场。这种增加自己竞争力的方式比起企业通过扩大自己的生产规模优势更大,承担的经济风险更小。

(二)服务业和高科技产业成为跨国公司投资的重点

21世纪以来,为了适应知识经济的发展,跨国公司开始改变自己的发展理念,他们的对外直接投资内容和经营观念都发生了重大变化,知识性的投资成为跨国投资的重点。通过对外投资,一方面获得了资本的积累,另一方面也获取到了新的技术和产品知识,因此跨国公司在对外投资的选择上倾向于一些技术含量比较高的产业,既可以通过这些高科技产业的投入获得相对于低技术产业更高的利润,又可以掌握一些更为领先的技术,从而增加企业整体的技术优势。

跨国公司对于服务业的投资从两个角度来分析,一方面是跨国公司的直接投资向全球范围内的服务业倾斜。通过有关数据统计,20世纪70年代初期服务业仅占全球外商直接投资的1/4,到了90年代初期,总量基本超过第一产业和第二产业的总和,并主要表现在金融和贸易两大块。另一方面是制造业开始把服务业作为其获取其他路径利润的重要手段,一些比较知名的制造商企业开始积极地向服务行业转化,或者开始向顾客提供一些服务。

跨国公司之所以向服务业发展,其主要原因有如下:

(1)服务业作为第三产业,与传统的第一、二产业相比,投资金额少、所面临的风险小、同时收益较高、灵活性比较强、经营范围比较广等等。

（2）经济全球化的发展拉动了对服务业的需求，特别是对于一些发展中国家而言，他们的贸易、金融、旅游、教育、文化等产业开发水平均较低，这个巨大的潜在市场可以为具有优势的跨国公司提供机会。

（3）服务业对于一国的生产、就业、消费都有积极的效应，在国民经济中发挥着重要的作用，从而使得服务业的直接投资获得政府的大力支持。

（4）科技的发展变革促使服务业的可贸易性不断提高，而企业为了获取更多的利润就不能仅仅依赖传统的竞争方式，应该通过新的服务方式来吸引顾客。

（三）对新兴市场国家的投资进一步加强，投资策略发生变化

新兴市场国家通常是指经过体制改革，加速经济发展而逐渐融入全球经济体系的经济体。当今的新兴市场国家是指一些市场发展潜力巨大的发展中国家。巴西、俄罗斯、印度和中国一度被称为"金砖四国"，是全球最大的新兴市场国家。

新兴市场国家对推动世界经济发展的作用越来越大，具体表现如下：

（1）随着经济全球化的快速发展，发达国家对全球经济的推动力明显减弱，而新兴市场的国家，特别是中国等一些增长速度较快的新兴国家，所起的支撑和推动作用显著加强。

（2）新兴市场国家在世界贸易中所占的份额正迅速提高，新兴国家向发达国家提供它们所需的原材料、能源和价廉物美的各种制成品，又从这些国家大量进口所需的生产资料和消费品，从这种商品贸易中，双方都获益匪浅。

（3）新兴市场国家、地区是全球资本的重要流入对象。一些国际投资者看好新兴市场的未来发展，对这些市场的国外直接投资加强，通过对债券、股票的买卖，享受到新兴市场发展带来的收益。

在这样的背景下，发达国家的跨国公司对新兴市场国家的投资进一步加强，投资策略也发生变化。

传统的投资策略是发达国家的跨国公司将生产好的产品放在新兴市场进行销售，部署在这里的全部是销售团队。在母国开发定位全球市场的产品，然后再进行基础的本地化改进就可以，而公司的目标是在发达国家获得主要利润，新兴市场仅仅作为辅助。

而随着全球经济格局的变化，金融危机的影响，发达国家的市场有限，产品之间的竞争力也不断加强，因此越来越多的跨国公司开始在新兴市场国家建立研发团队，更多的使用当地的人才和资源，设计出适合新兴市场国家需求特性的产品，在这些国家销售获得成功之后再推向全球。并且随着新兴市场国家的快速发展，以前的一些低端产品已经满足不了消费者的需求，一些高技术产业开始转移到这些国家，逐渐建立起新的产业区。

（四）品牌营销成为跨国公司营销的重点

在全球市场的整合下，促使了消费者爱好的趋同。跨国公司想要在全球获得更高的企业位置，就必须打造出独特的企业品牌优势，促使了全球品牌的创造与推广。因此，伴随着竞争的全球化，跨国公司的成功取决于在众多国家的能力的定位和品牌的管理。

由 Brand Finance 公司 2016 年公布的"全球最具价值品牌 100 强"排行榜，除了评价了各家公司的发展潜力之外，排名最重要的一项指标就是企业的品牌价值。苹果、谷歌、可口可乐三家公司继续位居前三，尤其是苹果和谷歌已经连续 4 年分别蝉联排名榜冠亚军。根据 Interbrand 研究估算，2016 年苹果、谷歌和可口可乐三家公司的品牌价值分别达到了 1781 亿、1332 亿和 731 亿美元。相比于 2015 年，苹果的品牌价值增长了 5%，谷歌增长了 11%。通过与《财富》杂志的横向对比,苹果公司以 2337.15 亿美元的营业收入,533.94 亿美元的利润位居世界 500 强企业的第 9 名。而位居世界 500 强企业的第一位的沃尔玛以 4821.30 亿美元的营业收入,146.92 亿美元的利润位于全球品牌价值的第 8 名,这说明企业的收入并不能完全影响企业的品牌价值。

通过品牌价值排名前十名的公司的分析,可以看出一般品牌价值比较高的企业均为注重企业宣传与营销,在信息化的时代,人们接受新的信息的时间越来越短,不同信息的更新换代速度也越来越快,想要获得优势,就必须建立起独特的品牌优势,获得大众对于品牌的认可度。

以苹果公司为例,苹果公司的品牌价值从 2013 年首次超越可口可乐,成为 Interbrand 评选的全球最有价值品牌,并连续 4 年成为全球最有价值品牌。苹果公司以独具匠心的产品创新创造了巨大的产品附加值乃至品牌价值,从 iMac、iPod、iPad 到 iPhone,苹果的电子产品在电脑、音乐播放机和手机领域都取得巨大成功,并成为价格昂贵的高端时尚电子品牌的象征。

在苹果产品的背后,体现了苹果公司在品牌管理系统中的产品管理能力和品牌价值管理能力,使其掌握了价值链中的战略制高点。品牌定位是品牌战略的第一步,苹果公司清楚地知道想要在众多科技企业中获得一席之地比较困难,因此在产品定位时就没有选择走大众路线,而是把产品定位为"思想独立的先行者","行业的引领者、创新者",立马使得其从众多的高科技公司中脱颖而出,吸引了消费者的目光,变为大众所追捧和崇拜的特别追求。同时苹果公司用独特的产品设计和苹果所独有的系统与其他产品区分,它的品牌宣传也是品牌营销重要的一部分,既通过直营店坐落在都市的繁华区域,华丽高端的装修给消费者巨大的震撼,又通过独特的产品发布会吸引消费者。通过对产品的设计,完成对品牌的再塑造,并通过一系列营销使得在全球市场中获得优势,已经成为众多跨国公司的选择。

第二节　公司国际化融资管理

一、国际融资的定义

融资是指资金在不同持有者之间的融通,在公司的经营发展过程不可避免地遇到资金短缺的问题,往往需要融资。国际融资是指跨国公司在国际金融市场中,为了改善企业的资本结构和实现其财务目标,采取适合企业的特性和经营状况需要的筹资方式来获取资金的一项管理活动。国际筹资是国内筹资的向外延伸发展,随着经济全球化的发展,成为企业越来越重要的一种筹资手段。

对于国际融资概念的深刻理解,可以从以下几个方面出发:

1. 国际融资是指发生在国际金融市场的一种筹资活动

国际金融市场是指从事各种国际金融业务活动的场所,是国际间资金融通与资金交易的市场。在国际贸易领域中,国际金融市场的作用十分重要,包括商品和劳务的跨国际转移,资本的国际转移、黄金和外汇一些货币的买卖等各个方面的国际经济交往都离不开国际金融市场,随着经济的发展,科技的日新月异,国际金融市场上新的融资方式、融资工具层出不穷,都不断地加速金融活动的产生,推动世界经济的发展。

目前,就企业融资而言,主要的国际金融市场有:

（1）国际货币市场。

国际货币市场主要指的是短期资金借贷的市场，即期限为一年以内的所有融资活动，包括短期信贷、贴现、短期票据等。其中欧洲货币市场是国际融资活动最为活跃的市场，由于这是一个完全自由的国际金融市场，具有很大的吸引力。首先欧洲货币市场是一个不受任何国家政府管制和税收限制的市场，所以经营非常自由。其次欧洲货币市场资金规模极其庞大，它的资金来自世界各地，数额同样庞大，各种主要可兑换货币应有尽有，故能满足各种不同类型的国家及其银行、企业对于不同期限与不同用途的资金需要。同时欧洲货币市场资金调度灵活、手续简便，有很强的竞争力，欧洲货币市场资金周转极快，调度十分灵便，因为这些资金不受任何管辖，并且欧洲货币市场有独特的利率体系，其存款利率相对较高，放款利率相对较低，存放款利率的差额很小，这是因为它不受法定准备金和存款利率最高额限制，使得欧洲货币市场对存款人和借款人都更具吸引力。欧洲货币市场的经营以银行间交易为主，银行同业间的资金的拆借占欧洲货币市场业务总量的很大比重；它也是一个批发市场，由于大部分借款人和存款都是一些大客户，所以每笔交易数额很大，一般少则数万元，多则可达到数亿甚至数十亿美元。

（2）国际资本市场。

国际资本市场主要指的是长期资金借贷的市场，即期限为一年以上的所有融资活动，包括银行中长期贷款市场和证券市场。资金的需求者可以通过发行国际债券或者股票的方式融入资金。欧洲债券市场是规模较大的证券市场，也是最具有活力的市场之一，它可以根据市场上的供给和需求的情况，不断地推出新产品或者新的组合，且由于它的管制比较宽松、资金量较为庞大，是企业进行长期融资的良好选择。

（3）国际外汇市场。

国际外汇市场是各个外汇经营机构、企业和个人进行外汇买卖和调剂的市场，它不是融资市场，只是通过银行系统从事不同货币的兑换和支付手段的交易市场，受到国际货币制度和各国货币汇率的支配和制约。它的产生是由于随着经济的全球化，各国之间的贸易往来和国际投资增多，从而使得对外汇的需求增加。形式有两种，一种是有形市场，主要通过交易所来进行，如巴黎外汇市场。另一种是无形市场，主要通过通信工具来进行，如纽约外汇市场。

2.企业要根据自己的特点和经营状况选择合适的国际融资方式

国际融资方式有多种多样，可以采取国际股权融资、国际债券融资和国际租赁融资等等，而具体选择哪一种融资方式必须根据企业目前的资产结构和经营计划。如果企业的资产状况良好，有一定的国际声誉则可以选择股权融资，既可以获得一定量国际资金来扩大公司规模，承担的风险相对又较小；而对于某些东道主国家政治风险较高，则可以选择租赁融资，从当地租赁公司租赁固定资产，避免其财产被收归国有。

3.国际融资同样具有风险和成本

国际融资与国内融资相比，筹资的来源更加广泛，筹资的方式也更加灵活，并且巨大的国际资金市场能够提供比任何一个单一的国家更加丰富的资金，为满足跨国公司庞大的资金需求提供了保障。但相比这些优势，国际融资的成本和风险也比较明显：

（1）在进行企业融资时，通过国外融资需要考虑的因素相比国内更加全面和复杂，且不同国家之间存在巨大的信息壁垒，融资前通过对国外市场的调研与信息沟通的成本相对较大；而且不同的国家有不同的政策干预以及资金使用所支付的税率也不同，这些都是国际融资需要付出的成本。

（2）跨国公司在进行国际筹资时更容易受到各国的政治气候、法律环境、经济文化的影响，因此必须及时进行风险防范与风险识别控制，这样才能减少损失。

其中外汇风险是国际融资中最基本的一种风险，是指由于汇率发生意料之外的变动而导致风险损失的可能性。主要表现为三个方面：外汇买卖风险、交易结算风险和评价风险，而企业参与国际金融活动，不能主动的变动汇率，外汇交易成本也高，因此企业必须主动迎接各种复杂风险的挑战，采取更多更灵活的防范风险的措施和方法来抵御风险。

二、国际融资的方式

国际融资方式是指跨国公司在国际资本市场上取得资金的具体形式，企业根据不同的经营状况和筹资目的选取不同的融资方式。国际融资方式主要有国际直接融资和国际间接融资两大类。

（一）国际直接融资

国际直接融资是指跨国公司通过自身或委托金融中介机构出售有价证券，直接从资金供给者手中筹措资金的融资方式，主要包括：国际债券融资、国际股票融资、国际投资基金融资和国际项目融资。

1. 国际债券融资

国际债券融资，即跨国公司为了筹集外币资金在国外金融市场上发行的以外国货币标明面值的债券，是一种债务债权凭证，跨国公司通过一段时间占有资金，到期还本付息的方式。

（1）国际债券融资的分类。按照发行人和发行地区的不同，可以划分为外国债券、欧洲债券和全球债券。

①外国债券。外国债券是指一国的发行者在所在国之外的另外一个国家发行的并且以发行国货币标明面值的债券。但是发行外国债券要得到市场所在国的同意，并受该国金融法令的管理，对于发行者来说，发行外国债券的关键在于筹资成本较高，对于购买者来说，由于发行者是外国公司的问题，很多信息不畅通，对于发行者的资信程度不确定导致购买会有一定的顾虑。例如，扬基债券是非美国主体在美国市场上发行的债券，武士债券是非日本主体在日本市场上发行的债券。

②欧洲债券。筹资者在某一外国债券市场上发行的不以债券市场所在国货币为面值的债券，这种债券不是以发行地所在国的货币为面值，而是以另外一个国家的货币为面值，即发行者属于一个国家，发行地属于另一个国家，而发行货币可以属于第三个国家。欧洲债券不受任何国家资本市场的限制，免扣缴税，其面额以发行者当地的通货或其他通货为计算单位。欧洲债券市场是一个完全自由的市场，债券发行较为自由灵活，既不需要向任何监督机关登记注册，又无利率和发行数额限制，因此与外国债券相比，更具有灵活性。目前在国际债券市场上，利用欧洲债券进行筹资的比例往往高于外国债券。

③全球债券。全球债券是指在全世界的主要国际金融市场（主要是美、日、欧）上同时发行，并在全球多个证交所上市，进行 24 小时交易的债券。全球债券具有很高的流动性，同时还降低了交易成本。目前，美国的国债市场是全球流动性最强的市场，而世界银行的全球债券的流动性仅次于美国债券，其买卖成本也低于其类型债券，同时也大大降低了清算和托管成本。尽管全球债券有诸多优势，但是对于发行人的要求比较高，一是其借款规模需要足够大，能大规模发债；二是发行人必须在至少两个主要的金融中心有良好的信誉，以便利债券的顺利发

行。而真正能够同时满足这两个条件的发行人极少。

（2）国际债券融资的优缺点。

①国际债券融资具有以下优点：a. 筹集资金的速度较快，国际债券市场上有大量的投资者，资金的来源比较广泛，因此融资比较迅速。b. 融资金额较大，企业在国内进行融资时，受到的限制比较多，同时资金来源比较少，但是在国际债券市场中，资金量比较大，能最大限度地满足企业的要求。c. 选择的机会比较多，国际债券市场中由于每个国家的利率水平不一致，风险偏好也不同，因此企业可以拥有多样化的选择机会。d. 扩大企业在国际市场上的知名度，通过发行债券可以使得国外投资者了解企业，强化企业在国际上的形象。

②国际融资具有以下缺点：a. 第一次发行债券融资较为困难，因为跨国投资者一般对于这个企业的认识比较少，拥有顾虑。b. 发行程序比较复杂，需要大量的前期准备，前期成本较高。c. 利率风险较高，尤其是处于通货膨胀较高的时期。

2. 国际股票融资

国际股票融资，即跨国公司通过在国际资本市场上发行以外国货币为面值或以外国货币计价的股票向社会筹集资金的一种方式，是一种通过出售所有权凭证来获得资金的方式。国际股票市场包括国际股票的发行市场和流通市场，世界上重要的国际股票市场有纽约证券交易所、纳斯达克证券交易所、东京证券交易所等。

（1）进行国际股票融资的优点有：①永久性。由于股票没有期限的限定，股东没有权利要求退股，使得引进的外资能够成为永久的生产性资金留在企业内部。②主动性。通过股票吸引投资的方式，发行国可以约束投资方式和投资范围，从而有效引导投资方向。③高效性。国际股票融资有利于企业提高在国际上的知名度，提升企业的形象。

（2）进行国际股票融资的缺点有：①发行股票会一定程度稀释股权，降低对企业的控制权，有一定的风险。②由于国际股东承担的风险较大，因而股东要求的报酬率也会较高，从而提高了融资成本。

3. 国际投资基金融资

国际投资基金融资是指设立基金的公司可以从国内或者国外筹集资金，然后把资金投向非基金公司母国的国外市场的投资基金。基金业作为金融业发展的一个新的形式，在资金投资和资金筹资方面都起到非常重要的作用，投资人可以利用投资基金这种形式参与国外资本市场，而融资人也可以通过投资基金进行资金的融通与周转，通过投资基金进行境外资金的筹集，是企业进行国际融资的重要方式。

根据国际投资基金的投向范围不同，可以将其分为以下三类：

（1）环球基金。环球基金主要是面向国内投资者发行基金股份或者收益凭证，而把资金投资于全世界各个证券市场的投资基金，但必须保证把 2/3 的基金投资于本国以外的国际市场。环球基金的资金投资范围比较广，既可以投资于发达国家的资本市场，又可以投资于发展中国家的资本市场，既可以投资于本国的资本市场，同时也可以投资于国外的资本市场，因此灵活性比较强，适合一些大的融资项目。

（2）区域基金。区域基金不仅仅包括国内投资者，同样可以吸纳国外投资者发行基金股份或者收益凭证，而把资金投资于某一地区的各个国家的证券市场的投资基金。这种基金投资方式相比环球基金，更为集中一些，可以选择一些经济发展比较好的地区进行投资，有效地降低了系统性风险，既可以追求经济的增长带来的收益，又通过多个国家的分散化投资降低了风险,主要有欧洲基金、北美基金、太平洋基金等等。

(3)国家基金。国家基金是一种面向外国投资者发行的基金股份或者收益凭证,而把资金专门投向某一特定国家市场的封闭型投资基金。这种投资基金相对来说比较保守,但交易成本与前几种相比较低,并且在一个国家进行投资相对更好控制。

4.国际项目融资

国际项目融资是指以境内建设的项目为担保,向境外投资者融入资金的方式,一般通过某一个特定工程项目提供贷款,贷款人依赖于这个项目本身的资产价值以及项目未来产生的利润收入作为还款的资金来源,原则上对项目发起人项目以外的资产没有追索权或者仅有有限追索权。

这种融资方式产生的原因在于一些大的工程项目的往往耗资巨大,并且开发周期过长,项目的投资风险超过了项目发起人的能力范围之内或者意愿之内,传统的公司融资方式已经不能满足此类大型工程项目的融资需求,针对这种情况,利用项目本身的巨大资产现金流量进行项目融资的方式快速发展。

(1)国际项目融资的优点。

国际项目融资的优点表现为:①更具有灵活性。以前的贷款方式更加注重贷款人的资产实力,但项目融资主要依据项目的收益、现金流量来考量,使得在通常情况由于发起人的个人状况难以获得贷款的项目可以通过项目融资进行。②分险共担。在国际项目融资中,由于是以未完成的项目作为担保,则涉及项目未来收益的评估及项目完成过程中可能出现的一系列问题,项目借贷人也不得不承担着项目所遇到的各种风险,所以在一开始进行项目融资的时候,借贷人必须识别和分析可能的风险因素,从而判断自己适不适合投资。③表外融资。项目的债务并不体现在项目主办人的公司资产负债表中,这样就不会因为项目融资影响公司的信用地位,使得公司可以以有限的财力从事更多的投资活动。

(2)国际项目融资的缺点。

国际项目融资最大的缺点在于成本比较高,国际项目的前期组织时间较长,费用相对较高,同时由于这种项目融资的方式对于借贷人来说风险较高,则贷款的利息成本相对较高。

(二)国际间接融资

国际间接融资是指通过金融中介机构将国际闲散资金集中起来,然后跨国公司向金融中介机构进行的资金融通。主要的国际间接融资方式有国际信贷融资、国际贸易融资和国际租赁融资。

1.国际信贷融资

国际信贷融资是指跨国公司向世界范围内的国际金融机构或者其他经济组织借贷的一种资金融通方式,包括国际商业银行贷款、政府贷款、国际金融机构贷款三种。

(1)国际商业银行贷款。国际商业银行贷款是指一国借款人在国际金融市场上向外国银行或者国际银团借入货币资金的行为。这种贷款行为在国际金融市场上进行的,债权人和债务人处于不同国家的主体,一般债权人均为某一个外国商业银行,或者由多个银行组成的银行集团,各自按照一定的比例共同向借款人提供一笔中长期贷款。这种贷款最大的特点是从始至终都采取货币资本的形态。

国际商业银行贷款有以下四个特征:①没有任何的条件限制,借款人可以根据自己的需要任意支配这笔贷款,对于借款人而言,更具有便捷性。②手续简单,贷款方式比较灵活。与其他需要各种担保的贷款相比,商业银行贷款的贷款要求较少,需要办理的手续也比较简单,可以为企业节省很多人力财力。③资金的供应比较充足,因为贷款对象是国际金融市场的商业银行,相比国内,银行数量更多,可供借贷的资金更充裕,大多数借款人均能够筹集到自己需要的资金。④由于这种贷款方式的简便性就会使得借款人要求较高的利息水平,同时在国际市场上筹集资金也面临一定的管理费用或者一些杂费,所以筹资成本相对较高。

国际商业银行贷款按照贷款期限长短,可以分为短期信贷、中期信贷和长期信贷。短期信贷的贷款期限一般在 1 年以下,是跨国公司为了一些流通需要进行资金的暂时借贷。中期信贷的贷款期限一般在 1 年以上,5 年以下,这种贷款需要双方签订贷款协议。这种贷款相比短期贷款期限更长,所以要求的利率更高,一般是为了满足经营需要。长期信贷一般在 5 年甚至10 年以上,是国际企业为了满足对固定资产投资的需要而向银行取得贷款。这种贷款金额较大,期限太长,风险较高,一家商业银行往往无法承担,一般这种贷款都由几家商业银行组成的银团所提供,共享收益,共担风险。

(2)政府贷款。外国政府贷款是指一国政府利用财政资金向另一国政府提供的利息较低,附加费用少,并且还款期限长的一种贷款。政府贷款作为所有贷款中优惠程度最高的贷款,是建立在两个国家拥有良好的政治关系,并且出让贷款国家的经济状况良好。不过贷款的程序比较复杂,一般要经过两个国家前期的大量谈判,并进行大量的研究,最后经过中央政府批准后才能提供。

(3)国际金融机构贷款。国家金融机构是指多个国家共同成立的,为了国际间项目的资金融通、协调而产生的国际间金融组织。现有的国际间金融机构有两大类,一类是全球性的国际金融组织,例如国际货币基金组织、世界银行等;另一类是区域性的国际金融组织,例如亚洲开发银行等。这两类国际金融组织虽然参与的国家数量和业务范围不一致,但是目的都是为了稳定国际金融市场,满足成员国的资金需求。

2.国际贸易融资

国际贸易融资是指外贸企业为了开展国际贸易活动向银行取得资金融通便利的活动。国际贸易融资产生于国际间外贸活动的快速发展,国家间通过外贸交易实现货物和资金的融通,而想要促进国家的经济发展,就必须鼓励更大程度的外贸进出口,通过对外贸企业融通资金既可以促进企业的资金需求,又可以获得一定的收益。

国际贸易融资的融资对象是多方面的,既可以对大企业提供贸易融资,也可以对信用良好的小企业提供融资,不但可以对进口商,也可以对出口商。同时融资渠道和融资方式也比较多样化,可以最大限度地满足企业的融资需求,国际贸易融资作为历史最为悠久的一种融资手段,对一国的贸易活动有很大的促进作用。国际贸易融资同样具有担保和保险的功能,一国的出口业务对经济有很大的影响,为了支持出口,一些官方的银行及金融机构都会制定短期、中长期的贷款担保计划,或者提供在担保基础上的再保险,对超过商业风险损失的部分提供保险。

出口信贷作为一种中长期的贸易融资形式,是一国的金融机构对本国的出口商或者外国的进口商提供利率优惠的贷款,以增强本国的出口竞争力,支持本国的大型资本性货物的出口,从而达到有效扩大出口的目的。主要分为买方信贷和卖方信贷,前者是对购买者提供的信贷,一般仅需支付一小部分货物款项,剩余由金融机构提供即可购买货物,后者是对出口商提供的信贷,货物出口的款项大部分由银行垫付,然后由货物购买者分期还清,这种方式促进了出口商的销售。不论是买方信贷，还是卖方信贷，有了金融机构第三者的参与，进口商可以不用在购买时立即支付大量货款，而出口商基本可以立即获得全部货款，对参与双方都有很大的优势。

3.国际租赁融资

国际租赁融资是指出租人从供货方处购买资产，然后承租人为了获得资产的经济用途向出租人定期支付租金，来占有资产的使用权，所有权仍归出租人所有的一种租赁活动。在国际租赁融资中涉及的三方当事人一般不属于同一个国家或地区，且租赁融资的期限较长，中途轻易不能解约。租赁融资作为融资和融物相结合来达到融通资金的信用形式，又可以保障资金不足的租赁人通过长期的逐渐支付获得设备的使用，又可以使得出租人获得超出设备价值的超额利润，是金融创新的一种筹资行为。

(1)国际租赁融资的优点。国际租赁融资具有以下优点：①减轻跨国公司总体税负，利用国际租赁的方式跨国公司集团内部可以转移利润，从而达到避税的目的；②对于资金不充裕的跨国公司来说，可以及时满足经营生产的需求；③降低政治风险，对于某些政治风险比较高的国家，在当地进行生产活动如果租赁固定资产，则可以避免其财产被国有化。

(2)国际租赁融资的缺点。国际租赁的缺点在于风险较高，不仅仅有承租方或者出租方引起的经营风险、信用风险等，还有涉及不同国家之间的汇率风险问题，在租金的支付时面临汇率波动时则会影响实际收益。

三、国际融资的经济影响

国际融资作为跨国公司重要的经济活动，对于调节资本在全世界范围内的流通配置、引导各种闲置资金的合理配置、弥补企业经营资金不足，促进各国的生产建设、推动着各国的经济发展都具有重要的作用，但同时也会有缺点和不足。

(一)国际融资的优点

国际融资具有以下四方面的优点：

1.有利于促进闲置资金的分配

世界各国的资金总是不均匀的，一些发达地区资金比较充裕，而一些发展中地区则面临资金紧缺的问题，虽然有好的投资机会，但是由于资金的短缺不能不错失，所以通过国际的资金融通，可以有效地实现资金的互相借用和投资。国际融资可以把国际的各种闲置资金按照市场经济的规律，重新分配，避免资金的闲置浪费，发挥资金的应有作用。

2.有利于国际贸易的发展

国际贸易融资作为国际融资最重要的一种融资手段，极大程度地促进了国际贸易的发展，在国际贸易中，通过金融机构对进出口商的融通资金，使得双方的贸易往来更加频繁，对一些国际贸易商，有着重要的意义。尤其是对于一些大型货物的进出口贸易，必须有国际融资的介入才能顺利进行。

3.充分促进了资源的优化配置

对于跨国公司而言，通过获得国际的融资，增加了公司的融资渠道，通过获得的国际融资，可以加大生产，改变企业的资本结构，进一步提高公司的资本实力，在国际市场上获得更高的知名度，促进了公司的经营。并且相比国内融资，国际融资的范围更广，可以最大限度地满足企业的需要，实现企业长期的生产计划。这对于企业以及全球经济的发展都起到重要的促进作用。

4.促进了世界经济的发展

随着全球的开放程度提高,国际的经济往来更加频繁,一些经济比较落后的国家原材料价格较低,人力资本也较低,国际的资本流入这些国家会大力促进这些落后地区的经济发展,改善企业的经营环境,促进人民的生活水平提高,同时对于资本投入者来说,也是一个好的投资机会,可以获得到较高的资本利得。通过国际融资活动,不仅加强了世界各国经济联系,同时增强了世界国民生产总值。

(二)国际融资的缺点

国际融资具有以下两方面的缺点:

1.成本相对国内融资较高

跨国际的融资对于投资者来说,在对投资项目的收益及融资项目人的资产信用的考察上比较困难,因此会要求的收益相对更高。同时国际融资还面临一系列管理费用及其他的杂费。

2.面临风险更高

(1)对国内产业产生冲击。有些公司对外资过分依赖,使得公司被外资所控制,不利于公司的自主发展。

(2)国际市场的资本更愿意投资于一些发展中国家的利润较高的产业,但是这些产业一般污染程度较高,会对国家的环境造成破坏。

(3)外汇风险较高,国家间汇率波动较大,就会使得资金的实际收益发生变化,有时候资金借贷的成本要高于预期,对企业造成很大的债务负担。

第三节　　公司国际投资管理

一、国际投资的定义

国际投资是指各类投资主体,包括跨国公司、跨国金融机构、官方与半官方机构和居民个人等,将其拥有的资产经过跨国界的流动投资于国外,希望实现价值增值的一种投资。国际投资蕴含着对资产的跨国运营过程,比一般的国内投资的风险更高,但是两者的根本目的都是为了实现价值增值。

国际投资按投资方式可分为国际直接投资和国际间接投资。国际直接投资是指投资者在别的国家投资经营企业,对该企业的生产经营活动具有一定的控制权,有股权参与式的国际直接股权投资与非股权参与式的国际直接投资两类。国际间接投资是指投资者不直接掌握投资对象的资产的所有权,或在投资对象中没有足够的控制权的投资,主要包括国际债券市场的债券投资与国际股票市场的股票投资,又称国际债券投资。

跨国公司参与国际间的经济活动主要是国际贸易和对外直接投资。随着全球的开放程度增强,对外直接投资所占的比例逐渐增多,取代国际贸易成为经济发展的新动力。世界各国为了发展本国的经济,制定各种优惠政策来吸引外国投资。因此本节主要研究国际直接投资。

二、国际直接投资的环境分析

(一)国际投资环境的构成

跨国公司在投资之前都要对投资环境进行考察,国际投资环境是指在国际投资过程中影响国际资本运营的东道国的综合条件。投资的实质在于获得资本的增值,而资本的增值一般来源于整个投资的再生产过程中,因此凡是影响再生产过程中的每一个因素均属于投资环境,按投资环境的内容可以分为以下 4 类:

1.自然资源环境

自然资源是人类生存和发展必需的各种自然条件和自然资源的总称。自然环境的区别决定了不同国家的发展策略是不一致的,比如石油地区的经济发展很大程度依赖于石油的出口,土地面积较大的国家会选择农作物的生产,因此不同自然资源的分配决定了不同的产业分布,具体的投资选择也要根据一个国家的自然资源环境来作前提。

2.政治环境

政治环境主要指一个国家的政局是否稳定,有无动乱和战争的危险,政策的实行是否能保证连续有效,政府机构的办事效率,以及国家政府对于外来投资者的态度及政策制定有无优惠政策等等。政治环境是国际投资中最重要的因素,它直接关系到国际投资资本的安全。

3.社会文化环境

社会文化环境是指一个国家或者地区的语言、宗教信仰、行为习惯、接受的教育理念和对世界的价值观等,它们是一种潜移默化的力量,会形成一个国家或者民族独特于别人的特殊文化。由于地理环境和历史文化的不同,世界各国都有其独特的社会文化环境,而且国与国之间有很大差异,这些差异会使当地居民的消费习惯和投资习惯不同。这些不同会影响国际投资者与当地政府、企业、消费者之间的关系,因而国际投资者必须充分了解投资国的文化环境,根据当地的具体情况,制定出适应当地社会文化习惯的策略,以取得好的投资收益。

4.经济环境

经济环境是指一个国家的经济发展状况、具体的经济政策、经济体制、市场规模及其准入程度和贸易程度等经济因素。世界各国的经济发展状况存在很大的差异,有些国家处于发达国家行列,而大多数还处于发展中国家,不同的发展水平,决定了其投资需求不同。而经济政策作为指导一个国家经济问题的原则和措施,不论是宏观经济政策还是微观经济政策对国际投资的方向、区域、方式都有着重要的影响。经济体制是一个国家基本的经济制度,选择政府主导调控的计划经济还是价格为主导的市场经济体制决定了国家的政策目的的不同,会影响投资者的管理程序和管理方法。市场规模及其准入程度和贸易会决定一个国家的市场开放程度,会影响投资者的项目选择及投资机会的大小,以及投资国的关税政策等,会对产品的利润产生直接影响。

5.法律环境

法律环境是指本国和东道国颁发的各种法规以及各国、各地区之间的贸易条约、协定和法规等,还包括东道国国内法律体系的完整性和健全性以及法律的具体执行状况,且对于国际法的认可和执行程度。国际投资总是在一定的法律框架里,因此投资国的法律既可以制约投资行为,也可以对投资者的权益加以保护。

(二)国际直接投资环境分析的方法

国际投资环境因素所涉及的范围比较广,对国际投资环境的某一具体因素进行分析只能说明投资环境的某一方面,不能从整体上描述投资环境,因此为了从整体上刻画一个国家的投资环境,必须把所有的环境因素都涉及,把投资环境作为一个整体进行评价,为投资者进行具体的投资计划提供一个判断标准。关于评价国际投资环境的方法有很多种,最主要的分析方法有冷热分析法和投资环境等级评分法。

1. 冷热比较法

冷热比较法是由美国学者伊西·阿利特法克和彼得·班廷二人通过对美国、加拿大等国大批工商界人士进行调查和对大量资料进行综合分析后得出的,以冷热表示环境的优劣,通过对一个国家投资环境的七大因素进行依次冷热评价,热国表示投资环境优良,冷国表示投资环境较差。则七个因素如下:

(1)政治稳定性。政治稳定性是指国家政府能广泛的得到其国民的支持拥护,且政府能够鼓励企业的投资发展,并为其创造出良好的政治环境,使得企业能够稳定持续发展,不受政治波动的影响,根据政治稳定性高为热因素,反之为冷因素。

(2)市场机会。市场机会是指被投资者提供的产品或者服务在投资国家的有效需求还未满足,则说明投资者有进入这个市场的必要性。如果市场空缺较大,有效需求远远没有满足,则为热因素;若市场的空缺较小,有效需求不足,则为冷因素。

(3)经济发展与成就。经济发展与成就是指被投资国的经济发展状况和发展速度,如果经济发展状况良好,发展速度较快,则为热因素,反之为冷因素。

(4)文化一体化。文化一体化是指被投资国国民的相处关系、宗教信仰、价值观和人生态度是否融合成为一种共同的一体化文化。如果存在一种统治整个国家的,大家都认可的文化则为热因素,反之,如果国家的文化分歧较大,则为冷因素。

(5)法令阻碍。法令阻碍是指被投资国的法律法规是否对外资企业的投资活动造成阻碍。如果对企业的阻碍程度较高,则为冷因素;如果阻碍程度较小,则为热因素。

(6)实质性阻碍。实质性阻碍是指被投资国的自然资源和地理环境对投资企业的阻碍程度。如果对企业的阻碍程度较高,则为冷因素;如果阻碍程度较小,则为热因素。

(7)地理及文化差异。地理及文化差异是指投资国与投资企业国家的地理位置是否遥远,文化习俗,语言习惯等等差异的大小程度。如果地理及文化差距大为冷因素,反之为热因素。

冷热比较法是最早的一种投资环境评估方法,比较侧重于对宏观方面因素的考察,评价方法比较简单,易于操作,虽然有些粗糙,但是对一国投资环境的评估具有很强的综合性,具有一定的指导价值。作为最早的评估方法,同样为后来新的评估方法的产生提供了思路,有助于投资环境评估方法的成长完善。

2. 投资环境等级评分法

投资环境等级评分法是由美国学者罗伯特·斯托鲍夫提出的。这种分析方法是从东道国政府对外国投资者的限制和鼓励的政策出发,将一国的投资环境分为八个因素,按照这八大因素对投资者的影响程度高低确定每一个因素下具体的评分等级,通过具体的投资环境属于哪一等级确定不同的分值,最后将分数加总,从而避免了对不同因素平等对待的缺点。分数加总越高,证明投资环境越好;反之,则投资环境较差。这种通过具体的分数值对一国投资环境的比较,更加清晰具体,方便对不同的投资对象国家的比较,从而选择适合企业的投资环境。

表 12 - 1　投资环境等级评分表

	投资环境因素	评分
1	资本抽回	0～12 分
	无限制	12
	只有时间上的限制	8
	对资本有限制	6
	对资本和红利都有限制	4
	限制繁多	2
	禁止资本抽回	0
2	外商股权	0～12 分
	准许并欢迎全部外资股权	12
	准许全部外资股权但不欢迎	10
	准许外资占大部分股权	8
	外资最多不得超过股权半数	6
	只准外资占小部分股权	4
	外资不得超过股权的三成	2
	不准外资控制任何股权	0
3	对外商的管制	0～12 分
	外商与本国企业一视同仁	12
	对外商略有限制但无管制	10
	对外商有少许管制	8
	对外商有限制并有管制	6
	对外商有限制并严加管制	4
	对外商严格限制并严加管制	2
	禁止外商投资	0
4	货币稳定性	4～20 分
	完全自由兑换	20
	黑市与官价差距小于一成	18
	黑市与官价差距在一成至四成之间	14
	黑市与官价差距在四成至一倍之间	8
	黑市与官价差距在一倍以上	4
5	政治稳定性	0～12 分
	长期稳定	12
	稳定但因人而治	10
	内部分裂但政府掌权	8
	国内外有强大的反对力量	4
	有政变和动荡的可能	2
	不稳定,政变和动荡极可能发生	0

	投资环境因素	评分
6	给予关税保护的意愿 给予充分保护 给予相当充分保护但以新工业为主 给予少许保护,以新工业为主 很少或不给予保护	2～8 分 8 6 4 2
7	当地资金可用程度 成熟的资本市场,有公开的证券交易所 少许当地资本,有投机性的证券交易所 当地资本有限,外来资本不多(世界银行贷款等) 短期资本极其有限 资本管制很严 高度的资本外流	0～10 分 10 8 6 4 2 0
8	近 5 年的通货膨胀率 小于 1% 1%～3% 3%～7% 7%～10% 10%～15% 15%～35% 35%以上	2～14 分 14 12 10 8 6 4 2
合计		8～100 分

资料来源:罗伯特・斯托鲍夫:《如何分析对外投资环境》,载于《哈佛商业评论》1969 年 9 月至 11 月号。转引自叶刚著:《遍及全球的跨国公司》,复旦大学出版社 1989 年版,第 123 页。

三、跨国公司国际直接投资方式

跨国公司国际直接投资方式有股权参与、非股权参与、跨国收购与兼并、跨国战略联盟等。

(一)股权参与

股权参与是以所有权为基础,持有股票并掌握经营权为途径,实现对目标企业或者项目的直接控制的一种投资方式。在股权参与投资中,对于所持公司的股权比重越高,对这个公司的控制权就越强,因此早期的国际直接投资中,跨国公司通过占用全部股权或者大部分股权实现对国外公司的控制,从而方便自己战略计划的实施。

按照跨国公司持股程度的不同,可以分为全部股权参与和部分股权参与方式两种。

1.全部股权参与

全部股权参与是指跨国公司获得了目标企业的全部股权的一种投资方式。这种方式一般是资金实力比较雄厚、生产规模较大的大型公司采用的方式。

这种方式优点和缺点都比较明显,优点在于:①经营灵活,因为跨国公司占有全部股权,则相当于跨国公司的全资子公司,则对于该公司的经营范围与经营安排,跨国公司可以按照自己的目标重新安排。②安全性高,全资占有一个企业不需要向合资企业那样向所有股东定期汇报,可以避免公司的技术秘密和经营状况泄露,因此对于一些高科技企业,良好的保密性也是他们选择全部股权参与的重要原因。③合理避税,通过两个公司之间的交易变为同一个公司的内部化交易,可以节约成本费用,同时以前产品买卖的税收现在也可以变为企业资本的转移。④利润独享,跨国公司在占有公司全部股权的情况下,公司产生的一系列收入归为跨国公司所有。同时缺点在于:①风险较高,虽然跨国公司能够享受到公司带来的全部收益,但风险也需要独自承担,如果参与的无限公司的股权,则需要对全部债务承担无限连带责任,并且如果东道主国家的政治不稳定时,还面临国有化的风险。②限制条件较多,当目标企业变为跨国公司的全资子公司时,就会变为外国的独资企业,则会收到国家的诸多限制,比如经营范围或者优惠政策的享受。

2.部分股权参与

部分股权参与是指跨国公司通过拥有目标企业的部分股权,与其他股东一起经营,建立合资企业的国际直接投资方式。合营双方可以用现金或者机器厂房设备等一些可以用货币衡量的实物资产出资,部分股权参与投资方式相对较为容易,并且可以和东道国投资者共同经营、共享收益、共担风险。

这种投资方式对跨国公司和东道主国家都有很大的优势。首先可以投资成本相对全部股权投资较少,只需出资一部分就可以占领新市场,获得当地经营企业的一些独特优势,大多数情况下还可以获得当地政府对于企业的一些优惠政策;其次可以减少政治风险,当东道主国家由于政治原因对于外资企业有一些限制时,合营企业的身份可以有效避免;同时对于东道主国家而言,引进外资进行投资,可以弥补本国企业资金的不足,并且会引进一些先进的技术,对国内产业的升级换代有很好的促进作用。但这种共同经营的方式也会面临沟通不畅、经营理念不一致等问题,同样值得投资者认真选择。

（二）非股权参与

非股权参与是指跨国公司虽然没有持有目标企业的股份,但是通过与目标企业建立某些业务关系来取得某种程度的实际控制权,从而实现公司的经营计划的投资方式。

非股权参与方式相对于股权参与方式来说成本较低,是发展中国家为了吸引发达国家的跨国公司所采取的一种妥协。通过吸引跨国公司的投资,对于市场不健全,发展程度较低的落后地区可以有效地获得一些先进的技术、现代化的管理方式,有利于发展中国家的现代化建设,已经逐渐成为重要的国际合作经营方式。常见的非股权参与的形式有:通过独有技术授权、合同安排、提供技术咨询、国际租赁、补偿贸易、销售协议和特许经营等。

跨国公司不需要通过直接投资获得股权的方式,仅仅通过一定的合同参与方式就可以获得目标企业的生产经营权利,这种方式使得投资者的经营风险较低,选择的机会更多,不需要承担企业的太多风险,且参与的方式也更加多样化。但是由于是通过合同形式参与经营,则会受到合同期限的限制,所以对企业无法达到长期的控制。

（三）跨国收购与兼并

跨国收购与兼并是指外国投资者收购或者兼并目标企业的全部或者部分股权,从而取得对该企业控制权的经济行为。跨国收购与兼并是跨国公司海外扩张的主要方式,涉及到两个或者两个以上国家的企业,比较复杂,要受到目标企业国家的法律法规的限制,作为国际投资的主要方式,对世界的经济发展有着重要的影响作用。

跨国公司采用收购与兼并方式进行国际投资的主要动机有:

1.速度

收购与兼并相对其他方式能更为迅速的掌握一个企业的控制权,如果出现一个进入国外市场的合适时机,其他方式准备时间太久,这种方式能够帮助企业获得最佳的进入时机。同时对于某些急需扩张的跨国公司而言,在国外建立一套新的生产销售体系,所需时间同样太久,这提供了一种快速进入当地行业的方式。

2.扩大公司规模,获得更高的市场地位

跨国公司的发展规模越大,对于投资者的吸引力越强,且在国际市场上也会因为实力增强获得更多的竞争优势,给公司带来更多的机会。

3.获得战略资产

对于某些品牌文化、技术水平或者专利使用权的寻找是跨国企业购并的很大的动机。由于这些战略资产的获得需要很长的时间,或者有些专有的技术水平无法获得,使得跨国公司只能通过这种方式间接掌握这些资源。市场中有很多并购就是由于公司独特的品牌文化,给予投资者收购的兴趣,这种品牌文化符合收购公司的价值追求,并且能帮助跨国公司实现其企业品牌的建立。

(四)跨国战略联盟

跨国战略联盟是指两个或者两个以上有着共同的战略目标和对等资本实力的跨国公司之间的一种合作关系,他们的合作的目的是通过资源互相分享,生产要素的交换,风险的共同承担来达到双方利益的最大化。是一种重要的国际投资方式。

第四节　公司金融国际化所面临的风险

跨国公司在国际资本市场上进行融资或者投资活动,可以获得比国内更多的收益,但是收益和风险永远相辅相成,高收益就伴随着高的风险,与国内金融活动相比,国际金融市场的情况更加复杂,这就使得跨国公司面临的风险更加多样化。

在国际金融活动中,要想获得更高的收益,则跨国公司要善于在投资前对风险准确识别,在投资后防范和控制风险,合理的转移风险。国际金融活动中面临的风险的分类很多,也有很多种类型的分类,但是按照风险发生的原因为基准分为以下四种:

一、政治风险

(一)政治风险的概念

政治风险是指政府的一些法律或者自身政权的波动对跨国公司的金融活动产生的一系列影响。这种影响可能是负面的,也有可能是有利影响,但一般情况下,负面影响居多,其对跨国公司经营产生的负面影响表现为企业经营环境的恶劣并且导致损失的产生。

政治风险是跨国公司面临的最具有威胁的一种风险,因为政治因素具有很大的不确定性和不可预期性,它的发生一般都比较突出,提前不易测量和防范。政治风险的发生不仅仅局限于经济落后国家曾经实行的没收资产国有化,同样发生于发达国家为了保护自己国家的产业和投资者,对外国企业提高税率,设置贸易壁垒。

(二)政治风险的分类

1.按照风险的广度不同分类

按照风险的广度不同,政治风险可以分为宏观政治风险和微观政治风险。宏观政治风险是由于国家政治事件的波动使得所有企业都要承担的一致的风险,这种风险相对来说较难避免,且一般持有期较长。微观政治风险是指国家对于某一行业或者区域实行贸易或投资保护,使得国外投资者的进入较为困难,收取税率较高,这种政治风险在不同国家表现不同,出现的时期也不同。

2.按风险影响的程度不同分类

按风险影响的程度不同,政治风险可以分为政府干预、制裁和财富剥夺。干预影响程度最轻,制裁较为严重,剥夺最严重,干预是指国家对于某一写行业有一些法律法规的限制,或者哪些行业不允许外国投资者的进入;制裁一般表现为对外国投资企业施加各种压力,使其无法生存,经济制裁在国家对抗中较为常见;剥夺是指政府将外资企业没收国有化,这种情况不常见,一般发生在国家政权波动时期。

3.按照领域的不同分类

按照领域的不同分为主权风险,国有化风险,战争风险和政策风险。主权风险是指政府为了维护国家主权和保护国家利益,发布的一系列针对国外投资者的法律政策,给外国的投资者造成损失的可能性;国有化风险是指国家突然无条件的没收国内外资企业的财产,不给予任何的经济补偿;战争风险是指由于战争的外部因素的影响,使得在战争国家设立的企业遭受损失的可能性,在一些安全性比较低的国家进行投资风险较大;政策风险是指由于国家变更政策或者一些行业规则而使得企业可能遭受损失。

(三)政治风险的防范

政治风险防范的目的是为了尽可能地降低和减少损失。政治风险涉及的范围比较广,情况也比较复杂,可能牵涉到各种各样的原因,对投资者的影响也比较大,有时候会因为这种原因造成巨大的损失,因此在投资者时一定要注意对政治风险的识别,但是识别之后也不能完全避免,仍需要在投资后制定保护措施,使得风险发生后仍然能够最大限度地降低伤害。

1.投资之前的防范措施

跨国际的金融活动一般涉及的金额巨大,因此在具体的活动之前就要对政治风险进行识别。跨国公司可以通过回避、保险、特许协议和调整策略等方式来有效控制政治风险。

对于经济比较发达的地区,市场规模较大,对外资限制较少,政局相对稳定,一般政治风险较低,但是由于投资者较多,使得市场竞争激烈,利润被瓜分。而对于一些经济较为落后的地区而言,国家封闭程度较高,国有保护程度较高,政治风险较高,虽然回避是一个比较简单的方法,但同时失去占领这个新兴市场的机会。

办理海外保险成为现在很多跨国公司会选择的一种方式,跨国公司通过给自己的资产进行投保,只需支付可预期的保费,就可以将政治风险产生的损失转移给保险公司,许多发达国家都设有专门的官方机构为私人的海外投资提供政治风险的保险。

特许协议是跨国公司和东道国政府因为某些投资活动进行谈判,东道国需要跨国公司的资金投入与技术引进,跨国公司需要东道国提供政治保护,双方协商一致,有东道国明确跨国公司在当地经营享受到的优惠和必须遵守的规则。

调整投资策略主要通过改变投资方式,比如限制技术转移和扩大当地的债务比例等方式来增加投资国家对这个企业的控制,从而降低政治风险。

2.投资之后的控制措施

采取投资前的政治风险防范措施并不能完全消除政治风险,因为面临的政治环境是不断变化的,当跨国公司在进行投资活动后,仍要制定一系列的防范措施。

与当地企业合资,或者吸引当地投资者的加入,雇佣一定的当地居民,与当地金融机构进行合作,通过加大当地居民在企业的利益,这样政府在采用征用策略时,会考虑到本国居民的利益,从而降低被征用的危险。

实行分散的投资策略也是避免政治风险的一个较好的策略,将同一个项目的不同产品或同一产品的不同部件分散在不同国家,这样会使得整个项目都依赖于总公司的整体控制,提供东道国政府征用资产的成本,由此降低可能带来的政治风险。

当风险发生时,短期利润最大化是最常用的一种发放,通过最短时间从当地的生产经营中获取现金,从而获得利润最大化,可以采取降低企业日常开支、提高产品价格、减少机器设备投入和取消企业内福利等,这是比较消极的应对策略。

二、汇率风险

(一)汇率风险的概念

汇率风险是指一个经济实体或个人的债权债务在以外币计价时,由于货币之间兑换价格可能会出现提前无法预测到的波动,而使得其持有的资产或者负债有遭受损失的可能性。

跨国公司在跨国间的投资决策时必须考虑到外汇风险,因为它会对公司的成本和收入都产生巨大的影响,以前国家之间都使用固定汇率制,随着国际开放程度的提高,大多数国家均为浮动汇率制,这就给企业的跨国经营带来风险。

(二)汇率风险的类型

从国际市场上来说,汇率风险主要包括三方面:交易风险、折算风险、经济风险。

1.交易风险

交易风险是指未来的一系列现金交易的价值受到汇率波动的影响而导致交易主体承受损失的可能性。跨国企业涉及的国际间金融活动时,有的是以外币为计价单位进行交易,但是一般的金融活动交易跨越的时间比较久,在这个期间汇率有可能发生波动,就会产生一定的风险,一般称作商业性风险。另一种与商业性风险不同的是外汇买卖风险,是指本币和外币之间的来回兑换所由于汇率的变化造成的风险。

2.折算风险

折算风险是一种会计风险,是指由于企业在每个会计年度结算年度资产和收益,需要将自己海外拥有的资产和负债折算成以本币计价时,由于汇率的变化使得经济主体承担的风险。企业在海外公司规模越大,业务活动开展的越多,需要承担的折算风险越大,但它其实只是一种账面价值的变化,并不能表示真正会发生损失,一般不需要过分担心。

3.经济风险

经济风险是指由于未预料到的汇率波动使得经济主体未来一定期间收益或者现金流量变化的一种潜在风险。经济风险是由于汇率变动导致跨国企业产品的出口价格或者产品的进口成本发生变化,从而间接影响企业的未来收益,影响比较长期。相对于前两种风险,经济风险不能被准确地度量,对企业的影响也更深远,是每个跨国企业在进行国外经济活动时必须充分考虑的风险。

(三)汇率风险的预测内容与方法

1. 汇率风险的预测内容

汇率风险的预测主要就是考虑汇率本身的一些变动情况,包括:

(1)汇率变动的方向,即汇率到底是升高还是降低,即本国货币相对来说是贬值还是升值。

(2)汇率变动的幅度,即汇率上下波动的范围,会决定企业的收益或者损失的范围。

(3)汇率变动的时间,汇率变动下降或者上升一个百分点需要多长的时间,会决定企业收益或者损失需要耗费的时间。

2. 汇率风险的预测方法

汇率的预测有很多种方法,主要分为定性预测和定量预测两种。定性预测从大的经济环境考虑汇率是否会变化,变化的方向是什么样,是一种方向性的预测;定量预测从定性分析出发,结合一些统计资料,对各种影响汇率变动的具体因素进行测量来最后计算出汇率变动的范围。主要包括以下四种方法:

(1)基本预测法。根据影响汇率的一些基本因素都进行统计分析,来得出汇率的变化。

(2)市场预测法。通过远期汇率的波动来预测即期汇率的一种基于市场强有效假说下的预测方法。

(3)技术预测法。根据历史数据中的规律来推测未来的汇率的一个变化情况,是基于历史会重演假说。

(4)混合预测法。运用各种预测方法分别给出汇率的变动数据,然后给不同的方法赋予权重,最后进行加权平均得出。

(四)汇率风险的防范

1. 交易风险的防范

对交易风险进行防范时,只要能够锁定交易日的汇率则就可以避免这种风险,因此通过在远期外汇市场签订外汇合约将交易日的汇率确定下来,或者在期货市场上签订标准化的期货合约,进行反方向的市场操作就可以规避交易风险。面对到期的外汇支付,也可以提前兑换成外国货币,将其投资于国外的货币市场。

2. 折算风险的防范

对折算风险最好的一种防范方法就是使得企业的风险资产与风险负债相等,这种情况下不论外汇怎样变化,企业都没有折算风险。或者在远期市场、货币市场和期货市场利用金融工具来避险,方法和交易风险类似。总的来说,避免折算风险是通过增加强势货币资产和弱势货币负债。

3. 经济风险的防范

经济风险的防范即要求企业在长期的经营活动之前作出对未来汇率方向变动的预测,从而对企业生产经营的合理安排,使得未来收益不会随着汇率变动而大幅减少,成本增加。防范的具体措施要贯穿企业的整个经营过程,首先经营者的决策一定要科学,要有专业的管理者和分析者,其次投资方式要多元化、融资尽可能多渠道,降低系统性风险,再有就是生产产品的种类和数量,销售的策略都需要考虑,最后要有一套健全的财务管理策略,合理地进行企业资产负债的管理。

三、利率风险

(一)利率风险的概念

利率是指一定时期内利息额同借贷本金的比率,表示单位货币在单位时间的利息水平。利率是经济运行过程中一个重要的经济杠杆,它的变化会导致股票市场的变动。一般来说,银行利率上升,股票价格下跌,反之亦然。同时利率的升降也会影响债券持有者的实际收益,会改变投资者的投资意愿,当利率升高时,人们更愿意选择安全性高的银行存款,而减少债券投资。

利率风险是指市场的利率发生变化时,会给有价证券的利息、股票的实际收益等可能带来的风险,这种风险也称为市场价格变化风险,由于利率的非预期变化,使得证券投资者的实际收益下降的风险。

(二)利率风险的识别

利率风险的度量办法主要有敏感性缺口分析、持续期缺口分析和风险价值分析(VAR)等。

1. 敏感性缺口分析

银行把某一时期内到期或者需要重新确定利率的资产和负债成为利率敏感性资产或负债。二者的差额即为利率敏感性缺口,缺口为正时表示利率敏感性资产大于负债,则当利率上升时收益增加,则表明银行面临利率下降的风险;当缺口为负时,表明利率敏感性负债大于资产,银行面临利率上升的风险。缺口越大表明资产负债在利率变化时变动也大,带来的风险也越大,反之,缺口越小,风险越小。

利率敏感性缺口公式为:Gap=RSA-RSL

其中,Gap 表示缺口,RSA 表示敏感性资产,RSL 表示敏感性负债。

2. 持续期缺口分析

持续期模型反映了市场利率变动时,银行资产与负债净值的变动。它是测量债务或者资产作为现值付清或者收回所需要的时间,或者说,是债务或者资产用货币加权的平均生命期。持续期反映了市场利率变动与所引起的债券价格变动的关系,较长的债券持续期,表明债券价格对利率更大的敏感性。

但是只有在利率变化较小时才能比较准确的衡量债券价格对利率的敏感性,这时候就需要凸性一起来解释,凸性表示资产价格在不同利率水平或者收益率下的变化率。凸性和持续期一起能很好地解释债券的利率风险。

3. 风险价值分析

风险价值分析(VAR)是指在正常市场的波动情况下,所持有的金融资产组合所遭受的最大损失,即在一定的概率水平(置信度)下,某一金融资产或证券组合价值在未来特定时期内的最大可能损失。

VAR 在表示市场风险大小时,简单易懂,可以在事前就进行风险大小的计算,而且不单单能够计算单个金融工具的风险,也可以计算多个金融工具组成的投资组合的风险。目前大多数的金融机构都把其所持资产的 VAR 风险值作为公司会计报表公示的一项内容。

（三）利率风险的防范

利率风险的防范就是对利率风险的控制,在最大程度上降低这种风险,保护投资者的利益,主要分为以下几种:

1.实行投资方式的多样化

在企业进行投资时,可以选择将资产进行多种方式的分散化投资,可以购买股票、债券、基金和期权期货等多种投资工具。可以在多个区域进行投资,既可以在国内市场投资,也可以将一部分资产进行国外市场投资,通过在全球范围内的分散化投资,可以有效避免某一个国家利率变化对资产的影响。可以在不同的行业进行投资,可以选择一些新兴行业,或者传统行业,或者对同一行业的不同家企业进行投资,避免单一行业的利率波动带来收益的大幅变动。不过,在进行分散化投资时,也要避免过于分散化,太过分散会使得管理困难,成本提高。

2.利率互换和远期利率协议

利率互换是指交易双方以一定的名义本金为基础,将该本金产生的以一种利率计算的利息与对方的以另一种利率计算的利息相交换,交换的只是不同特征的利息,没有实质本金的互换。利率互换可以有多种形式,最常见的利率互换是在固定利率与浮动利率之间进行转换。利率互换只交换利息,不涉及本金,风险较低。

远期利率协议是协议双方约定在名义本金的基础上进行协议利率与参照利率差额支付的远期合约。协议利率为双方在合同中约定的固定利率,是对名义本金额的计息基础。交易双方只需要在结算日根据当时的市场利率与约定的利率结算差价即可,合约的买方出于防止将来利率上升,需要支付更高的利息,从而选择一个确定可接受的利率,而合同的卖方为了防止将来利率下降的风险而选择一个固定的利率。

远期利率协议相对来说更加灵活,不需要在交易所内进行交易,而且没有固定的交割限制,只需双方协商同意即可,常常被用来对现存的远期利率头寸进行套期保值。

3.利率期货

利率期货是指以债券类证券为标的物的期货合约,它可以回避银行利率波动所引起的证券价格变动的风险。利率期货作为一种标准化的期货合约,必须在有组织的交易所内进行,并且每份合约的标准数量都是确定的,在交易时,只需要交易双方确定交易价格和份数即可。

利率期货的套期保值是指投资者在期货市场上进行与所持有金融资产方向相反的市场操作,即如果手里有一笔资产,为了防止利率下降造成损失,则通过在期货市场上进行卖空,从而将远期利率确定下来,得到无风险利率资产。

4.利率期权

利率期权是一种选择权,期权的购买者通过支付一定数量的期权费,来获得未来按照合约规定的利率借款或者贷款的权利,购买者也可以放弃这种权利。利率期权是一项规避短期利率风险的有效工具,借款人通过买入一项利率期权,可以在利率水平向不利方向变化时得到保护,而在利率水平向有利方向变化时得益。对于风险规避者的投资者而言,通过支付一定数量的期权费,就可以避免承担利率变化的风险,是一个较好的选择。

四、经营风险

（一）经营风险的概念

经营风险是指跨国公司的决策人员和管理人员在经营管理中出现失误而导致公司盈利水

平变化从而产生公司预期收益下降的风险。国际投资由于面对的环境更加复杂,业务更加多样化,使得其经营风险远高于国内投资。国际投资的经营风险包括国际市场上价格的变化带来的风险,产品销售发生困难造成的损失,在经营中财务发生问题,可能现金短缺或者负债率过高,企业内部人员的行为违反了公司的规章制度,给公司造成一定的风险,技术发生障碍等等。

(二)经营风险的识别

风险管理的前提是对风险能进行准确的识别,对经营风险的识别主要有德尔菲法、头脑风暴法、幕景分析法三种。

1.德尔菲法

德尔菲法,是采用背对背的通信方式征询专家小组成员的预测意见,经过几轮征询,使专家小组的预测意见趋于集中,最后做出符合市场未来发展趋势的预测结论。

德尔菲法又名专家意见法或专家函询调查法,是依据系统的程序,采用匿名发表意见的方式,即团队成员之间不得互相讨论,不发生横向联系,只能与调查人员发生关系,以反复的填写问卷,以集结问卷填写人的共识及搜集各方意见,可用来构造团队沟通流程,应对复杂任务难题的管理技术。

德尔菲法的具体实施步骤如下:

(1)确定调查题目,拟定调查提纲,准备向专家提供的资料(包括预测目的、期限、调查表以及填写方法等)。

(2)组成专家小组。按照课题所需要的知识范围,确定专家。专家人数的多少,可根据预测课题的大小和涉及面的宽窄而定,一般不超过 20 人。

(3)向所有专家提出所要预测的问题及有关要求,并附上有关这个问题的所有背景材料,同时请专家提出还需要什么材料。然后,由专家做书面答复。

(4)各个专家根据他们所收到的材料,提出自己的预测意见,并说明自己是怎样利用这些材料并提出预测值的。

(5)将各位专家第一次判断意见汇总,列成图表,进行对比,再分发给各位专家,让专家比较自己同他人的不同意见,修改自己的意见和判断。也可以把各位专家的意见加以整理,或请身份更高的其他专家加以评论,然后把这些意见再分送给各位专家,以便他们参考后修改自己的意见。

(6)将所有专家的修改意见收集起来,汇总,再次分发给各位专家,以便做第二次修改。逐轮收集意见并为专家反馈信息是德尔菲法的主要环节。收集意见和信息反馈一般要经过三、四轮。在向专家进行反馈的时候,只给出各种意见,但并不说明发表各种意见的专家的具体姓名。这一过程重复进行,直到每一个专家不再改变自己的意见为止。

(7)对专家的意见进行综合处理。这样会使得每个人的意见都被采纳,没有人可以作独一的领导者。

2.头脑风暴法

采用头脑风暴法组织群体决策时,要集中有关专家召开专题会议,主持者以明确的方式向所有参与者阐明问题,说明会议的规则,尽力创造融洽轻松的会议气氛,由专家们"自由"提出尽可能多的方案。

头脑风暴法应遵守如下原则:

（1）庭外判决原则（延迟评判原则）。对各种意见、方案的评判必须放到最后阶段，此前不能对别人的意见提出批评和评价。认真对待任何一种设想，而不管其是否适当和可行。

（2）自由畅想原则。欢迎各抒己见，自由鸣放，创造一种自由、活跃的气氛，激发参加者提出各种荒诞的想法，使与会者思想放松，这是智力激励法的关键。

（3）以量求质原则。追求数量。意见越多，产生好意见的可能性越大，这是获得高质量创造性设想的条件。

（4）综合改善原则。探索取长补短和改进办法。除提出自己的意见外，鼓励参加者对他人已经提出的设想进行补充、改进和综合，强调相互启发、相互补充和相互完善，这是智力激励法能否成功的标准。

（5）突出求异创新，这是智力激励法的宗旨。

（6）限时限人原则。

实践经验表明，头脑风暴法可以排除折中方案，对所讨论问题通过客观、连续的分析，找到一组切实可行的方案，因而头脑风暴法在决策中应用比较广泛。

3.幕景分析法

是一种识别关键因素及其影响的方法，影响国际投资的经营风险的因素有很多种，哪一种是关键因素，影响的结果是怎么样就需要幕景分析法来进行具体识别。

幕景分析法研究的重点是：当引发风险的条件和因素发生变化时，会产生什么样的风险，导致什么样的后果等。幕景分析法既注意描述未来的状态，又注重描述未来某种情况发展变化的过程。

幕景分析法主要适用于以下范围：提醒决策者注意某种措施可能引起的风险；需要进行监视的风险范围；关键因素对未来的影响；新生技术对未来的影响等等。

幕景分析可以扩展决策者的视野，增强分析未来的能力。在具体应用中，还用到筛选，监测和诊断过程。首先筛选出哪些有潜在风险的因素，那些因素不是特别危险，其次对筛选分类的要素进行观察监测，记录下关键的变化情况，最后诊断出结果可能和哪种因素有关，并对这些可能的原因进行分析评价。

但是，在应用幕景分析法时有局限性，因为所有幕景分析都是围绕分析状况和信息水平进行考虑，可能与实际进程存在一定的偏差。所以，为避免此现象带来弊端，幕景分析法最好能与其他分析方法一同使用。

（三）经营风险的防范

在对经营风险进行识别之后，要通过有效的方法对其进行防范，尽可能的降低风险，减少损失。主要有以下几种方法：

1.风险回避

风险回避是指在国际投资中，跨国公司在事先预料到分险可能产生，从而有意识的放弃可能产生这种分险的经营活动，可以完全避免发生特定的损失，但在放弃风险的同时也放弃了潜在的收益。这是应对风险比较消极的一种应对方法，一般发生在投资主体极度厌恶风险或者投资主体没有能力来承担这个风险。

2.损失控制

损失控制是指采取各种计划和措施，在损失发生之前尽可能的消除风险因素或者降低损失的程度。损失控制不是放弃风险，和风险规避不同，不需要终止一些投资活动，从而使得潜在收益下降。损失控制是应对风险的一种积极的态度,是在维持公司原有的决策基础上尽可能地降低损失。控制的阶段包括事前、事中和事后三个阶段。事前控制的目的主要是为了降低损失的概率,事中和事后的控制主要是为了减少实际发生的损失。

3. 风险转移

风险转移,是指通过一定的契约将风险转移给他人的一种行为,通过风险的转移可以很大程度的降低经济主体的风险,一般有保险转移和合同转移两种方式。

保险转移是指通过缴纳一定的保险费用,将风险转移给专业的保险公司承担,当到期发生任何损失,风险都由保险公司来进行承担。保险转移的方式在企业的经营中是一种比较常见的规避风险的方式,跨国公司在国际的经营活动中,往往通过购买各种各样的国际保险来规避风险。

合同转移是指合作双方通过签订合同,可以将部分或全部风险转移给一个或多个其他参与者。这种转移方式比较随意,合同的内容可以是大的工程项目,也可以是小的一部分工作内容。例如企业可以将公司在国外设立新厂所涉及的装修承包给当地的装修队,锁定了固定的装修费用,而不需要承担过程中可能出现的各种风险。

4. 风险自留

风险自留,即风险的承担,当风险导致的损失发生时,经济主体将损失自行承担下来。风险自留有主动自留和被动自留两种。

主动自留是指提前对风险有了识别和测量,在对风险有了清晰明确的认识后,主动做出相应的资金安排来应对接下来可能面对的损失。这种方式要求投资者提前要做好充分的准备,并对自己的准备方案做到及时修正,确保能使得对自己的伤害降到最低。

被动自留是指提前没有做出任何准备,在损失发生时被迫承担责任,用自身来承担损失。一般发生于投资主体没有意识到风险或者认为损失很小,不需要提前准备,会采用无计划保留方式承担风险。

本章小结

随着国际经济一体化进程的不断深入,公司的生产经营活动日趋国际化。跨越国界的经济活动必然伴随着跨国的金融活动。作为跨国金融活动的主要载体,跨国公司得到了前所未有的发展,并逐渐带动国家的经济发展。跨国战略联盟成为跨国公司发展的新趋势,跨国公司投资领域趋向高科技和服务业,跨国公司对新兴市场的投资进一步加强,同时品牌营销成为跨国公司新的营销重点。

公司在国际市场上融资的方式有国际直接筹资、国际间接筹资两大类。国际直接筹集资金的具体方式又包括国际债券融资、国际股票融资、国际投资基金融资和国际项目融资这四类。国际间 接融资的具体方式包括国际信贷融资、国际贸易融资和国际租赁融资。国际融资对经济既有促进作用,同时也存在一些不利影响。

跨国公司投资蕴含着对资产的跨国运营过程,比一般的国内投资的风险更高,但是两者的根本目的都是为了实现价值增值。跨国公司在进行国际直接投资决策时可以使用"冷热分析法"和"投资环境等级评分法",对面临的投资环境进行分析。国际直接投资的方式有股权参与、非股权参与、跨国收购与兼并和跨国战略联盟等。

跨国公司在国际资本市场上进行融资或者投资活动时,由于国际金融市场的情况比较复杂,这就使得跨国公司面临的风险更加多样化。按照风险发生的原因为基准的分类分为政治风险、汇率风险、利率风险和管理风险。对每一种风险都要进行相应的风险识别,从而制定具体的风险防范的方案。

关键术语

　　跨国公司　跨国战略联盟　国际融资　国际投资　环境分析 股权参与　　政治风险
汇率风险

思考练习题

　　1.简述在经济全球化趋势中跨国公司的国际化经营呈现出新的发展趋势。

　　2.跨国公司有哪些优势?

　　3.说明国际金融市场有哪些部分构成。

　　4.与国内筹资相比,国际筹资有哪些特点? 并评价两种国际筹资方式的优缺点。

　　5.如何对国际直接投资环境进行分析?

　　6.跨国公司国际直接投资方式有哪些?

　　7.什么是政治风险? 它有哪些防范方法?

　　8.简述利率风险和汇率风险的定义和识别方法。

参考文献

[1] Graham, J., Harvey, C. The theory and practice of corporate finance: evidence from the field[J]. Journal of Financial Economics, 2001(60): 187 – 243.

[2] Heaton, J. B. Managerial Optimism and Corporate Finance[J]. Financial Management. Summer, 2002: 33 – 45.

[3] Landier, A., D. Thesmar. Financial Cont racting with Optimistic Ent repreneurs[D]. Working Paper, New York University, 2004.

[4] Malmendier, U., Tate, Geoff rey A. CEO overconfidence and corporate investment[D]. Working paper, Stanford University and Harvard University, 2004.

[5] Malmendier, U., Tate, Geoff rey A., J un Yan. Corporate Financial Policies With O-verconfident Managers[D]. Stanford University and University of Pennsylvania and Stanford University, 2005.

[6] March, J. G., Z. Shapira. Managerial perspectives on risk and risk taking[J]. Management Science, 1987(33): 1404 – 1418.

[7] Cooper, A. C., C. Y. Woo, W. C. Dunkelberg. Ent repreneurs ‰ Perceived Chances for Success[J]. Journal of Business Venturing, 1988(3): 97 – 108.

[8] 胡庆康. 公司金融[M]. 北京: 首都经济贸易大学出版社, 2003.

[9] 杨丽荣. 公司金融[M]. 北京: 科学出版社, 2005.

[10] 岳军, 冯曰欣, 闫新华. 公司金融[M]. 北京: 经济科学出版社, 2003.

[11] 葛文雷. 财务管理[M]. 上海: 华东大学出版社, 2003.

[12] 陈雨露. 公司理财[M]. 北京: 高等教育出版社, 2003.

[13] 范霍恩. 现代企业财务管理[M]. 郭浩, 译. 经济科学出版社, 1998.

[14] 罗斯, 等. 公司理财(精要版)[M]. 方红星, 译. 北京: 机械工业出版社, 2004.

[15] 爱默瑞, 等. 公司财务管理(上)[M]. 荆新, 等, 译. 北京: 中国人民大学出版社, 1997.

[16] 钱海波, 等. 公司理财[M]. 北京: 人民邮电出版社, 2003.

[17] 张鸣. 财务管理学[M]. 上海: 上海财经大学出版社, 1999.

[18] 荆新, 王化成. 财务管理学[M]. 北京: 中国人民大学出版社, 2001.

[19] 端木青. 财务管理学[M]. 杭州: 浙江大学出版社, 2006.

[20] 陆正飞. 财务管理学[M]. 南京: 南京大学出版社, 2000.

[21] 王庆成. 财务管理学[M]. 北京: 中国财政经济出版社, 1997.

[22] Arthur J. Keown, David F. Scott, John D. Martin, Jay William petty. 现代财务管理基础[M]. 北京: 清华大学出版社, 1997.

[23] 爱默瑞, 芬尼特. 公司财务管理[M]. 荆新, 王化成, 李焰, 等, 译校. 北京: 中国人民大学出

版社,1999.

[24] 荆新,等.财务管理学[M].3 版.北京:中国人民大学出版社,2002.

[25] 王蔚松.企业金融行为[M].北京:中央广播大学出版社,2001.

[26] 叶亮.上市公司的资本结构问题——基于四川长虹的案例分析[J].财经界,2006(11).

[27] 张纯.财务管理学[M].上海:上海财经大学出版社,2005.

[28] 达莫德伦.公司财务——理论与实务[M].荆霞,译.北京:中国人民大学出版社,2001.

[29] Robert F. BRUNER.金融案例研究——为公司的价值创造而管理[M].潘国英,译.北京:清华大学出版社,2005.

[30] 胡庆康.公司金融[M].首都经济贸易大学出版社,2003.

[31] 霍伊特.风险管理和保险[M].11 版.影印本.北京:北京大学出版社,2003.

[32] 谭庆琏.投资业务与风险管理全书[M].北京:中国金融出版社,1994.

[33] 许谨良.风险管理[M].2 版.北京:中国金融出版社,2003.

[34] 郭仲伟.风险分析与决策[M].北京:机械工业出版社,1987.

[35] 郑子云.企业风险管理[M].北京:商务印书馆,2002.

[36] 高军,刘先涛.企业管理后评价初探[J].科技与管理,2003(3).

[37] 黄瑞荣.现代企业财务管理[M].广州:暨南大学出版社,1994.

[38] 沈小凤.现代企业财务管理[M].北京:北京经济学院出版社,1994.

[39] 郭里江.现代企业财务管理[M].武汉:武汉理工大学出版社,2009.

[40] 王关义.企业投资风险:衡量与控制[J].数量经济技术经济研究,2000(3).

[41] 江建忠.浅析完善企业投资管理[J].审计理论与实务,2003(8).

[42] 黄秋敏.我国企业投资风险管理[J].商场现代化,2007(20).

[43] 殷醒民.企业购并的金融经济学解释[M].上海:上海财经大学出版社,1999.

[44] 王化成.财务管理学教学案例[M].北京:中国人民大学出版社,2001.

[45] 拉杰科斯,威斯顿.并购的艺术——融资与再融资[M].张秋生,周绍妮,张昊,译.北京:中国财经出版社,2001.

[46] 朱宝宪.公司并购与重组[M].北京:清华大学出版社,2006.

[47] 周爱民,张荣亮.行为金融学[M].北京:经济管理出版社,2005.

[48] 苏同华.行为金融学教程[M].北京:中国金融出版社,2006.

[49] 李国平.行为金融学[M].北京:北京大学出版社,2006.

[50] 陆家骝.行为金融学的兴起[M].广州:广东人民出版社,2004.

[51] 陈野华.行为金融学[M].成都:西南财经大学出版社,2006.

[52] 樊秀峰,薛新国.国际投资与跨国公司[M].西安:西安交通大学出版社,2013.

[53] 袁晓玲.国际投资与融资[M].北京:科学出版社,2009.

[54] 赵春明.跨国公司与国际直接投资[M].北京:机械工业出版社,2007.

[55] 杨丽蓉.公司金融学[M].北京:科学出版社,2016.

图书在版编目(CIP)数据

公司金融学/方建武,胡杰主编.—3 版.—西安:西安交通
大学出版社,2018.1(2025.8 重印)
普通高等教育"十三五"金融学专业规划教材
ISBN 978 - 7 - 5693 - 0391 - 9

Ⅰ.①公…　Ⅱ.①方…　②胡…　Ⅲ.①公司-金融学-高等
学校-教材　Ⅳ.①F276.6

中国版本图书馆 CIP 数据核字(2018)第 016287 号

书　　名	公司金融学(第三版)
主　　编	方建武　胡　杰
责任编辑	魏照民

出版发行	西安交通大学出版社
	(西安市兴庆南路 1 号　邮政编码 710048)
网　　址	http://www.xjtupress.com
电　　话	(029)82668357　82667874(市场营销中心)
	(029)82668315(总编办)
传　　真	(029)82668280
印　　刷	天渠(西安)印务有限责任公司

开　　本	787mm×1 092mm　1/16　　印张 18　　字数 426 千字
版次印次	2018 年 2 月第 3 版　　2025 年 8 月第 5 次印刷(累计第 11 次印刷)
书　　号	ISBN 978 - 7 - 5693 - 0391 - 9
定　　价	39.80 元

如发现印装质量问题,请与本社市场营销中心联系。
订购热线:(029)82665248　(029)82667874
投稿热线:(029)82668133
读者信箱:xj_rwjg@126.com